金融与破产法译丛

跨国银行破产

CROSS-BORDER
BANK
INSOLVENCY

罗斯·玛利亚·拉斯特拉（Rosa Maria Lastra）主编

苏洁澈 彭丽姗 吴桐 等译 苏洁澈 校对

中国社会科学出版社

图字：01 - 2013 - 6710

图书在版编目（CIP）数据

跨国银行破产／（英）罗斯·玛利亚·拉斯特拉（Rosa Maria Lastra）主编；
苏洁澈，彭丽姗，吴桐等译 . —北京：中国社会科学出版社，2017. 11
书名原文：Cross-border Bank Insolvency
ISBN 978 - 7 - 5203 - 1414 - 5

Ⅰ . ①跨… Ⅱ . ①罗… ②苏… ③彭… ④吴… Ⅲ . ①跨国银行—
破产法—研究 Ⅳ . ①D912. 281. 04

中国版本图书馆 CIP 数据核字（2017）第 269887 号

ⓒ Rosa M Lastra and the several contributors 2011

" CROSS-BORDER BANK INSOLVENCY, FIRST EDITION was originally
published in English in 2011. This translation is published by arrangement with
Oxford University Press. "

出 版 人 赵剑英
责任编辑 赵 丽
责任校对 王桂荣
责任印制 王 超

出 版 中国社会科学出版社
社 址 北京鼓楼西大街甲 158 号
邮 编 100720
网 址 http://www.csspw.cn
发 行 部 010 - 84083685
门 市 部 010 - 84029450
经 销 新华书店及其他书店

印刷装订 北京君升印刷有限公司
版 次 2017 年 11 月第 1 版
印 次 2017 年 11 月第 1 次印刷

开 本 710 × 1000 1/16
印 张 31. 75
字 数 458 千字
定 价 118. 00 元

《金融与破产法译丛》编委会

序

　　全球金融危机以来，金融法改革备受关注，立法成果和研究成果层出不穷。破产法由于与金融稳定的密切联系，已被纳入金融法学的视野。近年来，我国大力推进供给侧改革，破产法的实施受到了前所未有的重视，完善破产法的需求也日益显著，成为学术界、实务界讨论的焦点。习近平总书记指出："金融制度是经济社会发展中重要的基础性制度。"破产法的制定、实施和完善，与金融制度息息相关。长期以来，我国破产法和金融法这两个领域之间的学者互动较少，交叉研究不够，改变这一状况对于两个学科的发展都有积极意义。实践中，破产法的实施亟须各种金融工具的支持，而破产程序中运用金融工具进行融资和资产处置也必须遵守金融法的规定。由于破产案件往往涉及大量的金融债权和金融资产，维护金融稳定、防控金融风险也是破产法官和破产从业者不可回避的社会责任。至于金融机构的破产，特别是具有系统敏感性的银行破产，更是需要通晓金融法和破产法的法律人才。所以，我希望从事破产法研究和破产实务的朋友读一些金融法的著作，也希望从事金融法研究和金融工作的朋友读一些破产法的文献。

　　本译丛通过翻译、推介域外金融法和破产法领域的前沿成果，让相关领域的学者和业界人士了解域外经验，借鉴他人成果，也为研究者和高校学生提供最新的学术资料，吸收最新知识。本译丛编委会集合了金融法和破产法领域的学者和实务界有长期经验的从业人员，他们从选题到内容都提出了宝贵意见，为提高译丛的质量付出了许多精力。本译丛的译者、校者和编辑，以高度的责任心，力求翻译作品的高质量，值得钦佩。我相信，他们的辛勤努力将会得到各位读者的肯定，他们的敬业精神将会得到大家的赞扬。

王卫国

中国政法大学教授

中国法学会银行法学研究会会长

2017 年 11 月 2 日于北京

目　　录

1

危机管理背景下的银行破产

Rosa M Lastra and Geoffrey Wood[*]

简　介

1.01　银行危机管理包括官方和私人的应对措施，这些措施超越了仅适用公司破产的程序。"危机状况"指银行缺乏流动性或无力偿债，可能临时或长久地威胁到正常的经营活动。由于银行有序破产的重要性，我们将个别银行的问题视为公共问题，即使这些问题从传统意义上来说并不算"危机"。

1.02　就官方应对措施来看，公共当局面对破产银行或者问题银

---

　*　Rosa M Lastra，英国伦敦大学玛丽皇后学院商法研究中心国际金融与货币法教授；Geoffrey Wood，英国伦敦卡斯商学院金融学院经济学教授。

行有如下处理方法：（1）央行作为最后贷款人对个别机构提供市场支持和流动性支持（虽然个体机构拥有可接受的抵押物，由于某种原因不能在市场上获得时）；（2）显性存款保险制度方案；（3）政府给予存款人、银行（担保、保险或资产收购、再注资和其他形式的支持）和支付体系隐性的保护政策；（4）破产法（特别法 vs 一般法）；（5）早期干预措施（及时纠正措施及其他），预防措施（加强宏观和微观审慎监管以及逆周期监管）和应急计划（压力测试和"生前遗嘱"制度）。本章将重点探讨第（1）、第（2）和第（3）点，第（4）点是本书的主题，第（5）点将在第3章和第10章进行探讨。

1.03 需要支持时，与其依靠隐性保护政策不如事前制定规则和明确的程序。为了市场经济的正常运行，我们需要特别关注的是"大而不能倒"及其变种——太过关联而不能倒，太过复杂而不能倒，太多而不能倒，太过庞大而不能救及其他情形。① 当存在隐性保护或者其他的正当理由时，往往会发生上述情形。

1.04 私人应对层面，银行应该通过一系列的机制如事先支付的保险或处置机制内化对他们的保护成本。银行还应该通过发展充足资本和流动性缓冲加强对金融危机的应变能力。当发生破产时，私人和公共部门之间分担责任优先于救助计划。这样一来，私人将承担损失，政府保护所产生的道德风险将得到缓解。1999年的LTCM（长期资本管理公司）的自救（与外界救助相反）案例相当成功，应该得到进一步的发展。事实上，理想情况下不应该存在责任的分担，破产企业和其关联方应承担所有损失。

1.05 国内层面的银行危机管理是复杂的（涉及多个部门和众多利益相关者），区域（欧盟）层面和国际层面的跨国银行危机管理更为复杂。

1.06 存款保险（隐性或显性）、最后贷款人制度和破产程序间

---

① 这些问题在"Too important to fail—too important to ignore"，Ninth Report of the House of Commons Treasury Select Committee，Session 2009 – 10，HC261 – 1 中讨论过。

的关系与银行危机管理密切相关。

1.07　广义上的银行危机往往是经济环境恶化或者宏观经济管理不善的结果。2007—2009 年的金融危机是宏观经济失衡，宽松的货币政策，不受控制的金融创新，错位的激励措施和其他因素综合作用下的结果，美国次贷市场崩溃引爆了此次危机。①

1.08　脆弱的银行监管体系或者监管错误将放大危机的成败。好的危机管理有助于快速恢复银行和金融体系的信心，而这也是金融监管的最终目标。

1.09　此次金融危机从跨国（欧盟）和国际层面凸显了构建整体的安全网（审慎监管、存款保险、重整和清算及最后贷款人制度）的重要性。本书的其他章节将讨论上述问题。

最后贷款人制度

1.10　此次危机期间过多地使用最后贷款人引发了重要的法律和政策问题。在银行间拆借市场无法正常运行时，中央银行成了主要的贷款人。虽然对流动性的担忧很快演变为对清偿能力的担忧（随着危机发展超越了"流动性短缺"阶段），但央行的流动性支持依然是应对危机的关键手段。

1.11　提供紧急流动性援助对于以下两种危机是至关重要的。第一种是大部分金融市场的流动性枯竭，进而导致对不同类型的金融机构的流动性的广泛质疑。公开市场操作是应对此类危机的传统手段。第二种情况是典型的最后贷款人（Thornton and Bagehot 阐述），指的是抵押贷款给流动性不足的银行机构。由于支付体系的问题可能导致更多的金融机构陷入困境从而导致危机。

1.12　央行危机时刻的流动性支持往往让其进入未知的领域。通

---

①　有许多关于危机原因的解释。这一章的作者（Lastra and Wood）曾经写过关于不同种类的原因，参见 "The Crisis of 2007 – 09：Nature，Causes，and Reactions"，（2010）13 Journal of International Economic Law 531 – 50。

过对央行权力的扩张性的解释，如《美国联邦储备法案》第13.3条①为市场参与者提供了更广泛的金融工具，这一措施被视为应对危机的决定性政策之一。相较于传统的贴现窗口融资和公开市场操作，增添了若干措施。②增加的措施清单扩大可接受的抵押物范围，延长贷款期限及适用非存款金融机构。

1.13　流动性支持通常只适用于银行而非其他类型的企业，然而，在危机期却适用了其他企业。为达到此效果，政府设计了一系列的措施。例如，2008年10月，美联储开放商业票据融资工具；11月，开放货币市场投资者融资机制；11月25日，美联储宣布更长期限的定期证券借贷工具，期限至少一年并适用于所有的美国居民。纽约的美联储将流动性扩展到投资银行（贝尔斯登和其他投资银行）、保险公司（AIG）、共同基金及其他机构。

1.14　及时获得中央银行援助（央行作为货币的最终供应者）使得"最后贷款人"特别适合应对紧急情形。这是区分最后贷款人其他的支持性操作、危机管理程序的关键。最后贷款人的即时性与其他危机管理措施的时间框架形成对比。无论是存款保险还是银行破产程序都达不到这一点，就本身性质来说它们的时间长且复杂，需要考虑到许多相关利益者的利益并且受到较多的法律约束。它们都是有价值并必不可少的，却不能提供即时的援助来阻止危机的恶化。③

1.15　另一个问题是在危机期间，传统的贴息政策（典型的货币

---

①　第13.3条内容如下：在不寻常和紧急情况下，联邦储备委员会在获得不少于5人赞成票时可授权任何联邦储备银行在此期间根据第14条和附属条款（d）调整利率，来为个人，合伙，或者公司，票据，汇票和承兑在其无法背书或做担保时提供贴现：在提供这些贴现之前，联邦储备银行应该获得关于这些个人，合伙，或者公司无法从其他银行机构获得充足信贷的证据。所有的这些针对个人，合伙或公司的贴现应该遵守联邦储备委员会规定的限制规定。Christian Johnson 在以下论文中作出了关于在危机期间广泛运用该条款的相关分析，Exigent and Unusual Circumstances presented at the Hart Conference in London (2009), submitted to European Business Organization Law Review。

②　详见 http://www.newyorkfed.org/markets/Forms_of_Fed_Lending.pdf。

③　危机在经济中的迅速扩散也是相当重要的。参见 Philip Cagan's "Why do we use Money in Open Market Operations?" (1958) 66 (1) Journal of Political Economy 34 –46。

政策工具）和紧急流动性援助（ELA）的区别变得不再那么清晰。①
最后贷款人制度是可以影响金融和货币稳定的工具。欧洲中央银行就
紧急流动性援助/最后贷款人作为货币政策子功能进行过辩论。当我
们考虑到近几个月来央行实施的"非常规货币政策操作"时，普通
货币政策和紧急流动性援助之间的区分就变得更加复杂。英格兰银行
和美联储宣布量化宽松以增加货币供应就是例子。为应对危机，对银
行系统提供流动性的扩大化操作也预示着区分货币政策和紧急流动性
支持/最后贷款人的困难。它也模糊了货币政策和财政政策的界限，
这也解释了欧洲中央银行最初实施类似计划时的"不情愿"（欧洲中
央银行首先提供了"更高的信用支持"。2010 年 5 月，实施了证券市
场计划用来购买二级市场的政府债券以应对希腊主权债务危机）。②

1.16　银行流动性不足（即缺乏流动性资金）可以预示技术性破
产（即负债总额超出了资产价值总额），如果资产亏损或低价出售则
会迅速变成实质性破产，第 2 章将深入探讨该问题。迅速援助的需求
使得难以评估该机构面临的是流动性问题抑或破产。Hawtrey 明确地
阐述了这一点。③

1.17　英格兰银行作为最后贷款人的角色演变过程中，我们可以
看出其一开始是倾向于通过拒绝超过定额的所有申请来配给信用，但
是后来严格限制担保的形式。仔细地检查贷款申请人的所有资产基本
上是不可能的。因此清偿能力的证明不能作为贷款的明示条件，至少
在紧急需要现金的时候。提供担保使得不需要对借款人一般清偿能力
进行审查。担保债权由比债权本身价值更多的财产所担保时，就没有

---

① 参见 Rosa Lastra and Andrew Campbell, "Revisiting the Lender of Last Resort"（2009）
24（3）Banking and Finance Law Review 453. On LOLR see also Rosa Lastra, "Central Bank
Independence and Financial Stability"（2010）18 Estabilidad financier 49 - 66。

② 参见 ECB Monthly Bulletin, "The ECB's response to the Financial Crisis", October 2010,
pp. 59 - 74。

③ R G Hawtrey, The Art of Central Banking（London：Longmans, Green & Co, 1932），
126 - 127.

必要去审查借款人的剩余财产是否能够支付剩余债务。①

1.18 在实际中，最后贷款人可能作为银行破产程序的第一阶段。流动性不足和破产的另一个区别是在不同资产的评估中出现的诸多问题和困难（2007—2009 年金融危机的一个特点）。如果在危机之前资产没有被正常交易，那么就存在严重的信息不对称问题。对于流动性的担忧会产生破产的不确定性。

1.19 欧盟的国家援助需要符合国家援助规则（下文会重点讨论）。当央行给一个无清偿能力的机构提供贷款时，即便该机构提供担保，仍然可能构成补贴。根据欧盟的国家援助规则，对银行机构的援助视为非法（如果是无担保的贷款，则可以明确是补贴）。欧盟委员会在批准对北岩银行的救助计划中说道"英格兰银行在 2007 年 9 月 14 日提供的紧急流动性援助是有充分担保和有息的，这不属于国家援助"，"然而，财政部于 9 月 17 日提供的存款担保以及 10 月 9 日所采取的为北岩银行提供进一步流动性和担保并由财政部赔偿所担保的一系列措施则构成国家援助"②。

1.20 对抗银行危机的第一道防线是流动性支持。③ 当无法轻易获得其他来源的流动性时（至少无法以合理的市场价获得时），由央行来提供流动性，这便是最后贷款人。

1.21 北岩银行事件 8 个月后，④ 英国于 2008 年 4 月实施了特别

---

① R G Hawtrey, The Art of Central Banking (London: Longmans, Green & Co, 1932), 126 – 127.

② 参见European Commission Press Release, "State Aid: Commission Approves UK Rescue Aid Package for Northern Rock", 5 December2007. 在 2008 年 3 月 17 日，英国当局向欧盟委员会提交了重整计划，http://europa. eu/rapid/pressReleaseAction. do? refernce = IP/08/489。

③ 参见 Rosa Lastra, "Central Bank Independence and Financial Stability" (2010) 18 Estabilidad financier 49 – 66。

④ 关于北岩银行事件和英国银行立法的改革分析参见 Rosa Lastra, "Northern Rock, UK Bank Insolvency and Cross-Border Insolvency" (2008) 9 (3) Journal of Banking Regulation 165 – 86. 亦可参见 ContributIons to Parliamentary Brief (available at www. parliamentarybrief. com) of July 2008 ("Banking Reform in the UK"), October 2008 ("With the Horses Back in the Stable, Lock the Door"), December 2008 ("Take Great Care not to Stifle the Markets"), December 2009 ["For this Bill (Financial Services Bill 2009) to Succeed, it needs to Think Global"]。

流动性计划来应对危机。① 特别流动性计划的目的是通过银行用高质量的按揭证券和其他证券交换英国三年期国债来提高银行系统的流动性。该计划旨在通过将不良资产临时转换为易交易的资产来盘活银行资产负债表上的不良资产。2007 年 12 月 31 日前的现存贷款所形成的证券可以适用特别流动性计划。虽然特别流动性计划本应于 2009 年 1 月 30 日结束（该计划的使用量相当大，总计 1850 亿英镑的国债），当局宣布延续该计划三年，这为参与机构提供持续的流动性支持和稳定。除了延长到期日，英国政府在 2009 年 1 月宣布了②其他的措施来应对经济危机，包括旨在减少银行间借贷风险的政府的信用担保计划（CGS），建立资产证券化的新举措，英格兰银行购买高质量的资产，为银行提供资本和资产保护计划，明确资本充足率的监管方法。

1.22　欧洲中央银行在危机期间扩大了流动性操作③，并且充分利用大量的操作工具来应对流动性危机。④ 英格兰银行最终受英国财政部的财政支持（使其必须遵守欧盟关于国家援助的规则和货币融资的禁令），美联储最终由美国财政部支持，欧洲中央银行却没有相对应的欧洲财政支持部门。⑤ 根据《欧洲中央银行体系法》第 18 条和《欧盟条约》第 105.2 条 [现为《欧盟运行条约》第 127.2 条]，欧

---

① Bank of England News Release of 21 April 2008, available at http：//www. bankofengland. co. uk/publications/news/2008/029. htm. 流动性支持政策不是孤立存在的，而是央行，监管部门和政府政策应对危机的一系列组合。在 2008 年 10 月政府宣布了信贷保证计划。参见 http：//www. dmo. gov. uk/index. aspx？page = CGS/CGS_ about。

② http：//www. hm-treasury. gov. uk/press_05_09. htm.

③ 参考注解 11。关于危机期间所采用的流动性措施的概述详见 http：//www. ecb. int/press/key/date/2009/hrml/sp090220. en. html。

④ 欧洲中央银行公开市场操作详见 The Implementation of Monetary Policy in the Euro-area, European Central Bank, November 2008 的第三章, 可访问 http：//www. ecb. europa. eu/pub/df/other/gendoc2008en. pdf。

⑤ Alexandre Lamfalussy 在 2004 年 8 月 16 日卫报的采访中说道："欧洲货币联盟最弱的部分在欧洲。货币部分在组织机构上很好。我们有坚固的框架。我们没有经济性政策。"亦可参见 a book chapter by Rosa Lastra and Jean-Victor Louis, "European Monetary Union", forthcoming in an EU commentary to be edited by Takis Tridimas (to be published by Oxford University Press in 2011), and "Monetary Unions：Economic Criteria, History, and Prospects" (2001) 21 (2) Greek Economic Review 1 – 18。

洲中央银行有权为市场提供流动性。然而，传统的最后贷款人的角色（为流动性较差的银行提供抵押贷款）仍然由成员国来履行（除非是支付体系造成的问题）。欧洲中央银行体系在 1998 年对欧洲中央银行的能力采取了限制性解读，认为对特定的流动性较差的机构提供最后贷款人援助是成员国中央银行的任务，这符合《欧洲中央银行体系法》第 14.4 条款的规定（该条款允许成员国中央银行根据其责任和义务来履行非欧洲中央银行体系的职能）。[①]

1.23 为了准确理解中央银行在危机中扮演的最后贷款人的角色，重新探讨其理论基础和审视最后贷款人应适用的四个"支柱"或原则尤为重要。这些原则不是法律原则（Thornton 提出了该原则，Bagehot 发展了上述原则），却成为最后贷款人应适用的规则。我们将首先陈述该原则的起源和发展。

1.24 1797 年，Francis Baring 在对 1793 年法国和英国战争宣言所引发的经济后果的评论中命名了最后贷款人制度并进行了论述。[②]

可怕的灾难常常会有一些预兆，这使得商人或有钱人可以提前做出准备。此时，临时通知使得最低程度的准备也难以实现。外国市场

---

① 第 14.4 条的内容如下：

成员国中央银行可以履行除了法令具体规定的功能之外的其他功能义务，除非这些与欧洲中央银行体系的目标和任务相冲突。这些功能应该由国家中央银行根据责任和义务来履行并且不应视为是欧洲中央银行体系功能的一部分。欧洲中央银行可以评估国家中央银行实施的最后贷款人操作是否与货币政策相冲突，如果冲突的话，或禁止实施或使其符合规定的条件。为达到此效果，欧洲中央银行制定了一些内部规则要求最后贷款人操作要提前通知理事会。在此感谢 Antonio Sainz de Vicuna 对于该点的论述。以下节选自 ECB Annual Repot（p. 98）：

针对欧盟和欧洲地区的金融稳定所建立的机构框架建立在国家竞争力和国际合作之上。合作机制主要是欧元体系内的要求。紧急流动性援助是中央银行在异常情况下和个案基础上对出现暂时性流动困难的机构和市场提供支持。为解决金融危机所必要的机制在应有的位置上。主要的指导原则是国家中央银行决定在其管辖权内紧急流动性援助的实施。这发生在国家中央银行的责任和代价之下。关于紧急流动性援助的协议是在欧元体系内部，并不影响国家央行与国家层级监管者的现有安排或者监管者之间双边的或多边的合作以及前者和欧元体系的合作。

② 关于最后贷款人制度演变的详细论述参考 Geoffrey Wood, "The Lender of Last Resort Reconsidered"（2008）18（2/3）Journal of Financial Services Research 203 – 27。

或者关闭，或者加剧商人的困难。当然他不会从生产商那里购买……陷入困境的生产商向本国银行求助；但是由于货币需求变得普遍并且不断提高，一国的银行要求旧账得到偿还……在这样的窘境下，除了伦敦国家的大部分区域没有了资源；穷尽了银行家的资源后，最终将向英格兰银行求助。在这样的情况下，英格兰银行不再是一家中介机构；它没有拒绝的理由，因为其是最后的资源。①

1.25　Francis Baring 于 1797 年使用词汇 "dernier resort" 之后不久，Henry Thornton② 对其是什么，必要性和如何操作进行了论述。最后贷款人运行开始直到 21 世纪初，该论述是对此制度的一个完整的描述。

如果有一个银行破产的话，公众往往会对邻近银行进行挤兑。如果没有在最初阶段通过注入大量的黄金遏制这一现象，将会导致灾难。③

1.26　那么由谁来注入黄金？英格兰银行。

……如果英格兰银行在未来的预警时期，采取比之前更大力度的贴现措施，或许可以避免危机。④

1.27　而这与允许个别金融机构破产并不矛盾。

这并不意味着英格兰银行需要救助银行的鲁莽行为所带来的困境：英格兰银行采取这样的行为会鼓励银行的不审慎行为……救助不应该很快和过于随意以致让经营不善的人无须承担后果，也不应该很吝啬和缓慢以致让公众遭受损失。⑤

1.28　应该关注整个体系。"向市场注入流动性"（引用 Thornton

---

①　这段援引于 the 1967 facsimile reprint by Augustus Kelly of the 1797 edition of Francis Baring's "Observations on the Establishment of the Bank of England and on the Paper Circulation of the Country"。Baring 在引入这个说法时，也以全新的、隐喻的方式运用。在法国，它也指终审法院。

②　Henry Thornton, An Enquiry into the Nature and Effects of the Paper Credit of Great Britain [1802]（with an introduction by F A von Hayek, London: George Allen and Unwin, 1939）.

③　Ibid.

④　Ibid.

⑤　Ibid.

的表述）的原因是阻止恐慌并保护金融体系，该点 Bagehot 在 1873 年进行了清楚的描述。①

阻止恐慌的目的和必要性在于传播这样的观念，虽然钱或许会很昂贵，但是仍掌握在手中。如果人们能够相信他们会拿到存款，那么就会停止成群的挤兑行为。②

1.29 英国 19 世纪中后期建立的银行体系奉行金本位，中央银行垄断货币的发行，中央银行有责任消除民众的恐慌。

1.30 以上概括了 19 世纪关于该问题的理论。中央银行是货币的发行人，是现金的来源。如果中央银行没有作为最后贷款人在恐慌时期提供现金，该恐慌就会蔓延、恶化，这将会导致整个银行体系的崩溃，随之带来的是急剧地银根收缩。

1.31 最后贷款人的实践是如何发展的？1821 年英镑恢复战前与黄金挂钩的政策。之后英格兰银行第一次的紧急救助发生在 1825 年。当时大量黄金外流，出现了货币短缺。发生了恐慌并且导致了银行挤兑。英格兰银行通常的贴现额度很快告罄，恐慌持续蔓延。为了避免一波银行破产潮的发生，银行就不得不以其他类型资产为担保进行借贷。12 月 14 日，英格兰银行突然偏离其正常操作，对银行提供的政府债券进行了预付而不是限制对商业票据的贴现。恐慌得以终止。

1.32 在经历其他一些事件之后，1866 年奥弗伦·格尼银行（Overend and Gurney）危机践行了最后一步。

1.33 奥弗伦·格尼公司（Overend, Gurney, and Co）由两家 18 世纪的公司发起，即诺威奇的 Gurney Bank 和伦敦的 Richardson, Overend, and Company。到 19 世纪 50 年代该联合公司的规模巨大；其票据年营业额的价值约等于国债价值的一半，其资产负债总额是第二大银行的十倍。在 1865 年股票市场繁荣期间银行利率浮动。到

---

① Walter Bagehot, Lombard Street: A Description of the Money Market（London: Henry S King & Co, 1873）.

② Ibid.

1866 年年初繁荣时期结束。1866 年 1 月，银行利率从 1865 年 7 月的 3% 上升到了 7%。2 月之后，银行利率开始缓和，但是在 5 月 11 日 Gurney's 被宣告破产。

1.34　银行家杂志 1866 年 6 月刊中写道"当天和接下来的一整段日子，恐惧和焦虑占据了人们的心灵"。在一段时间内，英格兰银行犹豫的贷款甚至对国债也是如此，这使得状况更加糟糕。《英格兰银行条例》（根据黄金储备的程度和少量信用发行来限制货币发行）随后中止，恐慌逐渐平息下来。①

1.35　1878 年格拉斯哥城市银行的破产则没有那么戏剧化。管理层的欺诈导致了破产。当时担心《英格兰银行条例》会不得已再次中止，② 但是没有重大问题出现："没有出现挤兑，或者类似情况；没有地方违约。"③ 其他的苏格兰银行收购了该银行的货币；Gregory 推测他们采取这样的行动是为了维持各自发行的货币的信心。

1.36　1890 年爆发了第一次巴林银行危机。巴林银行是当时一家拥有良好信誉的大型银行；1877 年引入国库券时，Bagehot 称赞其像巴林银行一样好。巴林银行卷入了阿根廷的一场金融危机。11 月 8 日，巴林银行向英格兰银行披露了实际困难。英格兰银行（包括政府）非常恐惧，担心 Baring's 违约导致伦敦发生挤兑。11 月 15 日，该消息泄露出去，出现一些汇票兑换现金的情况。但是没有出现较大

---

①　条例的中止将发行问题从银行黄金储备中释放出来。这种方式并行于 19 世纪的意大利，并在 1998 年东亚重新实施。［关于 1998 年的简要讨论参见 Geoffrey Wood，"Great Crashes in History: Have They Lessons for Today?"（1998）15（3）Oxford Review of Economic Policy 98 - 109］. 在美国也有类似行为。1932 年的《格拉斯—斯蒂格尔法》扩大了美联储对联邦储备券可持有的抵押范围。黄金要求保持不变在 40%，该法案增加政府债券到合格票据的清单中，该清单占据了剩下的 60%。（参见 George J Benston, The Separation of Commercial and Investment Banking: The Glass-Steagall Act Revisited and Reconsidered Basingstoke: Macmillan, 1990.）

②　参见 Leslie Pressnel, "The Avoidance of Catastrophe: Two 19th Century Banking Crises Comment", in F Capie and G E Wood（eds）, Financial Crises and the World Banking System（New York: St. Martin's, 1986）, 96。

③　T E Gregory, Select Statistics, Documents and Reports Relating to British Banking 1832 - 1928（Oxford: Oxford University Press, 1929）, 103 - 104.

的恐慌，伦敦也没有发生挤兑或英镑挤兑。对金融市场的影响较小。巴林银行后来被清算并且重新建立了一个有限公司，追加了资本并更换了管理层（但仍是家族式）。

1.37　因此英国经验表明及时的最后贷款人行动可以避免银行危机。

1.38　那么这个经验该如何运用到现代市场经济中呢？第一，流动性差的银行应该可以获得经济援助。第二，中央银行应该自由地放贷，也就是说根据银行需要的数量来借贷，但是应收取较高的利率，即高于危机前的利率。第三，中央银行应该援助任何能够提供有效担保的人。第四，英格兰银行应该提前告知其将准备提供贷款，但是行使自由裁量权。中央银行将评估问题银行所面临的是否是流动性不足或资不抵债，并且也会考虑该机构的破产是否会引发市场的连锁反应，导致其他机构的破产。

1.39　自由裁量权为了阻止道德风险，当中央银行有义务提供贷款将难以避免道德风险的问题。必须权衡拒绝援助破产银行引发的系统性风险和拯救银行所导致的道德风险。中央银行在履行最后贷款人而行使自由裁量权时，应该对干预结果进行成本—效益分析（由于需要在压力下进行并迅速做出决定，这种分析比较困难）。最显著的成本是中央银行损失的风险和道德风险。效益来自中央银行处理危机时所离不开的速度，灵活和果断。

1.40　一场普遍的银行业危机不同于在健康经济环境中的单个银行危机。这产生了普通时期和特殊时期的区别。任何情况下，中央银行——作为未经选举产生的机构——应该对行使最后贷款人的行为负责（立法机关的问责是必需的，这也是国会证言和报告之所以重要的原因）。

1.41　为了降低道德风险，有必要明确列出哪些是中央银行行使最后贷款人不能做的行为。当银行无法从其他途径获得资金时，中央银行可以提供短期紧急流动性援助——快速支付现金。中央银行不应该采取的行为是长期借款，没有经过财政部门的明确同意而投入纳税人的钱。① 央行可以提供流动性支持但是不能提供资本。任何长期的贷款——投入纳税人的资源——都是财政当局的责任。央行也不应该利用最后贷款人的权力去拯救银行股东。正如 Bagehot 和 Thornton 所强调的，最后贷款人对市场和整个金融领域负责，而不是对任何特定机构。

　　1.42　惩罚性利率或者高利率常常被认为是传统的最后贷款人制度运作的原则。需要强调的是惩罚性利率的主张并没有得到这领域经典著作的支持，传统作品认为应该奉行高利率。然而，一些学者曾经建议利率低于市场利率。② Goodhart 主张最初款项的成本应该保持在较低水平以避免从央行借款而影响其声誉。③ 第一部分（有限）款项的借贷利率应该（稍微）低于现行借贷利率，因此几乎所有银行都会向央行借款；但所借款项增多时，其余部分应高于市场利率（美国的贴现率普遍低于市场利率）。中央银行流动性支持的扩展使得特殊情形变为普通情形，普通的意思是，央行在危机时往往成为主要或者唯一的贷款人。中央银行抵御危机的承诺预示着对于谨慎适用该原则的背离。央行一直以来热衷于鼓励各种形式的借贷，无论人们希望赋予它们何种定义：普通或特殊。最后贷款人的第四个支柱是接受援助的机构应该提供优质的抵押，由于可接受抵押物范围的扩大，该项成为危机中常被争论和批评的议题。

　　1.43　在危机后对中央银行和其作为最后贷款人所采取的行动进行批评是很容易的，但是在危机中鉴于事件的不可预测性和立法者

---

　　① 欧盟关于禁止政府债务货币化，也被称为"货币融资"与《欧盟运行条约》的第123 条（原《欧盟条约》第 101 条）一致。

　　② 参见 Charles Goodhart, The Regulatory to the Financial Crisis（Cheltenham：Edward Elgar, 2009）, 71；Jean Charles Rochet, Why Are There so Many Banking Crisis?（Princeton：Princeton University Press, 2008）, 89；Rafael Repullo, "Who Should Act as a Lender of Last Resort? An Incomplete Contracts Model"（2000）32（3）Journal of Money, Credit and Banking 580 – 605 and ftp：//ftp. cemfi. es/pdf/papers/repullo/Liquidity% 202005. pdf. 在欧盟规则下，以低于市场利率的价格融资被视为"国家援助"，因此，需要经过委员会的授权。在此感谢 Antonio Sainz de Vicuna 对于此点的分析。

　　③ Goodhart, The Regulatory Response to the Financial Crisis.

（如美国）无法及时通过紧急法案，以及缺乏关于金融机构价值和稳健性的准确信息，中央银行需要一定的灵活性来采取行动并阻止危机的蔓延。在巨大压力下，央行试图通过它们的流动性政策在市场状况极端脆弱的情况下重建信心；关于美联储在危机中追求金融稳定是否保持了独立性的批评多少有点丧失要领。阻止危机蔓延是首要任务。立法者现在应该重新改写危机规范。

存款保险[①]

1.44 存款保险一直以来饱受争议。1959 年米尔顿·弗里德曼（Milton Friedman）提出了一个被广泛认同的观点：1929—1933 年银行业危机后，作为罗斯福新政一部分的美国联邦存款保险制度的建立是"自内战后向州银行货币征税以来，货币系统向更为稳定的方向发展中最为重要的结构性变革"。[②] 存款保险已经成为我们现行监管框架的一个"政治事实"。所有种族的政治家们都深知存款人必须得到保护。此种保护通过一套明确的、精心设计的存款保险制度得到完美的诠释，理想的制度是让金融业支付存款保险金（繁荣时期出资多，衰退时期出资少或不出资）。虽然银行业反对事先支付资金（作为成本或负担），但它内化了保护成本，减少了道德风险。最后，存款保险的主要受益人是存款人和金融机构本身。[③]

---

① 该部分吸收了 Rosa Lastra, Legal Foundations of International Monetary Stability（Oxford：Oxford University Press, 2006）, ch 4 and Rosa Lastra and Rym Ayadi, "Proposals for Reforming Deposit Guarantee Schemes in Europe"（2010）11（3）Journal of Banking Regulation 210 – 22. 参见 Gillian Garcia, "Deposit Insurance and Crisis Management", Working Paper WP/00/57（Washington, DC：International Monetary Fund, 2000）, available at http：//www. efdi. ner/scarica. asp？id = 65&Types – DOCUMENTS。

② Milton Friedman, The Control of Money：A Program for Monetary Stability（New York：Fordham University Press, 1959）, 21. 他的观点建立在与 Anna Schwartz 合作的先前成果基础上，其中表明了：20 世纪 30 年代，美联储不充分的最后贷款人行动所带来的严重后果。

③ 参见第 11 项 "Core Principles for Effective Deposit Insurance Systems" by the Basel Committee on Banking Supervision and the International Association of Deposit Insurers, March 2009, at http：//www. bis. org/publ/bcbs151. htm。

1.45 避免保护存款人的承诺是不可能的，所以存款保险在当前是非常需要的。基于政治和经济因素，此项承诺也是不可避免的。公众期望他们的存款在任何一家有牌照的银行都是安全的。因此，当银行破产时，政府让小储户承担损失会对其产生政治上的不利影响。当然，存款人有时会失去存款。① 但是如果有较多的存款人受到影响，政治家会认为必须弥补存款人的损失。

1.46 一个银行达到多大的规模可以在政治上"大而不倒"？几年前，对银行提供隐秘的资金支持（实践中是间接进行的，如劝其他银行继续提供信贷）是有可能的。另外，相关储户在分支机构排队的报道没有广泛散播。② 这样隐秘的操作在今天不一定总是可行的。所以保护存款人的政治需要较之过去似乎适用于小的银行。

1.47 无论是大银行还是小银行，保护存款人也出于良好的经济考量。对大型银行而言，为了保护主要的家庭财富损失所导致的经济后果，保护存款人是十分有必要的。这种保护不能仅仅采取现金支付的方式；那些"大而不倒"的大型银行不得不继续经营，以防止贷款和支付功能的损失。③ 保护大银行的义务反过来意味着保护小银行的存款人是有利的，以便其可以同那些视为"大而不倒"银行展开充分有效的竞争。大型银行和小型银行之间的差别在于如果小型银行的存款人得到及时、充分的赔偿，并且有相关措施可以确保这些存款人可以继续获得银行服务，小型银行就可以被允许破产。

1.48 因为存款保险已经成为一个政治事实，显性存款保险制度优于隐性担保。显性存款保险制度的优点是其可以清晰表明被保护者和保护的程度。这减少了拯救不受保险的存款人、其他债权人甚至股东所遭受的政治压力。

---

① 例如国际商业信贷银行的储户必须依赖存款保险基金。但是那个案子或许较为特殊，因为国际商业信贷银行由于欺诈经营而倒闭。

② 储户排队的确在20世纪70年代早期二次银行业危机期间发生，但是没有被广泛报道。这可能是因为当时的媒体比较顺从。

③ 需要强调的是这不意味着管理层或股东会受到保护。仅意味着银行经营的持续。

1.49 显性存款保险制度是通过存款保险法律来确立的，规定了"保险"或保护的程度所适用的具体规则，如何操作及受保护的存款人的类型。显性存款保险有两个目标：消费者保护和防止银行挤兑；后者有助于实现一维护金融稳定这一更大的目标。保护存款人的一个重要原理是假设普通存款人对其资金所在银行的风险的监督能力不足，还有个人储户存款的损失所带来的潜在的高额成本。防止银行挤兑背后的原理则是银行系统固有的脆弱性。由于银行存款的"先到先得"特性和贷款（除非证券化）流动性差以及清算价值明显低于正常营运价值的原因，一旦出现危机，存款人就倾向去挤兑银行。银行破产让储户恐慌影响到整个金融系统。① 显性存款保险的第三个理由（除了保护消费者和防止银行挤兑之外）是该制度让政府更容易关闭银行。知道没经验的储户得到保护之后，对丧失清偿能力的机构进行清算在政治上是可以接受的。

1.50 在显性存款保险制度下，存款人只在关闭银行时获得赔偿。欧洲影子金融监管委员会②在1999年认为显性存款保险能够并且应该在推动破产银行的清算承担重要角色。

1.51 隐性存款保险与显性存款保险相反，尤其是充当"全面保障"角色，并且常常预设甚至有时促进银行继续经营（或者因为"大而不能倒"或者是政治原因难以关闭银行），因此产生普遍的道德风险问题。

1.52 显性存款保险对纳税人仅造成有限的损害（并且只是在保险基金耗尽时）。③ 然而，隐性存款保险潜在地将全体负担转移到纳税人身上，因为"拯救计划"由政府资助。拯救计划不仅造成道德风险而且影响市场竞争，尤其是在"大而不能倒"盛行的情形。

---

① 如果信息清楚透明，存款人就不会这样做。例如，在20世纪20年代，因为公布了损失的分配，美国农业银行的破产并没有造成大范围的恐慌。

② 参见 ESFRC Statement No 5 of 18 October 1999. The statements of ESFRC 可访问 www.ceps.be and www.aei.org。

③ 除任何贡献以外，它还增加了道德风险。

1.53 显性存款保险制度下，不被保险的存款人，其他债权人，股东及管理者是不受保护的。因此，显性存款保险制度与市场约束更为相容，不被保险的存款人和其他债权人会积极监督银行的偿付能力。显性存款保险制度可以与规定存款人享有优先权的破产法共存，也可以与未在破产程序中规定此优先权的破产法共存。

1.54 欧洲影子金融监管委员会在 1999 年 10 月发表的讲话中建议不被保险的存款和其他负债应该"明确不受保险保护"，意味着应该向此类债权的持有人表明其在银行破产时不享有政府的救助。显性存款保险必须促进政府当局接受银行清算所引发的政治后果。

1.55 存款保险对特定的存款提供非偶然性的保证。它明确了银行破产时存款人受保护的方式和保险金额。最后贷款人制度是以具体情况而定的。危机期间流动性的注入不是强制性的，而是酌定的，即取决于中央银行的自由裁量。

1.56 存款保险制度应该是明确的，可靠的并且有限的保险金额。①

欧盟的存款保险②

1.57 作为金融服务单一市场义务的一部分，成员国需要遵守一套类似规则。这通过协调原则实现的，构成相互承认有效运作的基础。自 1989 年以来，一系列指令构成了这一套类似规则。然而，并不是所有的指令都是全体一致同意的成果，或是基于知识等不足的原因，或是因为成员国之间法律和监管实践的差异所致。关于资本金（自有资金）的指令得到了一定程度的接受（部分原因是巴塞尔和布

---

① 巴塞尔委员会和国际存款保险协会的工作，尤其是在 2009 年 3 月 12 日发布的《有效的存款保险制度的核心原则》是国际协调最相关的例证（虽然是软法性质）。http：//www. bis. org/publ/bcbs151. htm.

② 关于欧盟当前立法和改革建议，参见 Rosa Lastra and Rym Ayadi，"Proposals for Reforming Deposit Guarantee Schemes in Europe"（2010）11（3）Journal of Banking Regulation 210 – 22。

鲁塞尔之间工作的趋同），并促成成员国就资本需求事项达成一致，但是，关于危机管理程序的指令却不同，尤其是关于存款保险制度的1994年欧盟指令（1994/19/EC）和关于信贷机构解散、清算的2001年欧盟指令（参见第6章）。这些指令被一些人认为是用来处理那些没有必要协调统一的事项。由于以上原因及涉及的法律和政治上的困难，导致存款保险和破产程序的规定相当分散。欧盟银行的海外分支机构受国内存款保险制度的保护，而欧盟银行的外国子公司则受东道国存款保险制度的保护。本国和东道国的存款保险制度存在显著差异，存款人未必意识到这种差异并且在大多数情况下所受的保护是不平等的。后者本身不一定是不受欢迎的，但是如果其带来隐性的存款保护就会不被接受。对于非欧盟银行的分支机构和没有存款保险制度的国家，情况将会变得更加复杂。

1.58 这一切不仅可能引发竞争问题，还可能是母国与东道国政府之间利益冲突的根源；并且当银行发生破产时和先前的存款人在投入资金前询问存款保险时，加剧存款人的混乱和复杂。

1.59 金融危机推动欧盟和欧洲经济区的各成员国政府采取独立的、非一致的行动来帮助恢复其国内市场的信心。这些独立的行动鼓励了欧盟政策制定者修改1994年指令以避免扭曲竞争。2009年DGS指令（Directive 2009/14/EC）引入的了修正案提升保险范围，减少支付的延迟并终止了共同保险。

1.60 无论是最初的1994年指令还是2009年的修正案都没有解决一些重要问题，这些问题留给成员国予以自由裁量，例如保险金的筹集，风险敏感度及母国与东道国利益冲突的解决。爱尔兰和冰岛案暴露了这些缺陷（正如下文探讨的，虽然有不同的原因和考虑事项）。最近的危机表明存款保险制度达成更高程度的协调是必需的，如果在欧盟内部可自由转移资本和提供金融服务、产品，一国的监管措施（例如爱尔兰政府为六大银行的私人储蓄提供保障）会对其他国家产生竞争性影响。

1.61 危机还会引发重要问题即关于一些国家政府实施存款保险

制度和履行存款保险制度指令项下义务的能力。国家在危机中保护其国民的天然倾向需要让位给欧盟成员国的义务。

1.62 母国监管者对于海外分支机构的责任——特别是关于存款保险制度的义务——自冰岛的银行破产后就成为关注的焦点，在冰岛案中政府当局没有履行此项义务。依赖于母国控制已被证明是有问题的，因此一些评论者提出东道国控制的主张。这可以通过让那些财务稳健性和能力有疑问的分支机构转变为子公司得以实现。当然，这是对单一市场、母国控制和单一执照原则的背离，这个原则在促进银行业跨国竞争上一直是成功的。为了避免这种情况，有些人提出了一个泛欧洲管理方案。然而，正如 Howard Davies 所言，这会引发财政问题（"Europe's Banks need a Federal Fix"，Financial Times, 14 January 2009）。

1.63 财政问题无疑很棘手。由于资金的损失，许多与破产有关的问题需要政府行动。如果需要资金来解决这个问题，而在私人领域无法提供资金时，政府就必须运用纳税人的财产来提供资金。放眼全球发现不同的国家体系在这领域是不协调的，许多案件存在明显的矛盾。跨国银行破产案件中，如果每个国家试图运用自己的管辖权将其损失降低到最小，那么必然以其他国家的损失为代价。[1] 即使是在经济一体化程度较欧盟更高的澳大利亚和新西兰，各自也倾向于尽可能地适用与本国接近的制度，以便能够控制对本国居民和机构的影响。

1.64 显然，确保审慎行为的制度越完善以及捕捉正在出现的问题越早，那么必须解决的破产事件就会越少，破产规模也会越小。这将使责任分担、制定决策的问题变得容易。然而，一旦需要行动，无论是阻止破产还是处理破产，跨国合作就会不可避免地变得更加困难。[2]

---

[1] 属地主义和普遍主义的原则会在第9章进行深入讨论。

[2] 这与 John Pinder, The Commonwealth and the Trend towards Regional Economic Systems（London：Federation of Commonwealth Chambers of Commerce，1968）中的观点：国家之间就协调整合的负面安排，例如消除障碍和达成彼此不对抗的合意，要比积极方面容易得多，后者需要就统一立法和新的行为模式达成一致。

1.65 新西兰当局的制度安排解决了银行跨国性质产生的两个问题。新西兰当局提出了两个相对较简单的要求：

任何一家被当局认为具有系统重要性作用的银行必须以如下方式进行自身建构运营：有一个可行的地方组织，其可以独立运作，并在面临破产时最终被当局收购和经营且不中断营业。

如果银行不能自愿地采取上述行动，必须有具体的立法允许当局在银行资本不足时介入并强制实施解决方案。

1.66 第一项被称为是"外包政策"[①]，因为是关于银行在面临破产时继续维持"供应商"提供服务的能力。这包括计算机系统，获得支付系统的能力，获得担保和其他基本的服务而且包括决策的制定。因为新西兰所有具有系统性作用的银行都是外国所有（澳大利亚），因此这些银行的母公司在此意义上就是主要的供应商，新西兰的银行必须能够继续运营即使是在其母公司破产情况下。因此这也是新西兰制度中的一项要求即这些银行必须在新西兰当地注册，拥有一个能够真正实际经营业务的当地管理团队和对银行审慎经营、披露声明负责的董事。

1.67 新西兰与欧盟/欧洲经济区大为不同，单一金融市场的特征之一是获得某一成员国执照的银行可以在另一成员国设立分支机构而不受当地国的审慎监管，母国而非东道国履行监管职能。[②] 母国同时负责资本不足、破产和存款保险等事项。[③] 然而，类似新西兰的外包政策是不够的。如果银行资不抵债（或者资产净值为负），当局必须立即介入并接管银行。当局需要能够对损失作出合理评估，分配损失，在公共担保下不间断地营业以避免进一步的损失。在当局介入的过程中，它们不承担任何损失。纳税人承担随后的运营损失。新西兰

---

① Reserve Bank of New Zealand, Outsourcing Policy, BS11（Wellington, January 2006）.

② 分支机构必须要遵守东道国的商业行为规则和涉及劳动人事，医疗和安全等其他当地公司必须遵守的法律。

③ 有一项规定：分支机构要通过东道国的存款保险公司来增加其存款保险至与东道国规定的水平相同（要降低至本地水平只能通过境内公司实现）。

的制度让法院来任命管理人。管理人决定银行哪些业务维持运营，在损失评估之后，按优先权的相反顺序来分配债权人的损失，直到银行恢复清偿能力/资产净值为正。

1.68　美国的桥银行有着相似的特征，但主要债权人即联邦存款保险公司（FDIC）负责银行破产程序，本书后面部分（第15章）将讨论这些内容。

1.69　除非按照新西兰的方式将每个经营单位从集团中剔除，否则上述制度难以用来处置跨国银行破产问题。如果跨国银行选择完全通过分支机构进行经营（正如在《欧洲公司法》对北欧银行（2003）的提议），那么由母国权力机关进行管理。如果是混合性的安排，由于子公司不具有系统重要性，那么一些国家可能准备将其关闭，而其他国家希望用"桥银行"或类似手段解决问题。如果母国认为银行的分支机构不具有系统重要性，而东道国却视之为系统重要性银行，那么将会产生严重的利益冲突。

1.70　这意味着需要建立一些事先的指导方以便能迅速地运行上述共同安排。一些机构在法院的支持下应当对破产事件负责并获得足够的资金、专业技能和有权采取行动。这表明，如果没有一个超国界的行政机构，虽然其后果涉及许多国家，每个国家只能各行其是。

1.71　Goodhart 和 Schoenmaker[1] 强调需要根据一些事先确定的简要规则如资产或存款的分配来确定国家的责任。由于问题的原因不可避免地集中，实际损失分配的不平衡和不对称行动的系统性需求都需要上述规则。然而，大多数欧洲国家无权以这种方式介入并从股东手中接管银行。它们不得不让银行破产并停止营业，或以贷款或担保抑或二者结合的方式提供紧急援助。不足之处是各国需要承担损失。

1.72　如果普通破产程序是有效的，基于系统性原因有干预的需求就有必要成立一个新机构。一个特定的机构能够解决问题。在全球

---

① Charles Goodhart and Dirk Schoenmaker, "Fiscal Burden Sharing in Cross Border Banking Crises"（2009）5（1）International Journal of Central Banking 141 – 165.

范围内，能够对本国市场外的区域产生系统性影响的银行数量是相对有限的，所以个案解决是可行的。① 母国设立的处置机构应当有能力获得东道国的资源。② 这种方案是可行的，但能否被接受就另当别论了。

1.73 2008 年对 1994/19/EC 的修正审视了现有制度充分性问题并讨论了加强欧洲公平竞争环境的改进措施。

1.74 针对这些保护性机制的司法管辖应该更加深入地考虑。例如，我们是否需要欧盟存款保险基金或者国际保险基金？但是，这当然又把我们带回到棘手的财政问题上。

政府拯救方案

1.75 "rescue package" 一词就像 "bail-out" 一样是不严密的。这些被广泛运用的词语并没有一个确切的法律定义。在最近的危机背景下，它们指的是政府为阻止金融机构的崩溃而采取的大量行动：从担保，保险，或者购买资产到直接注资和其他支持方式。许多措施是无法被法律所预见的（法律常在事后制裁已成为既成事实的行为）；即便法律有所预见，采取的这些措施在援助力度上也是史无前例的。

---

① Dirk Schoenmaker and Sander Oosterloo in "Cross Border Issues in European Financial Supervision", in David Mayes and Geoffrey Wood (eds), The Structure of Financial Regulation (London: Routledge, 2007) 主张在欧盟仅有大约 30 家此类银行。如果英国米特兰银行（Midland Bank）是个先例，那就有大量时间去行动。这家银行在 1934 年是世界最大的银行，在此后逐渐下降，最终在 1992 年被汇丰银行收购，并在 1999 年改名为英国汇丰银行。（几年之前，在 1987 年，它经历了一场耻辱就是收到其广告商 Saatchi and Saatchi 的收购要约）

② 如果可以及早发现银行的问题，可能是大型跨国银行，那么对此类机构如何提供资金的问题就会变得更易管理。Charles Goodhart and Dirk Schoenmaker, "Burden Sharing in a Banking Crisis in Europe", Special Paper No. 164 (London: LSE Financial Markets Group, 2006) 中主张任何出资应该与各国资产成比例。如果没有预先资助该机构，那么主要需求就会是从各个政府借钱直到机构能从银行系统获得再融资。自从 1991 年颁布《联邦存款保险公司促进法》（FDICIA）和建立及时纠正措施（PCA）后，美国便没有产生提供此项资助的需要。

1.76 事后的批评是很容易的，各国政府和中央银行在危机最严重的几个月里（2008 年 9—10 月），面临着极大的不确定（伴随着评估问题，银行自身也难以在市场价值持续下滑中评估其真实的金融状况），承受着前所未有的压力，和自英国 1866 年奥佛伦格尼危机后从未发生过的遍布恐慌。

1.77 欧盟成员国适用的紧急措施受欧盟国家援助规则约束。危机期间的国家援助措施激增，包括银行国有化、银行再注资、存款保险、担保、资产保险或购买、流动性工具延长及其他支持措施。① 正如欧盟指导方针规定，除非通过提交"重组计划"将拯救转变为"重组援助"，"拯救措施"必须是暂时性的、可撤销的并且持续期间不能够超过 6 个月。

1.78 欧盟委员会在 2008 年 10 月发布的函件提供了国家援助规则适用的指导方针，以确保成员国的措施不会扭曲竞争。该指导方针涉及担保计划，再注资和金融机构的清算。指导方针要求措施必须遵守时间限制，符合非歧视原则，尽可能让私人出资。为了补充完善该指导方针，委员会在 2008 年 12 月发布了另外一个函件，规定了银行再注资的指导方针。指导方针对那些稳健的，为维护金融稳定而获得暂时性支持的银行与有破产风险的银行进行区别。成员国要求为前者提供退出策略，为陷入困境银行提供提供重组方案。委员会在 2009 年 2 月 25 日提供了处理欧盟银行业受损资产的指导方针（受损资产相当于银行可能因此遭受损失的资产；例如美国的次级抵押担保证券）。

---

① 参见 Report of the European Union Committee of the House of Lords，"The Future of EU Financial Regulation and Supervision"，17 June 2009，58 – 61，206 – 22，available at http：// www. publications. parliament. uk/pa/ld200809/ldeucom/106/106i. pdf。委员会通过了大量的国家援助措施以应对金融危机。委员会在金融危机背景下发表了两次关于国家援助规则适用的函件，2008 年 10 月 13 日（IP/08/1495）的是关于担保，再注资和其他措施，2008 年 12 月 5 日（IP/08/1901）则关注金融机构的再注资。委员会在 2009 年 2 月 25 日（IP/09/322）提供了关于处理欧盟银行领域内受损资产的进一步指导方针（受损资产相当于银行可能因此蒙受损失的资产；例如美国的次级抵押担保证券）。

系统性风险的考量

1.79 高度传染性的疾病是可传染的，迅速地从一个人身上蔓延到另一个人。此类疾病最好治疗方法是预防，一旦暴发（新病难以预见更难预防），隔离政策最为重要（隔离患者，限制传播，加强卫生）。系统性金融危机也是具有高度传染性的，能够迅速传播。像医生需要隔离感染的患者一样，我们需要设计出隔离传染性机构的机制并深入了解传导机制。

1.80 传导机制和国内国际上的传播渠道而非触发事件（近因原则）让危机具有了传染性。如果联系很紧密，潜在的系统不稳定性就会增加。如果联系较弱，系统性风险的威胁就会变小。

1.81 然而，"动荡"的发生和之后的传播程度都是难以预测的。没有人能预见始于美国 2007 年夏季的次贷危机能够造成全球金融市场的崩溃。市场信心在 2007—2008 年急剧下降，到 2008 年 9—10 月到达最低。

1.82 传播渠道或者传导机制可以被分为如下几类（有时传导机制之间也是互相连通的）：① （1）同业拆借渠道；（2）支付系统；（3）信息渠道；（4）心理渠道。这场金融危机证实了非银行金融机构的系统性影响，如美国国际集团或者雷曼兄弟（投行而非商业银行），表明了需要重新审视风险传播的机制。许多学者将危机期间抵押借款市场冻结和面临的严重压力视为危机的原因之一。② 第 10 章和

---

① 参见 Rosa Lastra, Legal Foundations of International Monetary Stability (Oxford: Oxford University Press, 2006), ch4. In a research summary on "Financial Contagion: ABC Channels", published by the International Monetary Fund (http://ww. imf. org/external/pubs/ft/irb/2000/eng/02/index. htm), Haizhou Huang 认定金融传播主要有三个渠道：资本市场渠道，银行渠道和货币渠道。

② 参见 Gary Gorton and Andrew Metrick, "Securitized Banking and the Run on the Repo", NEBR Working Paper, August 2009, available at http://papers. ssrn. com/sol3/papers. cfm? abstract_ id = 1454939。

11 章进行深入阐述这一主题。

    1.83   前文所述，个别银行的危机与系统性危机有很大不同。系统性危机所带来的问题是多方面的：很难事前计算损失的总额；难以预测和评估危机发展的速度；解决信心崩溃问题也令人望而生畏，信心崩溃让许多机构陷入破产（如雷曼兄弟破产后的几周所爆发的恐慌）：无法知道市场下跌中的有效策略——特定策略，个案策略，或者综合的战略方法。正如瑞典（积极）和日本（消极）的实践所证实，如果决定有必要实施大量救助，最后一项策略则是最有效的。然而，即使法律被取代或随后修改，此类方法仍需要基于"常规的"破产程序。

    1.84   中央银行实施的大规模注入流动性或许可能解决这个问题。这就是为什么中央银行是抵御危机的第一道防线，也阐释了央行天然具有宏观责任。即便此类注入的流动性不足的情形下，政府还可以运用两种极端和综合性的方法：对所有陷入困境机构的再注资或者大规模地清算（在显性存款保险制度下赔付存款人）。后者即大规模清算在政治上几乎是不可能的。前者在近几个月以来被频繁运用。当然再注资方式包括从局部最小的注资到全部国有化。针对"不良资产"的政策（如美国的第一个不良资产救助计划；后来此类资产的用词从"有毒资产"变为好听一些的"遗留资产"），从担保，保险，购买，资产转移到直接核销。还包括债务置换，债转股和其他重组工具。还可能结合公共和私人的救助（危机期间检验过的方案），也可能成立一个集中的机构，如在美国储蓄信贷协会倒闭后成立的美国资产处置和信托公司。

    1.85   最后，不能忘记系统性危机能够产生严重的跨国性后果。在银行破产研究中，跨国问题非常重要，为了制定一个跨国银行破产的框架，需要建立某种形式的跨国财务协议或责任分担。

（王亚平译）

2

银行破产的定义和银行
破产程序的类型

*Andrew Campbell and Rosa M Lastra**

简　介

2.01　此次全球金融危机引起了国家及国际社会重新审视银行破产这一主题。这次危机表明,许多国家没有合适的法律制度妥善处理陷入困境的银行,即使有也不足以处理所面临的问题。

---

　　* Mr Andrew Campbell 是英国利兹大学法学院的国际银行与金融法教授;Rosa M Lastra 是英国伦敦大学玛丽皇后学院商法研究中心国际金融与货币法教授。

2.02 Howard Davies 认为，银行破产很可能会引发附带损害，甚至会是与破产银行没有任何交易关系的受害者。因此，监管机构的目标是阻止（银行破产）而非治疗，清理是最迫不得已的方法。[①] 然而，Davies 和其他一些人认识到，即便是拥有有效的规制体系，由于银行所蕴含的风险，认为不应发生银行破产或不会发生破产是错误和不现实的。新加坡货币当局在危机前表示，"零失败的制度既不可行，也不可取，它会给监管机构带来巨大的道德风险，也让金融机构承受过重的监管负担。"[②] 金融服务局在伦敦宣布，监管机构的目标是保持一个较低的银行破产率。[③]

2.03 较低的银行破产率需要金融安全网，包括银行破产法律制度和相关的危机管理。该制度要建立在危机发生前，无论是个别银行危机还是系统性危机。

2.04 本章重点讨论银行破产的定义和目标。[④] 在跨国破产方面，有必要对破产的定义达成一个统一的认识，即对银行破产的定义和启动破产程序建立一个统一的标准。出于许多原因，这是一个非常困难的工作。首先，各国之间的银行破产法差异甚大。它们在很多方面均不相同。破产法和商法的其他领域有着密切的联系，不同的法律传统（大陆法、普通法）孕育出了不同的破产规则。有些法律更偏向于债权人（的利益），而有些法律则更偏向债务人（的利益）。除了这些法律障碍，经济方面的考量也同样重要。在银行业，流动性不足和破

---

① Howard Davies, Deputy Governor of the Bank of England, (1996) 1 *Financial Stability Review* 10.

② Annual Report of the Monetary Authority of Singapore, 2006/2007.

③ FSA Press Release, London, 21 January 1999.

④ 适当参考了监管问题以及第 1 章中所涉及的官方安全网的其他问题，如紧急情况下的流动性援助。有关这些主题的进一步阅读，请参阅 Dalvinder Singh, *Banking Regulation of the UK and US Financial Markets* (Aldershot: Ashgate, 2007) and Heidi Mandanis Schooner and Michael W Taylor, *Global Bank Regulation: Principles and Policies* (Burlington: Academic Press, 2010)，关于监管领域的问题参见：Andrew Campbell and Rosa Lastra, "Revisiting the Lender of Last Resort" in (2009) 24 (3) *Banking and Finance Law Review* 453 for a detailed and up-to-date examination of emergency liquidity financing（提供了最详细且最新的对紧急流动性援助的探讨）。

产间的界限并不总是清晰的。银行危机往往是一个动态的过程，流动性不足有时会导致破产，一个无清偿能力的机构如果允许其继续经营，很可能会变为流动性不足。一个经济上破产的银行并不总被监管当局宣布破产，反而有可能对其提供经济援助。当主管当局下令停止其经营和活动时，银行往往被认为是破产了。然而，各主管当局往往对清算银行持谨慎态度（部分原因是该行为可能对其他机构产生传染效应，"有序清算资产"并不容易），转而让修正或重整银行问题。

2.05 本章试图提供银行破产的定义，评估破产程序的主要目标及其类型。还将分析这一主题之所以在国际上如此重要的原因。

2.06 这场危机增加了奉行特殊破产制度的国家。如英国过去适用一般公司破产法（普通法）处理银行破产问题，并没有专门针对银行的特殊破产规则。《2009 年银行法》引入了专门针对银行的特殊制度，下文和第 15 章将对此做深入讨论。银行破产法领域的一个重大发展是国际货币基金组织和世界银行于 2009 年 4 月发布的一篇题目为《银行破产法律、机构和监管框架概述》的研究报告。[①] 本章之所以提到这份研究报告，是因为它首次为建立国际最佳实践的银行破产法律提供了明确的指导。

2.07 尽管本书后文讨论了国际上的发展，但值得注意的是，金融危机暴露了原先银行破产法律制度的缺陷，银行破产法改革已成为政策制定者和相关国家与国际组织优先考虑事项。奥巴马总统的参谋长拉姆·伊曼纽尔的话言犹在耳，即"永远不要浪费一个好的危机"；危机推动了改革全球金融市场的"黑洞"。尽管 2007 年 8 月前就开始了银行破产法改革工作。如国际货币基金组织/世界银行于 2002 年就提出了全球银行破产的倡议，欧盟 2001 年通过了《信贷机构重整和清算》指令。欧盟的 2001/24/EC 号指令（第 6 章将予以讨

---

① 以下简称"国际货币基金组织/世界银行 2009 年 4 月报告"，载于网站 http：// www. imf. org/external/np/pp/eng/2009/041709. pdf，Andrew Campbell 是本文档的贡献者。

论）主要是关于法律冲突和相互承认的问题①，而非试图在欧盟引入银行破产的统一的实体性标准（即便是单一的金融服务市场，也没有一致的破产定义）。

2.08　过去时间里，与金融危机相关的议题如资产充足率、监管事项而非银行破产法受到更多的关注和优先探讨。多数国家对于银行破产法的改革或者现代化问题不感兴趣。然而，最近的危机提供了全新的视角来重新审视这一主题。

2.09　如第1章所述，认识到个别银行的危机与系统性危机的差别是非常重要的，在跨境背景下更是如此。面临系统性危机时（如过去两年经历的危机），政策和政治层面的考量优先于法律层面，这经常导致法律制度的修正。在英国、美国和欧盟都是这样。

银行破产是什么?

2.10　通常理解的破产是指无力清偿债务。在市场经济中，破产的社会功能是"清理"无效的实体，减少债权人和其他利益相关者的损失。两种普遍认可的破产标准：资产负债表标准（负债超过资产）和现金流标准（无法到期偿还债务）。

2.11　"现金流"标准适用债务人的债务到期，债权人已经采取适当的方式要求债务人偿还，而债务人无法清偿债务。此时，法律允

---

① 　See Andrew Campbell, "Issues in Cross-Border Bank Insolvency: The European Community Directive on the Reorganization and Winding-Up of Credit Institutions" in（2005）3 Current Developments in Monetary and Financial Law（Washington, DC: IMF, 2005）, ch 26 and Rosa Lastra, "Cross-Border Bank Insolvency" in Law in Transition, October 2007（London: European Bank for Reconstruction and Development）on this. See also Gillian Garcia, Rosa Lastra, and Maria Niero, "Bankruptcy and Reorganization Procedures for Cross-Border Banks in the EU: Towards an Integrated Approach to the Reform ofthe EU Safery Net"（2009）17（3）Journal of Financial Regulation and Compliance 240 – 76. "The adoption of this Directive proved to be a difficult and lengthy process", as further discussed in the chapter dedicated to EU developments later in this book. 该指令的通过是一个相当困难和漫长的过程，在本书后面的欧盟发展章节中将作进一步讨论。

许债权人启动破产程序。① 资产负债表标准是指公司或银行的净值为负，即负债额超过其资产价值。实践中，除非未能偿还的到期债务，否则不会引起任何问题。如果公司持有非流动资产，那么它可能符合现金流的破产标准但其资产负债表仍然具有清偿能力。相反地，公司也可能资产小于负债而仍然能支付到期债务。公司技术性破产的情形下仍然可以持续经营。尽管无力清偿和破产经常混用，但破产通常是由法院或主管当局依法确定的无力偿债的情形。

2.12 适用普通法（银行适用一般公司破产法）的国家自然地将其破产标准（资产负债表或现金流，一些国家适用这两种方法的组合）适用于银行。适用特别法（银行适用特殊的破产制度）的国家，通常使用"第三种标准"或监管性标准，法律规定宣布破产的条件，以及对陷入困境的机构所采取的行动。如下文所述，"监管性"标准对"技术性破产"做出的定义实际上仍然依赖传统的资产负债表和现金流标准，但其进一步规定即便银行不满足上述破产标准，监管机构也应当提前介入。

2.13 Hüpkes 认为："普通公司破产的启动标准不适用银行。为了将银行破产所带来的（如果不能避免）信用损失和经济影响降到最低，必须比一般破产程序更早地启动银行破产程序。"② Hüpkes 的观点是正确的，即当所涉及的实体是银行时，需要尽早开始行动。国际货币基金组织/世界银行报告也认可了这一点，相比公司破产，银行破产法律"需要建立一个额外的标准，允许在银行出现财务困境的早期的阶段启动破产程序"。③

2.14 监管性破产作为资产负债表和现金流标准之外的第三种标准，尤其适合银行。银行处于严格的资本要求和其他强制性规则管制

---

① 关于此事的具体做法及所涉及的金额在各国均有不同。例如，在英国，只需要债权人（或共同行事的债权人）拥有相对较少的 750 英镑的债权，他就有权启动信用破产程序。

② Eva Hüpkes, *The Legal Aspects of Bank Insolvency: A Comparative Analysis of Western Europe, the United States and Canada* (London: Kluwer Law International, 2000), 12.

③ 注 6，21。

之中。资本和流动性要求提供了启动标准，允许相关机构对并不满足资产负债表标准的银行（即资产仍然超过负债）采取行动，第3章对早期干预进行更深入的探讨。

2.15　根据国际货币基金组织/世界银行的报告，银行破产法需要明确启动破产的标准和破产前的程序。① 尽管监管性标准是有必要的，应当明白这种标准既复杂又有争议。之所以有争议是因为银行不满足技术性破产时（资产大于负债）并启动了破产程序。在一些国家考虑到征收和股东权利，可能引发宪法争议。复杂是因为银行的估值问题和陷入困境银行的传染性，流动性不足和无力偿还往往会相互转变。国际社会的共识认为有必要为陷入困境的银行制订一个恰当的早期行动方案。制定特殊的银行破产制度也获得了共识，即为银行制定与公司破产不同的破产法和原则。

2.16　任何国家适用银行破产的监管性标准，都需要一个有效的监管体系，这样监管性破产标准才有效果。需要预先设定监管门槛，违反该标准将引发监管行动。这些标准通常基于资本充足率或资本和流动性组合的定量方法。当银行无法遵守上述标准时，法律应当明确规定启动何种破产前程序或破产程序。

破产和流动性不足

2.17　最近的国际金融危机表明，流动性对银行是至关重要的。正是由于这个原因，在过去的两个世纪里，发展出了中央银行最后贷款人的功能，以确保遭受临时流动性问题的银行能够如第1章所述②的那样得到及时的援助。在银行未能获得流动性的情况下，即使其资产

---

① Eva Hüpkes, *The Legal Aspects of Bank Insolvency*: *A Comparative Analysis of Western Europe, the United States and Canada* (London: Kluwer Law International, 2000), 20.

② For a detailed and up-to-date discussion of the subject see Andrew Campbell and Rosa Lastra, "Revisiting the Lender of Last Resort" in (2009) 24 (3) *Banking and Finance Law Review* 453. See also Rosa Lastra, "Lender of Last Resort, an *International Perspective*" (1999) 48 *International and Comparative Law Quarterly* 340 and Ross Delston and Andrew Campbell, "Emergency Liquidity Financing by Central Banks: Systemic Protection or Bank Bailout?" (2005) 3 *Current Developments in Monetary and Financial Law* 429 – 42 (Washington, DC: IMF, 2005).

负债率处于一个健康的状态，银行也将面临潜在的破产风险。银行无法满足债权人的付款要求通常会导致其符合现金流破产标准。如果无力清偿的银行（根据资产负债表标准）继续经营，银行很快就会丧失流动性。John Plender 在《纽约时报》中写道："现实中，市场经常嗅到了银行业所发生的流动性困难，从而引发流动性不足的恐慌。"①

2.18 流动性不足和破产界限对于银行来说极为重要，然而这是一种动态发展的线，很难在危机中进行评估。除非中央银行行使其最后贷款人的职能，即按照已有的程序向银行提供适当的援助，债权人可以根据一般破产法将一个流动性不足但财政上健康状态的银行推向破产。

2.19 最近的危机彰显了最后贷款人功能的重要性，并清楚地表明它是如何防止其他健康的银行破产的。当然，央行行使最后贷款人的职能需要与监管机构的行动紧密结合起来。如果监管门槛将一些流动资本比率作为行动的依据，那么所有需要流动性援助的银行都将是已经越过这一门槛的银行。因此，银行监管机构和中央银行②必须共同努力，通过向银行提供足以使其恢复到正常财务状态的临时流动性援助，从而确保其他健康的银行不会陷入破产程序。必须承认，这不是一个容易做出的决定，并且毫无疑问，实际上会形成技术上破产的银行一次又一次地接受紧急流动性援助的局面。提供流动性援助后，应跟进调查，以确保接受援助的机构的仍然具有清偿能力。否则，则应毫不迟延地采取监管行动来启动适当的破产程序。向陷入困境的银行提供帮助时，应建立贯穿各级的问责制。

银行和银行破产程序的定义

2.20 根据国际货币基金组织/世界银行的报告，"在银行破产方

---

① See John Plender, "Why CoCos are dangerous to the system of finance", *Financial Times*, 24 March 2010.

② 在许多国家，中央银行将履行这两项职能，但在某些国家，还有一个单独的监管机构。

面，'破产程序'一词用来指代所有类型的官方行动，包括开除（原有的银行）管理和/或对其施加限制，或暂停其股东权利并授权银行监管机构或其他官方指定的人以启动破产程序为目的直接控制银行……"①

2.21 最先需要考虑的问题是，何种银行是银行破产法的目标银行？国际货币基金组织/世界银行报告中只涉及接受存款的机构，而不涉及其他类型的金融机构。贯穿本章的"银行"一词，是指接受客户存款并使用这些资金向个人和商业客户提供贷款的金融机构。这也符合第一银行指令中有关"信贷机构"的定义，即一个"承诺从公众接受存款或其他需偿还的资金并为其自己的账户授予信用"的机构。② 这个定义在使用过程中引起了一些问题，例如，对于接受存款和不接受存款的银行机构来说，在破产时所适用的法律和程序是否相同？一些国家可能会选择限制适用特别银行破产法，即仅将其适用于接受存款的机构。然而，没有令人信服的理由表明银行破产法律不应该适用于其他类型的银行，如投资银行或建筑协会③和信用社等其他接受存款的机构。然而，一般情况下，监管机构并不会将银行破产法的扩展适用于其他类型的金融机构，如保险公司、投资公司等。当然未来很可能会发生改变，而这取决于危机结束后的金融形势的发展。

2.22 如上所述，银行监管法律框架旨在实现一些目标。首先，确保金融体系的稳定，包括确保支付和结算系统的顺利运行，同时保护银行作为信用中介的职能。为了达到这些目标，应该增强对银行存款人的保护。

2.23 在过去几年中，公共领域里的另一个非常重要的问题是，

① 同样值得一提的是，国际货币基金组织目前正进行的几个项目，用以解决以下问题，如非银行金融机构破产、对复杂金融工具的处理、金融部门监管机构之间信息共享的法律框架等，以及同样重要的跨国领域内的监管和干预。包括巴塞尔银行监管委员会在内的其他一些国际组织也在为此进行着努力。

② Article 1 First European Banking Directive 77/784/EEC.

③ 这些发生在英国和其他许多国家的互助机构，其主要目的是从其成员接受存款，并主要为了自置居所而出借资金。

如何处理那些被认为太过重要以至于需要予以特殊对待的银行。这些机构被认为是"太大而不能倒""太复杂而不能倒"或"太相关而不能倒"的。过去的经验表明，许多国家的政治家不愿意允许其国内的大型和具有显著经济意义的银行倒闭。从各国在国际金融危机中所采取的行动中，很难看出在对这一问题的认识是否已取得一些实质进展。例如，最近英格兰银行行长一直呼吁创建一些小型且不那么复杂的银行。① 然而，并非所有的国家都朝着这个方向前进。尽管一些庞大且复杂的机构占据了加拿大的银行业，然而其在过去几年之中并没有出现银行危机。从破产的角度来看，一个庞大而复杂的银行将会带来一些困难，尤其当银行跨境经营时更增加了困难和复杂性。

2.24 建立特殊的银行破产法需要考虑到这些如此庞大而复杂的银行机构所带来的特殊困难。这类机构几乎不可避免地进行跨国经营，这是一个需要在国际层面上进行多次深入讨论的主题。尽管具体讨论跨界问题超出了本章的范围，但仍有必要提请读者对某些至关重要的事项予以关注。首先，处理一个倒闭的银行与处理一家有经济困难的制造公司采用不同的方法。Malcolm Knight② 先生对此做出了很好的表述，他指出，恰当的公司破产法将倾向于延长公司重组的进程，通过将物理性资产作为持续经营的一部分而非零碎出售，以尽可能多地增加其价值。相应地，从公司破产程序中（如《美国破产法》第11章）就可以看出，很少有人鼓励快速完成这一过程。这些物理性资产不太可能消失。

2.25 对银行破产程序而言，无论银行位于何地，速度是至关重要的。非物理性金融资产可能很快会消失，开展跨境活动的大型复杂机构中尤其如此。所以，无论最终选定的银行破产法律的具体指标如

① *Financial Times*, 24 March 2010.

② "Mitigating Moral Hazard in Dealing with Problem Financial Institutions: Too Big to Fail? Too Complex to Fail? Too Interconnected to Fail?" in John Raymond LaBrosse, Rodrigo OLivates Caminal, and Dalvinder Singh (eds), *Financial Crisis Managemcnt and Bank Resolution* (London: Informa, 2009), ch 16, 258 - 9.

何，为了保护银行资产并尽可能地保持银行业务的正常运行，必须授权相关机构有权控制银行。一旦有违反相关"监管门槛"的情况发生，能够迅速做出反应对破产程序是至关重要的。

2.26　在某些国家，一般公司破产法可能也适合处置银行破产，但事实往往并非如此。在下一节中将探讨为什么需要对破产银行予以特殊对待。

为什么要适用特别法？

2.27　不是每个人都赞同银行具有极其特殊的地位，但最近的全球金融危机清楚地表明，国际上的共识是银行的某些属性导致对破产银行的处理需要一个特殊的制度，而这制度是金融安全网的一部分。详述这一内容超出了本章的范围，以下是需要特殊处置机制的理由。排序并非按照重要程度进行。

·银行在一国经济中扮演着重要角色。比如，银行在存款人和贷款人之间所起的中介作用。

·银行负责支付系统的运行，而支付系统的流畅运转是至关重要的。

·银行资产是长期的（例如长期贷款），而负债往往是短期的。这种不平衡可能会引发问题。

·保护银行储户。

·危机银行带来巨大的政治影响。很多国家的政治家都明确地表明他们在保护银行和银行系统，在危机刚刚开始时尤为如此。英国是最明显的国家，其首相戈登·布朗（Gordon Brown）不断地通过公开声明表明其为了保护公共储户正在采取哪些行动。

·银行的问题可能引发系统性风险。银行与其他类型的企业不同，一家银行发生问题，甚至（仅仅是）觉察到问题都可能导致挤兑，挤兑可能蔓延至其他银行，这将让一国金融体系崩溃。

这一现象甚至可能会跨境传播。稳健的银行体系依赖于公众对银行和银行体系的信心。信心坍塌将会导致系统性风险。

2.28 基于上述原因，银行破产是重要的议题，在危机期间能够使用银行业务是至关重要的，以下将对此做进一步讨论。国际货币基金组织/世界银行的报告指出，"银行倒闭可能比非金融企业倒闭产生更广泛的负面后果"。此外，历史已经表明，银行危机可以迅速蔓延，个别银行的财务状况可以以惊人的速度恶化。资产可以失去价值，存款人想尽办法体现。这意味着，如果想要机制良好运转，法律应当授权有关当局控制对陷入困境的银行，在有限的时间内给予银行必要的保护。英国的银行危机始于北岩，但随后波及整个系统，这表明英国当时并没有这样的法律制度。[①] 正如本章的下一部分所述，英国进行了变革，本章也将讨论英国的新银行破产法。

2.29 直到最近的国际金融危机爆发，许多国家几乎没有考虑过制定特殊银行破产法。一些国家曾经经历过金融危机，因此制定了银行破产法。20世纪30年代的美国典型，许多发展中国家近年来为了实现危机后的重建和发展在国际货币基金组织、世界银行、亚洲开发银行和欧洲银行等机构的协助下引入了特殊银行破产法。

2.30 许多发达国家近些年并没有遭受金融不稳定，对这一问题并未多加考虑。

过去几年所发生的事件让银行破产法纳入一些国家的议程，如英国已经制定了新的银行破产法。

2.31 金融危机以前，不同国家用不同的方法来处置破产银行。一些国家适用司法程序，有些适用行政程序，另外一些国家则混合使用两种程序。一些国家出台了专门的银行破产法，而其他一些国家则没有专门的法律用来处置破产银行。此时通常适用一般公司破产法。

---

① 虽然有人认为，在这种情况下应该使用管理令，因为在处理1995年巴林银行危机和其他一些小银行危机时就曾经使用过管理程序。

如前所述，英国就适用此种方法。

2.32 一国决定引入银行破产法时，有必要确定应当包括哪些内容。其他问题包括它是否是一部完全自足的法律。

2.33 除了建立独立的银行破产法，另外一种方法是在银行法中设立一个单独的章节专门规定银行破产问题。或在一般破产法中规定银行破产规则。所有这些方法都是可行的。然而，专门适用破产银行，并与一般公司破产法分开运作的独立的法律体系已成为常态。

适用一般公司破产法

2.34 直到北岩银行发生危机时，英国仍在适用一般公司破产法。银行适用《1986 年破产法》的一般公司破产规则。① 实际上，科克报告（The Cork Report）提出改革公司破产法的建议时，该报告②甚至没有提及银行的破产。这多少有些令人惊讶，因为 1974 年英国银行业危机距离科克报告的起草仅仅过去了几年的时间。实际上，《1986 年破产法》生效时，主要的公司救援工具即管理令，尚不能适用银行，1989 年改变了这一现象，那时起许多适用了管理程序。其中最引人注目的就是 1995 年的巴林银行进入了管理程序。

2.35 许多原因使得不经修正的公司破产程序来处置破产银行是不合适的，此处不对公司破产做进一步的探讨。然而，这并不意味着一般公司破产法没有用武之地。实际上，精心设计的公司破产法应当包含许多的内容同样适合用来处理银行破产问题。尽管一般公司破产法包括许多处置银行的内容，制定一部独立的银行破产法更好。

适用于破产银行的制度

2.36 危机让各国意识到有必要建立一个特殊的机制来处置破产银行。接下来几年，许多国家将其注意力转向这一主题。国际货币基

---

① As amended by the Enterprise Act 2000.

② Generally known as the Cork Report. Insolvency Law and Practice：The Report of the Review Committee Cmnd 8558（London，1982）.

金组织/世界银行的报告审视了银行破产法的主要特点。正如报告所指出的，它"讨论了一国有效处理其管辖范围内的银行破产案件，可能实施的法律、制度和监管框架的共性"。

银行破产法的目标

2.37　有效的银行破产法致力实现若干具体目标。这将包括通过提供可能的"援助"来替代银行清算。① 此外，法律必须确保平等对待并保护所有债权人及其他利益方。实质上，银行破产法的宗旨和目标与一般公司破产法的目标差异并不是太大。Goode 列举了公司破产法的四个主要目标：

> 可行的话，让债务人公司恢复盈利；
> 当无法拯救公司时，所有债权人的回报最大化；
> 建立公正、公平的请求权位阶并根据此顺序将有限的资产分配给债权人；
> 找出破产原因，将对破产负有责任的人员纪律在册并剥夺其担任其他公司管理层的资格。②

考虑到银行与其他公司的不同，有必要对其他因素予以考虑。

2.38　根据国际货币基金组织/世界银行报告，银行破产法的主要目标是保障金融系统的稳定，包括"保证支付和结算体系的顺利运行，对存款人的保护和维持银行的信用中介功能"。值得一提的是，"破产程序"不仅包括我们传统上所理解的破产制度，如接管和清

---

① 企业拯救这一术语近年来得到广泛的应用，但实际上"拯救"一词的含义总是不够清晰。它当然不是简单的指代在不改变陷入困境的公司的所有权的情况下，使其起死回生至危机前的状态。该术语实际上包含了广泛的行动和结果。

② Sir Roy Miles Goode, *Principles of Corporate Insolvency*, 3rd edn（London: Sweet and Maxwell, 2005），ch2.

算。实际上，该词现在泛指官方对违反"监管性标准"的银行所采取的所有行动。尽管各国对于监管性标准有不同的规定，法律应当对其作出明确规定。

2.39　跨境背景下，为了达成一致的破产定义，有必要重视一般破产法的理论基础和银行破产的目标。破产法提供了一套规则，用以解决债务人的资产无法偿还一个或多个债权人的债务所产生的问题。如果没有破产规则，债权人将会争抢现金和资产。这将让利益关联方和整个社会付出巨大的代价，造成混乱局面并破坏公司的营运价值。破产规则规定了一个有序、公平、可预测的机制来收集债务人资产，并根据平等原则和请求权位阶对债务人有限的资产进行分配。一些规则保护所有的债权人，部分规则保护债权人免受不诚实的债务人的侵害，还有一些规则保护诚实的债务人免受债权人的干扰。一些国家的法律更有利于债务人，而另一些国家则倾向于债权人。债务人资产价值的最大化有利债权人，而债务人资产循环到商业发展和生产中使整个社会受益。

2.40　一般破产法的原理，特别是有序的、可预测的制度的理念同样适用银行破产（一些国家将银行和公司同样对待而适用普通法）。银行破产的主要目标是维持金融体系的稳定，包括支付体系的完整，维持公众信心。此外，立法还可加入迅速支付存款、确保银行继续提供服务和消费者保护等目标。

2.41　考夫曼认为，当破产银行的总信贷规模和流动性损失合计达到或者接近零的时候，处置银行才有效率。[①]艾森拜斯和考夫曼称，处置银行的公共政策性目标应该是降低成本（包括公共和私人成

---

① 考夫曼将信贷损失定义为，存款或到期债务的到期面值减去银行整体或部分的回收值。他将流动性损失定义为存款人不能立即获得其法定保险存款的面值，或者是在没有保险的情况下，存款人不能立即获得法定索赔的恢复性估算价值。流动性损失也可能因合格借款人无法立即获得其现有信贷额度而发生。George G Kaufman, "Depositor Liquidity and Loss Sharing in Bank Failure Resolutions", *Contemporary Economic Policy* (2004) 22, 237.

本），允许自由进入市场并以对社会最低的代价解决陷入困境银行。①
Hüpkes 认为银行破产目标还应包括"保留银行主要的功能"。②

2.42 银行适用特殊破产法的依据如下：银行的特殊性（它们的角色包括提供信贷、吸收存款和支付中介），银行破产的传染性（银行的脆弱性；银行在部分储备金制度之下将不可能随时兑换承诺），稳健的银行业和有效运转的支付体系蕴含的公共利益。其中一些论点，特别是传染风险/系统性风险，同样适用于我们文讨论的系统重要性金融机构。

2.43 金融稳定是各国银行破产的目标，也是跨国银行破产的目标。金融稳定是超越国界和机构的共同目标，美国、英国和欧盟的建立金融稳定委员会的建议正是基于这点考虑。金融稳定的定义本身也存在争议，但金融不稳定则必然与系统性风险密切相关。

2.44 跨国环境下需要考虑的其他目标——根据国际法的国家平等的原则——平等对待跨国机构业务所在的国家的债权人（与下文探讨破产所要遵守的国际法原则有关），以及因跨国银行破产对其财政或再注资有关联的国家（按照事先约定的规则）分担损失。损失分担是欧盟最有争议的问题，成员国仍然保留财政权，这也是政策制定者和评论家建议保留国家层面的微观审慎监管（监督个体金融机构）的理由。这符合谁付费谁决定的规则。缺乏事先的成本分担规则，事后的临时性协商成为唯一的解决方法。当然，这是次优的选择。

2.45 纳税人成本最小化是许多国家银行破产法的基本原则（如美国），也是设计跨国银行破产所要考虑的原则。

---

① Robert A Eisenbeis and George G Kaufman, "Cross Border Banking: Challenges for Deposit Insurance and Financial Stability in the European Union", in Harald Benink, Charles AE Goodhart, and Rosa Maria Lastra (eds), *Prompt Corrective Action and Cross-Border Supervisory Issues in Europe*, LSE's Financial Markets Group Special Paper No 171 (April 2007).

② Eva Hüpkes, "Managing Financial Failures in an Evolving Economic and Financial Environment", in Robert Bliss and George Kaufman (eds), *Financial Institutions and Markets*, Vol i (London: Palgrave Macmillan, 2008).

银行破产法真正的目标是什么?

2.46 20世纪70年代以来,人们不再认为破产法的功能只是清算和"埋葬"死亡的公司。从20世纪70年代末《美国破产法》的第11章(主要针对一般公司)就改变了过去的做法,开始倾向于债务人。20世纪80年代以来,许多国家的立法追随并发展了这种趋势,清算之外的其他结果成为可能。

2.47 实际上,在过去三十多年里,一些国家的公司破产法引入了公司拯救制度。在许多国家,银行业也发生了类似的情况。

2.48 思考银行与破产法的关系时,有必要回溯当前处置破产银行的方法的历史渊源。1930年至1933年的金融危机期间,超过1万家银行破产,随后制定了1933年的①银行法。这项立法还成立了联邦存款保险公司(FDIC),并赋予其重组陷入困境银行的权力。此后,联邦存款保险公司负责制定一系列创新性程序,这些程序现成为了其他国家新银行破产法的基础。② 由于种种原因,没有国家全盘照搬美国的破产制度,但美国的制度对其他国家新的银行破产法的影响是显而易见的。

2.49 我们必须慎重考虑成功的结果是什么。在理想的世界中,破产银行适用合适的法律制度,该制度让其恢复到正常状态,并让其保留破产前的法人身份和原股东。现实世界却无法实现这样的结果。因此有必要考虑在现实中什么才是成功的结果。

2.50 银行破产制度首先需要将破产银行的业务分割并转移给多个机构。本章随后将讨论为实现上述目的的一些方法。最重要的目标

---

① 更为常见的说法是《格拉斯—斯蒂格尔法》(The Class-Steagall Act)。

② 有关FDIC的创设及其早年背景的详细说明参见 *Federal Deposit Insurance Corporation: The First 50 Years – The History of the FDIC 1933–1983* (Washington, DC: FDIC, 1984)。还可参考 *History of the 80s: Lessons for the Future* (Washington, DC: FDIC, 1997) 的两卷集,它审查了20世纪80年代和90年代初美国的银行危机。在一些国家,特别是发展中国家和转型国家,经常是因为从国际货币基金组织和世界银行等机构接受了技术援助,才建立了新的银行破产法制度。

是确保银行业务的连续性和避免债权人的损失。银行破产制度的目的不是保护股东和保存机构。它必须尽可能地确保银行业务的连续性、保障储户和其他债权人。

2.51 Hüpkes建议应该保护银行功能而非机构。现在广泛接受这个观点。正如国际货币基金组织/世界银行报告指出，"破产程序的经济目标是对整体或部分银行业务进行重组或有序地停止银行的活动"。如果银行的活动能够以盈利的方式继续下去，那么尝试保护这些活动是有意义的，即使这意味着它们应该转移到另一家愿意并且有能力承担相应风险的银行。然而，如果某种业务不能在盈利的条件下进行，相关机构应当有权立即终止该项业务。这可以防止损失的扩大，有利于保护资产，从而为债权人提供更好的保护。

2.52 假设大家都同意银行破产程序的总体目标包括维护银行系统的稳定性，确保支付结算体系的有效运转，保护银行债权人——特别是存款人，接下来需要考虑如何才能真正达成上述目标。

程序的类型

2.53 国际货币基金组织/世界银行的2009年报告介绍了不同国家的破产程序的类型，各个国家的差异巨大。各国对于最简单的（尽管不一定是最低成本）程序，即清算取得了共识；而在重整、重组或恢复（破产银行）的程序上却无法达成一致。

2.54 虽然破产的银行应该退出这一明确的政策在许多情形是正确的，但是银行通常是公众资金的蓄水池和信贷的来源，因此关闭银行的社会成本是巨大的。由于失去了有价值的储户，中断了银行服务，公众对银行体系的信心受到重创，公众对银行系统的信心可能受到重创，清算银行可能产生巨大的代价。这解释了为何重组、重整、恢复破产银行而非清算的原因。

2.55 不同国家在银行恢复、重组或重整过程中所使用的法律和术语差异巨大。有时，破产银行可能会以桥银行、新银行、特别基金或法律规定的其他形式进入管理程序。这主要是为了接管破产银行的业务并维持其营运价值，这往往是临时性措施。与此同时，政府寻找一个永久性解决方或找到收购方。

2.56 有时隐式或显式的"太大而不能倒"的政策（联系度过于紧密而不能倒，太过复杂而不能倒，以及其他一些变体）盛行。政府主导的救助方案不仅诱发道德风险问题，也不利于市场的公平竞争，因为小型机构要么退出市场要么自己解决危机。[①] 美国的《联邦存款保险公司改进法》（FDICIA）[②] 要求保险基金用"最低成本"来解决银行破产问题，只有有支付体系崩溃的危险或对经济状况和金融稳定性造成严重的不利影响[③]，联邦存款保险公司和美联储才可以提出更为昂贵的解决方案。[④]

2.57 巴塞尔银行监管委员会[⑤]认为破产是银行所承担的风险的一部分。有效的金融体系要求能迅速有效地清算无法满足监管要求的机构。监管姑息通常会恶化问题并增加解决问题的成本。巴塞尔委员会明确指出：

> 让存款人利益最大化的方式包括重组、让强的机构接管、再注资及加盟新股东。监管者可以促成这样的结果。最重要的是，最终结果在短期内满足了监管者的要求，同时也保护了存款人。[⑥]

2.58 至少，共同认可的标准应该提供共同认可的"术语"。术语表（如临时管理，银行援助，管理，桥银行，接管和破产）是非

---

① 过去两年以来，在英国银行业内已有针对不公平竞争行为的指责。对于已经完全国有化的北岩银行来说更是如此。

② 1991。

③ Systemic risk exception, Section 141 FDICIA.

④ FDICIA, 12 USC 1823（c）（4）.

⑤ 此后的"巴塞尔委员会"。

⑥ 巴塞尔银行监管委员会。有效银行监管的核心原则（巴塞尔核心原则）http：//www. bis. org/publ/bcbsc102. pdf（2010 年 3 月 30 日访问）。

常有用的。

2.59 国际货币基金组织/世界银行的报告认为，法律制度包括两种类型的程序，尽管这些程序在实践中往往是合二为一。其一是"管理"，包括任命管理人来接管违反监管性标准的银行，并且重组陷入困境的银行。"清算程序"的传统使用的术语，即在许多银行破产法中，指银行或银行的一部分需要被清算和解散。

管理程序（official administration）

2.60 这是程序的第一阶段，相关机构行使其权力来控制银行，以便能够决定采取何种行动。管理具有双重作用，因为它不仅提供保护，同时提供了包括重组和清算在内的其他选择。很多国家都使用"管理制度"（conservatorship）一词，这有助于我们理解管理（official administrator）的确切含义。管理人立即控制银行，保护银行资产，运营银行并同时检查银行的整体财务状况。管理人拥有足够的权力，能够毫不迟延地控制银行，并可以选择延期支付是至关重要的。① 国际货币基金组织/世界银行的报告认为，尽管一般公司破产法允许管理人在处置破产银行有较长时间的延期支付。现实中，在选择银行的处置方案时，只有很短的延期支付的时间。实际上，在某些情况下延期支付可能会产生相反的效果。

2.61 因此，管理人使用其权力的技能要求很高。为管理程序设定确切的时间表是不可能的。但应当注意以下几点：第一，管理持续的时间应该尽可能短，以便有利于管理人有效履行其任务，程序不能拖沓。第二，管理人有权继续开展银行业务。这对保护银行的功能和资产价值至关重要。②

---

① 包括美国在内的很多国家使用 stay 而非 moratorium。

② 有关保护职能的讨论见：Eva Hüpkes "Resolving Crises in Global Financial Institutions："The Functional Approach Revisited"，in John Kaymond LaBrosse，Rodrigo Olivares-Caminal，and Dalvinder Singh（eds），*Financial Crisis Management and Bank Resolution*（London：Informa，2009），ch 18。

银行重组

2.62 自 20 世纪 30 年代中期以来，美国提供了诸多困境银行的重组工具。实际上，联邦存款保险公司发展的技术构成了当前的银行破产法。最近，英国当局在引入新的银行破产法的时候，主要借鉴了美国的经验。银行重组指管理人采取必要的行动以持续银行业务。这可以通过并购、收购或"购买与承受交易"在内的多种方式。某些国家授权相关机构必要时拆分银行，建立桥银行。尽管银行国有化有时是唯一的选择，应当尽快将国有化的银行转移到私人买家手中。

2.63 在大多数情况下，不经重组就让陷入困境的银行恢复到正常状态是不太可能的。有时能够找到足够强大的银行来整体收购困境银行。此时，买家获得了问题银行的所有权。由于种种原因，很难找到愿意整体收购的银行。

2.64 现实中，通过"购买和承受交易"将银行"好的"资产部分转移给收购方比较可行。此时，银行的不同部分可能被分别转移给多个收购方。美国创设并发展了这种方法，该方法灵活性较强，有利于维持银行的持续经营。该方法尤其适合无法达成整体并购或收购，但存款可转移给其他机构的情形。其之所以有效，在于它保护了存款人，存款人能继续获得银行的服务，在任何时间都能提现。

2.65 无法实现整体并购或收购，并且已经通过"购买与承受交易"将银行资产转移的情况下，可以通过建立桥银行来转移银行剩余的部分。该方法是延续银行功能的临时性手段，该方法另一个目标是尽快将桥银行出售给私人买家。

2.66 需要清算失去了营运价值的银行的某些部分，这一点成为了共识。因此，法律除了银行重组的内容外，还要有合适的清算程序以便有效清算。

2.67 国际货币基金组织/世界银行报告认为银行的破产所带来的负面影响比一般公司破产大得多。如支付系统的崩溃对市场经济国家造成重大的破坏。因此，银行破产法要确保能在早期阶段采取迅速而有效的行动，确保效率最大化，并尽可能减少损害。近年来，许多国家关注存款人保护的问题，这些国家第一次经历了存款人挤兑银行的情形。很多人认为，英国的金融危机始于对"北岩银行"的挤兑，该次危机促使英国引入了新的银行破产法并在保护银行储户方面做出了重大改革。本章稍后将讨论上述两部分的内容。实际上，现代英国的银行储户从未经历过银行挤兑，上一次的银行挤兑还要追溯到19世纪。[①] 为银行储户提供保护被看作金融安全网的重要组成部分，在银行破产法中明确规定存款保险机构的权限和作用是至关重要的。不同国家的存款保险机构扮演着不同的角色。在美国，存款保险机构（FDIC）[②] 在金融安全网的所有方面都发挥着关键性的作用。FDIC 通常是作为破产机构的接管人、监管机构并赔偿给储户存款保险金。其他国家的存款保险机构并不直接参与银行破产程序，其主要收取银行的保费，并在投保银行破产时向存款人支付保险金。[③] 存款保险制度的作用越来越重要，其与银行破产程序的关系接下来有进一步的发展，这是一个好的进展。

相关机构在银行破产制度中的角色

2.68   无论在一国境内还是涉及跨境，由哪些机构以何种方式来处置陷入困境的银行是需要解决的重要问题。一些机构如中央银行、银行监管机构、财政部和存款保险机构都可能在银行破产前和破产后扮演一定的角色。稍后将讨论司法机关的角色，该问题的争议较大。

---

① 最后一次发生在 1878 年的格拉斯哥市储蓄银行（the City of Glasgow Savings Bank）。

② FDIC 恰恰与更为常见的"付款箱"类型的存款保险机构相反，后者的功能没那么多。

③ 有关存款保险计划的详细和最新信息，请访问国际存款保险业协会网站 www. iadi. org. 参见 Andrew Campbell, John Raymond LatBrosse, David Mayes, and Dalvinder Singh（eds）, *Deposit Insurance*（Basingstoke：Palgrave Macmillan, 2007）; Gillian Garcia, *Deposit Insurance：Actual and Good Practices*, Occasional Paper 197（Washington, DC：IMF, 2000）; David Hoelscher, Michael Taylor, and Ulrich Klueh, *The Design and Implementation of Deposit Insurance Systems*, Occasional Paper 251（Washington, DC：IMF, 2006）.

此外，当危机足够严重时，政府希望参与危机处置过程并坚持获得处置危机的主导权。过去发生的危机验证了这一点，如阿根廷的金融危机以及英国首相戈登·布朗都试图主导危机处置。

2.69　对政治干预的深入探讨超出了本章的范围，但是有必要重视政治干预问题。

在过去几年的国际金融危机中，政治干预是非常明显的。实际上，除非陷入困境的银行实在太小从政治的角度无关紧要，否则都会涉及政治影响问题。如上所述，许多国家在危机期间都采取了政治干预。本章后面的内容将会考虑相关机构在英国新银行破产程序中的角色。

银行监管机构和中央银行的角色

2.70　然而，银行破产法的任何程序都不可避免地涉及监管机构，监管机构从一开始就参与程序中来，而其他机构在不同的阶段也卷入破产程序。有些国家中央银行同时扮演监管机构的角色，一些国家将监管任务转移给独立的监管机构，后者称为趋势。如果独立的机构承担监管任务，有必要建立中央银行与监管机构之间的合作与信息共享机制。判断银行是否越过了监管红线并需要采取行动属于监管机构做出的监管决定。

显然，英国的英格兰银行和金融服务局[1]并没有在恰当的时间进行有效的合作和信息共享。[2] 如果中央银行同时履行监管职能，由于其掌握所需要的全部信息，有助于其决定采取何种类型的行动。那么，因上述原因所增加的复杂性将不复存在。

2.71　监管机构决定是否采取监管行动，而中央银行则决定是否提供紧急流动性支持的问题。[3] 不同机构分担上述职责时，需要机构

---

[1]　政府之所以提出废除金融服务局的建议，是因为三方协议的失败。See generally http：//www. hm-treasurygov. uk/consult financial-regulation. htm （visited 15 September 2010）。

[2]　因此，这两个机构都受到了严厉的批评。See eg the report of the House of Commons Treasury Select Committee. The Run on the Rock （5th Report of Session 2007/8，House of Commons，January 2008）。

[3]　（是否协助提供紧急流动性支持）在某些情况下，是财政部的事。

间的通力合作和信息共享。如上所述，英格兰银行和金融服务局之间并没有有效的合作关系并导致了问题。这给分离两者功能的国家发出了警示。

财政部

2.72 如果需要动用公共资金①给单一银行或多个银行注入资本，财政部则会参与其中。中央银行只能提供临时流动性（援助），而不应参与任何再注资活动。再注资是财政部的职能，而非中央银行的职能。无论如何，财政部都会希望在处置银行危机中发挥更大的作用。

法院

2.73 法院角色取决于特定国家所适用的银行破产法的类型。这是一个需要进行仔细考虑、颇具争议的问题。一些国家如美国以及最近的英国，银行破产是一种无须法院授权即可启动的行政性程序。实际上，美国在1933年就已经采用行政性手段处置银行破产问题，因此行政性程序并不是新观念。一些国家如加拿大在银行危机爆发前就建立了行政性的银行破产程序。

2.74 在许多国家，只有通过法院才能启动启动破产程序。这是因为根据宪法只有法院令才能对财产权进行限制或剥夺。有些国家认为更恰当的做法是在正式的破产程序开始前先行司法宣告。针对是否适用司法性破产程序，支持理由与反对理由势均力敌。

2.75 近年来，绕过法院系统的行政性破产程序占据了上风。一些传统奉行司法性程序的欧洲国家如瑞士和英国，新出台的破产法将该任务交给了行政机构而非法院。然而，对于何种方式是最好的并没有达成国际性的共识。国际货币基金组织/世界银行的报告认为一般公司破产程序要奉行司法性程序，银行破产可以适用司法性程序也可以

---

① 正如我们所见，这并非是最后贷款人的救助，而是一种需要全额偿还的、高利息的临时性担保贷款。

适用行政性程序。*Hüpkes*① 在 2000 年写道,欧洲各国的做法差异巨大。一些国家在银行法中规定了司法性银行破产程序,有些国家则没有特殊的银行破产法,一般公司破产法同样适用银行。② 危机前,一些国家如荷兰和瑞士也考虑从司法性银行破产程序转向行政性程序。

2.76   前文所述,自危机以来,英国已经抛弃了包括银行在内的适用所有公司的司法性破产程序,转而采纳了特殊的行政性的银行破产程序。③ 英国的《2009 年银行法》建立了新制度,只要金融服务局根据银行的金融状况做出了监管性决定,英格兰银行就可以立即控制银行而无须法院的参与。本章下文将讨论新程序及其操作方式。

2.77   该项权力使金融服务局可以让银行在满足现金流或资产负债表破产标准之前就可以采取行动,而银行管理层无法挑战其行为。实际上,英国正式引入了监管性破产的标准。然而,这并非是英国破产法新出现的事物。在银行满足技术性破产标准之前,行政机关也可以向法院申请管理令,将对银行进行管理。然而,法院必须听取双方意见并做出司法性决定。因此,新制度的革新之处在于监管机构可以在没有法院参与的情形下启动破产程序并不受银行管理层的挑战。尽管这在邓弗姆林(Dunfermline Building Society)银行破产案中并没有产生争议,但将来的案件可能发生此类争议。

2.78   潮流发生了变化,行政性银行破产制度已经成为趋势。

2.79   国际货币基金组织/世界银行报告认为,两种制度各有优劣,因此该报告并没有具体支持某种制度。考虑到太多因素会影响到两种制度在特定国家所起到的效果,这是明智之举。选择哪种类型的

---

① Eva Hüpkes, *The legal Aspects of Bank Insolvency*:*A Comparative Analysis of Western Europe*, *the United States and Canada*(London:Kluwer Law International, 2000), 67.

② 当时,奥地利、卢森堡、荷兰和瑞士的银行法为银行制定了特殊破产制度,而英国没有规定特殊的银行破产制度。

③ 值得注意的是,尽管在英国《2009 年银行法》的整体框架有法院参与,但针对破产银行所开始的程序是由英格兰银行发起的,本质上属于行政性质的程序。本章的后面部分将对英国新的程序做进一步讨论。

程序取决于很多因素，如特定国家的法院系统的效率。

2.80 首先，本文探讨支持司法性银行破产程序的观点，然后探讨其反对理由。

2.81 支持司法性破产的意见如下：

·司法体系才能影响或剥夺财产权。许多国家的法律目前仍然支持这点。

·只有法院有权裁决此类事项，才能更好地保护那些权利受到影响的人。

·基于法院的体系的问责制度更为完善。

·法院令有利于跨境合作。

·减少上诉程序或司法审查的必要性。

2.82 支持行政性破产程序意见如下：

·专业化的行政机构有丰富的处理银行事务的经验，司法机构可能缺乏经验。在没有专门的法院和没有专门的法官的国家尤其如此。在某些国家，普通法院的法官可能会将一个离婚案放在银行清算之前处理。

·通常认为，许多国家的法院行动迟缓，而专业化的行政机构可以迅速采取行动，甚至（根据法律的规定）在银行满足资产负债表和流动性破产标准前启动破产程序。前文所述，银行破产程序的速度是至关重要的。由于一些原因，法院程序可能会很慢，如没有足够的法官能够有效处理法院系统内的大量案件。非专业化的商业法官可能并不认为处置陷入困境的金融机构优先于已进入法院系统的其他案件。

·专业化的行政机构程序可以节省成本。行政系统的属性很大程度上也决定了其更有效率。

2.83 即使银行破产程序开始时绕过了法院，仍然可以根据法律规定的上诉程序来对抗行政性行为或让更高层级的法院进行司法审查。实际上，哪种程序最有效率取决于一系列的因素。行政性程序和司法性程序哪个更好仍然没有最终答案，最重要的是特定的国家适合哪种程序。因此，本文认为选择行政性程序还是司法性的问题没有对错。

2.84 至关重要的是，无论采取何种方式，法律必须对有权启动程序的主体做出明确的规定并明确启动程序的门槛。同时需要全面的问责制和司法审查制度。

存款保险机构

2.85 最后，如果该国有明示的存款保险制度①，那么存款保险机构将不可避免地参与银行破产程序。该机构的角色可能非常有限，如仅仅充当"赔付箱"②的角色。也可能发挥很重要的角色，如美国的联邦存款保险公司在破产前到程序的终结都参与其中，它扮演着破产银行的接管人、监管机构以及"赔付箱"③的角色。然而，这种情形较为少见。多数国家的存款保险机构作用比较有限，主要管理存款保险金和向存款人赔偿保险金。除非向存款人支付赔偿金之后取得代为求偿权，它通常不会参与破产程序。美国的制度与其他国家也有一定关联的问题是，联邦存款保险公司（FDIC）同时担任破产银行的主要债权人和接管人存在的潜在利益冲突。很多国家法律规定，债权人在破产程序中除了申报债权，不能在破产程序中担任正式的角色。在美国，该问题并没有引发太大的争议，联邦存款保险公司被认为能够可靠且有效地承担接管人的职能。

---

① 通常称为存款保险或存款人赔偿金。

② 这就是存款保险公司的作用，仅限于收取保费与管理基金，然后向破产银行的存款人支付赔偿。目前，大多数的存款保险计划都是以这种方式运作的。

③ For further information on deposit insurance systems see Andrew Campbell et al, *Deposit Insurance* (Basingstoke: Palgrave Macmillan, 2007) – see also the website of the International Association of Deposit Insurers at http://www.iadi.org and the website of the Federal Deposit Insurance Corporation of the United States at http://www.fdic.org.

2.86 但情况似乎是这样的,大多数国家认为主要债权人担任破产职业者是不合适的。大多数国家的存款保险机构并没有足够的资源来承担联邦存款保险公司所履行的广泛的职能。所以这一争议更多的是一种学术性探讨。

英国《2009 年银行法》与特殊处置机制

2.87 2007 年下半年金融危机爆发后,政府与其他一些当局决定英国需要新的与美国类似的银行破产法,如果不行则借鉴加拿大的银行破产法。因此,英国在 2008 年秋起草了《银行法草案 2008》,并于 2009 年 2 月立法机关通过了《2009 年银行法》。[①]尽管英国法律在国际货币基金组织/世界银行的报告发布之前就已生效,但英国多年来一直以来参与该项目,很清楚报告的内容。[②]彼得·布莱尔利(Peter Brierley)在题为《国际视角下的英国特殊银行破产制度》的文中表明,英格兰银行不仅受到货币基金组织/世界银行报告的影响,而且也受其他国家尤其是美国的银行破产法的影响。他写道:"本文试图表明,英国特殊银行破产制度的设计受到了其他国家,特别是美国的影响。该法还设法尽量满足国际组织,特别是国际货币基金组织和世界银行在这方面的建议。"[③]当银行法的最终条款公布时,英国已经深受美国影响,这就不足为奇了。

2.88 本次立法最重要的发展是建立了特殊处置机制,[④]此处主要讨论该制度。后面的章节将探讨该制度的具体内容,这部分内容主要概述该制度,以便让人们了解引入新破产制度的原因及其要实现的目标。

---

① 以下简称"BA"。

② 英格兰银行金融稳定性高级经济学家 Glenn Hoggarth 先生是该项目的政府参与者。

③ Peter Brierley, *Financial stability Paper No 5 – July* 2009 (London: Bank of England, 2009) 4.

④ 以下简称"英国危机银行特殊处置机制"(SRR)。

2.89　除了特殊处置机制（SRR），该法还包含了银行管理和清算的条款。管理和清算是 SRR 的辅助机制，虽然它们是非常有用的制度，此处除了对其进行简要评论外不做深入讨论。首先，银行有可能直接进入到银行破产程序，并在没有经过 SRR 的情况下被清算。实践中，发生此种情况的可能性很小。在一个好的环境下，银行不至于不经过特殊处置机制就绝望地破产，尤其是英国新的监管环境更加严厉了。

2.90　SRR 的目的是"解决银行的全部或部分业务遇到的或可能遇到的财务问题"。① 这清楚地表明，英国引入了专门针对银行的监管性破产的概念。② 因此，新制度在银行实际破产前才去行动提供了可能性，该制度有五大目标。第一是保护并促进英国金融体系的稳定。第二是保护并增强公众信心。第三是保护银行储户。第四是保护公共资金。第五是避免发生违反《1998 年人权法》所保障的财产权。

2.91　有趣的是，尽管确保公众能够持续享受银行服务是立法的总体目标之一，这却不是 SRR 的目标。毫无疑问，任何银行破产程序都应设法实现这个要求。

2.92　在概述相关机构在 SRR 机制的角色之前，应当指出这是一个司法初期并步参与的行政性程序。如果银行的一部分随后进入管理或清算程序，则会有司法的介入，但就 SRR 而言，这是一个纯粹的行政性程序。

2.93　当满足以下条件时，金融服务局负责启动该程序。条件一是金融服务管理局认为："银行未能（或很可能未能）达到监管门槛要求"③，条件二是考虑到相关情况，银行不会采取行动以使其满足监管门槛的要求。④ 当发生该情况时，金融服务局必须通知英格兰银行。实践中，英格兰银行应该早已知晓这种情况，因为条件二要求，

---

① BA s 1.
② 还有其他接受存款的机构，如建筑协会。
③ BA s 7（2）. Condition 1.
④ BA s 7（3）. Condition 2.

金融服务局与英格兰银行对此事进行磋商。然而，这会引起一些政策问题。英格兰银行和金融服务局过去的关系备受批评，并且双方的信息共享机制存在一定的问题。① 两个机构应该共同努力，根据需求分享信息是至关重要的。但双方的关系是否已经得到足够的改善，能够成功适用 SRR 的条款仍然有待观察。早前的 Dunfermline 银行破产案中，两个机构有较好的合作。

2.94　根据特殊处置机制的条款，当英格兰银行收到金融服务局的正式通知时，它要决定采取何种行动。SRR 规定了可供使用的工具；英格兰银行必须针对不同的情况，决定最适合适用哪些工具。在其中的两种情况下，是由英格兰银行采取行动，但在第三种情况下由英国财政部来负责。在实践中，似乎很可能由于立法不太可能规定将银行直接国有化或临时国有化，英格兰银行因而总是在这一阶段就卷入进来。实际上，英格兰银行负责实施"私人收购"和桥银行这两种工具，而财政部则负责实施临时国有化。

2.95　很难想象财政部在不实行"私人收购"和桥银行的情况下就认为有必要立即将银行国有化。在现实中，英格兰银行总是在国有化之前，先尝试为陷入困境的银行寻找私人买家。

2.96　除了上述三种工具外，还有改进后的银行破产程序这第四种工具。该程序规定以更快地向存款人支付存款保险金的方式清算陷入困境的银行。②

2.97　前文所述，英格兰银行负责实施"私人收购"这一工具，可以直接、迅速地将危机银行的全部或部分业务转移至私人买家。该工具是英格兰银行在没有法院参与的情况下实施的，这标志制度的重大改变。这完全是行政性的程序，只要 FSA 向其通知了相关决定，英格兰银行就可以对银行采取行动。法律授予了英格兰银行广泛的权力，其能够将全部或部分的银行业务转移给一个或多个私人买家。无

---

① See eg *The Run on the Rock*, above n 44.
② 这可能且将通过将受保护存款转移到另一银行来实现。

法转移给私人的，可以转移至桥银行。目前为止，这种权力只对房屋互助信贷会（Building Society）适用过一次，还从未在银行上适用过。在邓弗姆林房屋互助信贷案中，英格兰银行拥有了建立第一家桥银行的机会。

2.98　英国目前的银行破产法在考察了其他国家的制度，尤其是美国制度之后设计出的特殊银行破产法。英格兰银行曾设法使该制度符合国际货币基金组织/世界银行报告的建议，在很多方面它的确做到了。新的立法明确规定了有权启动程序的主体，也让其能够便捷地启动程序。它为转移银行业务清除了障碍，有助于保护银行资产并维持银行业的服务。新制度允许运用适当的银行重组技术。新制度也意识到并不总能为所有陷入困境的银行找到买家。因此，需要清算找不到买家的银行。而立法提供了简便的清算程序。这些都是在与国际货币基金组织/世界银行报告保持一致的基础上所进行好的改进。然而，仍有一些问题有待解决。例如，许多人表示担心新法律中启动破产程序门槛的规定是否足够明确，将来可能会产生问题。还有人认为立法太过片面。它使 FSA 和英格兰银行在控制银行并转移资产的时候，具有了压倒性的权力。而银行的管理层/股东却没有足够的机会采取措施来阻止此类情况。此外，也没有充分的或合适的上诉程序，也不清楚司法审查的角色。

2.99　迄今为止只对一个相对较小且没有跨境业务的建筑互助协会启动过特殊处置机制。对于一个拥有跨境业务、大型的并具有系统重要性的银行陷入困境时，该机制的作用尚有待观察。

2.100　英国当局表明，他们希望英国处于国际最佳实践的前沿，并且随着新银行破产法的建立，他们深信已经实现了目的。[①] 令人惊讶的是，新制度的引入标志着从司法性制度向行政性制度的转型，该过程竟未出现任何抗议。

---

① Peter Brierley，注 57，13。

结　论

2.101　国际金融危机的一个积极影响是使人们注意到应该建立一个包括银行破产法在内的金融安全网。国际货币基金组织/世界银行报告中已提出了一些及时的指导，这为讨论重要问题提供了一个平台，这是一个重要发展。但从国际层面来看，银行破产法正处于发展的早期阶段，在跨国破产领域更是如此。虽然美国在利用专门法律来处置破产银行有着近八十年的历史，然而许多国家直到现在才开始讨论这一主题。虽然经历了金融海啸后这一主题才被列入了首要议题，但至少它得到了认真的对待，并很可能会在未来几年内继续发展。

2.102　一些国家出台新法律的速度令人吃惊。而那些行动异常迅速的国家将不得不在未来某一时期重新审视它们的新制度。希望在未来能尽量少使用这些新引入或修订的银行破产法。希望英国和国际银行业都面临一个相对平静的时期。

2.103　许多国家现在都已经建立了一种能够提供早期且有效的干预，并能够保护储户的制度。尽管本章没有具体涉及金融安全网的其他方面，值得注意的是一个强大的监管体系和能够提供紧急流动性援助也是必要的。

2.104　国际社会的努力（第9章将予以讨论）已经取得了一些成果。刚刚探讨的在国际货币基金/世界银行的报告和一些软法如《有效监管的巴塞尔原则》和《有效的存款保险制度的核心原则》都是为银行和其他金融机构设立国际性标准的重要发展。尽管我们已经取得了这些成就，在处置跨国银行破产问题方面仍然有许多未竟之事。

（李　杰译）

3

早期干预

Michael Krimminger   Rosa M Lastra[*]

简　介

3.01　破产前阶段（包括一系列早期干预程序和工具）在银行领域至关重要。早期干预可使受银行破产影响的股东、纳税人以及社会整体的损失最小化。银行破产法和破产程序的效率可以通过在国际层面统一早期干预程序（例如美国的及时纠正程序和英国的特殊处置制度）而大幅提高。早期干预使监管和危机管理相联系，是时候强调这一联系在跨国经营中的重要性了。

3.02　对健康金融机构的监管可能很快沦为对不稳健金融机构的

　＊　Michael Krimminger 是美国联邦存款保险公司首席法律顾问，Rosa M Lastra 是英国伦敦大学玛丽皇后学院商法研究中心国际金融与货币法专业的教授。

监管，如果情况进一步恶化，这将不可避免地导致危机管理。把监管强度与资本水平、其他流动性指标和稳健银行原则（包括风险管理）相联系是一个明智的方法，应在国际层面统一该方法。①

3.03 本章探讨早期干预在英国的发展（第 10 章和第 14 章进一步探讨）、在欧盟的发展（第 6 章进一步探讨）和在美国的发展（第 15 章进一步探讨）。

3.04 我们开篇将对早期干预的必要性、根据不同的干预手段（从压力测试和金融机构专属的应急预案到真正的处置程序）的重要性进行理论分析。

早期干预的理论基础

3.05 监管和危机管理共同组成一个衔接紧密的进程。适当的早期干预措施会加强二者之间的联系。受与美国影子金融监管委员会成员的讨论以及其他经济学家（如托马斯·胡尔塔斯，当时在花旗集团任职）和评论的启发，乔治·本斯顿和乔治·考夫曼于 1988 年最早提出了所谓的"结构化的早期干预和处置"（SEIR）的理论基础。②SEIR 要求设立明确的规则，规定当银行的资本低于总资产一定比例时，银行监管机关可以或必须施加制裁以及以何种方式施加制裁。

3.06 有效的监管（包括达到特定触发条件时的强化监管）对于建立有效的处置制度而言十分重要。预防性措施有助于减少矫正和保护措施的成本和负面影响。建立一个正式的及时矫正措施体系，把监管与资

---

① See Maria Nieto and Larry Wall, "Prompt Corrective Action: Is There a Case for an International Banking Standard", in Douglas D Evanoff, John Raymond LaBrosse, and George G Kaufman (eds), International Financial Instability: Global Banking and National Regulation, Vol ii (Singapore: World Scientific Publishing Company Pte Ltd, 2007), 355 – 372.

② See G Benston and G Kaufman, "Risk and Solvency Regulation of Depository Institutions: Past Policies and Current Options", Monograph Series in Finance and Economics (Salomon Brothers Center for the Study of Financial Institutions, Graduate School of Business Administration, New York University, mimeo, 1998). 该建议最早是 1987 年在美国企业研究所于华盛顿组织的一个会议上提出的。See George Kaufman and Robert Litan, Assessing Bank Reform: FDICIA one Year Later (Washington, DC: The Brookings Institute, 1993), 25。

本水平、其他流动性指标以及稳健银行原则（包括风险管理）相联系，将大大提高银行破产法和破产程序的效率。用自由裁量权来约束银行是不够的。法律的确定性和透明度要求设置一些强制性的干预条件，毫无疑问，这种做法将使银行管理层集中精神并且将影响他们的激励机制。

3.07 银行具有特殊性。银行的特殊性源于它们扮演了信用提供者、存款吸收者和支付媒介等独特的社会角色（没有什么行业比银行更具有系统关联性）。金融危机充分证明银行破产也具有特殊性，因为银行破产会造成外部性（会传染给其他健康的金融机构；在部分准备金制度之下银行无法随时履行债务）并影响支付系统的稳定性和完整性。银行危机因而成为涉及公共利益的事件。银行处置程序需要考虑银行的特殊性和银行破产的特殊性。这就是特殊破产制度和早期干预的背景。

3.08 如果银行在其市场价值净值降为零时关闭，其直接损失仅由股东承担。如果银行的净值降为负时才被宣布破产，该损失将由股东，未受保险的债权人和（或）存款保险金或政府。本斯顿和考夫曼于 1988 年提出的学术建议是在正确的时机作出的正确计划。美国储蓄和贷款危机后，1991 年的《联邦存款保险公司促进法》吸收了要求改变的立法建议。

3.09 早期干预规则，尤其是在银行仍有资本时（即使其资金严重不足）启动早期关闭的命令，只有在法律明确规定时才有效力。正如古德哈特指出的那样，"过早关闭银行导致股东起诉与过晚关闭银行导致债权人起诉之间那恰到好处的时机可能短得难以察觉"。①

3.10 早期干预的目标应为：（1）金融稳定；（2）基于公共利益的考虑使损失（纳税人或国库损失、实体经济的损失、对市场经济中竞争原则的损害）最小化。其最终目标是保护市场对银行业和金融系统的信心。尽管保护存款人是存款保险制度的基本目标，但它并不是早期干预的主要目标。在处置程序中，存在着利益冲突，除了考虑

---

① See C Goodhart, "Multiple Regulators and Resolutions", paper presented at the Federal Reserve Bank of Chicago Conference on Systemic Financial Crises: Resolving Large Bank Insolvencies, 30 September – 1 October 2004.

存款人的利益，还需考虑债权人、股东、管理层、雇员、养老金机构和潜在的纳税人等一系列利益相关者的利益；例如，在英国的特殊处置体系（早期干预的一种）下，股东的权利与欧洲人权公约的规定相冲突，就是新的立法所需要考虑的问题。[①]

3.11　早期干预机制需授权适格的机关采取一系列措施来处理问题银行。预防性措施有助于减少危机的成本和负面影响。强化监管、随着问题的增加而提高资本和流动性要求、银行内部的压力测试和监管者要求的压力测试（如在恢复和处置计划中要求的那样）都应当纳入处置机关可以适用的措施。资本数额为正数时的早期干预也应当包括进来，因为勉强存活的银行极其危险并且（如果允许其继续运营）有充分的动机进行冒险以期恢复或隐藏其真实的财务状况（雷曼兄弟的"回购105"交易中的会计花招就是这种动机的一个很好的例证）。早期干预可以通过多种机制实施，例如设立桥银行，援助性或非援助性合并（转移全部或部分业务），资产出售给第三方，存款转移给第三方等。法律必须预见到有时处置机关需要采取一些措施，包括政府援助和私人援助的组合。

3.12　法律也应当制定与早期干预以及处置和破产相关的、在立法中长时间处于"休眠"状态的条款。"休眠"条款可以在极端特殊的情形下使用，因而非常实用[②]，并且它能避免进行临时的紧急立法的需求。例如，涉及创立特殊基金或临时重组机构的条款是非常有用的。[③]

---

　　① Eva Hüpkes 在第 5 章中进一步讨论了这些问题。在《特殊处置和股东权利》（2008年 4 月 7 日在卡斯商学院组织的关于英国新的银行问题处置制度的研讨会中提出）这一论文中，她写道："股东的合法权利在特殊处置制度中应当受到尊重……设置一个有充分干预权的明确的法律框架，使对股东权利的限制和剥夺如在公司破产制度中那样具有可预见性，是十分必要的。"

　　② 《联邦储备法》第 13 条第三款（拯救贝尔斯登时以及之后多次被援引）为拯救投资银行提供了合法依据。《联邦储备法》第 13 条第三款授予美联储在"异常且紧急"的情况下贷款给任何个人、合伙或公司的权力。该授权最后一次被援引是在 20 世纪 60 年代，在2008 年之前，该条款规定的贷款最后一次支出是在 20 世纪 30 年代。因此，这证明"休眠条款"确实大有裨益。

　　③ 例如，《1989 金融机构改革、恢复和实施法》（FIRREA）创设了处置和信托公司以管理破产储贷协会的资产。某些情况下，债务置换（证券化）和股转债也可以成为有用的债务重组工具。

好的措施对于处理银行危机来说至关重要。从这个角度来看，应当考虑"口袋条款"（residual clause）授权适格的机关在法律没有规定（但威胁到早期干预制度的目标）的情况下采取行动。下一次危机可能与现在所面临的危机大相径庭。

3.13 早期干预应该包括银行（欧盟的术语是信贷机构）和系统重要性金融机构，第10章会进一步讨论。

3.14 早期干预的原则指迅速且及时的行动（以使信用和流动性损失、纳税人和国库的损失最小化），市场约束，保护公众信心——这要求危机时维持银行的关键性功能。

英国的早期干预

3.15 英国通过《2009年银行法》（第12章中有提及并且在第14章中进一步分析）引入特殊处置制度是欧盟成员国采纳有约束力的早期干预程序的重要的一步。该法的第1条第一款规定银行特殊处置制度的目的是处理银行的全部或部分营业遭遇或可能遭遇的财务困难。

3.16 特殊处置制度为问题银行提供三种"稳定选项"：桥银行，私人购买和临时国有化。金融服务局启动这些选项需要满足两个条件：第一个条件是银行不能或很可能不能满足准入条件（包含在《金融服务和市场法2000》第40条第一款的规定），第二个条件是考虑到时间和其他相关情况，银行采取能使其满足准入条件的行动不具有合理的可能性（不考虑稳定权力）。① 如果FSA认为某一银行满足了这两个条件，它必须与英格兰银行和财政部进行商议。在商议的基

---

① 除了FSA发现银行不能满足准入条件外，英格兰银行启动特殊处置程序需满足另外两个条件。条件A是考虑到英国金融体系的稳定、维持公众对英国银行系统稳定的信心或存款人保护等公共利益，权力的行使是有必要的。英格兰银行必须就此问题与FSA和财政部进行商议。条件B是财政部建议英格兰银行以保护公共利益之必要为由行使稳定权，并且英格兰银行也认为行使稳定权是保护公共利益的合理方式。

础之上，如果三方机关一致认为条件满足，则启动特殊处置程序。根据《2009 年银行法》第 11 条和 12 条，英格兰银行的权力涉及两个稳定选项：桥银行和私人购买，而根据《2009 年银行法》第 13 条，财政部有权将银行临时国有化。因此，英格兰银行有权在法庭外将银行的全部或部分营业出售给一个商业的购买者或将股份或财产转移给一个商业购买者，英格兰银行也有权将银行的全部或部分转移给一个桥银行。① 最后贷款人援助的提供和英格兰银行在特殊处置体系中的角色之间的相互作用具有独特的重要性并且存在潜在的问题：银行在考虑寻求英格兰银行的最后贷款人援助时可能会犹豫，因为英格兰银行可能会通过建立桥银行或私人购买的方式对其实施早期干预。② 正如第 14 章讨论的那样，《2009 年银行法》也引入了一个银行破产程序和银行管理程序。③

3.17 北岩银行暴露出英国问题银行处理制度的缺陷。这些缺陷涉及紧急流动性援助、存款保险制度以及破产和破产前安排。《2009 年银行法》通过引入特殊处置制度、授予 FSA 新的权力（加强监管）以及改革存款保险制度来解决这些问题。

3.18 英国（以及其他欧盟成员国）的早期干预须遵守欧盟的国家援助规则和竞争法。这是一个棘手且具有挑战性的问题，因为竞争的需求和规制、监管以及危机管理的需求并不一定协调一致（其实，服务业贸易总协定的金融服务附件中规定的审慎例外条款很好地证明了审慎监管和金融自由化之间的对立），尤其是在危机发生之时。

---

① 在涉及治理方式的讨论中有两个独立的问题：（1）特殊处置制度自身的管理；（2）特殊处置制度下对银行的管理。

② As discussed by Andrew Campbell and Rosa Lastra, "Revisiting the Lender of Last Resort" (2009) 24 (3) Banking and Finance Law Review.

③ See also George Walker, "Bank Crisis Resolution: The Banking Act 2009" in Raymond LaBrosse, Rodrigo Olivares-Caminal and Dalvinder Singh (eds), Financial Crisis Management and Bank Resolution (London: Informa, 2009), 187 – 202; and Andrew Campbell, "Large-Scale Bank Insolvencies: The Challenges", mimeo, 2009.

欧盟的早期干预

3.19　在欧盟层面统一危机管理机制的尝试可以追溯到《1985内部市场白皮书》。这一计划最终形成了一系列指令，成功促进了关于资本要求和其他监管要素的立法的融合。然而统一危机管理却尤为困难，《信贷机构清算和重整指令》和《存款保险指令》所取得的效果都十分有限。金融服务的统一市场仍然缺少一个合适的框架来处理跨国的破产银行（和其他金融机构）。（成员国和欧盟）现有的"东拼西凑的"规则应当被一个更具协调性的框架所取代。

3.20　欧盟破产制度包括一个《破产程序条例》［Council Regulation（EC）No. 1346/2000 of May 2000］和两个指令：《信贷机构重整和清算指令》（Directive 2001/24/EC of 4 April 2001）和《保险业重整和清算的指令》（Directive 2001/17/EC of 19 March 2001）。

3.21　其他指令包含在危机情况下可以适用的条款（例如关于信息交流的条款），最为显著的是：指令 2002/87/EC（"金融企业集团指令"）；指令 1994/19/EC（"存款保险指令"），这一指令之后被指令 2009/14/EC 和指令 2003/6/EC（"市场滥用指令"或 MAD）所修订；指令 2004/39/EC（"金融工具市场指令"或 MIFID）；指令 1997/9/EC（"投资者赔偿指令"）；2002 年 6 月 6 日欧洲议会和理事会关于金融担保安排的指令 2002/47/EC（金融担保指令）；欧盟条约第 87 至 89 条以及次级立法规定的政府援助规则；欧洲议会和理事会关于支付和证券结算系统的净额结算指令 1998/26/EC（净额结算指令）；欧洲议会和理事会关于金融担保协议的指令 2002/47/EC（担保指令）；欧洲议会和理事会关于从事信贷机构业务的指令 2006/48/EC（"银行重塑指令"）；指令 2006/49/EC（"资本要求指令"），该指令被指令 2009/27/EC 所修改，以及其他措施。①

---

① See Gillian Garcia, Rosa Lastra, and Maria Nieto, "Bankruptcy and Reorganization Procedures for Cross-Border Banks in the EU: Towards an Integrated Approach to the Reform of the EU safety Net" (2009) 7 (3) Journal of Financial Regulation and Compliance.

3.22　此外，我们还需要考虑国家援助规则（第1章简要探讨过）、提供紧急流动性援助的规则以及没有法律约束力的谅解备忘录（MoU），其设立了一些非正式的合作原则，例如2008年6月1日的谅解备忘录，它考虑了市场混乱对跨国金融机构的影响。这种东拼西凑的法律体系足够吗？答案是完全否定的。

3.23　东拼西凑的法律规则存在缺陷和漏洞，监管体制的复杂性（新的欧洲监管框架下，欧洲系统风险委员会负责宏观审慎监管，欧洲金融监管体系及其下的三个机关负责微观审慎监管。这一新的欧盟监管架构并不能掩饰这样的事实：监管和财政政策仍是成员国国家的责任范围）和保持相关法律（例如公司法和竞争法）一致性的需求使这种规则的问题更严重。①

3.24　欧盟委员会认识到了统一银行风险管理的必要性，于2009年10月20日发布了一个关于银行领域跨国风险管理的欧盟框架的函件（第6章进一步讨论）。这个框架包括早期干预、处置和破产等措施②，这是一项令人欣喜的发展，是对上述东拼西凑的规则的回应。

3.25　函件中的早期干预指当问题处于发展阶段时，监管机构基于恢复金融机构的稳定性和财务稳健性而采取的行动，伴随着以财务支持为目的的破产实体组织内部的资产转移。这些行动可以发生在处置的门槛条件满足之前或在金融机构破产或可能破产之前。③

3.26　函件中的处置指的是国内处置机关为了管理银行机构中的危机、控制该危机对金融稳定的影响以及在适当情况下促进该机构的全部或部分有序清算而采取的措施。这些措施在银行监管框架之外发

---

① See Gillian Garcia, Rosa Lastra, and Maria Nieto, "Bankruptcy and Reorganization Procedures for Cross-Border Banks in the EU: Towards an Integrated Approach to the Reform of the EU safety Net" (2009) 7 (3) Journal of Financial Regulation and Compliance.

② See Commission Communication on an EU Framework for Cross-Border Crisis Management in the Banking Sector, COM (2009) 561 final of 20 October 2009, available at: http: //eur-lex. europa. eu/ LexUriServ/LexUriServ. do? uri = COM: 2009: 0561: FIN: EN: PDF.

③ 新的欧洲银行管理局可以在协调跨国集团的监管性早期干预方面发挥作用。

生，并且可能由监管机关以外的机关实施，尽管其并没有排除监管机关的参与。由欧盟处置机关进行协调是可考虑的一种选择。

3.27　函件中的破产是指在适当的破产制度下发生的重整和清算。

3.28　该函件正确的阐明：尽管这三种措施（早期干预、处置和破产）概念表述不同，但它们在危机时并不必然是相互独立且依次发生的"阶段"。实践中，处置和破产之间可能存在大量交叉领域，监管性的早期干预也可能很快转变为处置措施。

3.29　根据该函件，监管机构早期干预法律制度的一些要素已经存在于现有的银行审慎监管的框架之中，它明确规定了监管机构处理不能满足指令要求的信贷机构所能使用的最低限度的措施。

3.30　这些措施包括：要求金融机构将其自有资金增加至超过指令规定的最低水平；加强其内部组织和治理安排；适用明确的坏账准备政策；限制其业务或经营或者降低其活动、产品或系统的内在风险。这些措施将金融机构的控制权保留在管理层手中，并不必然意味着对股东或债权人权利的重大干预。《资本要求指令》在 2009 年进行了修正，要求对计划和协调性联合评估、特殊措施、应急预案等进行合并监管，并在危机情况下与公众进行沟通。

3.31　然而，该函件也发现了既有措施的重大的漏洞并且建议考虑通过下列其他的措施来解决这些漏洞：统一各监管机构要求金融机构准备"清算计划"（有时被称为"生前遗嘱"或者"恢复和处置计划"）的权力；推动良好的公司治理以使处理未来的危机变得更简单；要求金融集团制订恢复计划、改变银行的管理或指定一个以恢复金融机构财务状况为特定目标的代表；设立一些触发（早期干预和处置）程序启动的指标和阈值以及欧盟各监管机构共用的术语体系；鉴于母国和东道国之间的合作安排存在缺陷，可考虑审查跨国分支机构的监管；关注东道国在紧急情况下进行有效干预的权力（注意到冰岛的情况）。

3.32　函件指出：危机清楚地证明了既有监管框架缺乏效率，并且缺乏激励机制为旨在恢复跨国金融集团的各类监管手段提供支持。

3.33 尽管短期内就某些问题达成协议是可能的，但建立一个有效的跨国危机管理的欧盟法律制度可能需要耗费几年时间。金融服务的统一市场使这个法律框架的建立变得必要。欧洲（以及国际层面）最棘手的问题大概是受跨国银行（和其他金融机构）问题影响的不同国家间的损失分摊，此问题在本书的其他地方和该函件都讨论了这个问题。

美国的及时纠正措施（PCA）

3.34 在美国，及时纠正措施是本斯顿和考夫曼提出的"结构化早期干预和处置"（SEIR）的修正版本。[1] 1991 年的《联邦存款保险公司促进法》规定了这一措施。《联邦存款保险公司促进法》体现了在资本损耗时要求采取监管行动的资本标准和监管自由裁量之间的平衡。这种平衡在对美国及时纠正措施的讨论中常常被忽略，有些分析认为其过于局限。然而这是不准确的。

3.35 实际上，美国及时纠正措施的强制性要素创设的监管约束增强了市场约束。这些要素认识到如果银行的状况明显不能好转，早期干预将更有可能防止存款保险金和公共资金的损失。[2] 这些标准不可避免地需要包含一些灵活性，使监管机构可以对金融机构是否能够恢复作出判断。例如，需要某种灵活性使可挽救的金融机构能够继续存活。

3.36 这种灵活性肯定也存在限制性（美国的及时纠正措施在灵活性方面存在时间限制，正如下文所指），否则在危机中资本标准可能变得毫无意义。危险的是如果触发条件过于依赖监管者的主观评价，那些正式的明确且法定的标准将变得不切实际。当然，明确的标准的价值以一个能够及早发现银行问题的监管体系为前提。如果监管

---

[1] 本斯顿和考夫曼，见注释 2。

[2] See William R White, "Are Changes in Financial Structure Extending Safety Nets?", BIS Working Paper No 145（2004）23 - 4；John Hawkins and Phillip Turner, "Bank Restructuring in Practice：An Overview", in Bank of International Settlements, Bank Restructuring in Practice, BIS Policy Paper No. 6（August 1999）61 - 64.

机构希望避免破产，并且它们享有的灵活性未受到法定限制，则可以增加评价的主观性的容忍度。

3.37 在美国，监管机构在金融危机时不能及时做出反应的原因在于基于资本的程序启动条件的滞后性和大量表外风险的隐蔽性。

3.38 如何用强制性启动程序辅助监管机构维持银行核心功能的做法？有人担心早期干预可能导致不必要的关闭和干扰，但截至目前监管机构所启动的程序并未关闭能够自行恢复存活能力的银行。甚至可以说大部分的启动程序被适用得太晚。至少，在资本耗尽之前适用强制性启动程序将使监管机构能在银行正常运转时对其进行干预，以防止金融系统的崩塌。

3.39 《联邦存款保险公司促进法》设置了五种资本类型：资本良好，资本充足，资本不足，资本显著不足，资本严重不足，并且在后三种情况下要求采取及时纠正措施。一个银行属于上述何种资本类型由三种不同的资本评估方法确定：总风险资本评估，一级风险资本评估和一级资本除以平均总资产所得的杠杆率。① 被确定为资本良好或资本充足的银行必须满足或者超过该资本类型所要求的三个比率。不能满足其中一个比率将导致该银行被认定为资本不足或者更差的类型。

3.40 及时纠正措施的资本类型如表 3.1 所述。

表 3.1 **及时纠正措施的资本类型**

资本类型	全部风险资本	一级风险资本	杠杆资本
资本良好	10% 或以上	6% 或以上	5% 或以上
资本充足	8% 或以上	4% 或以上	4% 或以上
资本不足	8% 以下	4% 以下	4% 以下
资本显著不足	6% 以下	3% 以下	
资本严重不足	有形资本低于 2%，不考虑其他资本比率		

---

① 12USC § 1831.

3.41 当一个金融机构资本下降时，它将被施加额外的监管控制以力求阻止其资本状况的恶化。法律规定和配套制度确定了一系列以银行资本类型为基础的监管手段。一旦一个机构的有形资本等于或小于其总资产的2%，它将被认定为"严重资本不足"。一旦金融机构被认定为严重资本不足，则必须在90天内指定管理人或接管人，除非该机构能够改善其资本率或者该期限被延长。适格的联邦监管机构如果认为期限延长可以更好地保护存款保险金免受损失，可批准延长及时纠正措施的期间两次，每次90天。在特定时间内不能达到这些标准的金融机构将被关闭。①

3.42 尽管大部分关于美国及时纠正措施的讨论关注的是监管者关闭资本不足的银行的可能性，但该制度的关键特征是其要求在银行资本下降时采取更严格的监管应对措施。例如，资本不足、资本显著不足和资本严重不足的银行必须提交一份资本恢复计划（通常是在45天之内），受到严密的监控，遵守关于资本分配、管理费用和资产扩张的限制，并且在进行特定类型的扩张之前需要获得许可。② 资本显著不足和资本严重不足的银行受到额外的限制。例如，资本严重不足的银行在进行日常经营活动之外的重大交易、为高杠杆交易提供贷款或参与其他重大行动之前需要获得事先书面许可。监管机构也可以要求解雇特定高管和董事。这些措施是为了保护银行资本，避免可能增加破产损失的风险性交易。

3.43 监管的自由裁量权为监管机构阻止问题银行的资本状况和业务完整性的恶化提供了灵活性。监管机构可以对银行资本进行重新分类或降级，并且，如果它们认为该银行在不安全和不稳健的情况下运行或参与了不安全和不稳健的实践，它们将对银行施加更为严格的限制措施。采纳这种措施应为提供银行听证的机会。③

---

① See also Government Accountability Office, "Assessment of Regulators' Use of Prompt Corrective Action Provisions and FDIC's New Deposit Insurance System" (February 2007).

② 12CFR § 325. 105 (a) (2) (FDIC Regulations).

③ 12USC § 1831o (g).

3.44　金融危机时影响银行流动性的一个最重要的手段即适用及时纠正措施限制银行支付超过现行存款利率的存款利息。对一些银行而言，从存款经纪人处获得的高成本的存款是其重要的资金来源。由于高成本的资金迫使银行必须获得资产的高回报以覆盖其成本，这类存款鼓励了银行进行高风险的贷款——尤其是当银行以这些高成本资金作为主要的资金来源时。美国法律要求联邦存款保险公司限制非资本良好的银行支付高利率的存款利息。当银行资本水平下降到资本良好的标准之下时，失去高成本的存款来源将让银行面临巨大的流动性压力从而可能导致银行骤然倒闭。基于这些考虑，法律法规允许联邦存款保险公司批准豁免资本充足的银行，允许其在适当的条件下接受、更新或者展期高成本存款。更低资本类型的银行不能接受或者转存经纪性存款或高成本存款。①

3.45　美国的法律规定也允许监管机构干预银行运行的其他关键领域，包括管理标准；薪酬；以及资产质量，利润和股票估价。在这种法律规定之下，监管机构出台了相应的指南，明确规定适当的标准，指导监管机构自由裁量权的行使，以促进银行安全稳健地运行。②这些安全和稳健标准使监管机构有权确定银行未满足法定标准，有权要求银行提交一个安全和稳健计划来说明其将采取的纠正问题的措施。如果银行未提交或者实施可接受的计划，监管机构可能会发布行政令要求其采取特定措施以纠正缺陷。

3.46　美国体系中另一个不被视为及时纠正措施体系的一部分，但对纠正投保银行的风险活动发挥着日益重要的作用是存款保险资金

---

①　在2009年出台的修正规则中，联邦存款保险公司详细解释什么构成"高成本存款"从而明确了该豁免规则。新的12CFC§337.6概括性规定：资本良好等级以下的已投保存款机构可以提供"国家利率"加上75个基点的利率。如果存款机构认为"国家利率"与适当市场上的实际现行利率不相适应，该机构可以请求联邦存款保险公司决定该机构正在"高利率区"运行。如果联邦存款保险公司做出了这类决定，该银行可提供实际现行利率加上75个基准点的利率。无论如何，对于在适当市场外获得的存款，银行不能提供超过"国家利率"加上75个基准点的利率。

②　12USC§1831p and Interagency Guidelines Establishing Standards for Safety and Soundness, FDIC Appendix A to 12 CFR Part 364（2006）.

的风险评估体系。2006 年，国会授权联邦存款保险公司实施一个层级更加分明的存款保险评估体系以更好地反映银行活动的风险。新规定不仅允许以银行的活动为基础对不同银行进行更为差异化的处理，而且允许对大银行和小银行适用不同的评估体系。这使联邦存款保险公司能更好地考虑风险的监管措施和大的、公开交易的银行获得的市场指标。然而这些规则在 2007 年年初才确定，因此可能对金融危机中银行的存款保险成本没有实际影响，未来需要继续完善这些规则，以强化银行的稳健经营，并惩罚风险行为。联邦存款保险公司在危机中仍然继续完善该体系。2009 年 4 月，联邦存款保险公司使用监管评级和市场标准，增加了大型银行评级体系中的层级。

3.47 2010 年 5 月，联邦存款保险公司提出了进一步完善公众参与制度的提案。该提案摒弃了长期债务评级制度，因为近期的数据表明那些方法对风险并非特别敏感并且在反映银行应对财务压力的能力变化方面存在滞后性。新提案提出了一种金融评分卡，该评分卡组合了监管评估和一系列可获得的并且在预测金融机构长期绩效方面具有统计学上的重要性的定量标准。评分卡有两部分内容。第一部分是基于监管评级和其他财务指标计算出来的绩效分。绩效分可以测量一个金融机构的金融绩效和抗压能力。第二部分是将损失幅度测量合并成一个单一的分数。联邦存款保险公司享有有限的灵活性，可以基于评分卡上没有充分采集的定性和定量标准来改变金融机构的分数。希望这些改进措施能持续影响银行的行为并进一步减少存款保险基金的风险。

3.48 正如几十年前的学术和监管研究所述，存款保险体系需要监管制度并且最好是存在及时纠正措施制度来控制风险行为甚至关闭银行。理由很简单——依赖于已投保存款来筹资的银行通常可以获得足够的存款以保持流动性。因此，等到银行基于资产负债表的分析而表现出流动性不足或资不抵债将会增加债权人和存款保险金的损失，因为仅有少量流动性的银行会继续消耗其资产，甚至毁灭其价值，发放更高风险的贷款，以努力使利润最大化并回到盈利状态。有存款保险的保障，枯竭银行的高管和股东实际上是用"庄家的钱"来玩。在这样的背景下，监管约束和及时纠正措施必须替代严重缺失的市场约束。①

3.49 和在其他国家一样，在美国，及时纠正措施制度是为了防止持续依赖已投保存款并在最终倒闭时给存款保险金和整个金融系统带来巨大影响的"僵尸"银行的繁衍。然而，一些发展使得单独依赖及时纠正措施不太现实。

3.50 在危机前的繁荣时期很多大型的国际银行和其他（已投保的和未投保的）贷款机构越来越依赖于非存款性资金而非已投保的存款。很多银行在一定程度上长期依赖于市场融资，这种趋势随着商业票据和中介市场发展愈演愈烈。对于抵押贷款机构而言，作为筹集贷款的主要工具的证券化迅速发展是一个相对新的现象。这种对市场资金的依赖加速了经济增长，推动了风险贷款的增加并导致市场在情况不太乐观时变得更加脆弱。

3.51 "创设出售型"的放贷模式导致了上述结果，将未偿还的贷款进行证券化，然后对这些证券进行高评级，再出售给全球范围内的投资者。基于这样的幻想，证券化切断了承销和贷款的风险之间的联系，这种模式助长了一种庞氏骗局的心理：承销不重要的，因为房地产市场总是上涨的从而贷款可以持续进行再融资。打包证券并通过银行筹集新贷款这种新策略的发展，扩大了房地产投机的融资规模，创造了对从抵押贷款市场榨取更高利润的需求，从而辅助了这一过程。只要贷款表面上可以履行，及时纠正措施就不能有效地阻止抵押贷款中的风险增长，因为这种风险隐藏在表外从而使资本看起来很可靠。

① See Charles Goodhart, "The Regulatory Response to the Financial Crisis", CESifo Working Paper No. 2257 (March 2008); Maria Nieto and Larry Wall, "Preconditions for a Successful Implementation of Supervisors' Prompt Corrective Action: Is There a Case for a Banking Srandard in the European Union", Federal Reserve Bank of Atlanta, Working Paper 2006 – 27 (December 2006).

3.52 这并不是对及时纠正措施的控诉。这只是承认及时纠正措施并替代监管约束、承销标准、市场结构的控制，只是简单地呼吁要解决这些困难的问题。这也说明了现在正被各国监管机构和巴塞尔委员会审查的资本和流动性控制必须发挥作用。类似地，还需包括能够影响银行行为并能使从事风险行为的银行付出更高成本的存款保险的定价体系。最后，防止监管套利至关重要——正如危机前期在美国抵押贷款系统中发生的现象：实际上不受监管的贷款机构在和受监管银行的竞争中压低了标准。基于这种情况，必须对及时纠正措施进行检验，以确定如何最好地适用新的触发条件（例如关于流动性风险或操作性风险）来启动对银行的监管程序并迫使监管机构采取行动。及时纠正措施是非常重要的，但它作为一种单一的手段必须不断完善才能有效发挥作用。

（彭丽姗译）

4

程序的参与者：监督者、
监管机构、管理人和法院

Rosa M Lastra and Charles Proctor[*]

主要参与者

4.01　不同国家的银行破产法差异很大。跨国破产增加了处置破产银行的复杂性。这种复杂性影响了责任认定，所以有必要在出现问

　＊　Charles Proctor 是 Bird & Bird LLp 的合伙人，Rosa M Lastra 是英国伦敦大学玛丽皇后学院商法研究中心（CCLS）国际金融与货币法的教授。作者非常感谢 Roman Chapaev 颇具价值的研究帮助。

题之前采取措施，找出应该使用的规则。跨国机构通常会利用"法律套利"的机会，冲突或者矛盾就会慢慢显现。一些案例表明利用法律的不一致性（或者法律上的漏洞）来实现欺诈也不可忽视（例如BCCI——国际商业信贷银行案）。此外，有些国家的法律有重大的缺陷或者不足（例如离岸中心和一些新兴经济）。

4.02 危机处置不能与危机预防，尤其足够的监管相分离。国际货币基金组织近期发布的一篇报告中①，指出了银行危机的几个"阶段"：预防、早期干预、处置和破产。

4.03 从另一个角度来看，可以从政府的职能来分析银行危机。一般来说，下面几种（主体的）职责可能是至关重要的：监管机构、最后贷款人、② 存款保险机构、接管人。因为银行危机可能涉及公众资金的支出，所以国家财政部也可能会参与进来。

4.04 有些国家将银行与企业法人同等对待，适用一般破产法。英国在《2009年银行法》颁布之前一直就是这种模式，欧洲其他的国家也主要适用这种司法性程序或法院主导的模式。有些国家银行适用特殊破产制度，由银行监管机构或存款保险机构来管理破产程序。无论是适用"特别法还是普通法"，都涉及很多参与方，跨国的情形下更是如此。

4.05 在银行危机的不同阶段，不同的机构的角色也不尽相同。监管机构在监管和预防、早期干预阶段占主要作用，最后贷款人、存款保险机构和接管人在处置和破产中的角色更为明显。

4.06 实践中，有些国家可能由单一的机构扮演上述多个角色。在英国，不同机构根据《金融服务和市场法2000》分别履行最后贷

---

① Wlm Fonteyne, Wouter Bossu, Luis Cortavarria-Checkley, Alessandro Giustiniani, Alessandro Gullo, Daniel Hardy, and Sean Kerr, Crisis Management and Resolution for a European Banking System", IMF Working Paper Wp/10/70, 链接 http：//www. imf. org/external/pubs/ft/wp/2010/wp1070. pdf.

② 无论中央银行是否履行监管职能，都提供紧急流动性支持和履行其他维护"金融稳定"的职责［例如，在《2009年银行法》赋予英格兰银行处置银行的权限，目前还有让联邦制储备局（Fed）成为系统性风险监管机构的建议］。

款人（英格兰银行）、银行的审慎监管（金融服务局）的职能。[①]（新政府计划彻底改革监管结构，扩大英格兰银行的作用，废除金融服务局。[②]）值得注意的是，是否让不同的机构履行不同的职能也存在着争议：有人认为职能的分离将影响监管动机并导致监管姑息。[③]

4.07 通常来说，传统商业银行的行为如吸收存款并发放贷款，让其受到广泛的监管。[④] 然而，如今银行并不局限于这类业务：根据不同国家的银行的业务范围，这类业务通常只是商业集团中广泛金融业务（例如：佣金业务、投资管理业务等）的一个分支。[⑤] 由于业务的多样化，某类业务出现问题可能会影响整个集团的生存。这不仅因为某个业务损失的溢出效应可能会影响其他业务，也可能因为信誉的损失而影响到整个集团。[⑥] 只要不同的业务适用不同的规则，分属不同的机构监管，即便在国家层面也需要各个机构间的合作以便有效管理危机。

跨国危机处置更为复杂，更需要跨境协调危机管理。[⑦]

---

① 英国金融服务局（FSA）的前身是在《金融服务与市场法 1986》下运行的证券和投资监管委员会。关于英国当前的三方监管模式，参见注 36。

② 参见 2010 年 6 月 16 日，英国财政大臣在伦敦市长官邸晚宴上的发言。http：//www.hm-treasury.gov.uk/press_12_10.htm. See also "Osborne Hands the Bank an Empire"，Financial times（online），17 June 2010.

③ 参考 Charles M Kahn 和 Joao A C Santos，"Allocating Bank Regulatory Powers：Lender of Last Resort，Deposit Insurance and Supervision"（2005）49（8）European Economic Review 2107，得出一个结论："在统一监管和多方监管之间抉择需要寻找到平衡；当流动性冲突严重时，多方监管机构很难相互协调，但当流动性冲突比较温和时，采取多方监管更加合适。"他们同样也认为监管者趋向于不共享各自的信息。

④ 例如 Directive 2006/48/EC（关于信贷机构持续经营）第 4 条（1）将信贷机构定义为："向大众吸收存款或其他可支付的资金，并且用其自有账户发放贷款"（此定义包括"电子货币机构"）。

⑤ 金融危机引发了"统一银行"与"零售银行"模式的争论。

⑥ 出于监管考虑，在美国设立控股公司并控制附属公司比较普遍，这些子公司从事不同的金融业务（银行、证券等）。另一方面，在欧洲，银行自己子公司运营其他业务十分常见。例如，"在欧洲，很多大型银行集团旗下有投资、商业和零售业务，同时还运营证券买卖、资产管理，在很多情况下，还有保险和贷款业务"（注 1，10）。

⑦ 关于 90 年代金融业的合并，参见 Group of Report on Consolidation in the Financial Sector，January 2001，链接 http：//www.bis.org/publ/gten05.pdf.

银行危机处置的困境

4.08 危机管理需要周全的计划和对于适用规则的理解。缺乏准备和模糊都会导致很多困难，对北岩银行的流动性支持便是一个例子。

4.09 北岩银行的商业模式风险很大，因为它严重依赖证券化融资和银行间的同业拆借。当这些融资渠道枯竭后，北岩银行发现其陷入了金融困境。最后，北岩银行不得不同英国政府磋商流动性支持的问题，使其能够继续经营。作为一家英国上市公司，北岩银行必须公布磋商内容，以符合信息披露和透明原则。《北岩银行挤兑报告》①提供了有价值的内容。在北岩银行事件的发展如下：

在9月10日，星期一，北岩银行放弃了证券化并寻求资金援助。此前，就已经讨论过向英格兰银行申请援助的事项。8月11日，北岩银行前任主席向英格兰银行行长提出援助要求。②

4.10 英格兰银行行长默尔·金随后声明："在这种情况下，我倾向于秘密承担最后贷款人的角色，向北岩银行借款却不立即向公众公布。"③ 虽然默尔·金没有指出他这样做的原因，但一般来说，秘密的最后贷款人机制能避免公告给公司带来的负面影响。④ 然而，北岩银行在2007年9月14日，星期五的早上7点发出公告。⑤ 而这导

---

① "The run on the Rock", Fifth Report of session 2007 – 8, House of Commons Treasury Committee, Hc 56 – I, http：//www. parliament. the-stationery-office. co. uk/pa/cm200708/cmselect/cmtreasy/56/56i. pdf.

② Ibid. , 54.

③ Ibid. , 56.

④ 可以说，北岩银行的缺点在于专业市场的"空缺"，在这种情况下，零售储户会被公告所影响。

⑤ 参见 chronology and discussion Alistair Milne and Geoffrey Wood, Bankin Crisis Solutions Old and New （2008）90（5）Federal Reserve Bank of St Louis Review 517。

致储户挤兑银行，最后英国政府不得不在 9 月 17 日，公告保证北岩银行全额兑付（而法定担保通常由数额限制）。①

4.11　《北岩银行挤兑报告》详细叙述了进行公告的原因。监管机构考虑到了下列两部规则：《英国的信息披露和透明规则》及欧盟2003 年 6 月颁布的《市场滥用指令》。英格兰银行及金融服务局均就北岩银行公告的必要性提出了看法。值得注意的是，金融服务局（该机构负责执行英国上市规则和信息披露）称："作为上市公司，北岩银行是否负有披露的特定义务是该公司自决的问题，英国金融服务局作为英国上市公司的监管机构……没理由不同意公司董事的意见，基于他们的法律意见认为应当作出公告。"② 英格兰银行在事件中的立场也非常有趣，其立场主要取决于对欧盟法律的理解：

> 英格兰银行行长似乎在暗示，根据《市场滥用指令》，英格兰银行的法律地位很明确：《反市场滥用指令》排除秘密提供支持的可能性。在晚些时候，他又承认指令中的相关措辞"模棱两可"。

4.12　2003 年 6 月欧盟指令中对于流动性支持披露的要求（如果有的话）与本章的内容无关。但与此相关的是，无论是负责相关披露规则的机构，还是最后贷款人当时均不确定是否存在上述要求。实际上，提供流动性支持是危机管理的重要工具，当骚乱事件出现时，当局似乎不应分心去研究这一工具的法律要求，而是应当评估公告是否有助于缓和危机。

4.13　北岩银行的问题也是国内其他银行业可能面临的问题。另外一个众所周知的跨国案例也涉及了上述问题。雷曼兄弟倒闭的"沃卢克

---

① 北岩银行最终被英国政府国有化，参见"The Nationalisation of Nortern Rock"，由 the Comptroller and Auditor General 里的 Tim Butt 报道，session 2008 - 9，HC298。

② 这看起来像是否认了金融服务局的公告义务，但同时它也承认银行对于整个系统来说是十分重要的，当时的分别公告很有可能损害其稳定性。

斯报告"①，除了介绍了其如何灭亡，还重点介绍了雷曼公司在实践中是怎么运用"回购 105"和"回购 108"的（简称"回购 105"）。

雷曼公司于 2001 年前后首次采用"回购 105"计划。但它找不到美国律所为它出具法律意见书允许其根据美国法律进行真实销售的会计报告。雷曼根据伦敦的年利达律所提供的法律意见书实施了"回购 105"计划。该意见书是根据英国法律出具给雷曼兄弟国际（欧洲）公司（LBIE）的，该公司是雷曼在伦敦的欧洲证券经纪人。因此，如果美国的雷曼公司希望参与"回购 105"交易，它们只能将证券目录移转给 LBIE，以便 LBIE 可以以它们的名义进行交易。②

4.14 在"沃卢卡斯报告"后，证券交易委员会才开始关心"回购 105"的运用，同时，向大型银行散发问卷并询问这种交易的使用。③

4.15 关于雷曼运用"回购 105"进行交易的好处不属本章内容。但这个例子可用来说明跨国企业是如何让监管机构管理危机的工作变得复杂（主要指预防及早期干预阶段）。

4.16 相关当局在危机管理时还面临着更加复杂的情况。首先要提及的就是集团内的资产转移。如果金融集团持续经营，那么集团内的资产转移在经济上有利于每个参与的相关实体。比如，相对于集团中"实力较弱"的实体，集团中"实力较强"的实体可以获取更低的融资成本，同时也有更好的资源（如技巧及设施）来管理大量的资金。实际上，雷曼兄弟与雷曼兄弟控股公司（美国顶尖公司之一）实行了一个流动性"管理"计划，从其附属机构处每日收集现金余额进行结算［附属机构包括后来在英国进入破产程序的欧洲分支，即雷曼兄弟

---

① "Lehman Brothers Holding Inc. Chapter 11 Proceedings Examiner's Report"，2010 年 3 月 11 日，由 Chairman of Jenner & Block 的 Anton R Valukas 报道，链接 http：//lehmanreport. jennet. com。

② 同上 vol iii, Section III. A. 4："Repo 105"，740.

③ Jonathan Well，"Wall Street's Repo 105 Cops Wake up from Dead"，Bloomberg，31 March 2010，链接 http：//www. bloomberg. com/news/2010 – 03 – 31/wall-street-s-repo – 105 – cops-wake-up-from-dead-jonathan-weil. html。然而，Dick Fuld 为"回购 105"进行了辩护。参见 Tom Braithwaite，"Fuld Defends Lehman's Use of 'Repo 105'" Financial Times，19，April 2010。

国际（欧洲）公司]。该种操作下的资金转移可能导致集团破产，如果没有资产转移，则集团可能仍然有清偿能力。如果被转移资产的实体随后陷入破产并不能足额支付给债权人，则将恶化该实体的债权人的处境。

4.17　探讨集团内部资产移转也必须考虑到如下情况，即公司董事是否应当决定将资产移转给另一个濒临破产的集团公司。这样的资产移转是否有利于转让人的利益？假定被转让人是境外公司，监管机构的立场如何呢？比如：

　　……在危机时刻，母国及东道国的监管机构之间存在利益分歧。母国监管机构希望将资金流动最大化以缓解集团的流动性问题，而东道国由于担心整个集团的状况则更倾向将资产留在本国境内。①

4.18　如果进一步探讨集团内资产移转问题，则会发现另一个问题即金融集团的功能与其法律形式不匹配。Hüpkes 称：

　　大型跨国综合金融机构包含多个法律实体。其组织形式一般有一个母公司，母公司是一个运行实体（例如：银行或者证券公司）或控股公司，同时有大量的子公司。这些子公司可能是银行、受管制或不受管制的金融公司、非金融公司。②

4.19　Hüpkes 指出一个集团中的不同实体之间不仅靠控制关系联系在一起（如通过持有股份），也靠信贷关系、经营活动、声誉、特许权价值等相联系。

---

①　Roland Nattrass，"Cross-Border Intra-group Asset Transfers：Too Big to Ignore?" (2010) 25（5）*Journal of International Banking and financial Law* 300。事实上，也很容易想到其反面：当国内监管者想要限制"国内"资金流动，以防"想挽回损失却白白送掉钱"——例如继续支持困境中的国外机构。

②　Eva Hüpkes，"From Follows Function'：A New Architecture for Regulating and Resolving Global Financial Institutions' (2009) 10 European Business Organization Law Review 369。

4.20 由于集团的法律形式与其功能不匹配，在某一领域称职的监管者可能会不熟悉其他领域（接受不同监管机构监管或未受管制）的发展。如美国最后的投资银行，高盛及摩根斯坦利在 2008 年 9 月重新登记为银行控股公司。① 在此之前，尽管它们具有系统重要性，两个公司都受银行规制管制。

4.21 本章探讨的最后一个跨国银行的例子是考普森银行，该银行是有着广泛国际业务的冰岛银行于 2008 年年底倒闭。根据考普森银行自己的说法，2007 年，其营业利润的近 70% 来源于冰岛境外（其中 31% 来源于英国）。② 在英国，考普森银行通过其子公司——Kaupthing Singer & Friedlander 来运作，而该子公司在马恩岛也有一个自己的子公司。最终，考普森银行在英国子行遭遇储户"挤兑"，随即英国金融服务局决定将其关闭并在 2008 年 10 月 8 日接管。③ 马恩岛子行也随即倒闭：该行储户在该行有近 84 亿美金存款，但其资产负债表中的近一半资产在伦敦母公司那里，同时马恩岛支行约有 59 亿英镑已被英国实质冻结。

4.22 因此，考普森银行的案例说明在跨国的背景下，各个权力机构有必要相互沟通、协调，以便合作监管银行风险。

方案与对策

4.23 不同国家当局之间，以及他们与社会公众之间信息共享、

---

① 参见 Philip Augar 在 2008 年 9 月 22 日在 Financial times（online）上发表的"Do not Exaggerate Investment Banking's Death"。必须一提的是，Goldman Sachs 很可能在不良资产救助计划（TARP）宣布之前进行了转变：参见 lucas van Prag 在 2009 年 4 月 17 日在《Financial times（online）》上发表的《Goldman Sachs Changed Status Before TARP》。

② 该讨论基于巴塞尔银行监管委员会在 2010 年 3 月作出的"Report and Recommendations of the Cross-Border Bank Resolution Group"（Basel：Bank for International Settlements，2010），参考链接 http：//www. bis. org/publ/bcbs169. htm。

③ 我们需要把这个挤兑现象与当时其他冰岛银行所面临问题相联系：2008 年 10 月 7 日，冰岛监管机构接管了另一家冰岛银行，冰岛国家银行，第二天，冰岛的 Glitnir 银行也被接管。

相互沟通是有效处置程序的基础。这种交流也包括其他危机管理机构如中央银行（紧急流动性支持）、监管机构和财政机构（财政部）。其中问责制与透明原则（相较于保密原则）是至关重要的。程序和危机处置权力行使的透明是有必要的；给予困境机构的实质援助需要保密与透明原则并不冲突。

4.24 建立信息共享的机制是至关重要的。设立危机管理委员会或者"危机处置学院"（crisis college）是一个可行方案。① 另一个备选方案是设立一个管理中心，收集、整合并分析相关的跨境信息。这样一来，必然会引发对这些信息的公开还是保密的问题。有关争论存在已久：关于 FSAP（金融部门评估规划）的问题上，就有对相关问题的探讨。

4.25 跨国银行破产时，国家机构的职责必须明确。哪个部门负责何种事务？下文将在现有法律制度下对该问题进行探讨，但要谨记我们需要从统一监管过渡到统一处置。实际上，金融危机已经表明，仅仅统一监管是不够的，还需要在如何处置方面达成共识。尽管在国际层面上已经对此作出努力，国际货币基金组织和巴塞尔银行监管委员会跨境银行处置小组都致力于构建跨境处置框架，② 但是无法有效地统一处置将是未来全球银行业和金融发展的一大挑战。③

监管：《巴塞尔协定》

4.26 人们普遍认为，早在 1975 年，国际层面上已经对银行监管责任进行了分工，其规定在巴塞尔委员会的《银行涉外机构的监管》

---

① 参见 David G Mayes，Maria J Nieto 以及 Larry D Wall 的文章《Multiple Safety Net Regulations and Agency Problems in the European Union：Is Prompt Corrective Action Partly the Solution?》（2008）4（3）Journal of financial Stability 223。

② 参见下文第 9 章。

③ 统一监管基于金融集团是一个单一的经济实体的假设。当处置破产的跨国银行，或者是一个有着广泛业务和在多个国家有法律实体（例如子公司）的复杂金融集团时，假定其为单一的经济实体就会与现实相悖。在集团破产案中，集团往往会被分裂成一个个法律实体，并分别受它们所在地的法律规制。就算是分支机构，也常常被当作独立实体来进行清算和处理。在现实情况中，统一就好比婚姻关系，当它们死去的时候就变回单独的个体。

报告①中，此后该报告于 1983 年 5 月被修订为《银行涉外机构的监管原则》"② （又称《巴塞尔协定》）。1992 年，该原则被进一步修正。

4.27 "巴塞尔协定"规则如下：

·银行分行（不具有独立法人地位）的清偿能力主要由母公司（国内）当局进行监管；

·银行子银行（具由独立法人地位）的清偿能力由东道国和母国当局联合监管（不管怎样，东道国对其境内所有外国子行的清偿能力进行监管）；

·东道国当局负责对子行和分行的流动性进行监管（但母国当局负责监督整个银行集团的流动性）；

·银行的外汇业务和外汇头寸监管应该由母国和东道国当局联合监管；

·在并表监管的框架下，母国当局总体负责对银行集团的流动性控制的监管。

4.28 1992 年 7 月，在 BCCI 事件（国际商业信贷银行倒闭）后，委员会发布了跨国银行业监管的新规则（软法），该文件名称为《跨国银行集团及其跨境机构监管的最低标准》其重申了一些曾被协定奉为圭臬的原则，③ 特别是关于并表监管跨国银行集团的关键性原则。并表监管是综合评估银行或金融集团实力的方法。为实现该种"并表"，母行及母国监管当局监测该集团中不同实体（母公司及附属机构或关联公司）所引发的风险，同时也以它们的营业总额评估其资本充足性。这种集团整体监管法超越了合并审计的方法，④ 考虑了整个银行集团所涉风险。该原则的合理性在于任何外国银行机构都不

---

① 制定于 1975 年 9 月 26 日，参考 http：//www. bis. org/publ/bcbs00a. htm。

② http：//www. bis. org/publ/bcbsc312. htm.

③ http：//www. bis. org/publ/bcbsc314. pdf? noframes = 1。同样参考 Rosa M Lastra 的文章 "Central Banking and Banking Regulation" （London：Financial Markets Group，London School of Economics，1996），ch 3。

④ http：//www. asbaweb. org/Grupos/libros/fscommand/doc7. pdf （accessed 31 March 2010）.

能逃避监管，该逻辑同样适用危机处置。

4.29 在1992年"巴塞尔规则"第Ⅱ章中，规定了最低的监管标准。根据标准一，"所有国际银行集团和国际银行均应受其本国有能力履行并表监管的机构监管"。该标准规定的某一个"有能力"的监管主体，是为了确保银行不会故意拆分不同管理中心的管理职能，从而增加监管难度。根据标准二，建立境外银行机构应事先得到东道国监管机构和银行或银行集团母国监管机构的同意。在同意之前，监管机构应当审查该银行的资本能力及其风险管理能力。需要特别注意的是，其母机构可以为其提供何种程度的支持。如果任一监管机构——母国的或东道国的——判定协定中的责任分配方式不合理，或者银行或银行集团的活动或结构有重大变更，这时该监管当局应当与其他当局磋商，就哪方承担首要或者一般责任，就特定业务的责任达成明确共识。根据标准三，东道国监管当局拥有向银行或银行集团母国监管当局获得有关跨国分支机构信息的权利。信息可以通过多种方式进行收集，包括现场调查。根据标准四，如果东道国监管当局认为，以上几个最低标准都不能达到其要求，该监管当局可以采取一些限制措施，包括禁止设立该机构。东道国当局需要判断：（1）该银行或银行集团所特许设立的国家是否允许其收集信息（即银行的保密规则在必要时是否可以放宽）；（2）母国当局是否已经允许其境外发展；（3）银行或银行集团的母国当局实际上是否有能力实行合并监管。

4.30 值得注意的是：

"巴塞尔原则"并没有区分不同国家监管者的关注点及目标。

这其中蕴含着一个简单却发人深省的真相。如果在发生困境时，该集团总公司的资金不能在东道国中使用，那么对东道国监管者来说，该集团资金是否充足无关紧要。这就是监管者所称的跨国银行整合与主权责任之间的"紧张关系"。①

---

① Jörgen Holmquist，"Implementation of Basel Ⅱ：Challenges & Opportunities"，Institute of International bankers，5 March 2007，链接 http：//ec. europa. eu/internal _ market/speeches/docs/2007/jh05032007. pdf。

4.31 1992 年"巴塞尔准则"提供的是最低标准。准则中规定的术语含义广泛，是为了实践中能灵活适应不同国家的法律和组织架构。国家应当（尽管不是法律强制的）适用这些标准，但它们仍然可以提高某些标准。1992 年的准则是为了避免国际信贷银行（BCCI）倒闭案重演；然而，委员会意识到这些标准无法预见到每种情形。国际银行规则的局限性正是因其为补救性措施，而不具有预防性。

4.32 巴塞尔标准对银行监管薄弱地区有着潜在的不利后果。在欧盟，互相认可原则（意味着互相信任）要求双方已在银行基本规则上达成一致。相互认可原则是以国家立法宗旨相同，公共利益目标相似为前提的。同样地，在国际层面上，国家监管者们在共同认可规则之前，必须在追求的目标上先达成一致，这种一致性反过来也会增强相互的信任。

《信贷机构重组与清算指令》

4.33 在决策机构之间的沟通方面，2001/24/EC 指令（第 4 条）——第 6 章会有进一步的分析——指出国内成员国的行政以及司法机构有"立即"将决议通知东道国相关机构（通常是审慎监管者）的义务，以便实施重组计划。[①] 就这点而言，2008 年的谅解备忘录（MoU）中关于跨国金融稳定部分没有包含国家处置机构是很不可思议的。2001 年的指令中没有关于信息沟通的具体方法和时间节点的具体内容。指令也避开了向欧盟官方公报（Official Journal of the European Union）公告关于开启重组计划或者是清算程序的义务。此外，职业保密原则进一步限制了在启动重组和清算程序之前的体系化的信息交换。

---

① 关于指导意见更进一步研究以及其改革意见，参考 Posa M Lastra, Gillian Garcia, Maria Nieto, "Bankruptcy and Reorganization Procedures for Crossborder Banks in the EU: Towards an Integrated Approach to the Reform of the EU Safety Net" (2009) 17 (3) Journal of Financial Regulation and Compliance 240。

4.34 鲜有国家对银行集团的重组方式及清算程序提供详细的规则。跨国银行集团的每个法律实体方面，2001/24/EC 指令局限于程序性方面。这种局限性使得集团内的协作未被考虑其中，而内部协作在重组时有利于全体债权人。本可以进行重组或是保持清偿能力的机构，由于缺乏集团内部重组与清算的路径，可能会导致该分支机构乃至于整个集团的破产。

4.35 2007 年 10 月欧洲经济与财政事务理事会决议要求加强欧盟金融稳定的安排的同时还要求审查预防、管理及处置危机的方法，包括修正《信贷机构重组与清算指令》及对《存款保险指令》的重新定位。为此，委员会展开公开征询，以求释明：（a）2001/24/EC 指令是否有漏洞和需要澄清的歧义；（b）危机或重组时如何处置跨国银行集团（即在成员国有子公司的母信贷机构）的相关问题。这些问题还需深入研究/调查。然而，鉴于金融危机的影响，其他规则被优先修订，特别是《资金需求指令修正案》《存款保险指令》《偿债能力Ⅱ指引》（关于保险公司）和引入信用评级机构规则。对于欧盟跨国银行危机管理的规则不成体系的担忧仍然存在。不过，该问题已分别在 2009 年 10 月 20 日、2010 年 5 月 26 日被专门管理跨境风险的欧盟委员会以及专门负责银行处置基金的委员会所解决①，在第 6 章中将进一步进行分析。

4.36 主管当局需要及时而精准地掌握银行集团整体财务状况信息，以期能够在危机时有效预见银行的问题并加以解决。

谅解备忘录

4.37 在无正式规则的情况下，非正式规则填补了空白。在这一方面，欧盟开始制定一些谅解备忘录：（1）2008 年 6 月 1 日，金融监管机构、中央银行、财政部制定了跨境金融稳定的谅解备忘录

---

① 关于欧盟委员会在跨境银行危机管理中的努力，参见 http：//ec. europa. eu/internal_ market/bank/crisis_ management/index_ en. htm。

（该备忘录考虑到了跨境金融机构可能引发市场动荡，其旨在为风险管理提供总体原则及准则，并为应对提供了分析框架。2008 年谅解备忘录的出台意味着更高的透明度，是值得称赞的进步）。（2）2005 年 5 月 18 日，银行监管者、中央银行、财政部制定了关于跨境金融稳定的谅解备忘录（仅发布了新闻稿）。（3）2003 年 3 月 10日，欧盟银行监管者、中央银行合作达成了遵循更高层次原则的谅解备忘录（仅发布了新闻稿）。（4）2001 年 1 月，达成在欧洲经济货币同盟第三阶段中，支付体系监管者及银行监管者合作谅解备忘录。谅解备忘录可以加强当局合作，便利当局信息共享，这是值得称赞的进步。但是，在跨境银行破产中，仅有谅解备忘录是不够的，尤其是因为这些谅解备忘录不涉及处置机构。谅解备忘录是自愿性协议，无法律拘束力。[①]

《跨境银行处置小组报告和建议》

4.38 《跨境银行处置小组报告和建议》中的部分建议[②]将在第 9章进一步探讨，这些建议解决了跨境背景下银行危机所引发的问题，同时也符合本章意旨。

4.39 意见 3 规定，尽管危机处置仍是国内管辖范围内事务，"为了处置在多国开展活动的金融机构，国家当局也要寻找国家间解决方法和途径……"

[①] 英国新任财政部长已经宣布要废除谅解备忘录，但它目前还暂是三个机构之间：英格兰银行、金融服务管理局（FSA）、财政部有效。（参见 http：//www. fsa. gov. uk/pubs/mou/fsa_ hmt_ boe. pdf.）根据谅解备忘录的要求，英格兰银行的义务包括：维护整体金融稳定、监管对英国至关重要的金融系统以及在特殊情况下，发挥政府对金融的干预作用（例如担任最后贷款人）。金融服务局的义务包括：对银行和投资企业进行管理和审慎监督；对金融市场进行监管；应对波及企业和市场的难题（除非归责于银行）；以及在特殊领域定期制定政策。财政部对整个金融监管的组织结构、法律法规负责；然而，它没有实际操作层面的义务。谅解备忘录还指出："免费的信息共享是各个机构能充分承担其义务的基础"；然后还指出了银行副行长（金融稳定）应当由金融服务局担任委员，并且金融服务局主席应当在中央银行委员会任职。

[②] 关于 2010 年 3 月巴塞尔跨境处置小组的最后报告和建议，参见 http：//www. bis. org/publ/bcbs169. htm。

4.40　意见4规定，"为了促进国家间在跨境处置中更好地合作，国家当局应当制定程序，以便各方在风险管理和处置上达成共识。① 此外，应致力于在双边、地区间或国际层面更有效的承认外国危机管理和处置措施。国家当局，或多国组织，可能会希望落实双边或多边的程序……"由此可见，报告中没有就国外处置进程制定实体性规则，而仅仅提及了程序。② 而在谅解备忘录中却可以找到此类程序。③

4.41　意见5针对现代金融集团的复杂性及为了有序解决这些困境而提出："监管者应当同母国及东道国当局进行紧密合作，以求了解其组织结构及如何使其组成机构脱离危机。"该报告承认复杂的金融组织结构可以产生巨大的经济利益；但当特定实体"停止营业"时，这样的结构便可能成为一个问题。意见5还特别罗列了需要国家机构进行合作的问题：

·如流动性集中、风险管理或其他经济功能引发了集团内部法律和金融上的相互依赖；

·集团的资金结构、受控和不受控的企业的联系、资金援助、跨国融资、流动性和其他支付进程；

·国家监管、潜在防护措施的国内外破产制度、处理集团内部的索赔、融资合同中的安全港条款、在相关的处置框架下对于存款人和债权人的处理、以及市场/监管/法律要求对即将到来的危机进行提前披露。

4.42　意见6为系统有重大影响的金融机构和集团提供了应急方案。结合本章的目的，意见6要求该应急方案必须"包括对跨境附属

---

① 意见4之前列举了一些例子，说明了东道国没有相应的工具或者母国与东道国间缺乏合作无法实现母国建立"桥银行"（bridge bank）的目的。

② 一些国家已经有法律实质承认了外国危机管理手段：参见下文中的"法院"部分。

③ 参见上文中的"谅解备忘录"。如果想要有效地预见问题和解决银行危机，相关机构就必须准确而及时地了解到整个银行集团的财务状况。

机构的常规监管，要考虑到跨国关联对于各个实体处置的影响，以及履行干预和处置权的可能性"。该意见还指出，为保证能相互理解其应急方案和危机处置中的法律、监管框架，各个相关的国家机构应当经常沟通。①

4.43 最后，关于意见 7：

要想有效地进行危机管理和处置跨境金融机构，不同国家的机构必须对其自身的法律法规、监管、流动性条款、危机管理和处置有清楚的认识。为了保证平时应急方案和危机时处置方案的实施，主要的母国、东道国的国家法律要达成一致，确保及时获得并共享信息、有效处置。

4.44 显然，谅解备忘录（例如欧盟国家）中必须建立信息交换机制为意见 7 提供了有力支持。但《报告》实事求是地指出，这些文件并不具有法律约束力，以及"最近的例子表明，担忧危机中谅解备忘录无法被适用是有道理的，因为监管机构都要对其政府机关负责，因此要首先考虑本国利益"。

4.45 此外，意见 7 还提到为加强监管合作，将"监管学院"作为一个有效的工具。同时，它也提出了和谅解备忘录相似的担忧：因为国家指令的优先性，"监管学院"不可能成为决策机构。

4.46 总体而言，《跨国银行处置集团的报告和建议》让监管机构和其他机构在危机管理领域形成了一定的共识，详细分析了在危机中可能出现的问题；但它与当前的协调机制都存在着可执行性差的缺陷。此外，《建议》具体分析了相关问题，对履行情况却含混不清。因此，该文件在现实中的适用比较有限。

跨境危机管理和合作的原则（金融稳定论坛原则）

4.47 为了应对近来的金融危机，金融稳定委员会制定了跨境危

---

① 该报告还借鉴了金融稳定论坛在 2009 年 4 月 2 日的"跨境合作和危机管理的原则"。参考上文"金融稳定论坛跨境合作和危机管理的原则"。

机管理和合作的原则，① 其中包括十五个高标准的原则。以下相关原则可阐明本章意旨：

4.48 原则2认为国家间财政系统日益密切，要求当局之间开展国际合作（尽管危机管理仍属国内管辖权）。

4.49 原则4要求（相关）机构至少每年会谈一次，以解决在处理特定公司严重危机时会产生的问题和协调行动时所面临的阻碍。这些会谈由母国监管者进行协调。

4.50 原则6涉及信息共享协议。它规定相关当局至少在下列领域共享信息（仅限法律允许的范围内）：

· 公司组织结构，包括集团内部的法律、金融、运营机构；

· 公司与其他所在国家的金融体系的关联性；

· 公司应急基金安排；

· 公司所在国家的法律和银行处置程序的达成协调性解决方案的不利影响。

4.51 原则9规定审查公司投资计划时，当局需要一并考虑相关国家对于计划安排的可能反应。［如围栏策略（ring fencing）］

4.52 原则11—15规定，在危机期间，监管机构将：

· 竭力寻找国际协调方案；

· 共享本国对系统性影响的评估；

· 在可行范围内与相关当局分享信息；

· 如果全面协作的方案不可行，应当及时讨论国内措施；

· 出于明确及协作的目的，与不同法域的当局共享处置计划。

---

① 制定于2009年4月2日。www.financialstabilityboard. org/publications/r_0904c. pdf。

欧盟的其他措施

4.53 2009 年，委员会发布了《欧盟银行业跨境危机管理机制》的报告，① 与本章相关的内容包括三个部分：早期干预、处置和破产。该报告指出早期干预方面存在的漏洞，同时建议应当采取特定措施加以应对（如设立共同的指标或门槛，统一欧盟监管机构间的术语，这些术语将清晰界定何时及如何对跨境银行进行干预；审查跨境分支的监管）。报告也提及了非商业性集团内资产移转的问题；还讨论了"围栏"资产的问题。银行集团处置的目的，报告认为有两个开发欧洲市场的途径：在国家层面上建立协调机制；由一个机构对不同国家的集团实体进行整体处置。

4.54 根据莱姆法路西（Lamfalussy）框架，欧洲银行业监管委员会（CEBS）、欧洲保险和职业养老金监管委员会（CEIOPS），以及欧洲证券监管委员会（CESR）被委托从事一些（有限的）监管工作。然而，为了应对金融危机遵循德·拉罗西埃尔（De Larosiere）报告（欧盟金融监管的高级别小组报告，2009 年 2 月由雅克·德·拉罗西埃尔主持作出），委员会已经提出一个新的监管体系②来取代莱姆法路西（Lamfalussy）框架。在新的体系下（i）"宏观审慎监管"

---

① 《欧盟银行跨境危机管理框架》，来自委员会与欧洲议会、理事会、欧洲经济与社会委员会、欧洲法院以及欧洲中央银行，COM（2009）561/4，http：//ec. europa. eu/ internal_ market/bank/docs/crisis-management/091020_ communication_ en. pdf。同样可以参考 2010 年 3 月 20 日在欧洲委员会发表的 "Overview of the Results of the Public Consultation on an Eu Framework for Cross Border Crisis Management in the Banking Sector"，http：//ec. europa. eu/ internal_ market/consultations/2009/banking_ crisis_ management_ en. htm。

② Press Release "Commission Adopts Legislation Proposals to Strengthen Financial Supervision in Europe"，IP/09/1347，Brussels，23 September 2009，http：//europa. eu/rapid/press ReleasesAction. do? reference = IP/09/1347&format = HTML&aged = 0&language = EN&guiLanguage = en. 2010 年 11 月 15 日在 Official Journal L 331，Volume 53 公布了 5 个条例，建立了 ESRB、EBA、EIOPA 以及 ESMA，增加了 ESRB 和 ECB 的功能，并根据原先 11 个金融指令为适应新的欧盟监管体系建立了一个"综合性"指令。参考 http：//eur-lex. europa. eu/JOHtml. do? uri = OJ：L：2010：331：SOM：EN：HTML（visited 15 Demcember 2010）。

被委托给欧洲中央银行（ECB）组织的欧洲系统风险委员会（ESRB），其独立于欧洲中央银行，并监管和评估整个金融体系的稳定性；（ⅱ）"宏观审慎监管"的监督则委托给欧洲金融监管系统（ESFS）。ESFS 包含国家监管局、新欧洲银行管理局（EBA）、新欧洲保险和职业养老金管理局（EIOPA）、新欧洲证券和市场管理局（ESMA）、欧洲系统风险委员会（ESRB）和欧洲监管局联合委员会。

4.55　该提议并没有创建对金融机构享有直接权力的欧洲区域的法人。① 如果这样做将会妨碍成员国享有的现有条约条款项下的权力。通常，建立 EBA（新欧洲银行管理局）、EIOPA（新欧洲保险和职业养老金管理局）和 ESMA（新欧洲证券和市场管理局）是根据条约整合单一市场的必然发展。当前的问题是这些机构是否有足够的权力来实现监管。

主要参与者：结论

4.56　跨境银行危机管理和处置主要涉及两个协调问题：不同法域的监管机构之间的协调和本国内不同监管机构之间的协调。在一国背景下，有关机构之间有效的合作与协调通常很难实现，在跨境情况下困难更大。跨境领域的合作与协调通常是自愿的，母国与东道国的利益可能是相互冲突的（如责任分担）。其余跨境危机管理与处置的复杂性如下：

· 监管套利（有时监管者没有能力发现隐藏的跨境安排）；
· 许多跨国银行都是金融集团（有众多监管者，同时可能也有未受监管的业务）；
· 复杂的集团内部安排，在各个实体均在"持续经营"基础上可以互惠互利，但是无法维持营运价值时，该安排则不可行

---

① 有趣的是，ESMA（新欧洲证券和市场管理局）有权直接监管信用评级机构。

（例如，流动性管理安排）；

·通常，其法律形式（如某一银行集团中的实体）通常与功能不相匹配。

4.57 上述问题已经在学术界、监管者和其他当局之中得到广泛关注，在近期的金融危机中就遭遇了这些问题。现有（和许多预设的）解决方案通常包括进一步合作/协调、共享危机管理和处置的消息。谅解备忘录是实现该目的工具之一。但谅解备忘录有其明显的缺点，即不具有强制执行力。此外，许多国际机构也发布了一些建议文件，旨在为跨境风险处置提供一个可行的框架（尽管这些建议也同样不可被强制执行）。作为例外，在欧盟层面上，某些与危机相关的规则是具有强制执行力的（尽管是间接的）；但即便如此，这些具有强制力的规则的适用范围主要限于法律冲突领域。此外，尽管计划中的欧盟监管改革解决了先前体制中的一些缺陷（通过建立欧盟"宏观审慎监管"），却依然没能够提供一个可以直接适用于全欧盟范围的银行危机管理和风险处置体制。

4.58 因此，尽管人们已经充分意识到跨境银行风险所带来的挑战，但现在仍没有可行的方案。这主要是由于不同法域有不同的法律体系（不能单独修订《破产法》，还应考虑到其他法律领域如《合同法》和《公司法》）。此外，也要考虑上述方案可能引发的国家主权间的冲突。第9章将进一步探讨该领域的国际进展。

法 院

背景

4.59 本章探讨法院在跨国银行破产中的作用。有两点需要注意。

（a）首先，前文所述，国际银行涉及跨境业务，但监管机构的权力却仅限于一国境内。法院的作用也受到同样的限制。

（b）其次，分支机构在不同的国家适用不同的破产程序，可能导致资产争夺，从而导致不同组别的债权人受到不同的待遇。这将影响平等原则在清算程序中的适用。

4.60 银行在不同国家适用不同破产程序将会引发一系列的问题。20 世纪 90 年代初，国际商业银行的破产就是最好的例证，而最近的雷曼破产事件也在此凸显了这些问题。

总体思路

4.61 本节从英国的角度研究法院在跨国金融机构破产中的作用。有必要对法院的作用进行区分：（i）破产银行在英国注册，（ii）银行在境外成立，但在英国境内有分支机构或资产。英国法院早就意识到跨国背景下要实现债权人平等受偿，需要一套单一的程序以实现债权人破产前的权利。① 无论主程序在英国还是在其他地方，程序的集合性以及对统一程序的需求表明了英国法院对跨国破产的态度。

4.62 程序的分类方面，破产案件不包含对物（in rem）或对人（in personam）程序，国际私法的对于外国判决的承认和执行规则并不适用这一领域。这些集合程序是实现统一执行的方法，即将公司财产根据申报的请求权进行公平分配。② 这些程序使得法院无须在破产程序中面临法律冲突的问题，使得法院可以寻求对全体债权人更为公平的解决方案。③

---

① Re Lines Bros Ltd［1983］Ch 1 案中提出了该观点，Privy Council in Cambridge Gas Transportation Corporation v Official Committee of Unsecured Creditors of Navigator Holdings plc［2007］1 AC 508（PC）进一步强调了该观点。

② 参考 Cambridge Gas Transportation。

③ 正如其他原则一样，该观点也受到了一定的质疑：参考 Rubin v Eurofinance SA［2010］1 All ER（Comm）81 中的讨论，下文 4.85 段。

国内银行

英国机构与法院

4.63 银行破产时，其所在地的法院会在其本国破产体制下发挥作用。近年来，英国根据《1986 年破产法》处置金融机构破产问题。但金融危机表明，当银行在面临储户挤兑等紧急问题时，一般破产法难以应对。[①] 显然要想解决银行的特殊问题，降低风险扩散需要特殊规则。《2009 年银行法》实现了这一设想。

4.64 《2009 年银行法》第一部分（第 14 章将进一步分析该法）为破产银行创建了特殊的处置机制。该体系提供了一系列稳定措施，包括转让给私营机构或桥银行，或临时国有化。[②] 无论采取何种措施，这些措施目标都是为了保障英国金融体系的稳定、保护储户利益、维护公共资金安全。[③] 特殊处置体系提供了一种应急方案，以保障问题机构能够最大限度地不受干扰或不间断地继续营业。这就可以理解《2009 年银行法》的第一部分没有涉及法院的角色了；英国财政部或英格兰银行决定破产银行的股权转让或资产转移。当然，法院会保留其基本权力，审查以确保政府不越权行事。除此之外，第一部分没有涉及法院的特殊作用。[④]

4.65 《2009 年银行法》的第二部分和第三部分涉及银行破产与管理程序。为了尽可能与破产法保持一致，上述部分赋予了法院更直接的权利。一般来说，银行破产或濒临破产时，可以申请银行清算（"银行破产令"）；或为了公共利益、出于公平考虑时，也可以申请

---

① 银行保证公众日常兑付的功能决定了对其处置必须迅速。
② 这些措施详见《2009 年银行法》的第 11—13 条。
③ 关于该法的目标，参见《2009 年银行法》第 4 条。
④ 《2008 年临时银行法》是《2009 年银行法》的前身，财政部在行使《2008 年临时银行法》所赋予的权力时受到了挑战。具体参见 R（on the application of SRM Global Master Fund LP）v HM Treasury Commissioners〔2009〕EWCA Civ 788（CA）。在案件中，债权人声称北岩银行对股东的赔偿方案使得赔偿几乎为零，以及该方案侵犯了《欧洲人权公约》所保障的财产权利。该诉求最终被上诉法院否决。

银行清算。① 银行清算人必须与存款保险机构（FSCS）合作，将账户移转至其他机构，或者确保存款人已得到赔付。该目标优先于完成银行清算这一义务，旨在保护银行全体债权人的利益。② 由于清算人是法院所任命且法院对清算人进行监督。③

4.66　类似地，银行破产或者可能陷入破产境地，或英格兰银行给银行提供了援助，则法院可以颁布管理令。④ 银行管理制度首要目标是为接收破产银行其他业务的商业购买者或桥银行提供支持。⑤

法院的角色

4.67　通过以上简短的介绍，我们能说法院在英国金融机构破产中发挥了怎样的作用呢？

4.68　平心而论，《2009 年银行法》并未使得法院在破产方面的作用得到加强或扩大。法院负责确保银行已经满足颁布银行破产令或银行管理令的规定条件。但是在《1986 年破产法》时，法院已经具有了这一作用。实践中，法院确实希望能够在银行破产中发挥更重要的作用，但事实是此类机构的事项往往错综复杂，而且会涉及许多不同的相对方。消费者和其他因银行破产遭受损失的人，将会拒绝承担责任或者通过行使抵销权或其他权利使其请求权获得一定程度的优先。同样地，管理者也希望确保他们计划采取的每个重大措施——特别是与财产分配相关的措施——都获得了适格法院的批准，从而免去一切质疑。⑥ 1991 年国际商业信贷银行（Bank of Credit and Commerce International SA）的倒闭导致诉讼数量激增，证明了这个论断。而最

---

① 详见《2009 年银行法》第 95—96 条。

② 参考《2009 年银行法》第 99 条。

③ 参考《2009 年银行法》第 105 条。

④ 参考《2009 年银行法》第 143—144 条。当英格兰银行按照该法的第一部分，向商业购买者转移业务可以盈利的部分，并任其造成所谓的"坏账银行"时，可能发生这种情形。

⑤ 参考《2009 年银行法》第 137 条。

⑥ 这种情况下管理人可以采取的程序，参考《1986 年破产法》中的 B1 计划 63 段。从《2009 年银行法》中的第 145 条可以看出，管理者可继续采取这些程序。

近的例子，雷曼兄弟——其英国分支机构的破产已经导致了一连串案件的产生。[①] 在银行破产时，法院应当发挥重要作用，但这并不因为《2009 年银行法》的条款本身，而是由于银行事务规模大且复杂，以及该类事项可能会引起的争议。

4.69　因此，英国法院在银行破产过程中发挥三个重要作用。首先，根据《2009 年银行法》第一部分会对英国财政部、英格兰银行及金融服务局颁布的法令或采取的其他措施进行司法审查。其次，为保护债权人的利益，法院负责确定颁布银行破产令或管理令德条件。最后，发挥其基本的争端解决功能，平息破产银行与第三方之间的诉讼，同时为管理或清算程序提供一定的法律确定性。

外国银行

外国机构和法院

4.70　英国法院与境外重组或清算程序的关系比较复杂。某种程度上甚至比较混乱：

（a）英国是英联邦成员，并为联邦其他国家法院进行合作进行立法；

（b）英国同时也是欧盟成员，在银行破产中运用欧盟规则来支持母国的主导作用；

（c）英国已经施行跨国破产示范法；

（d）仍有一些案件无法靠这些手段解决，尚需要法院适用国际私法规则。

4.71　上述领域会按先后顺序进行探讨。

---

①　详细列举这些案件没有任何意义，参见 "Four Private Investment Funds v Lomas ［2009］EWHC2869（Ch）（关于申请信息公开）；Lomas v Rob Market Cycles（Master）Fund Ltd［2009］EWHC 2545（Ch）（关于依据大宗经济业务协议的基金现状）；Perpetual Trustee Co. Ltd v BNY Corporate Trustee Services Ltd［2009］EWCA Civ 1160（关于破产法上的反欺诈规则的应用）；Re Lehman Brothers International（Europe）（in administration）［2009］EWHC 3228（Ch）以及随后的，［2010］EWHC 47（Ch）（关于客户资金规则的应用）"。

《1986 年破产法》第 426 条

4.72 针对当前情况，英国《1986 年破产法》第 426 条规定：

（4）英国任何对破产案件享有管辖权的法院应当向其他"相关国家或区域"的法院提供协助。

（5）为了解释（4），英国任何地区法院的请求……相关享有相应权限的法院执行其区域内的破产法律的请求必须得到执行。法院在行使自由裁量权时应考虑国际私法的规则。

4.73 出于这些目的，"相关郡或管辖区域"包括（i）"河间岛"、（ii）"马恩岛"及（iii）为此目的依书面文件选定的其他法域或区域。"选定的法域或区域"主要包含英联邦国家和外交关系仍由英国负责的海外领域。①

4.74 值得注意的是，第 426 条并没有指向金融机构。然而，上议院在 Re HIH Casualty and General Insurance Ltd.② 一案中适用了该条，将英国境内的财产收益汇给澳大利亚保险公司的澳大利亚清算人。该案中，破产保险人的英国资产主要来源于伦敦市场取得的再保险合同所带来收益。独立的英国清算原本会使得所有债权人平等地分配上述收益。但根据澳大利亚保险法，保险债权人对收益享有优先权。继而，根据清算地点，一些债权人受偿可能会增多，另一些则可能会减少。尽管澳大利亚破产法与英国立法在结构及效果均不相同，上议院认为虽然可能导致全体债权人不能平等受偿，根据澳大利亚立法将资产汇出是合适的。事实上，这样做虽然有损于一些债权人的利益，但不足以成为拒绝澳大利亚清算人请求的理由，尤其在其（澳大利亚提出的优先受偿的请求）是主破产程序的情况下。简而言之，尽管澳大利亚采取了不同的财产分配方式，但是这种不同并没有违背英

---

① 主要的规则参考《破产法庭的合作》（为了相关的国家和地区涉及）1986（SI 1986/2123），相关的附加规则参见 1996（SI 1996/253）以及 1998（SI 1998/2766）。

② ［2008］UKHL 21.

国的公共政策，① 从而英国需要进行独立的当地清算。②

4.75 本文认为，根据《1986 年破产法》第 426 条依照破产主程序所在国家的法律，在所有债权人之间按比例平等分配是可行的。如果适用的分配规则过分偏袒本地债权人（而非根据债权人类别进行分配），英国法院有充足的理由拒绝向外转移位于英国财产的请求。同样地，如果境外清算收集的财产用来支付境外主程序地所拖欠的税款，因其构成在英国境内主张主权，则英国法院不予承认。③

4.76 HIH 一案的判决对外国清算人有借鉴作用，不能认为合作仅限于英国财产的汇付。例如，在国际商业信贷银行（BCCI）倒闭所引发的诉讼程序中，Re Bank of Credit and International SA（No. 9）④的判决认为⑤涉及无效交易和欺诈性交易时，⑥ 英国法院可以行使权力。

因此，受到第 426 条认可，外国清算人便可以享有英国清算人在相关案件中的救济。实际上，在协助保管或者变现资产时，英国法院甚至对外国公司颁布管理令。⑦ 因此，英国法院可以通过撤销先前交易、颁布管理令、中止债权人有害或破坏性的行动等方式，通过资产

---

① 如果决定适用国际私法（或者在这种情况下适用公共政策），第 426 条则允许英国法院拒绝协助。但是法院不能因为请求国法院的法律采取了与英国不同的方法就拒绝协助外国清算人。只有外国法明显不公时才适用公共政策原则予以拒绝。参见 England v Smith［2000］BIPR 28（CA），与之前在 Re J N Taylor Finance Pty Ltd［1998］BPIR 347 的观点相反。

② 当案件涉及受监管的实体如银行、保险公司，将得到特殊的对待。

③ 一般来说，英国法院不执行外国政府的税收或其他公共请求权，·提现这一原则的权威案例是 Government of India v Taylor［1956］AC 491（HL）。关于否认国外清算人维护外国税收机构利益的案件，参考 QRS 1 Aps v Frandsen［1999］3 All ER 289（CA），关于此案的争议，参考 Protor, Foreign Taxes in England Proceedings（1999）1 JIBFL 292。

④ ［1994］3 All ER 784.

⑤ 第 462（5）条对于权力的范围进行了深入的思考，正如上诉 4.72 段所提到的那样。

⑥ 也就是说，虽然没有被写入该国公司法中，但《1986 年破产法》中的第 213、214 条（欺诈与非法交易），第 238 条（低价交易），第 239 条（个别清偿）赋予了此权利。该案件的程序与国际商业信贷银行在开曼群岛上的一个子公司相似。

⑦ *Re Dallhold Estates*（UK）*Pty Ltd*［1992］BCLC 621.

最大化的方式向外国清算人提供帮助。

4.77 因此可见，《1986 年破产法》第 426 为实现跨国破产的普遍主义原则提供了有用的工具。

《信贷机构重整与清算指令》

4.78 欧盟的《信贷机构重整与清算指令》① 要求欧洲经济区（EEA）的国家承认信贷机构成员国的母国所启动的重整与清算程序。指令旨在支持母国的监管银行方面的权利和责任，② 而指令也有助于实施统一的破产程序。

4.79 如果成员国政府当局或司法当局决定实施清算程序③或重整措施④，那么这些措施也必须同等适用于其他成员国。宣布"中止支付"构成重整措施，根据这一规定，英国法院必须让冰岛法院做出的宣布在英国具有同样的效果。⑤ 由于英国必须承认欧盟内其他国家的重整与清算措施而无须满足先决条件，承认的请求是自动生效的。⑥ 从这个角度来看，指令范围内的重整与清算程序具有自动和域外效果。

4.80 实施这种制度的困难在于承认外国措施不得妨碍先前确立的担保权或类似权利。因此，尽管可能会与欧洲其他国家的措施不一

---

① EU Directive 2001/024/EC of the European Parliament and of the Council on the reorganization and winding-up of credit institutions，OJL125/15. 《英国的信贷机构重整与清算条例 2004》［the Credit Institutions（Reorganization and Winding-up）Regulations 2004］实施了该指令。

② 指令中的前沿部分第 6 段。

③ 该指令的第 2 条将"清算程序"做如下定义："……特定成员国中的行政或者司法机构所开展和实施的一系列程序，目的是变现在其监管下的资产，直至程序在合并或者其他类似情况下终止。"

④ "重整程序"在该指令的第 2 条中被如下定义："……为了保存和恢复信贷机构的财务状况，可能采取的措施包括暂停给付、暂停强制措施或者减少索赔……"

⑤ 案件 Jeffries International Ltd v Landsbbanki Islands HF［2009］EWHC 894（Comm）的当事人似乎赞成此观点，但因为在庭审之前就被暂停了，因此该观点也似乎没有直接关系了。

⑥ 下文将对比《示范法》中的相似条款。

致，英国法院仍然强制执行特定的担保权和抵销权。①

4.81　总的来说，指令不仅适用于单一破产程序，也有助于实施了破产程序的欧盟国家的法院间的合作。

《2006 年跨境破产条例》

4.82　《2006 年跨境破产条例》规定了英国法院在承认外国破产程序方面的路径。② 实施 2006 年的条例是为了实行 1997 年 5 月 30 日批准的联合国贸发委的《跨境破产示范法》。应当注意的是，2006 年的条例不得适用于下列情况：

（a）在大不列颠及北爱尔兰共和国或欧洲经济区的国家设立的信贷机构；③ 以及

（b）第三国家的信贷机构。④

4.83　2006 年条例可适用其他金融机构。因此，仍有必要探讨示范法在英国实施的适用范围及效力。此时应当注意以下几点：

·示范法赋予外国清算人或类似人员（如"外国代表"）获得英国法院在破产程序方面的协助的权利。⑤

·如果破产程序发生在公司利益中心所在地（国外主要程序）和公司常驻机构所在地（国外非主要程序），外国代表也应当得到承认。⑥ 值得庆幸的是，示范法只适用于这样的国外案件："根据国外破产法启动的司法或行政性程序，并且为实现重整或清算目的而将债

---

①　例外情况，参见指令的第 21 和 23 条。

②　SI2006/1030.《1098 年破产法》的第 14 条规定了条例相关的法定机构。

③　参见 2006 年条款中的第 2（h）条。这主要是由于这类机构的清算或重整适用不同的法律，正如上面 4.78—4.81 段所讨论的那样。值得庆幸的是，虽然有一些例外情况，但都与目前所述的内容并无直接联系。

④　指在欧洲经济区（EEA）外注册，但在英国金融服务管理局（FSA）获得了许可的吸收存款的机构。像之前一样，这些机构也受之前所述的欧盟指令规制。

⑤　与在《1986 年破产法》第 426 条下的申请相反，在 2006 年的规则下，虽然其主要目的是获得外国税收，但其承认了外国程序；参见《跨境破产示范法》中的第 13 条。

⑥　除了以上所述，参考《跨境破产示范法》第 2 条的定义。

务人的财产和事务交由外国法院控制和监管……"①

·示范法规定：(a) 承认外国破产程序和 (b) 破产公司在英国有业务或资产时，英国法院和外国法院进行合作；或英国法院根据请求给予其他合适的援助。② 如果所请求的援助行动明显违背英国的公共政策，法院可以拒绝请求。③

·一旦英国法院承认国外主程序，则将停止与债务人相关的国内程序，同时中止债务人资产的执行程序。④

·在这种情况下，英国法院有权让不利于债权人的交易无效。⑤

4.84　与示范法相关的涉及金融机构的案例是上诉法院处理的 Re Stanford International Bank Ltd. 清算案。⑥ 该案中，安提瓜岛 (Antigua) 注册成立的斯坦福 (Stanford) 银行的清算人提出了承认申请。由于斯坦福银行的核心利益中心在得克萨斯州，因此得克萨斯州分支机构的清算人也申请承认。然而，由于无法证明"核心利益中心"并不是公司注册地，安提瓜岛的清算程序被认为是"外国主程序"。⑦ 此外，指定得克萨斯州的清算人是有特殊目的的，据称其是为了保障因斯坦福银行诈骗行为的受害者的利益。由于得克萨斯州的任命行为并非根据2006 年破产条例所界定的"破产法律"，因此英国法院拒绝了承认的申请。这再一次引发了建立统一的破产程序并避免争夺英国境内资产的关注。

---

① 参考《跨境破产示范法》第 2 条关于"国外程序"的定义。因为法院的介入，会有一些特别的要求，因此在《跨境破产示范法》中，不承认金融机构重整的行政程序（而非司法程序），在这种情况下，也有必要适用国际私法的基本原则。参考下文关于"认识国外重整法律"的讨论。

② 参考《跨境破产示范法》第 4 条。

③ 参考《跨境破产示范法》第 6 条。

④ 参见《跨境破产示范法》中的第 20 条第 (1) 款。但该条款并未防治债权人加强担保权或行使抵销权；参见《跨境破产示范法》第 20 条第 (3) 款。

⑤ 参见《跨境破产示范法》第 23 条。对比 4.72 段关于 1986 年《破产法》中的第426 条的讨论。

⑥ 由上述 4.82 段给出的原因来看，《跨境破产示范法》只适用于在英国范围之外注册，并且未获得英国金融服务局（FSA）许可的吸收存款的机构。

⑦ 在此推测的基础上，参考《跨境破产示范法》第 16 条第 (3) 款。

4.85　然而，示范法仅适用于外国破产程序。如果外国法院已经颁布清算令，同时已经针对第三方的实体问题作出判决，那么该清算令及其后果可能会被承认，但是关于承认判决的实体方面将要受制于案件所适用的国际私法规则。在 Rubin 诉 Eurofinance SA 一案中，① 一个英属维尔京群岛的公司成功地申请了《美国破产法》第 11 章程序。并且美国法院判决许多当事人有义务偿还该公司债务。一些当事人并非美国居民，但法院认为他们在美国进行了营业活动，对其行使了"属人管辖权"（personal jurisdiction）。英国法院承认第 11 章的效力，但是拒绝承认对人的裁决，认为根据国际私法的原则，美国法院对被告不具有管辖权，其所作出的相关判决不能视为第 11 章程序的一部分。②

外国重整法律的承认

4.86　除上述具体立法外，英国法院可能还会被请求承认其他国家解决银行危机的措施。本部分探讨可能发生的情况及法院的态度。

4.87　前文所述，③ 英国法院可能在试图确保在一套统一的规则之下进行单一清算，认为这样可以在利益冲突的债权人之间，最大限度地实现公平。但法院应当认识到，这实际上是一个英国国内政策的问题，其他国家可能采取不同的方法。

4.88　英国法院之所以须承认外国银行危机法律涉及在英国境内的资产，主要是因为众所周知的国家私法的规则，其规定（a）公司存续及法律地位问题由公司注册地管辖，（b）资产所有权转让按照公司所在地法律进行，（c）义务的履行与免除适用准据法。显而易见，跨境金融机构多少都有一些资产位于英国，④ 如果英国法院拒绝承认其他国家实施的重整措施，那么将极大削弱破产管理人的作用。

---

①　[2009] EWHC 2129 (Ch).
②　参考该判决的第 50 到 73 段。
③　参考 *Cambridge Gas Transportation*，注 46。
④　如在其他银行的存款。

有大量判例法表明了银行业相关的国际私法原则。

4.89　首先，按照公司注册地法律进行重整的银行，将资产与债务移让给新的实体的，英国法院通常予以承认。与此相关的一个知名案件为 National Bank of Greece and Athens 诉 Metliss 案，[①] 在本案中，希腊银行根据英国法担保了抵押债券。该银行根据希腊法律不再存续，该法同时将其资产和债务全部转移到根据该法所成立的新银行。问题是，可否在英国对该新银行就担保提起诉讼？本案中并不存在强制执行或者是契约更新，以使新银行直接对债权人承担给付义务。然而，上议院的判决支持了债权人，其依据是（a）希腊法律负责管辖新银行的公司状况（b）作为成立的一部分，新银行应当承担担保义务。因此这些规则都将被英国法院承认和强制执行。诚然，在 Metliss 一案中承认希腊法令对新银行不利，也可以预见相反情况下的情形，在相反情况下，对法律的承认对于重整后的银行继承或收回在英国的资产有重要意义。

4.90　其次，英国法院可能会被请求承认依外国法进行的资产转移（而非全面的公司重整）的效力，尤其是外国应对金融危机所采取的措施必须对国外注册的银行本地分支作出安排。枢密院就 Wight 诉 Eckhardt Marine GmbHi 一案的判决就涉及这一问题，[②] 另一个案例则是 1991 年国际商业信贷银行破产案。在后一案件中，船舶的孟加拉买家为卖家安排了由 BCCIO 吉大港分支签发的担保，BCCIO 吉大港分支是国际商业信贷银行集团在开曼群岛的成员。当权利人请求实现担保时，BCCI 全球经营已经被监管者关闭，随之而来的偿债请求均无法得以实现。BCCIO 开曼群岛的清算人试图设计出由他们统一收回所有财产的解决方案，并以统一的渠道进行分配。然而，孟加拉政府决定对当地分支适用他们自己的方案。孟加拉采取的法律措施无法影响 BCCIO 的公司状况，因为它是开曼群岛的法人。然而，政府有

---

①　［1957］3 All ER 608（HL）.

②　［2004］1 AC 147（PC）.

权针对其管辖范围内的资产采取措施，同时也有权就由孟加拉法律所约束的义务采取措施。于是政府设立了东方（Eastern）银行，该银行的部分资金来源于政府与其他当地银行。有关制度规定 BCCIO 吉大港分支的债务"……应当是银行（即东方银行）的义务……"枢密院判决认为 BCCIO 所负债务因此消灭，取而代之的是由东方银行所负的新的同等的义务。枢密院没有接受关于 BCCIO 打算对债务负连带责任的抗辩，枢密院指明①"……计划的明确目的就是要将在孟加拉国的资产和孟加拉国的债权人都隔离出来，然后将他们一起置于主要清算程序之外……"简而言之，尽管英国法院认识到统一的破产程序更为有利，② 但国际私法规则认可其他国家采取的不同的措施，当情况紧急时，这样做是正当的。仅仅因为孟加拉国的计划会导致多重（而非统一）破产程序就拒绝该计划，没有公共政策方面的依据。③枢密院因此判决 Eckhardt 并没有证明 BCCIO 是在开曼群岛被清算，因为（a）BCCIO 的担保义务受孟加拉国的法律约束，（b）按照计划的规定，针对 BCCIO 的诉讼请求应被驳回。该案再一次表明了法院是倾向于承认外国银行依照其条款制订重整计划的，因此通过满足其自身需求，事实上承认了域外监管者的地位。

4.91　然而，有一个保留必须要注意，当外国重组或重整法具有歧视性或不公平时，可能会因为违反公共政策而不被承认。Metliss 判决作出后，④ 希腊当局修改了之前的相关法令，使得新的银行无法继承所有的担保债券和其他外汇义务。这引发了又一轮的诉讼。在 Adams 诉 National Bank of Greece SA 一案中，⑤ 上议院将此修订定义为免除债务的法律。鉴于履行及免除均适用准据法，而债券受制于英国法，因此，希腊法律没能使银行摆脱其义务。然而，还有一点应当注

---

① 参考该判决的第 18、19 段。
② 参考 Cambridge Gas Transportation，注 46。
③ 事实上，Eckhardt Marine 中没有引用任何公共政策。
④ 参考上文 4.89 段落。
⑤ [1961] AC 255 (HL).

意，英国法院可以以对债权人存在歧视，适用该法令与公共政策不符为由，随时无视修正后的法令。①

法院：结论

4.92　从上述讨论中，很难得出许多明确的结论。主线如下：

· 英国法院已经注意到统一程序的重要性，认为其是保障债权人平等受偿的最佳方式，同时也能遵从外国破产管理人和在公司注册地实施的破产程序；

· 基于同样的原因，考虑到解决当地银行的财政困难问题，法院通常也会承认银行注册地的法律；

· 然而，英国法院承认国外政府在其管辖范围内采取与国外银行分支相关的紧急措施的权利，以及为其目的而采取的所有合法的立法或行政行为；

· 还需考虑的是，尽管有时英国法院可能会协助外国清算人，然而适用外国法律不能变更或免除英国法律规定的义务，同时对外国立法的承认也应受制于英国的公共政策。

鉴于不同的成文法资料及上述的普通法原则，英国法院通常能够适当地认可外国破产程序及受命去执行这些政策的人。有些遗憾的是，立法在一定程度上是一种拼凑物，但由于要适用各种渊源性规则，这一点也是难以避免的。

（张　坤译）

---

① 枢密院审查了该争议，但最终认为没必要讨论该争议。

5

破产处置的成本分配：
形成激励措施并减少道德风险

EvaHüpkes[*]

简　介

5. 01　危机应对的不足和公众对政府援助行为造成的公共资金损失的不满，使得解决具有系统重要性的"大而不倒"（TBTF）公司所

　＊　文中所述观点为作者个人观点，并不代表国际清算银行（BIS），金融稳定委员会（FSB），或者其他相关机构的观点。

带来的道德风险问题成为国际监管改革的核心任务。[①]

　　5.02　通过提供资金，帮助大型复杂金融公司摆脱困境，为日后的危机埋下了伏笔。从短期来看，紧急援助对决策者来说是一个避免阵痛的方案。紧急援助可以确保公司持续经营，但也会扭曲股东、债权人及管理层的动机。股东背后拥有纳税人的支持，使得公司比小规模的竞争者或者在那些政府对于公共资金较为谨慎的国家的竞争对手来说，拥有不正当的竞争优势。如果债权人和/或股东认为他们可以被拯救，会削弱他们监管公司风险的动力，而发放贷款时对相应风险酬金的要求也会减少。

　　5.03　决策者及监管者将精力主要集中在预防性监管上。一些监管建议恢复"格拉斯—斯蒂格尔"式的限制或者依公司的规模及与其他经济体关联度来征税收或增加资本要求，来限制金融公司的规模。其他监管方案试图通过改善监督和激励机制（薪酬体系）来降低风险。

　　5.04　预防性监管措施以及通过监管和法律程序执行监管措施能让公司减少破产的可能性和破产的影响。预防性监管措施通过减少系统性风险，降低道德风险和不当竞争。对机构更高效地监管和市场约束有助于探测系统性风险。

金融系统的基石：破产处置机制

　　5.05　尽管预防性监管对于减少破产及降低其严重性必不可少，但它们无法（也不可能）完全消除破产风险。因此，有效的监管体系必须拥有有效的处置体系。[②]

----

　　①　参考2009年9月在匹兹堡举行的G20峰会报告（"我们应当建立起有效的处置方法和框架，来避免金融机构破产所带来的混乱，降低未来的道德风险"）。
　　②　解决"大而不倒"最有效的方法是建立高效的处置基础。一个高效的处置方案能让政府维持公司的基本功能，保障投资者的资金，而不是制造慌乱，破坏金融系统或者损害纳税人的利益。但处置成本必须由金融机构自己承担。

5.06 首先，有效的处置体系有助于降低道德风险，促进金融市场的效率。它们提供了达尔文式的机制，确保优胜劣汰，让差的机构退出市场而有活力的公司得以发展。这种选择对于市场经济的健康运行是必不可少的。[①] 最近的危机中，政府提供的支持不仅保护了所有债权人，也允许股东保留股权利益和对于股价升值的预期收益。除非处置体系可以消除所有股权，并将让无担保债权人承担破产金融机构的剩余损失，否则无法建立有效的市场约束。

5.07 其次，有效的处置措施是处理金融危机和重塑市场信心的关键。重塑信心需要有清晰明确的损失分摊。雷曼兄弟破产表明金融公司突然、无序破产所产生的巨大破坏性，同时其会引发行业的不确定性，导致风险增加从而酿成系统性灾难。当决策者不确定公司破产的系统性结果时，更倾向于拯救金融公司。

5.08 再次，处置是预防和化解金融危机的有机组成部分。处置体系影响放贷决定，继而会影响市场参与者愿意承担的风险的大小。因此，处置体系为放贷决定提供了依据：当相对方违约时，公司获得赔偿数额；投资回收的速度；执行担保的难易度。

5.09 最后，恰当的处置体系和假设恢复值为重组谈判提供了条件。它们决定了重构失败时股东的处境。这不仅适用于银行直接利益相关者（管理层、股东和债权人）之间的谈判，同时也适用于母国和东道国关于临时公共援助条的谈判。

5.10 要想尽可能地不采取拯救措施，必须降低其他方案的成本及传染效应。处置机制需要：

· 保证陷入困境公司能持续开展其业务；

· 根据市场规则在股东和债权人之间分摊损失，同时降低个别公司破产所带来的系统性风险。

---

① 根据熊彼特，正是因为产品更符合消费者需求的公司代替了被市场逐渐抛弃的公司，经济才得以发展。参见 Joseph A. Schumpeter, *Theorie der wirtschaftlichen Entwicklung* (1912; 23rd edn Berlin: Duncker & Humblot, 2006）。

·适用跨境情形。[①]

5.11 设计有效的处置机制以实现上述目标和实现这些目标所面临的挑战：

（1）哪些主体应当承担损失，以及承担损失的顺序；

（2）损失分担机制的效率、公平和合法性；

（3）跨境适用问题。

5.12 本章认为处置体系应确保结果与预期保持一致。市场参与者借助有效的风险缓冲工具，如担保、净额结算、托管等安排来降低风险，应当保护他们的权利。这一结果将让无担保或未受保险的债权人承担金融机构破产的损失。银行股东、无担保债权人和未受保险覆盖债权人根据他们在破产中的位阶承担损失。同时，损失分摊应当尽可能地降低潜在的"溢出效应"。正如下文即将探讨的，这将影响处置机制的设计。

谁应当承担损失？

5.13 所有处置破产公司的方法都包括损失的分配。选择不同的方法决定了谁将承受公司破产的损失，即决定了是由公司利益相关者承担全部损失还是由纳税人承担部分损失。因此，设计处置体系的关键问题是如何在金融机构的股东、债权人、交易对手方之间分摊损失。

5.14 法律明文规定破产时损失分摊的顺序：享有最高优先权的债权人最先受偿，享有较低优先权的债权人仅可以在资金尚有剩余的情况下，获得清偿。损失是在不同级别的债权人之间按比例分配的。相似处境的债权人（即同等级别的债权人）之间必须受到同等对待

---

① 更多保持核心功能的措施，参见 Eva Hüpkes, "'Too Big To Save': Towards a Functional Approach to Resolving Crises in Global Financial Institutions", in Douglas Evanoff and George Kaufman（eds）, *Systemic Financial Crisis*: *Resolving Large Bank Insolvencies*（Hackensack, NJ: World Scientific Publishing Co Pte Ltd, 2005）。

（债权人平等原则）。平等对待的目标基于如下观点，拥有相似请求权的债权人在集体程序中应得到类似的清偿。[①]

5.15　债权人次序的位阶，如税收当局或职工是否享有优先权，储户是否应享有优先权等，这些问题取决于社会偏好和政治选择。因其可能导致较低级别债权人承担更大损失，优先权的任何变动都会对最后的分配产生重要影响。

5.16　破产中的优先权在危机前和危机中都会影响动机。例如，"超级优先权"，赋予提供融资资金拯救企业的债权人优先于现有的所有债权人，这影响了陷入困境企业获得资金的可能性和低等级债权人的请求权的价值。储户优先权降低了普通债权人可预期的回收率，但为监控交易相对手提供了强大的动力。英国的 2008 年银行业改革征询意见中，银行业拒绝引进储户优先权，认为将会大大增加"批发性融资"成本。[②]

5.17　笼统来说，破产框架的整体设计会影响分配，并影响破产的最终结果。[③]一些国家更偏重对破产中债权人的权利保护，给予债权人对于破产程序更多的控制权（此为"债权人友好型"体制）。其他国家在破产程序中则赋予债务人更多控制权（此为"债务人友好型"体制）。[④]

5.18　如果政府认为适用法定损失分摊机制会产生不可接受的后果，如让相对方承担风险很可能会引发传染效应，给金融体系带来更

---

① 参见 2005 年的联合国际贸易法委员会（UNCITRAL）的《破产法立法指导法》，第七章。

② 参见英格兰银行、英国财政部、金融服务局在 2008 年 7 月发布的《金融稳定和储户保护》。正如协商结论部分显示，一个新的破产方案很少考虑储户的优先性。

③ 同样参考 Faith Bartlett, *Regimes, Recoveries and Loan Ratings: The Important of Insolvency Legislation* (London: Fitch Ratings, 1999)。

④ 参考 Rafael La Potta, Florencio Lopez de Silanes, Andrei Shleifer, and Robert W Vishny, "Law and Finance" 106 (6), Journal of Political Economy (December 1998)，该文认为，对于很多债权人来说，适用何种法律是十分重要的，判例法对于债权人的保护比成文法有力，而法国成文法在这方面的保护是最弱的。

大的损失，则可能会选择临时性方案。① 临时性方案指用公众资金去保护特定债权人。倘若适用常规破产或处置规则，特定债权人承担相应损失。而临时性方案则将损失部分或全部转嫁给纳税人。

5.19 大体上，破产结果应当与市场主体的预期相吻合。持有担保债权、独立财产（segregated assets）和被保险的存款的市场参与者期望一旦他们的相对方破产，他们的请求权会得到更高的保障。然而股东和普通无担保债权人可以预见破产时，他们将承担损失。②

损失分摊阶梯

担保债权人

5.20 根据破产法，担保债权人通常被赋予就其所持担保物的价值优先受偿的权利。若为其债权提供担保的担保物价值等于或超过其债权的价值，担保债权人将获得全部清偿。超过担保物价值的剩余债权被视为无担保债权。在一些国家，担保债权人不受破产程序的影响。在适当的情况下，可以对担保物行使担保权。在其他法域，担保债权人对债务人及其财产采取行动的权利被中止。金融市场交易通常可以不受中止限制，一旦发生违约，市场参与者可以立即行使担保权。③ 这样做是为了减少破产后的溢出效应。

5.21 在许多国家，担保物持有人可依协议约定就金融担保物行使使用权。④ "使用权"意味着担保物持有人可处置担保物。在英国，大量对冲基金雷曼兄弟国际公司（欧洲）（LBIE）的大宗经纪业务协议包含了大量对冲基金，使得 LBIE 能够将客户的证券再抵押来获取资金。通过赋予机构经纪人对其财产的再抵押权，客户可以以更低廉

---

① Adam J Levitin, In Defense of Bailouts' (22 April 2010) *Georgetown Law Journal* (2011) 99.

② 这里不考虑其他减少风险的对冲性交易，该类交易与不同的交易相对手进行交易，以缓冲原先合同违约的风险。

③ 参见 Financial Collateral Arrangements Directive 2002/47/EC。

④ 参考 Article 5.1 of the Financial Collateral Directive。

的价格进行融资。然而，再抵押的资产本身并未被隔离，因此，对冲基金客户成为这些资产相关的无担保债权人。巴塞尔委员会跨境银行处置小组注意到，无限制的再抵押会影响到担保权保护的可预见性，而变成只具有表面意义的担保。同时建议政府对客户或其他担保物的再抵押进行限制。①

5.22　享有抵销和净额结算权的债权人②具有与担保债权人类似的优先权。金融合同的当事方③在相对手启动破产程序时④有权终止尚未完成的交易，限制其应付给违约方的净额。衍生品交易相对方通常可以立即终止合同并行使以抵销权，破产程序中止的效果不影响该项权利。净额结算条款构成标准化市场文件的核心部分，例如《国际掉期及衍生工具协会主协议》（ISDA Master Agreement）。⑤　许多国家的立法都确认了净额结算的权利，当合同相对方破产时也可以对其强制执行。⑥　在破产程序开始后，如果不能进行净额结算、抵销和清算，债务人无法履行其合同义务将导致金融合同相对方不能向其他市场参与人履行金融合同。⑦

---

①　BCBS, "Report and Recommendations of the Cross-Border Bank Resolution Group", Recommendation 8.

②　联合国国际贸易法委员会对"净额结算协议"定义如下：在两个或两个以上的主体之间的金融合约，至少符合以下一个条件（i）在同一日期发生，用相同的货币单位计量净额结算款项；（ii）当一个主体破产或者违约时，终止未完成的交易并以公平的市场价格，单一货币计算总额，并净额结算成一个主体对另一个主体的支付（义务）；或者（iii）正如（ii）所阐明的，在两个或两个以上的净额结算协议中对总额核算抵销。参见 Article 7 Financial Collateral Directive；Settlement Finality Directive［Articles 2 (k) and (3)］, the Directive 2001/24/EC on the reorganization and winding-up of credit institutions OJL 125, 05.05.2001, 15 – 23（Articles 23 and 25）；European Regulation on Insolvency proceeding 1346/2000（EC）（Article 6）。

③　它包含大规模的金融市场交易，例如私下协商的衍生品，现货交易，外汇期权交易，有价证券和商品出售以及回购协议，有价证券和商品贷款交易。

④　包括重整、中止支付、和解、管理、清算以及破产。

⑤　第5和第6部分。

⑥　采用净额结算立法的国家清单可以在 ISDA 网页上查询：http://www.isda.org/docproj/stat_of_net_leg.html。

⑦　违约事件引发的大量合同的终止，恶化了危机，阻止了处置机构实施特定处置方法，如将企业转让给稳健的第三方。

客户隔离

5.23　当破产或类似程序启动时，金融机构、管理机构占有的第三方资产如果被隔离，则通常得到保护不能被当成债务人的资产。如果客户资产没有负担，且存放在与破产公司不同的账户中，那该项资产与债务人公司资产相隔离。如果资产没有隔离则客户对债务人公司仅仅享有合同请求权。①

5.24　至于担保债权，② 多数国家的特别立法均规定了资产隔离。③ 多数国家的担保债权相关的法律都确保一旦证券发行人破产，担保池将会继续运行。担保债权人对担保资产享有优先请求权。他们对资产负债表上其他资产也享有请求权。然而一些国家如法国则例外，这些请求权与银行其他无担保债权人的权利一样。

储户优先权与其他优先债权人

5.25　一些国家的法律规定了储户的优先权，储户可能会超过保险限额而得到全额赔付。④ 一些国家如美国和澳大利亚规定所有储户均享有优先权。其他国家和地区如瑞士和中国香港，存款人仅仅在保险额度内享有优先权。储户在获取保险赔偿方面比无担保债权人及其他无保险的储户具有优先权。

---

①　在美国，破产证券公司的客户比无担保债权人有按比例优先受偿的权利，受偿的资金来源于经纪人的客户资金池。

②　根据 Article 22（4）of Directive 85/611/EC，在 2002 年 2 月 21 日被 Directive 2001/108/EC 修改。Directive 85/611/EC ［通常被称作指令 UCITS（专门为了可转换证券的集体投资）］规定，担保债权是由注册地在某个欧盟成员国的信贷机构发行，为了保护债券持有人，在特殊监管法律下运行。根据法律，债券所产生的资金必须能够覆盖在整个债券的有效期内相对应的请求权。当发行人破产时，资金将被优先用来偿还委托人和应付利息。

③　在结构化担保债券中，资产隔离是基于合约而非法律。

④　例如，美国的《国民存款优先修正案》（National Depositor Preference Amendment Pub）L No 103 – 66 S 3001（1993）（NDPA）为所有 FDIC 接管机构的债权人提供了优先权。根据该法，破产银行的债权按照如下顺序清偿：（a）接管人的管理费用；（b）存款；（c）破产机构的其他一般或者高级债务；（d）次级债务；（e）股东请求权。在澳大利亚，存款也有优先权。

5.26　尽管在运行和保险额度方面仍然存在巨大差异，大多数国家通过存款保险制度给予存款人一定的优先权。

一些国家仅给小额存款提供保护，而部分国家将保护范围扩大至银行同业存款。一些国家允许存款人与其所在银行的债务（如抵押贷款）相互抵销，① 许多国家的保险金也保护被保险单持有人、股票经纪人和证券公司的客户。

5.27　其他的优先债权包括管理费用、财政机关的请求权、职工请求权和养老金机构、债务人占有管理模式下的融资人。

普通债权人和次级债权人

5.28　一般的规则是，除了法律明文规定优先或劣后的，所有普通（或"高级"）请求权的清偿顺序均是平等的，如果资产不足以对他们提供全额清偿，则按比例降低受偿份额。普通债权人和高级债权人通常为金融机构和债券持有人。

5.29　依据合同同意劣后的债权人如次级债券持有人比普通债权人先承担损失。一些国家规定了特定种类的请求权如集团内请求权，法律规定其在普通债权债券之后受偿。一些国家规定，如果集团内交易发生在破产程序之前的"可疑阶段"或属于个别清偿（"无效条款"），② 那么此类交易可能归于无效。一些国家将集团内交易与不相关当事人的交易进行区别对待（如借款将被视为股权投资而非集团内

① 存款保险净额结算指在破产银行时，将存款与储户所欠银行的债务相互抵销来确定赔付给存款人的金额。有很多种方式结算储户所获的赔偿数额，不同结算和抵销方式会获得不同程度的赔偿。结果出现两个极端，一个储户的所有负债都能从他们的存款中扣除（完全净额结算）。另一个极端是，通常为了加速清偿，不进行任何净额结算，只是简单地就其存款总额进行赔偿。在两个极端中间，能进行部分净额结算，也就是说，只有存款人的部分债务能够与其存款相互抵销。

② 在英国，如果被优先清偿的债权人属于公司的关联方，则取消该交易的诉讼时间延长至两年（一般是六个月），与关联人低价转让交易推定发生在破产期间或者导致了破产（如果与非关联方的交易则需要进行举证）。（Insolvency Act 1986，ss 38 - 40，249，235）在意大利，关于关联交易的"怀疑期间"更长（Article 99，Consolidated Banking Law）；在西班牙，除非是正常交易或证券结算系统下的交易，破产前两年内与关联方进行的借贷、资产转移被认为有害可以归于无效（Insolvency Law，Article 71）。

贷款）。这使得集团内的请求权劣后于不相关当事人的请求权。

高管和董事

5.30 对金融机构破产负有责任的高管及董事应当承担部分损失。例如，根据美国《多德—弗兰克华尔街改革和消费者保护法》（以下简称为《多德—弗兰克法》），联邦存款保险公司（FDIC）可以追回在其接管之日起的前两年内，对公司破产负有实质责任的任何前任与现任董事、高管的报酬。[①] 可以追回的报酬包含任何经济上的报酬，包括工资、奖金、激励金、福利、离职金、递延性收益、遣散金，以及出售该金融机构证券获得的收益。

股东

5.31 股东是应当承担损失的人。任命破产接管人或者确定破产的受托机构，消灭了股东的治理权，并让其成为位于所有债权人之后的只具有财产请求权的普通债权人。根据特殊处置机制，当公司不能存活时，监管机构可以采取干预措施。在《多德—弗兰克法》下，联邦存款保险公司会接管该金融机构的"所有的权利、权力以及特权"，以及该金融机构的利益相关者、雇员、董事和财产。[②] 在加拿大，加拿大存款保险公司（CDIC）可以不经过破产银行的主管、股东同意，控制银行股权或被任命为接管人，或者同时采取上述行动。[③] 如果存款保险公司控制了股权并启动重组，必须在随后给予股东充分的赔偿。在加拿大保险公司接管股份之前，存款保险公司必须确定问题银行已经停止营业或者是失去了生存能力且其不能通过监管性措施来让其起死回生，或者存在其他让存款保险公司可以控制银行的

---

① Dodd-Frank Wall Street Reform and Consumer Protection Act, s210（s）.

② Ibid. , s210.

③ 《加拿大存款保险公司法》下的《金融机构重组条例》（FIRP）赋予了加拿大存款保险公司这个权力。参考 Government of Canada（2008）Guide to Intervention of Federally Regulated Deposit Taking Institutions, Government of Canada, Ottawa.

理由。

5.32 国有化也会终止股东权利。例如根据《日本存款保险法》,① 日本存款保险公司可以获得所有的股份并将破产的金融机构临时国有化。在英国,《2009 年银行法》所规定的股权转让条款也可以将陷入困境的银行国有化。

股东与债权人的法律保护

5.33 处置机制需要确保处置的后果与保护的程度相适应,即相对方根据所适用的法律和合同能预见相应的后果。

5.34 处置金融机构与非金融机构的区别在于时间的重要性。只要察觉到公司不安全或不稳健,监管机构就必须进行干预并且以一种保护公司的金融功能的方式进行干预。

5.35 迅速有效地处置问题金融公司,理论上要一个周末以上。有关当局需要有广泛的权力,通过下列一项或多项措施来进行彻底的重组或处置:让现有或新股东、债权人进行再注资(例如通过债转股)、更换管理层;将全部或者部分业务卖给另一家公司;建立桥银行继续开展公司的实质性业务;建立资产管理机构承接公司难以收回或者难以估价的资产。②

5.36 实施这些处置方案的权力包括用控制和更换公司管理层,稀释或者核销股权、推翻合同权、让债权人降低债权并承担部分损失;满足同意的条件下将资产、债务(包括存款债务)、股权转移到另外一家稳健的金融实体或桥银行。

5.37 干预引发了大量与股东和债权人权利相关的法律争议,尤其在公司资产大于债务的时候进行干预。任命的管理人临时性控制了

---

① 参考 Articles 102, 105 - 7 of the Japanese Deposit Insurance Law of 1971 (2001 年 6 月修改)。

② BCBS, "Report and Recommendations of the Cross-Border Bank Resolution Group", March 2010, Recommendation 1.

公司的业务，影响了股东对公司的治理权。引入外部资本、转让公司
部分业务给另一家金融机构、与其他机构进行合并或者进入清算，这
些措施都会影响股东的控制权和财产权，包括他们的优先购买权、表
决重大交易的权利。如果干预让合同条款发生改变也会影响债权人的
权利。所以，这些措施需要尊重国家宪法和适用的《欧洲人权公约》
原则。①

　　5.38　《欧洲人权公约》1 号议定书第 1 条将公司股权视为财产
权加以保护。② 股权因此不受政府控制、干预和剥夺。③ 股权所对应
的财产权属于《欧洲人权公约》第 6（1）项下的"民事权利"。这意
味着与股权相关的财产权争议必须符合程序正义原则。《欧洲人权公
约》对私有财产的保护适用于"每个自然人和法人"。④ 因此，它同
样适用于公司化的实体，包括金融公司的母公司或者控股公司。出于
"公共利益需要并且符合法律或者国际法一般原则"，可以对股东权
利进行限制，因此股东权利并不是绝对的。⑤ 破产程序被认为是根据
《欧洲人权公约》所规定的公共利益，对财产进行的合法控制。⑥ 在
破产之前，由于强制重组或者合并去保护机构的营运价值，为了避免
金融的不稳定并且保护存款人这一公共利益，对股东权利进行限制是
必要的且符合比例原则。⑦

---

　　①　1 号议定书的第 1 条写道："任何自然人或者法人都有权和平享有他的财产。没有
人有权剥夺他人的财产，除非因为公共利益，并且符合法律或者国际法一般原则。然而，
在实施这些法律时，前款规定也不应当损害国家的权利，国家可以出于公共利益、税收目
的和刑事罚款来对财产权进行必要的限制。"

　　②　同上。

　　③　Sovtransavto Holding v. Ukraine, 2001 年 9 月 27 日欧洲人权法院判决。

　　④　同上。

　　⑤　参考判例法，参见伊娃·霍普金斯，"特殊银行处置与股东权利：平衡相矛盾的利
益"《金融管理和责任期刊》（2009）17（3）。

　　⑥　议定书第 1 条第 2 段。在他的一个决定中（第 8988/80 号，X v Belgium），委员会
声称破产程序"根据议定书第 1（2）条，构成了对财产使用的限制"。委员会同样强调破
产程序历史悠久，许多国家都建立了破产制度。

　　⑦　Olczak v Poland, decision of the European Court of Human Rights（on Admissibility）of 7
November 2002.

5.39　公约同样保护债权人的权利。任何可执行的具有财产性质的请求权构成 1 号议定书第一款项下的 "财产"。未能提供充分的途径去执行 "请求权" 可能违反 1 号议定书第 1 款。破产程序是执行途径的一种。《欧洲人权公约》为债权人在破产中应当享有的权利提供了有限的指引。第 6 条中提到的程序保障适用于所有的民事权利。所以，要遵守影响债权人权利的重组或者处置决定时做出的保证，这些处置措施改变了合同的请求权条款，推迟到期日，减少价值，将债权变为股权，或者将请求权转让给第三方。

5.40　公约试图再维护公共利益和尊重人权之间达到合理的平衡。影响股东和债权人权利的特殊处置措施必须为了保护法定的公共利益才具有正当性。① 根据公约建立的保护体系，国家机关来对存在的公众利益和应采取的补救行动作最初的评估。国家机关相应地享有一定的自由裁量权。在 Offerhaus and Offerhaus v the Netherlands 案中，法院认为："因为国家机关拥有关于社会及其需要的直接知识，它们原则上比国际法官更适宜去判断什么行为为了保护公共利益。"② 在 Olczak v Poland 案中，法院承认避免金融不稳定和存款人利益这一更广泛的公共利益为干预股东财产权提供了正当依据。波兰中央银行核销了一个银行的部分股份并且利用自有资金进行了再注资。波兰中央银行采取的措施旨在保护银行客户的利益，避免银行破产给他们带来严重的经济损失。斯特拉斯堡法庭认为其目标明显在《银行法》提出的中央银行的权限范围之内，而且该目标为了维护公共利益。在英国，《2009 年银行法》使得英国财政部可以将一家银行国有化，其规定财政部必须相信 "权力的行使对于维护英国金融系统稳定性是必要的" 或者 "权力的行使对于保护公共利益是必要的，为了解决对英国金融系统稳定的威胁，财政部已经提供了金融援助"。③

① 参见《欧洲人权公约》第（2）—11（2）条；第 215 条，第 17、第 18 条。

② Offerhaus and Offerhaus v the Netherlands, decision（on admissibility）of the European Court of Human Rights of 16 January 2001.

③ 《2009 年银行法》第 9 部分（2）和（3）。

　　5.41　"公共利益"是否将限制股东权利的行为合法化，以及何种干预是足够且符合比例原则，这是一个重要的问题。设计一个合适的决定处置措施的决策机制来确保其合法性，且考虑所有的利益相关者的利益是非常重要的。在加拿大，加拿大存款保险公司（CDIC）必须获得部长的批准并拿到来自内阁的指令，才能控制陷入困境的银行的股份或财产。① 根据英国的特殊处置机制，只有考虑到特殊处置目标后认为行使权力是有必要的，英格兰银行才可以行使处置权，《2009 年银行法》确定了五个目标：（1）保护和加强英国金融系统的稳定；（2）保护和提高公众对于英国银行系统的信心；（3）保护存款者；（4）保护公共资金；（5）避免干扰公约所保障的财产权（《1998 年人权法》）。② 在行使处置权之前，英格兰银行必须与财政部和金融服务局（FSA）进行协商。③ 这三个机构共同介入决策过程是为了确保决定是经过多方权衡的且享有更广泛的合法性。相似的程序在《多德—弗兰克法》中也被采用。该法案针对被认为具有系统重要性的金融机构建立了一种特别处置机制。当一金融公司的破产会影响美国金融稳定性时，美国联邦存款保险公司（FDIC）有权占有、解散并且清算这个即将破产的公司。美国联邦存款保险公司作为接管人的条件是：在美国联邦储备委员会董事会和美国联邦存款保险公司（FDIC）董事会④均 2/3 投票建议的基础上，由财政部秘书处做出以下认定：该金融公司违约或有违约风险；这个金融公司的破产以及它在可适用的联邦或者州法律下的处置方案将会严重威胁美国的金融稳定；并且也没有可行的私有化方案可以阻止公司违约。⑤

　　5.42　限制股东和债权人权利的特殊处置程序需要法律支持和程

---

① 《加拿大存款保险公司（CDIC）法》第 39 部分 13（6）。

② 《2009 年银行法案》第 4 部分。

③ 参见《2009 年银行法》例 8（3），26（5），29（5）。

④ 在经纪人或者最大的美国子公司是经纪人公司的案件中，是证券交易委员会（SEC）的委员；保险公司或者最大的美国子公司是保险公司时，是最新成立的联邦保险办公室的董事。

⑤ 《多德—弗兰克法》，s203。

序保障。[1] 同时这个程序也需要便捷。斯特拉斯堡法庭也承认银行破产程序需要便捷和速度。在 Camberrow MM5 AD v Bulgaria 中,[2] 法院认为为了让债权人更满意并快速完成破产程序,破产银行的出售是有效的。一旦破产法庭有义务咨询所有股东和债权人,将延长破产程序的时间和延迟对债权人的清偿。法庭重申"在像诸如银行系统稳定性这样复杂的经济领域,缔约国享有更广泛自由裁量权"。[3] 总之,无法让控股股东参与程序并以清算价值出售银行与保护债权人权利、确保对银行破产程序的管理这一目标是相称的。

5.43　根据《欧洲人权公约》第6条,利益受影响的当事人必须有向司法机关申请审查的机会。作为权利受处置措施影响的破产金融机构的相对方应当受正当的法律程序保护,并且有权获得事后的救济,给予其公平的赔偿。行政机关的决定并不必然符合公约第6条的要求。这些决定必须按照《欧洲人权公约》第6条的规定受到"有完全管辖权的司法机关"的约束。[4] 在美国,《多德—弗兰克法》规定金融机构有权向法院对系统性风险的认定提出反对意见,这一认定将导致启动清算程序。美国司法审查的范围窄于《欧洲人权公约》的审查范围,美国的审查仅限于最终认定是满足"肆意和多变的"这一标准。[5] 因为终局性的需要,法律质疑不能使得特殊处置措施的取

---

① 1号议定书第1条意味着:任何对个人或实体财产权的侵犯都必须给予程序保障,让其有机会将案件提交给负责的机关以便能有效反对这些措施。《欧洲人权公约》第6条规定:"在决定一个人的民事权利义务时……每个人都有权根据法律建立的独立审判机关进行公正、公开的审判……"

② Camberrow MM5 AD v Bulgaria, Decision（on admissibility）of the European Court of Human Rights of 1 April 2004.

③ 同上。

④ 为满足第6条第一款,相关法庭必须有权去审查所有与争议相关的事实和法律问题。然而,当行政机关的决定涉及专业性的知识时,法庭在审查行政机关决定时会实行自我谦抑。斯特拉斯堡法庭认为司法机关拥有全面审查的权限是遵守《欧洲人权公约》的前提。

⑤ 《多德—弗兰克法》,第202条。

消或者暂停。① 对所遭受的损失可以通过侵权损害赔偿予以救济。

保护系统性功能和损失分担

5.44 一个有效的处置机制不仅仅让相关机构拥有必要的权力，还需要当局愿意去运用该机制而无须担心系统性风险。当适用法定的机制可能导致灾难性后果时，当局往往不愿行使权力。除了小公司破产之外，对一大公司的处置可能引发其他机构破产，因为这些公司之间的相互关联性以及所面临着类似的问题。当危机达到白热化的时候，预感到公司可能不能充分或及时履行其义务，相对方可能会"挤兑"机构。相对方会要求立即偿还贷款或存款，要求更多的抵押物，终止信用额度或者将业务转移到另一家金融机构。

5.45 前文所述，让所有相对方全身而退并不是好选择，这将导致道德风险和市场扭曲。有效的处置机制需要避免系统性风险，并且不以救市的方式来分担损失。它需要最大限度地降低违约和破产程序可能引发的恐慌与非理性行为。为了实现上述目标需要：

（a）降低市场参与者的破产对其他主体的影响的机制和审慎监管制度；

（b）确保基本金融功能的连续性并以降低系统性影响的方式分担损失；

（c）强制处置方案，以提升应急能力和处置措施的可信性和可预测性。

降低破产的影响

5.46 一系列法律机制和监管措施都有助于降低破产的影响，将其他金融市场参与者隔离在破产之外。它们形成了整体政策框架的一

---

① 瑞典在该案子中的例子，参见"Can Swedish Authorities Handle Distressed Institutions?"（2006）Financial Stability Report。

部分，用来降低大型金融公司破产可能造成的影响。[1] 巴塞尔委员会建议法院使用恰当的监管激励去运用清算所和其他风险对冲技术，包括可实施净额结算协议、担保、客户隔离等。[2]

5.47 降低系统性风险的另一个方法是为系统重要性金融功能而采用"实用性"架构。建立该机制事先将其功能相隔离，以金融机构的破产不会影响其继续开展其核心功能。这种机制的例子就是"持续连接清算银行"（CLS Bank）：对外汇交易合约的清算将不受个别市场参与方破产的影响。[3] 类似的例子还包括将"中央相对手清算"（CCP）扩大到场外衍生市场，包括信用违约交换（CDS）市场，将尽可能多的交易转换为场内交易。

5.48 第三种方法是减少可能引发系统性风险的请求权的规模。这包括审慎限制短期债务的规模，限制无担保的相对方的风险敞口，以减少金融公司破产将引发的其他市场参与者的破产。[4]

以对系统影响最小化的方式分配损失

5.49 近期的处置机制改革的核心处置手段是建立临时性过渡公司来接管破产机构的必要业务，让机构持续开展上述业务，寻求永久性的解决方案（如出售），对破产公司的剩余部分进行清算。[5] 为了对破产公司剩余部分进行接管和清算的同时将其核心业务转移到过渡

---

[1] FSB-Interim Report to the G – 20 Leaders, "Reducing and the Moral Hazard Posed by Systemically Important Financial Institutions", June 2010.

[2] BCBS, "Report and Recommendation of the Cross-border Bank Resolution Group", March 2010，建议8。同样参见委员会与欧盟议会、欧盟委员会、欧洲经济和社会委员会、区域委员会、欧洲中央银行的交流意见"确保衍生市场的有效、安全和稳定：未来政策"，2009年10月20日 COM（2009）563 终稿。

[3] "持续连接清算银行"（CSL Bank）是最大的多币种现金结算机制。它有助于消除外汇交易支付指令的结算风险。

[4] 例如，《多德—弗兰克法》限制了短期债务的数量，包括资产负债表的总额，任何持有500亿美元或以上资产的银行控股公司或非银行金融公司受美联储监管。该法要求受美联储监管的上述公司给予非关联公司的信贷总额不超过总股本及盈余的25%（美联储为避免美国金融风险可以决定设立更低的数额）。

[5] 巴塞尔委员会（2010），建议1。

公司，行政当局需要有法定的权力将破产公司的资产和债务（包括存款、客户财产和股权）转移到过渡公司而无须获得相对方或股东的同意。① 只有那些核心的功能而非不重要的业务转移到过渡公司，终结后者业务往往不会产生社会成本。在业务转移到过渡公司时，当局需要具备对债权人进行甄别的能力。当局需要进行筛选选择转移某类基本业务（它们具有营运价值并且对于维持金融系统功能是必要的）将那不必要的业务进行清算。② 因此，为了避免破产所造成的系统性风险，个别债权人比同级甚至是更高等级的债权人更优先的对待。

5.50　这种灵活性可以提高当局处置系统重要性金融机构破产能力。然而，这也导致了法律不确定性。因此，设计处置机制的重要问题：如果对同类债权人进行区分是让破产机构资产最大化，尽可能地避免系统性风险的必要手段，能否采取这种手段且应当采用什么样的限制和保障措施。

5.51　《多德—弗兰克法》重申了一个原则：所有地位相同的债权人应当得到平等对待。然而，作为例外，联邦存款保险公司可以对相同地位的债权人加以区分，甚至初级债权人优先于高级债权人，如果它认为：①这对于金融公司的资产价值最大化是必要的；②对于启动和继续公司业务并协助接管和过渡金融公司是必要的；③最大化从销售或者公司资产的其他处分而来的现有价值是必要的；④处置或出售公司现有资产获得最大化的汇报，处分公司资产所造成的损失最小化。③ 联邦存款保险公司可以择优挑选它们要转让给第三方或者是过渡银行的资产和债务，并且决定哪个债权人在清算中能获得什么，但必须保证"权利请求人获得的不应当少于其在联邦存款保险公司没有

---

① 巴塞尔委员会（2010），建议1。

② 这要求对待债权人时要有一些灵活性，这反映了降低系统性风险的需要和法律、合同关于债权人优先权的确定性、可预见性之间的冲突。不同国家的法律制度对这个问题提供了不同的解决方法。一般来说，债权人将被确保得到充分的赔偿，至少所得不低于清算所得。《多德—弗兰克法》规定"破产机构债权人在联邦存款保险公司接管之下的所得不能低于该机构根据《破产法典》第7章清算所得，"[《多德—弗兰克法》，s210（b）（4）]。

③ 《多德—弗兰克法》，s210（b）。

被指定为接管人，且该机构根据《破产法典》第7章的规定清算的情况下将取得的份额"。① 然而，《多德—弗兰克法》也规定联邦存款保险公司有权获得额外的回报，只要债权人所得不低于假设的清算所得。② 至于根据《联邦存款保险公司改进法》下解散的存款机构索赔，同样适用"最低成本"原则。联邦存款保险公司对于任何索赔额度（无论有担保或者无担保），最多限于机构清算时请求权人所能获得的数额。③

5.52 欧洲法律体系下处置机构的灵活性相对较小。英国"特别处置机制"包含了大量明确的保护措施，这些措施是为了在部分转让（partial transfer）的情况下保护债权人。④ 在将资产部分转让给第三方或者是过渡银行的案件中，这些"保护措施"设置了赔偿机制：它能够确保在剩余公司的债权人的状况不会比清算整个银行更加糟糕。在德国《债权机构重整法》草案中⑤，在没有银行股东及债权人参与或同意的情况下，把陷入困境的公司的全部或部分资产转让到过渡公司或者第三方时，必须为了避免系统性风险这一公共利益。⑥ 反过来，重整包含资产或者债务的重组，以及将某些业务分拆到另一实体中，要求获得每一类别的多数债权人和股东同意。如果这些措施影响到股东权利也需获得股东同意。⑦ 瑞士最近发布的报告，其内容关于解决"大而不倒"问题的立法建议，该报道强调了在运用过渡银行的权限时平等对待债权人的重要性。其提出转移资产和债务到过渡银行，应当满足这一条件，即过渡银行的资产和转移后剩下部门的资产应相当，以确保过渡银行的债权人和剩余债权人受到平等的对待。⑧

---

① 《多德—弗兰克法》，s210（b）（4）。

② 同上，s210（o）（1）（D）。

③ 12 USC § 1823（e）。

④ 参见第14章。

⑤ 2010年3月31日德国内阁的同意了草案。

⑥ 《德国银行法案》草案第2条，ss48a到48s。

⑦ 《信贷机构重整法》草案第1条，ss7到23。

⑧ Final report of the Commission of Experts for limiting the economic risks posed by large companies, 4 October 2010, para 3. 6. 2.

5.53 然而，为确保金融机构继续延续其重要功能，并减少对金融系统的破坏，应当允许适当的灵活性。区别对待债权人应当是例外并需要满足如下条件：（a）所有债权人所得不应当少于法定的清算顺序所得；（b）区别对待必须仅仅是出于避免系统性风险这一目标而非其他目标如本国债权人的待遇优于外国债权人。

处置计划

5.54 处置机构在危机时不得不做出对股东和债权人权利有重大影响的决定，如选择什么样的处置方案，核销股权和削减债权人的请求权的程度，是否将合同转给过渡机构或者将其留下清算。这需要在周末就做出这些决定。他们将需对解决方案的有效性以及能够保留的价值做出评估。错误的认定会损害利益相关者的权利，并不恰当地保护了银行的相对手而牺牲了其他人的利益。

5.55 恢复和处置方案的过程应当有助于当局做好必要准备，确保在困难时期能迅速获得重要信息，确保进行有助于处置的公司业务和架构的改变。处置方案也应当提高结果的可预见性。在匹兹堡，20国集团的领导人提出，为系统重要性金融公司建立一种国家公认的应急和处置计划。①

5.56 有效的处置方案对当局迅速获得与机构资产和债务相关的信息是至关重要的。例如，处置机关需要评估成功重组的范围以及处置措施的适当性。他们需要决定什么样的业务有营运价值，什么样的功能对金融系统是至关重要的。他们需要计算假设的清算价值以及每个债权人在清算中所能得到的份额，以此作为他们分摊损失的基准。

---

① 在4月向20国集团的财政部长和理事做出的报告中，金融稳定委员会报告称，已经建立针对主要国际金融公司的危机管理工作组，该工作组由监督机构、中央银行、主要母国和东道国国家的处置机构组成的工作组的目的是进一步细化公司特殊的恢复和处置措施，评估这些公司的可处置性。参见 Leaders' Statement at the Pittsburgh Summit, 24 – 25 September 2009。

跨境领域

5.57 一国层面的有效处置机制和损失分摊机制是必要的，但这也是不够的。缺乏有效的可预见的国际化的处置机制时，它只能发挥有限的作用。由于法律制度间的冲突，处置跨国公司时难以确保结果的可预见性。公司的注册地，资产、债务和担保所在地，公司相对方住所地，金融公司的合同所适用的准据法的不同都会导致结果的差异。相对方必须明确，哪个机关或者法院将负责运行相关的破产程序，适用何种实体法。

5.58 为了让结果更有可预测性，有必要协调各国的国家处置机制。实施一个超国家的机制或让各国的处置机制实现完全的协调，这几乎是不现实的。然而，在一些重要领域进行协调，有助于提升处置程序对相对方的处理的可预见性，并协调跨国破产处置。① 在以下关键领域应当有更强的趋同性：

（a）早期介入的标准和权力，包括在公司陷入困境但尚未达到破产标准时，有关当局可以限制股东和债权人权利以便重组或处置该机构。

（b）某些债权人的排序，例如存款人优先，集团内部债权劣后、不能基于住所、注册地或国籍歧视外国债权人。

（c）净值结算的可执行性、范围和对经济影响，所适用的交易，终止事件的定义，以及在中央交易向对手破产的情形下所适用的违约规则。②

（d）有关隔离客户资产隔离、担保和再担保的监管和法律规则。

---

① 巴塞尔委员会（前注30），指出提高国家机关管理和解决跨境金融危机的能力，要求各国的处置工具具有趋同性，建议国家机关和国际组织推动和促进各国处置工具的协调（参见建议3）。

② 国际互换交易商协会（ISDA）提议欧盟委员会起草一个欧盟法律文件去统一全欧盟内的净额结算机制，也提出联合国国际贸易法委员会制定金融服务领域净额结算协定的工作。

5.59 仅仅规则的趋同是不够的。若想让跨国处置成为可能，各国当局之间的密切合作和协协调是必需的。现有建立的针对特定公司的危机管理小组①进行的处置和应急方案有助于在机构之间建立信任，增加机构寻求合作的可能性。但是，想要使合作更高效，还需要做得更多。一国的管辖权不能及于他国的财产，而且任何在本国领土外的措施都需要与其他相关国家的合作。对外国法庭和机构的行为的承认早就已经成了司法和监管合作的特点之一。但是，除了少数例外情形，② 它通常要求正式的认定程序，包括对互惠和公共利益的考量。本文倾向建立一种统一的方法，即东道国根据条约或法律来遵从母国的处置程序。然而东道国不会自愿放弃自己采取独立行动的特权，除非能保证不违反该国的公共政策，并且本国的利益相关者能够得到充分的保护。在没有充分确定这一情况时，东道国可能会选择适用"围栏原则"。③

5.60 确保东道国利益会得到充分保护，是让东道国机构认可母国处置机构的方法。享有控制权的母国处置机构可能会发现，为了最大限度地减少损失和对系统性破坏性，其更倾向通过转让给过渡银行，确保某些重要功能或带有重要营运价值的业务持续运行而不是让它们进入清算程序，并且提供临时资金去确保业务的持续运行，这包

① 依据金融稳定论坛（FSF）2009 年 4 月关于跨境危机管理合作的原则，当局应当至少每年会面一次，共同考虑特殊问题和障碍，以此去协调处置陷入困境的公司需要采取的行动。公司特有危机管理小组应当包括来自主要母国和东道国所有相关当局（包括监管者，中央银行，财政部）。在它 2010 年 6 月向 20 国集团领导人做出的"实施 20 国建议的发展报告"中，金融稳定委员会（FSB）称已经建立针对主要的国际金融公司的跨国危机管理小组。

② 例如，根据欧洲清算指令，母国的行政或者司法机关有权对金融机构和该机构在其他成员国的分支进行重整或清算。根据该成员国的立法生效的措施在整个欧盟内部有效而无须履行其他手续（包括针对其他成员国第三方的效力），即便其他东道国没有相应的规则或者实施该措施需要满足一定的条件而未能满足。参见第 3 条和第 9 条。

③ 巴塞尔委员会（2010）指出"国家处置机构在大部分情况下降低本辖区内所负责的利益相关者的损失"（股东，存款人和其他债权人，纳税人，存款保险人）。公共资金经常被投入到金融机构以便保护特定债权人（受保险的存款人）。公众压力让国家更倾向保护当地相关者的利益并减少本国纳税人所承担的金融负担。

括在东道国管辖区内的业务。此时，东道国没有理由阻挠母国机构的处置行动。在母国处置机构保证履行对客户的所有义务时，东道国机关应当认定外国过渡公司为国内业务的新所有者。此时，无论是出于国内法规定（如转让给过渡公司这一行为并未给相对方带来更大的损失风险时，这些条款不可适用）或是出于合同条款本身约定（如约定向过渡银行转让这一行为不会导致终止权利的提前行使），都不应适用债务加速到期条款。

5.61　这些安排可能要求更改国内法律，赋予机构自由裁量权去限制某些行为，例如撤回许可或者其他官方行动和保护性措施。缺乏上述安排的情形下，国家保留采取行动的权力，以确保实现其公共政策目标。这些安排可以成为广泛的协定的一部分：各机构清楚它们在管辖范围内的监管、处置角色和责任。[1] 这个认知的核心基于如下承诺：母国机构已明确承诺会确保继续运行公司的某些重要功能，保护母国和东道国客户，其他国家需承诺避免采取"围栏措施"或其他影响母国处置的行动。

5.62　以谅解备忘录为形式的双边协定，例如联邦存款公司与英格兰银行之间的谅解备忘录，[2] 有助于确认相关机构的角色，促进合作和积极的司法礼让。

5.63　与全球层面相比，欧盟成员国间的法律体制具有更高的一致性。在 2010 年 7 月 1 日关于银行部门跨国危机管理的决议中，欧洲议会建议为跨国银行设计一个新的专门的泛欧洲管理体制，即"欧洲银行公司法"。这包括专门用于跨国银行破产程序的"28 号体制"。其目标为了确保"在集团内部资产转移之后，股东、存款人、债权人、雇员及其他利益相关者得到透明、公正和可预测的对待"。

---

① 现有的《巴塞尔协定》和随后的跨境监管的巴塞尔原则，让跨境银行受母国和东道国监管。而这将演变为跨国银行同时适用受母国和东道国的危机管理和处置机制。金融公司只有确保其业务能被有序清算才被获准进入市场。

② 参见《关于在美国和英国跨境运行的存款保险机构处置、磋商、合作和信息交换的谅解备忘录》，2010 年 1 月 10 日，http://www.bankofengland.co.uk/plubilcations/other/financialstability/srrmou.pdf。

结　论

5.64　本章认为，处置框架下的可预期性、比例原则要求与阻止系统性风险所需要的灵活性需求之间存在着紧张的关系。为了使市场有效运行，防止处置机制中的道德危险，实现公平，处置机制的结果需要与预期相匹配。采取了风险对冲手段的市场参与者应当被保护，无担保的债权人和股东应当根据其分配顺序承担损失。对某些相对方进行完全保护和引发其他人损失的可能性之间需要进行谨慎权衡。在破产中保证一部分相对方免受损害是避免系统性风险的必要手段，但这也意味着其他合同向对手将承担损失。一般的公司破产机制大都将重点放在公司债权人保护上，较少地关注对第三方的影响，如系统性风险。有鉴于此，金融机构的处置机制需要灵活性，确保处置机关的处置程序更为快速有效，以避免系统性风险。在例外情况下，此种处置机制需要剥夺股东和债权人的权利，甚至对同等地位的债权人加以区别对待。在一般破产法下的重整法和第11章类似程序一般要求多数同意。在金融破产的情况下，没有可供协商谈判的时间。公共机关需要替利益相关者做出决定。任何对私人合同权利的限制和对相同地位债权人的区别对待，都需要符合公共政策的目标并给予严格的保护，必要情形下给予充分赔偿。

（王思娴译）

6

欧盟的发展[*]

Georgina Peters

简 介

6.01　本章介绍的是欧洲银行破产法的发展。欧洲破产法的框架是复合性的，包含一般法和特别法。2000 年 5 月 29 日通过的欧盟理事会第 1346/2000 号破产程序规则[①]（《破产条例》），于 2002 年 5 月 31 日实施，该条例明确将特定金融机构排除在适用范围。[②] 具体而言，这些机构包括保险业，信贷机构，为第三方持有基金和证券的投资公司和集合投资公司。根据《破产条例》前言（9），排除适用是因为这些行业"……受限于特别安排，国家监管机构享有广泛的介入权力"。[③]

---

[*]　Georgina Peters 是一名律师，在格雷律师学院，英国伦敦。

[①]　OJL160，2000 年 6 月 30 日。

[②]　《破产条例》第 1 条（2）。

[③]　在《破产程序公约》（1996）Virgos—Schmit 报告的第 55 段，根据评论员和从业者解释和分析《破产条例》的指南，欧盟理事会和欧盟委员会原先论述了包括这些机构在内的破产程序的必要性，而排除信贷机构和保险业的适用，是经过所有成员国同意的。参见 G Moss, I Fletcher, and S Isaacs（eds）, *The EC Regulation on Insolvency Proceedings: A Commentary and Annotated Guide* 2nd,（Oxford: Oxford University Press, 2009）, 383ff.

6.02　同样，近年来，银行业全球危机中所暴露出来的缺陷受到广泛的关注，银行所扮演的特殊角色也是公认的。由于这个原因，欧洲共同体层面已经有针对这些主体的监管规则和特殊的重整清算制度。2001年4月4日欧洲议会和欧盟理事会关于《信贷机构重整和清算的2001/24/EC指令》[①]（"银行业指令"）及2001年3月19日欧洲议会和欧盟理事会关于《保险业重整和清算的2001/27/EC指令》[②]（"保险业指令"）分别为信贷机构和保险业提供了两个平行的特殊法律机制。[③]

6.03　本章的第一节讲的是银行业指令。银行业指令只是欧洲共同体立法框架的一部分，是协调从事信贷机构业务的法律、法规和行政规定的总称。该指令是2006年6月14日的欧洲议会和欧盟理事会有关《从事信贷机构业务的2006/48/EC指令》（重新修订）[④]（"2006年银行业指令"）。2006年指令修订了2000年3月20日欧洲议会和欧盟委员会关于《从事信贷机构业务的2000/12/EC指令》[⑤]（"2000年银行业指令"），该指令建立了欧洲共同体立法框架。《破

---

① OJL125，2001年5月5日，15。

② OJL110，2001年4月20日，28。

③ 与信贷机构和保险业相比，并没有"为第三方持有基金和证券提供服务的投资业"建立特殊的破产指令。雷曼兄弟国际公司（欧洲）（LBIE）崩溃显示了这一制度的重要性，该公司于2008年9月15日进入管理程序。LBIE是雷曼兄弟集团在欧洲的主要贸易公司。LBIE不是作为一个信贷机构被授权而是作为一个投资公司，并且被排除在《破产条例》和银行业指令之外。一个金融企业是否因持有客户基金或证券成为投资公司而作为《破产条例》的例外，这个问题Andrew Morritt C法官在Byers and Others（as liquidators of Madoff Securities International Ltd）v Yacht Bull Corporation［2010］EWHC 133（Ch）案件中进行了裁决。案件指出（在第37段）《破产条例》的例外，第1条（2）应当作字面理解且与投资业无关联，与向第三方提供任何服务的投资业也无关。它仅适用于那些事实上向第三方提供包括"持有资金或者证券"的服务的投资企业。

④ OJL177，2006年6月30日。2006年银行业指令规定信贷机构主要获得母国主管当局的授权，信贷机构及其分支机构可以在欧洲共同体内开展活动而不需要东道国的进一步授权。每个分支机构仍然受母国的监管机构监管。2006年银行业指令已由2007/18/EC指令（关于在其适用范围内，哪些机构被纳入或者排除，以及面临多边发展银行的待遇）修改，OJL87，2007年3月28日，9；2007/44/EC指令（关于在金融部门收购和增持的审慎评估的程序规则和评价标准），OJL247，2007年12月5日；2007/64/EC指令（关于国内市场的支付服务），OJL319，2007年12月5日，1；2008/24/EC指令（关于授予欧盟委员会的实施力），OJL81，2008年3月20日，38；以及2009/111/EC指令（关于附属于中央机构的银行，某些自有基金项目，大型贷款，监督安排以及危机管理），OJL302，2009年11月17日，97。

⑤ OJL126，2000年5月26日。

产条例》没有定义信贷机构（也没有定义其他排除在外的企业或者行业）；因此不得不求助于 2006 年的银行业指令。[①] 而银行指令涵盖的信贷机构受限于国家监督机构的强制干预和特别安排。

6.04 第二节是关于近期的磋商和改革的建议。银行在国内和国际经济中发挥的关键作用在近期越发凸显。银行危机近些年开始增加，欧洲中央管理机构和麦克道夫一起呼吁："我可爱的小鸡和母鸡，一下子都哪儿去了？"[②] 然而，比喻为猛禽的法案可能很容易确定，正在进行的监管性争议则需要实质性的论战。危机暴露了缺乏有效的危机管理和现有立法缺陷。同时，现有法律框架显然不能协调旨在恢复跨境集团的措施。

信贷机构重整和清算指令（2001/24/EC）

介绍：平行立法间的相互作用

6.05 2001 年 4 月 4 日实施的银行业指令要求于 2004 年 5 月 5 日在各成员国生效。[③] 成员国实施银行法指令的立法由成员国法院进行解释，而法院的解释要尽可能与银行业指令保持一致。[④] 它的法律基础来源于《欧盟条约》第 47.2 条。依照现行欧共体的章节而确定的银行指令适用地域范围要提交给欧洲法院。事实上，它适用范围遍及欧洲经济区（EEA）的 27 个欧盟成员国以及 3 个欧洲自由贸易联盟（EFTA）国家：挪威、冰岛和列支敦士登。[⑤]

---

① Virgos—Schmit Report 第 56 段认为，一旦其他相关的欧盟共同体法律所定义了企业或者行业，或出于其他原因，那些法律所规定的特别规则不适用于它们，这不会改变《破产条例》并不适用这些企业或行业的事实。

② Macbeth，IV. 3. 218.

③ 银行业指令，第 34 条（1）。与《破产条例》对比，有自动强制执行力。

④ 英国制定了《信贷机构（重整及清算）条例》（SI 2004/1045）来实施银行业指令。

⑤ EEA 协议（更新后），2010 年 7 月 3 日，附件 IX，16，16（c）点，第 167/2002 号决定（OJL38，2003 年 2 月 13 日，28 以及 EEA 第 9 号附录，2003 年 2 月 13 日，20），eif 2003 年 8 月 1 日。

6.06　如前所述，银行业指令只是关于从事信贷机构业务的欧洲共同体立法框架的一部分，它受 2006 年银行业指令所规制。① 与存款者保护相关的是欧洲议会和欧盟理事会 1994 年 5 月 30 日的关于《存款保险指令》（1994/19/EC），② 该指令引入了强制保险原则，要求信贷机构在其母国加入存款保险系统（《存款保险指令》）。

6.07　银行业指令的主要目标从它的前言就可以清楚了解。例如：③

（a）解决信贷机构陷入困境可能发生的情况，特别是该机构在其他成员国有分支机构；④

（b）在有必要进行重整或者清算时，保持信贷机构和它的分支机构间的一致；⑤

（c）根据已建立的存款保证指令，多边承认重整和清算程序的需要；⑥

（d）因为成员国法律和实践难以协调的原因，每个成员国所采取恢复它们所授权的信贷机构活力的措施需要获得多边认可。⑦

“单一实体”或统一的方法

6.08　银行业指令适用于“信贷机构”和它在成员国设立的分支机构，然而在其他成员国设有总部的分支机构除外。⑧ 2006 年银行业指令提出了“总部”一词，该指令要求各成员国确保依据其国内法

---

① 领域相关立法，参见 http：//europa. eu/legislation_ summaries/internal_ market/single_ market_ services/financial_ services_ banking/index_ en. htm。

② OJL135，1994 年 5 月 31 日，之后经 2005/1/EC 指令，OJL79，2005 年 3 月 24 日，9 和 2009/14/EC 指令，OJL68，2009 年 3 月 13 日修改。用来确保相同金融机构的所有分支机构都能被一个存款保险系统所涵盖。

③ 目的在于阻止被迫启动重整或者清算程序。

④ 银行业指令，前言（2）。

⑤ 同上，前言（4）。

⑥ 同上，前言（5）。同样见前言（7），指的是保证母国行政机关或司法机关采取的重整，以及由这些机构所指定的个人或者组织采取的措施，在所有成员国有效。

⑦ 同上，前言（6）。

⑧ 同上，第 1（1）条。

建立的信贷机构如在其境内注册应当将其总部置于该成员国。①

6.09 "信贷机构"被定义为②吸收公众存款或者其他可偿付资金并且发放贷款的机构或电子货币机构。③ 某些机构如成员国中央银行或者其他金融机构集团（例如邮局自动汇划转账机构），不属于信贷机构（因此不适用银行业指令）。④

6.10 "分支机构"指法律上属于信贷机构一部分的工作场所，其直接开展信贷机构全部或部分业务。⑤

6.11 银行业指令同样适用于总部在共同体之外的信贷机构的分支机构，但前提是该信贷机构在至少两个成员国都有分支机构。⑥ 前言（22）关于分支机构的实际适用：各分支机构此时应当受到区别的对待。这意味着对各个分支机构而言，在各个成员国应采用或启动不同的措施或者程序，但是前言（22）清楚地说明，相关机构包括管理人和清算人应当努力协调它们的行动。这点前言（13）强调信贷机构分支机构重整和清算时，行政机关和司法机关"一些协调"。然而却没有界定或详述协调的程度。

6.12 因此，银行业指令的运行以"实体"为基础：即债务人银行作为一个法律实体实施重整或者清算程序。⑦ 破产资产包括在其他成员国的债务人银行的分支机构所有的资产；无论哪个成员国家的债权人将有权申报债权。同样地，债务人银行的所有资产和债务作为一个法律实体进行清算。从这个角度来看，单一实体的方法具有域外效力。

6.13 银行业指令的前言明确了这种方法。信贷机构和其分支机

---

① 2006 年银行业指令，第 11（2）条。

② 同上，第 4（1）条。

③ 包含在 2000 年 9 月 18 日欧洲议会和欧盟委员会关于从事、追求、审慎监管电子货币机构业务的 2000/46/EC（OJL275，2000 年 10 月 27 日，39）指令的含义之内。

④ 2006 年银行业指令，第 2 条。

⑤ 由 2006 年银行业指令，第 4（3）条定义：由总部在其他成员国的信贷机构在相同成员国设立的业务地被视为单一的分支。

⑥ 银行业指令第 1（2）条规定了最低标准。

⑦ 参见银行业指令，前言（3），第 2 句。

构作为一个主体受成员国监管机构监管，成员国监管机构的授权在全欧盟内都有效。对信贷机构实施重整或清算程序时，取消与分支机构之间的联系将会是极其不受欢迎的。① "主管部门"是根据法律对信贷机构进行监管的国家机关。②

6.14　每个跨境银行集团中的法人都是被分别对待的；没有适用整个银行集团的法律。银行业指令仅仅规范其他成员国境内的信贷机构的分支机构的破产；而不规范在其他成员国内的信贷机构的外国子公司。从共同体破产立法的观点来看，子银行拥有法律自治权。因此，母、子信贷机构的破产会进入平行的破产程序，银行业指令没有规定母、子信贷机构的破产问题。③

银行业指令的范围

6.15　银行业指令适用范围是程序性，并不追求协调成员国的法律和实践。

6.16　"重整措施"指意图保留或者恢复信贷机构金融状况的措施，它可能影响第三方先前的权利。④ 这些包括暂停支付、暂停执行

① 参见银行业指令，前言（4）。

② 2006 年银行业指令，第 4（4）条。

③ 例如，最近冰岛银行考普森银行 HF 的崩溃。这个母银行在冰岛适用冰岛的破产程序。它与英国组成的子公司，Kaupthing Singer & Friedlander Limited（KSF），则适用英国破产程序，它在英国属地开曼群岛的子公司，Kaupthing Singer & Friedlander（Isle of Man）Limited（KSFIOM），适用开曼的破产程序。在 2008 年 10 月 8 日，转移令［Kaupthing Singer & Friedlander Limited 转移某些权利和义务的指令 2008（SI2008/2674）］使得 KSF 某些权利和相关义务的转移生效，在同一天，这个银行根据金融服务局的决定，在英国进入了管理程序。2009 年 5 月 27 日，KSFIOM，一个与曼岛合开的银行，在曼岛进入了强制清算程序。考普森银行 HF 的程序是一般破产程序，KSF，作为英国的子公司，应当只受限于英国的程序。进一步说，与考普森银行 HF 和 KSF 有关程序是共同体成员国的程序且受到银行业指令的管理，而 KSFIOM 的程序是在指令之外的。尽管如此，在《1986 年破产法》第 426 节下，KSFIOM 程序中公职人员的任命应当授权英国法院进行协助，《联合国国际贸易法委员会示范法》是在《2006 年跨境破产条例》（SI 2006/1030）下，或者依据普通法制定的。考普森银行 HF 的其他子公司已经都进入破产管理，清算程序，或者在清算的过程之中。参见 2010 年 6 月的考普森银行 HF 债权人报告。

④ 银行业指令，第 2 条。

措施或者降低请求权的措施。① 如此，这个定义界定了重整措施的目的和效果。

6.17　"清算程序"是指由成员国行政机关或者司法机关启动和控制的集体程序，目的是在这些机关的监督之下变现资产，包括通过债务和解或者其他类似手段所终结的程序。②"行者机关或者司法机关"是指那些在成员国内有法定资格的，实施重整或者清算程序为目的的行政或者司法机关。③

6.18　重整与清算程序之间的界限并不总是泾渭分明。银行业指令的前言部分清楚地提出陷入困境的信贷机构在缺乏重整措施，或者重整措施失败的情况下，必须进行清算。④

6.19　规定中也有关于信贷机构授权撤回。在某些情况下，信贷机构的授权将会撤回。⑤ 当决定启动清算程序或信贷机构重整失败，信贷机构授权将根据 2000 年银行业指令中规定的程序被撤回。⑥ 撤回并不会阻止清算人为了清算目的，进行一些信贷机构的活动，只要这类活动对清算是有必要的。⑦ 然而，母国可能要求这些活动在成员国主管当局的同意和监督下进行。⑧

6.20　与《破产条例》不同，银行业指令的标题和内容都清楚地指向"重整措施"。然而，银行业指令没有明确区分哪些程序被认定是重整措施，哪些被认定是清算程序。与《破产条例》相反，银行

---

①　参见银行业指令，前言（8），它含蓄地强调了这些措施的"重整"本质，澄清了影响信贷机构内部结构或者管理人或者股东权利的措施不需要通过银行业指令进而在成员国中生效，依据国际私法规则，准据法是母国的法律。

②　同上，第2条。

③　这种一般描述涵盖了国家间的不同，成员国的权力机关根据此种程序做出决策。从英国的情况来看，英国信贷机构原先适用一般破产程序，而《2009 年银行法》实施了优先适用的程序。参见下方的注解42。

④　银行业指令，前言（14）。前言（15）鼓励母国主管机关在清算程序中继续发挥清算程序启动前的作用，以便能恰当实施这些程序。

⑤　同上，第12（1）条。

⑥　现在规定在 2006 年银行业指令，第17条，也见于第35条和第54条。

⑦　银行业指令，第12（2）条。

⑧　同上。

业指令并没有列举适用程序的类型。① 就此而言，每个国内程序都不得不对银行业指令中描述的重整和清算程序进行评估。② 不确定性产生于清算程序的不同，这种清算程序必须受成员国行政司法机关的监管。同时，自愿清算程序容易导致解释的困难。而在重整程序有权机关执法过程中，相似的问题同样会发生。③

"统一性""普遍性"的原则，多边承认

6.21　关于重整和清算程序，银行业指令授予了母国的行政或司法机关单独的管辖权，去对有关信贷机构采取重整措施或者启动清算程序。④ 这包括在其他成员国内建立的分支机构。"母国"指根据2006 年银行业指令，对信贷机构授权的初始成员国。⑤ 这种排他性，或者国际性，对机构的管辖权的结果是，只有母国的相关机构有权对重整或清算程序的相关事项做出决定。

6.22　这一点被银行业指令的前言部分加以强调，其（在强制条款中）陈述了母国的行政或司法机关"必须有单独的权力决定并实施该成员国法律和实践规定的重整措施"。⑥ 它进一步陈述了由于很难协调成员国法律和实践，有建立多边承认的需要。

6.23　银行业指令也强调了保证多边承认和指定母国法律作为准

---

① 参见《破产条例》，附件 A 和 B。

② 从英国的情况来看，《2009 年银行业法》在 2009 年 2 月 12 日得到了皇室同意，创造了特殊的处置机制以解决吸收存款的机构的特殊情况。该机制包括 3 个主要程序：（a）特别处置机制（第 1 部分）；（b）银行破产（第 2 部分）；（c）银行管理（第 3 部分）。《2009 年银行法》第 2 条规定这些程序只适用在英国建立的，根据英国《2000 年金融服务和市场法》第 4 部分获得授权的机构。因此，《2009 年银行法》不适用外国银行的英国分行。进一步说，《2009 年银行法》只适用于第 84 节规定下的合作社。如此，银行业指令中的定义如何适用于《2009 年银行法》创设的程序，仍有待观察。

③ 例如，根据《1986 年破产法》第 I 部分，ss1—7B 款，英国的公司自愿和解被视为破产程序，列入了《破产条例》附件 A 的范围作为破产程序而受条例约束。理论上认为这些从文义上，不应属于银行业指令下的重整措施。公司自愿和解根据《1986 年破产法案》，第 I 部分，ss3—4A，经股东大会和债权人同意。所以它们不需要得到行政或者司法机关实施和解的决议。然而，从英国的情况来看，《银行法》将适用大部分案件，这些分析仅仅是一种学术探讨。

④ 银行业指令，第 3（1）条（关于重整程序）和第 9（1）条（关于清算程序）。

⑤ 同上，第 2 条，以及银行业指令，第 4（7）条。

⑥ 银行业指令，前言（6）。

据法的必要性。① 银行业指令的主要目标和价值的描述非常明白，②
多边承认原则居于立法的核心。

6.24 至于在共同体内有总部的信贷机构，除非银行业指令有相
反规定，应根据母国法律、条例和所适用的程序来实施重整措施。③

6.25 进一步来说，根据共同体内成员国的立法，重整措施完全
"不需任何其他手续"而生效，它们在成员国内一经采用即可生效。④
这对位于成员国的第三方同样有效，就算是所在国没有规定相应的规
则，或者这些措施的实施受限于一些没有满足的条件。⑤ "东道国"
指信贷机构在此设立分支机构或者在此提供服务的成员国。⑥ 所以，
一般规则是任何重整措施都受到母国法律的控制。

6.26 类似的逻辑，当启动清算程序的决定在该成员国生效时，
在所有成员国领土范围内具有法律效力，该决定的承认"不需要进一
步的手续"。⑦

6.27 一般规则（有一些重要例外）是指任何清算程序都受母国

---

① 银行业指令，前言（5）—（7）。在苏格兰 The winding-up board of Landsbanki
Islands hf v Mills and others ［2010］ CSOH 100 案中，这已经成了最近司法考量的议题。该案
中，Landsbanki 清算人在 Heritable Bank plc 管理程序中主张了债权，同时，Heritable 管理人
也在冰岛 Landsbanki 清算程序中主张债权。该争议关于在 Landsbanki 清算中做出的决定在
Heritable 管理中的效力的问题，该决定不承认 Heritable 对 Landsbanki 主张的债权。
Landsbanki 主张，根据《2004 信贷机构（重整与清算）条例》（SI 2004/1045）规则 5，这
个决定已经生效并在英国具有效力。Landsbanki 进一步主张，Heritable 提出的以抵销的方式
对抗 Landsbanki 的请求权无效，Heritable 的破产管理人必须承认 Landsbanki 对 Heritable 的全
部债权。因为 Heritable 破产管理人针对清算人决定的上诉在冰岛法院悬而未决，在苏格兰
法院解决如下争议，即冰岛法院的上诉的决定具有何种效果。法院开庭（格伦尼法官）的
看法是，根据银行业指令第 9 条和第 10 条，冰岛（母国）对于 Landsbanki 清算程序拥有排
他性的管辖权，其在清算程序中所做的任何决定应当被承认并且在其他成员国具有效力。
因此（在正数第 61 段），在冰岛清算程序中由清算人或者冰岛法院做出的决定，即不承认
Heritable 对 Landsbanki 主张的债权在某种程度上，这个决定是终局性的并在冰岛有强制力，
英国应当予以承认并生效。
② 银行业指令，第 6、7 段落。
③ 银行业指令，第 3（2）条。
④ 同上。与《破产条例》中的自动承认条款相同。尽管银行业指令没有使用"自动
承认"这个词，但效果相同。
⑤ 银行业指令，第 3（2）条。鉴于并没有公共政策抗辩的规定，承认和强制实施之
间有着特殊的相关性。
⑥ 2006 年指令，第 4（8）条。
⑦ 银行业指令，第 9（1）条。

法律的控制，即成员国关于该程序的法律。①

6.28　银行业指令第 10（1）条规定："除非银行业指令另有规定，信贷机构应该根据母国法的法律进行清算。"非穷尽、说明性可以母国法律的清算程序包括内容如下：②

（a）在破产管理范围内的货物，以及在启动清算程序后，信贷机构得到的货物的处理；

（b）信贷机构和清算人各自的权力；

（c）启用抵销的条件；

（d）清算程序对信贷机构作为合同当事人的影响；

（e）清算程序对个人债权人启动的程序的影响，悬而未决的诉讼除外；③

（f）对信贷机构的诉求以及清算程序启动后提出的诉求的处理；

（g）主张的提出、查证和承认的规则；

（h）管理财产变现过程中财产分配、债权主张的排序以及在启动破产程序后通过借助有关权利或抵销获得部分清偿的债权人的权利的规则；

（i）破产程序的条件、效果和终止，特别是通过和解协议的方式；

（j）清算程序终止之后的债权人权利；

（k）何人承担清算程序产生的成本和费用；

（l）关于有害于所有债权人的无效、可撤销和不可执行的法律行为规则。

6.29　债权人平等对待的要求使得银行业法的运行遵循着统一性和普遍性的原则。④ 欧共体内只允许一个单一程序，所以，重整措施或者清算程序在规定的限度内需要结合在一起。这单一实体方法引起的域外效力是一致的。

6.30　因此，无论是独立的区域程序或次级程序都是没有发挥空

---

① 银行业指令，第 10 条。这与在《破产条例》下的情况相同。
② 同上，第 10（2）条。
③ 同上，第 32 条。
④ 同上，前言（16）。

间的。① 但近期关于冰岛银行 Landsbanki Islands HF 荷兰分行的破产案件表明，各成员国破产法律特有的规定，可能会导致与单一实体和普遍性原则相反的结果。②

6.31 "单一性"指只有一个法院有权启动关于资不抵债银行的破产程序。③ 法院地的选择由相关立法决定；欧共体银行立法规定了注册地即对信贷机构的授权地，还包括某些其他特定债务人实体的主要财产所在地。

6.32 "普遍性"是指破产程序启动的法律效果，由启动地区的

---

① 《破产条例》结合了普遍主义和属地主义原则，主要破产程序在债务人主要中心财产所在地的成员国启动的，次级程序是在债务人有常设机关的成员国启动的。进一步见于 G Moss, I Fletcher 和 S Isaacs（eds），The EC Regulation on Insolvency Proceedings（Oxford：Oxford University Press, 2002）。结果就是在《破产条例》中有关这些程序以及它们与主程序的关系的规定，不会在银行业指令中再行规定。一个例证就是，关于承认和执行的公共政策抗辩（即基于公共政策的理由，拒绝承认），规定在《破产条例》第 26 条。银行业指令没有规定相应的抗辩——一个可能的解释是，采纳措施或者启动程序只有一个管辖权，如果这些不被承认，独立的次级程序是不能在成员国启动的。然而，公共政策抗辩在银行业指令中缺失的结果是，在其他重整措施或清算程序有效的成员国中的债权人利益受到了侵害。东道国中的债权人将不能依靠指令主张破产程序违反了该国的公共政策。

② *Amsterdam District Court*（October 13 2008）JOR 2008，343. 2008 年 10 月 13 日，阿姆斯特丹地方法院宣布，在《荷兰金融监管法》之下的"紧急规则"适用于 Landsbanki Islands HF 的荷兰分行。Landsbanki 挑战了荷兰中央银行请求法院采取这些措施的权力。它主张，根据银行业指令，如果冰岛中央银行提出破产申请，只有冰岛法院可以采取这些措施。阿姆斯特丹地方法院否决了荷兰中央银行的第一个理由，因为荷兰分行的注册地不在荷兰，而是在冰岛，该分行并不具有独立的法律人格。然而，法院认可了荷兰中央银行的第二个理由：《金融监管法》关于不再具备执照的信贷机构的单独规定。根据该法，荷兰法院享有管辖权，应荷兰中央银行的要求，它宣布所谓的紧急规则适用于信贷机构，该信贷机构的荷兰分行有清偿能力，在其他成员国有注册地但没有了执照，所有这些使得信贷机构或分支机构无法承担其相应的金融义务。Landsbanki 在冰岛必须不再拥有银行业执照，才能适用个条款。阿姆斯特丹法院进行了延期审理，2008 年 10 月 9 日继续提出证据，冰岛当局已经将 Landsbanki 的国内业务动转移给了一个新的实体，New Landsbanki Islands HF。关于旧 Landsbanki 的执照事实上是否被吊销是模棱两可的，情况也不是很清楚；但是，这并不与 Landsbanki 荷兰分行产生联系。因此，阿姆斯特丹地方法院认为荷兰分行达到了相关规定的要求。这产生了一种质疑，《金融监管法》的这些规定事实上使得法院创造了一个在银行业指令之下准据法选择的例外。法院可能认为冰岛账户持有人可能优先于荷兰账户持有人，这个规定对于荷兰债权人是不公正的：它的判决强调了债权人平等对待的重要性。最近，在 2010 年 3 月 8 日，阿姆斯特丹法院驳回了延长适用"紧急规则"的请求。结果，在 2010 年 4 月 13 日，荷兰紧急规则中止适用。根据目前的证据，法院这次发现相关执照事实上并没有被吊销。如此，法院承认它并没有管辖权去宣布紧急规则的适用，也承认荷兰并不是发起属地程序的合适国家。作者感谢 NautaDutilh NV 律师事务所的 Robert van Galen、Adbocaat and Dr Frans van Koppen，他们提供了本案的很多信息。

③ 参见银行业指令第 3（1）条和第 9（1）条。相反的规定是要求多边主义，指债务人有资产的实体所在的每个国家都启动破产程序，结果是所有的程序都没有普遍效力。普遍主义之下，启动主要的破产程序的国家的规则适用每个启动破产程序的国家。

管辖机关决定，包括破产的银行资产所在地和分支机构所在地。① 在那些情况下，破产程序启动国家的法律，将决定关于债务人资产和债权人有关的破产的法律效果。

6.33 银行业指令中前言的统一性和普遍性原则的表述要求母国的行政和司法机关享有唯一的管辖权，正如上文所解释的，根据母国法律，它们的决定得到承认并在其他成员国产生法律效果。②

信息和公布

6.34 鉴于规定所带来的潜在的广泛影响，银行业指令对东道国的主管机关和债权人关于通知的内容做出了规定。③ 前言（12）规定了债权人平等对待原则，债权人可采取措施的机会平等，这要求母国的行政或者司法机关去接受执行这些措施的同时，在东道国的债权人可以在规定的时限内行使这些权利。

6.35 首先，母国的行政或司法机关有义务及时用适宜的方式通知东道国的主管当局关于采取破产措施的决定，包括这个措施可能产生的现实效果。如有可能，尽量在采取措施之前通知，如若不能应在采取措施之后立即通知。④ 上文"现实效果"指关于措施的实质性描述是必须提供的。⑤ 同样，东道国的行政和司法机关也有义务在当他们认为⑥有必要领土范围内实施一项或者更多的重整措施，相应地就要通知母国的主管当局。⑦ 信息应当在母国和东道国的主管当局之间

---

① 相反的规定是属地主义，（一般来说）破产程序的法律效果不会超出启动程序的国家之外。事实上，在不同的国家程序的影响可能是多元化的。

② 银行业指令，前言（16）。

③ 同上，前言（13）同样强调了，当这些措施可能阻碍他们部分权利行使的时候，通知在坐落有分支机构的成员国内实施重整措施的第三方的必要性。

④ 同上，第4条。

⑤ 这将扩大第三方先前存在的权利：参见银行业指令第2条关于重整的定义。

⑥ 这意味着通知必须优先于实际行动，但是这个并没有在银行业指令中明确规定。

⑦ 同上，第5条。如果母国的相关机关自己没有继续采取针对信贷机构或者特别分支机构的重整措施，问题就产生了，东道国的机关是否可以继续采取在2006年银行业指令第29—37条含义内的所谓的预防措施（东道国主管机关的权力）。参见2006年银行业指令关于此的规定。

进行交流。

6.36 其次，在银行业指令重整程序的实施过程中，指令的第3条很有可能影响在东道国内的第三方的权利；在母国反对母国的行政或司法机关，破产管理人，① 或者其他任何权利人，必须公布决定摘要。② 公布背后的隐藏意义是，促进上诉权的及时行使。③ 然而，银行业指令没有排除重整措施的适用以符合银行指令第6条对公告的要求，除非母国的行政司法机关，或者成员国管理相关法律做了相反规定，第6条可有效地对抗债权人。④

6.37 最后，当母国的立法规定提出一个索赔的情况下，考虑到索赔的认定，或者向在那个成员国有永久居住地、经常居住地或者总部的债权人提供采取措施的强制通知的情况下，母国行政司法机关，或破产管理人也应当通知已知的、户籍所在地等等同上条件的债权人。⑤ 同样地，当母国的立法赋予债权人权利去提出索赔或者提交有关索赔的材料的情况下，在其他成员国有住所的债权人也享有这个权利。⑥

6.38 通知债权人的程序与清算程序相同。⑦ 信息需要在规定的时间内送出，否则当事人，即接受索赔要求的主体将因此受到处罚。⑧ 通知的语言应为母国的官方语言或者其中一种官方语言。⑨

---

① 由银行业指令第2条定义，指行政或司法机关任命的任何人或者机构，他们的主要任务是执行重整措施。
② 同上，第6（1）条。必须在欧共体官方日报和每个东道国的两家国家级报刊上公布。摘要必须通过最恰当的路径，尽快转寄给欧盟官方出版办公室，并转寄给每个东道国的两家国家级报刊［银行业指令，第6（2）条］。欧盟官方出版办公室必须最迟在12天内公布快件的摘要［同上，第6（3）条］。摘要应当具体，用成员国的一种或多种官方语言，尤其要写明所做决定目的和法律基础，起诉的时间限制，清楚明白地表述有限时间的到期日，以及接受上诉的机关或法院的完整地址［同上，第3（4）条］。
③ 同上，第6（1）条。
④ 同上，第6（5）条。
⑤ 同上，第7（1）条。
⑥ 同上，第7（2）条。
⑦ 同上，第7（1）条。
⑧ 同上，第14（2）条。
⑨ 同上，第17（1）条。

6.39　对待其他成员国债权人程序与清算程序规定一样。① 这些债权人享有同样的待遇、同样的清偿顺序，与母国有住所地的债权申报人在本质上是一致的。② 除了母国的法律规定了关于债权申报的提交的情况之外，债权人应当提供证明文件的副本，如果有的话，并且指出债权请求的种类，债权产生的时间和数量，以及他是否享有优先权、担保或者所有权保留，以及哪些资产涵盖在担保之中。③ 债权人可能会用其他成员国的官方语言或者其中一种官方语言提起索赔或者提交材料。④

第三国信贷机构的分支机构

6.40　正如本章之前所述，银行业指令也适用于总部在共同体之外的信贷机构的分支机构。⑤ 在适用指令方面，分支机构都应当受到区别对待。⑥ 一项强加于信贷机构分支机构所在的东道国的行政或司法机关有义务，尽快尽可能通过可行的方法去通知已经建立有信贷分支机构的其他东道国的主管部门采取任何重整措施，以及这些措施可能产生的实际效果，如果可能的话，应在措施采取之前通知，如若不能，应在之后立即通知。⑦

6.41　这些成员国之间的合作是值得鼓励的，所有相关的行政司法机关都被要求"努力协调他们的行为"。⑧ 前言（21）扩大了这个条款的适用，其中包含了总部在欧共体外第三国，分支位于共同体内的信贷机构，"母国""主管机构"以及"行政或司法机关"的定义

---

① 银行业指令，第7（2）条。
② 同上，第16（2）条。平等对待的重要性在银行业指令，前言（16）。
③ 同上，第16（3）条。
④ 同上，第17（2）条，包含了关于形式和语言的进一步规定。
⑤ 但是只包括在至少两个欧共体成员国由分支机构的信贷机构。参见银行业指令，第1（2）条。
⑥ 同上，前言（22）。
⑦ 银行业指令，第8（1）条。
⑧ 银行业指令，第8（2）条。在这点上，参见银行业指令，前言（13），强调了总部在共同体之外并且位于不同成员国的信贷机构的分支机构，在它们的重整措施和清算程序中，必须协调行政或司法机关的角色。

应当以分支机构所处的成员国的定义为准。

信息和公告

6.42 由于自发效应造成潜在广泛影响，银行业指令作出了向东道国的主管机关和债权人通知的规定。第一，母国的行政或司法机关应当尽快尽可能地将它们启动清算程序，包括其法律效果通知给东道国的主管机关。如若可能，应在启动程序之前，如若不能，应当在启动之后立即通知。①

6.43 第二，清算人②或任何行政司法机关应当通过公告清算决定摘要的方式，宣布启动清算程序。③

6.44 第三，当清算程序启动后，母国的行政或司法机关或者清算人要尽快分别通知已知的、在其他成员国有永久居住地、经常居住地或者总部的债权人，除了母国的立法基于承认不要求提出此要求的情况。④ 这个消息由通知快件提供，通知快件尤其应当涉及时间限制，关于时间限制的处罚，有权接受索赔或者与索赔和规定的其他措施有关的材料的团体或者机构。⑤ 通知快件也应以母国的官方语言或者其中一种官方语言来提供。⑥

6.45 在这方面，任何在除了母国外的其他成员国有永久居住地、经常居住地或者总部的债权人，包括成员国的公共机构，都有权提起债权申报或者提交有关的书面材料。⑦ 这些债权人享有同样的待遇，并且因为在母国有永久居住地等的债权人提起的索赔请求本质相

---

① 银行业指令，第9（2）条。
② 同上，第2条，指由那些主要任务为管理清算程序的行政或司法机关任命的任何个人或团体。
③ 同上，第13条。必须在欧共体官方日报和每个东道国的至少两家国家级报刊上公布。
④ 同上，第14（1）条。
⑤ 同上，第14（2）条。
⑥ 同上，第17（1）条，关于所用形式的内容的进一步规定。
⑦ 同上，第16（1）条。

当，也被赋予了相同的地位。① 如此，关于位于母国之外的债权人权利的实质法律规则，在清算程序的背景下制定。②

6.46 除了母国的法律规定了关于债权申报的提交的情况之外，债权人应当提供证明文件的副本（如果有的话），并且指出债权请求的种类，债权产生的时间和数量，以及他是否享有优先权、担保或者所有权保留，以及哪些资产涵盖在担保之中。③ 债权人可能会用其他成员国的官方语言或者其中一种官方语言提起索赔或者提交材料。④

6.47 清算人也同样被要求通过恰当的方式依法通知债权人，特别是关于清算的过程。⑤

履行义务

6.48 对于那些不知道启动清算程序，但诚实地履行义务的人要提供一定程度的保护。但义务履行人向那些不是法人，但在其他国家是破产主体的信贷机构履行义务时，其对清算人的义务则已经免除。⑥ 根据银行业指令 13 条可以推定，保护在清算程序公告生效之前履行这些义务的人的利益，相反，在公告之后履行义务的人则不适用本规定。⑦

自动清算

6.49 当一个信贷机构有偿债能力时，自动清算程序也有可能启动。但信贷机构管理层在启动自动清算程序时的范围受到一定限制。这种情况下，在自动清算程序启动的决定做出前，须用"在最恰当的形式"对主管机关进行商讨。⑧ 值得注意的是，信贷机构的自动清算

---

① 银行业指令，第 16 （2）条。平等对待的重要性在银行业指令，前言（16）。
② 这可以作为银行业指令，第 10 （2）条 （g）的例外。有关规范索赔权的规则的其他方面，母国的法律仍然占有主导地位，例如承认和破产清偿债务的顺序。
③ 银行业指令，第 16 （3）条。
④ 同上，第 17 （2）条，包含了关于形式和语言的进一步规定。
⑤ 同上，第 18 条。
⑥ 同上，第 15 条。
⑦ 同上。
⑧ 同上，第 11 （1）条。

程序并不妨碍重整手段的使用或清算程序的启动。①

第三国信贷机构分支

6.50　如本章前文所述，银行业指令同样适用于分支机构位于共同体内而总部在共同体外的信贷机构。② 在关于指令适用方面，各分支机构应当受到区别的对待。③ 信贷机构分支机构所在的东道国的行政或司法机关有义务，尽快通知信贷机构分支所在东道国的主管部门启动清算程序的决定，以及那些程序可能产生的实际效果。如若可能，在程序启动之前，如若不能在程序启动之后立即通知。④ 成员国之间的合作，包括相关行政司法机关，清算人"相互协调行为"是受到鼓励的。⑤

6.51　此外，清算程序决定国的行政或者司法机关的还有义务通知其他国的主管机关，清算程序的启动及授权的撤销。⑥

法律选择

6.52　前文已经解释过，母国法律的普遍适用是银行业指令的检验标准。银行业指令的标题Ⅳ，包含了大量关于对法律规则的重要例外。此外，银行业指令的前言部分明确指出，尽管遵循母国法律原则很重要，因其在实体和程序上都对重整措施和清算程序产生重大影响，但也应考虑到这些影响可能会与普遍经济环境以及金融机构及其分支机构的金融活动所适用的规则产生矛盾。⑦ 在一些案件中，适用另外一个

---

① 银行业指令，第 11（2）条。

② 但是只限于在至少两个共同体的成员国内有分支机构的信贷机构。参见银行业指令，第1（2）条。

③ 银行业指令，前言（22）。

④ 同上，第 19（1）条。

⑤ 同上，第 19（3）条。

⑥ 同上，第 19（2）条。

⑦ 同上，前言（23）。参见 G Moss 和 B Wessels（eds），*Eu Banking and Insurance Insolvency*（Oxford：Oxford University Press，2006），82 at 2.101 前言（23）试图对平衡协调所作的解释。

成员国的法可以说代表着一种母国法律适用原则"不可避免的资格"。①

对某些合同和权利的影响

6.53　关于雇佣合同和雇佣关系，重整措施或者清算程序的启动对那些协议的影响，只能由成员国适用雇佣合同的法律进行规范。② 合理的解释似乎是雇佣合同和雇佣关系中存在关乎雇员个人权利的法律利益，只能由相关国内法单独规范。

6.54　关于不动产，在不动产所在地领土范围之内，重整措施或者清算程序对涉及不动产的合同产生影响，即授予他人不动产的所有权与使用权，这些都由成员国法律的单独规范。③ 这便是物之所在地法，其将判断财产是属于动产还是不动产。④ 这个例外是基于当地对于不动产和所适用的法律有着特殊的考量。其中"不动产的使用权"是指类似租赁和许可这样的权利。

6.55　重整或清算对在公共登记机关登记不动产，如船只，航空器的权利的改变，只由登记簿所在机关依据成员国法律管理。⑤ 那么适用何种法律的决定因素取决于是否权利需要登记以及破产程序对其权利是否产生影响。

6.56　破产程序对合同"影响"是有限度的，并不包括与重整措施和清算程序有关的其他问题，诸如有关合同中提出、验证、承认以及清偿顺序和财产变现程序分配，这些是有母国法律所规范的。⑥ 例如，破产程序导致雇佣合同或雇佣关系终止的影响，以及对雇佣关系各方权利和义务的影响，都将由相关国内法进行规范。然而，诸如破产程序中受雇

---

① 银行业指令，前言（24）指出，这些条件对于保护与信贷机构有雇佣合同的受雇者非常必要，它确保了有关某些类型财产交易的安全，并且根据成员国进行交易的金融法律，保护了所规范的市场功能的完整性。

② 银行业指令，第20条（a）。

③ 同上，第20条（b）。

④ 同上。

⑤ 同上，第20条（c）。

⑥ 同上，前言（17）。

人的索赔能否被认定是优先请求的问题，将留待母国法律解决。如若为了与一般性原则相一致，意味着在银行业指令中，豁免应当作限缩解释。

第三方相关权利

6.57　在采取重整措施或启动清算程序时，位于其他成员国领土范围内的信贷机构所有的有形或无形资产、动产或不动产（包括可确定的资产以及不确定资产的集合）债权人或第三方对它们享有的物权，将不会受到上述措施实施或者上述程序启动的影响。① 它们在银行业指令中被称为"相关权利"。登记在公共登记簿上，且对第三方有强制性，其中所包含的权利被认为是相关权利。② 重要的是，这个规定不会妨碍由母国法律决定的无效、可撤销或者无强制性诉讼的开始。③

6.58　以下是银行业指令中列举的不全面的、解释性的一部分权利。④ 其中包含担保物权。以下列举解释相关权利是：

（a）尤其是在留置或者抵押关系中的资产处理权或当财产在处置程序中所获得的清偿或收取财产自身收益的权利；

（b）一种使请求得以实现的排他权，尤其是基于留置权基础得以保障的，或者通过有担保的转让获得的请求权；

（c）违背有权处分人的意愿而从资产占有人或使用人处获得财产，或请求恢复原状的权利；

（d）资产受益使用权。

6.59　违背母国法律对有担保的权利的保护是一种例外。其效果是，被担保债权人所有权的保护，满足了债权人针对不动产的索赔，即根据地方法律，措施实现位于地方的担保资产，不考虑母国法律的要求而对抗破产管理人对财产的持有。银行业指令并没有规定"相关权利"的定义，暗示了概念应当由相关国内法确定。然而，提出

① 银行业指令，第21（1）条。
② 同上，第21（3）条。
③ 同上，第10（2）（1）条以及第21（4）条。
④ 同上，第21（2）条。

"具体的资产以及作为一个不时变动的整体的不确定资产的集合"可能会将英国法上的浮动担保纳入相关权利的概念。①

所有权保留

6.60 倘若信贷机构购买资产时规定了所有权保留，启动重整和清算程序并不会对出卖人的权利产生影响。要求是当采用上述措施或程序时，资产位于采取程序国家之外的其他成员国领土范围之内。②

6.61 在信贷机构出卖资产的情况下，在资产转移之后启动重整或者清算程序不会成为解除或终止买卖的理由，也不会阻止买方获得所有权。这样做的条件是出卖的资产应位于采用这些措施或者启动这些程序的国家之外的其他成员国领土范围之内。③ 这条规定的潜在目的是，当相关资产不在母国而在其他成员国的情况下，阻止公职人员依靠破产程序的启动解除买卖（在母国法律下可能解除合同的理由）。这样似乎是构建了一个实体法的规定。

6.62 同样，所有权保留的例外不会排除母国法律关于无效、可撤销或者无强制性的诉讼的规定。④ 然而，在第 22（1）条含义内的卖方对银行业指令 30 条下的被告原则上有追索权，而这个 30 条的内容是关于有害行为的。⑤

抵销

6.63 如果适用信贷机构请求权的法律允许抵销，则债权人要求与信贷机构抵销的权利不会受到重整和清算程序的影响。⑥

6.64 然而，例外情况是受到严格限制的。第一，抵销权取决于适用信贷机构请求权的法律，而不是债权人请求权所适用的法律。第

---

① 参见 Moss and Wessels（eds），EU Banking and Insurance Insolvency，142 at 3. 93。
② 银行业指令，第 22（1）条。
③ 同上，第 22（2）条。
④ 同上，第 10（2）条（Ⅰ）和第 22（3）条。
⑤ 参见下文 6. 72 段。
⑥ 银行业指令，第 23（1）条。

二，银行业指令，关于清算程序的第 10（2）条（c）规定由母国的法律决定行使抵销权的条件。由此看来，母国的法律将决定抵销的适用性：（a）如上所述，在适用于信贷机构的法律不允许抵销的情况下；（b）在第 23（1）条清楚地指出这些措施的采纳和程序的适用，关于在采纳重整措施或启动清算程序之后提起的索赔。

6.65 同理，法律一般选择的例外不会排除母国法律确定的无效、可撤销或者无强制性的诉讼。①

物之所在地法，净额结算与回购协议，规范市场内的交易

6.66 倘若金融工具所涉及的财产性权利的登记和转移记录在成员国内的登记簿、账户或者中央存款系统中，金融工具②设定的这些权利或者权利的强制执行，适用登记所在成员国的法律。③

6.67 指令针对净额结算与回购协议做了特殊规定，适用规范这些协议的合同准据法。④ 在管制市场开展的交易也单独由这些交易的合同准据法所规范。⑤ 所以适用这些交易的是合同的准据法，而非成员国法律（与法律文件中的权利相同）。原因在于对涉及金融资产市场交易的干扰可能影响市场稳定，破产法不应当影响上述交易。

6.68 至于回购协议和在受管制的市场内开展的交易，⑥ 这些规定不影响金融工具所涉及的财产性权利或对财产性权利的执行。⑦

---

① 银行业指令，第 10（2）条（1）和第 23（2）条。

② "法律文件"参见 2004 年 4 月 21 日的欧洲议会和欧洲理事会关于在金融商品市场 2004/39/EC 指令，OJL145，2004 年 4 月 30 日，1（废止了银行业指令第 2 条所指的 1993/22/EEC 指令），附件 I，C 节。

③ 银行业指令，第 24 条。

④ 同上，第 25 和 26 条（分别）。

⑤ 同上，第 27 条。

⑥ "受管制的市场"参见 2004 年 4 月 21 日的欧洲议会和欧洲理事会关于在金融商品市场 2004/39/EC 指令，OJL145，2004 年 4 月 30 日，1（废止了银行业指令第 2 条所指的 1993/22/EEC 指令），第 4（14）条。一个受管制的市场被定义为是由市场经营者运营和/或管理的一个多边系统，将或者帮忙将在金融商品中的多样的第三方买卖利益集合到一起——在系统中，且根据非任意性规则——以合同的方式，允许在市场的规则和/或系统下交易的金融商品，根据 2004/39/EC 指令，标题 III 的规定，经过授权且有规律地运行。

⑦ 银行业指令，第 24 条。

待决诉讼

6.69 与信贷机构已经被剥夺的资产或权利相关的待决诉讼，重整或清算程序的效力适用诉讼所在成员国法律。①

6.70 这是对适用统一的法律规则原则的例外，与《破产条例》中的相关条款相呼应。② 这表明银行业指令使用的词汇与《破产条例》的解释应当一致。《破产条例》第 15 条为"审理中诉讼"规定了通常的准据法原则的例外情形，这已经成为 Josef Syska［the Administrator of Elektrim SA（In Bankruptcy）］v Vivendi Universal SA 案件的争议焦点。③ 已有司法判决论述了《破产条例》相关的这部分内容，④ 待决诉讼例外的原理是：当有需要去决定一项请求权是否存在或有效的时候（如果有效它将允许加入破产程序），诉讼是一种必要程序。在请求权的有效性被确定之前，它与破产程序无关。此外，如果一个法律行为已在破产程序启动的国家之外的成员国内开始，应由法律行为发生地成员国的法律决定其是否继续，这符合商业的合理期

---

① 银行业指令，第 32 条。然而，那些措施和程序在产生于这些诉讼的单个执行案件中的影响，受到成员国立法的规范，在银行业指令之下，根据法律规则的一般选择：参见银行业指令，叙文（30）。

② 《破产条例》，第 15 条。

③ ［2009］EWCA Civ677。由于主张在其中一方在一成员国内破产，仲裁在另一个成员国内进行的情况下，在影响仲裁的范围内，破产的后果由 reference 产生的成员国法律决定而不是由创建破产程序的成员国的法律决定。在 2003 年，Vivendi Universal SA 对一家波兰公司提起了仲裁。纠纷起于向 Vivendi 销售波兰公司移动电话的利益，由波兰公司（Elektrim）提起。在 2007 年 8 月 9 日，大约在仲裁开始的 4 年后，仲裁应审理的 10 周前，Elektrim 根据《波兰破产与重整法》之下申请破产。在 2007 年 8 月 21 日，法庭的破产命令做出了。波兰破产法规定，当破产宣布之日，任何由债务人缔结的仲裁条款都将"失去法律效力"，任何审理中的仲裁程序都将不再继续。一审法院和上诉法院都承认，仲裁条款在《破产条例》第 4（2）条（e）的含义内是一个"现行契约"，所以，一般来说，波兰公司破产对协议的影响受到波兰法律的规范。然而，一审法院和上诉法院都认为第 4（2）条（e）在开始破产程序之日，对正在进行的、由第 15 条控制情况的仲裁程序不产生影响。上诉法院（在第 18 段）主张仲裁程序属于第 15 条含义内的"审理中的诉讼"的概念，最终允许仲裁进行，即便是在管理波兰债务人 Elektrim 破产程序的法律之下，仲裁程序已经无效的情况。我们认为（per Longmore LJ）如果情况相反，第 15 条难以实际上适用，统一的规则是不变的。参见之前的案件 Mazur Media Limited Anor v Mazur Media GmbH［2004］EWHC 1566，per Lawrence Collins J。

④ Josef Syska［the Administrator of Elektrim SA（In Bankruptcy）］v Vivendi Universal SA ［2009］EWCA Civ 677，per Longmore LJ at para 16。

待。这为第 32 条提供了理论上的支持使其与银行业指令的前言（30）一致。换句话说，例外并不影响因诉讼行为而引发的执行行为，该行为适用母国的法律。

有害行为

6.71　当行为的受益人提供下列证据时，银行业指令第 10 条（母国适用的法律）不会适用于对债权人整体有害的无效、可撤销或执行相关的规则：

（a）对债权人整体有害的行为适用母国之外的成员国的法律；

（b）此法律不允许以任何形式在恰当的案件中质疑该有害行为。①

6.72　此外，当司法机关启动的重整措施提供了对债权人不利的行为的无效、可撤销和执行规则时，倘若该有害行为发生在重整措施之前，只要受益人提供了以下证据，则银行业指令的 3（2）（适用母国法律）不适用：

（a）对债权人整体有害的行为适用除母国之外的成员国的法律；

（b）此法律不允许以任何形式在相关案件中质疑该行为。②

6.73　因此，第 30 条给"对债权人有害行为"的受益人提供了抗辩理由（如设立担保的资产位于母国之外的成员国境内，担保权在破产程序开始前就已经设立）。这一规则的理由是，根据其他成员国法律已经行动的债权人和第三方不会预期到母国的法律让该项行为无效。因此，如果适用该项行为的法律事实上不允许挑战此项行为，那应该保护他们的法定期待。这个规则的负面作用是当事人会选择不允许挑战该行为的国家的法律去签订对整体债权人不利的合同。③

---

① 银行业指令，第 30（1）条。

② 同上，第 30（2）条。

③ 参见在《破产条例》的背景下，对 Moss, Fletcher 和 Isaacs（eds），The EC Regulation on Insolvency Proceedings, 297 at 8.233 的建议。

第三方保护

6.74 在启动重整或清算程序后做出的行为，信贷机构处理的登记过的不动产如船舶或飞机，或者金融工具或者金融工具所涉权利，倘若它们的存在或者转让在成员国内的登记簿、账户或者中央存款系统中有记录，该行为的有效性适用不动产所在地或者保存登记簿、账户或存款系统的机关所在的成员国法律。①

6.75 保护是基于一个假设，即在启动重整或者清算程序后做出的任何行为，都会被判为无效或者可撤销。因此，保护登记、账户和中央存款体系和保护善意的第三方受益者符合公共利益。尽管如此，这个规定并非没有限制。不动产所在的或者登记簿所在的成员国的相关问题是：国内法是否视这项行为有效而不考虑破产程序启动问题。

任命的证据

6.76 破产管理人或清算人的任命应当由最初决定任命他的证书副本来证明，或者通过母国行政或司法机关颁发的任何其他证书来证明。② 这可能需要将其翻译为管理人或清算人拟在其境内行事的成员国的官方语言或者其中一种官方语言。③

6.77 与重整和清算程序的自动生效一致，管理人和清算人有权在所有成员国境内行使他们在母国境内有权行使的一切权力。④ 重整或清算过程中，管理人或清算人在合适的情形下（尤其是在东道国）也可以委派他人或者作为其代表，去协助债权人解决在东道国遇到的困难。⑤

6.78 管理人或清算人在行使权力时需要遵守其拟在其境内采取

---

① 银行业指令，第31条。

② 同上，第28（1）条。

③ 同上，第28（1）条。然而，不需要"合法化或其他类似手续"。

④ 同上，第28（2）条。这也在银行业指令，前言（27）中被强调过，在实施母国采取的决定上，对他们的任命和在其他成员国的权力的承认视为一个基本因素。

⑤ 同上，第28（2）条。

措施的成员国的法律，特别是关于资产变现和向雇员提供信息的规则。① 管理人或者清算人行使权力不包括使用强制力或者就诉讼或争议进行裁决的权利。②

登记于公共登记簿

6.79　管理人、清算人或者成员国的任何行政或司法机关可能要求将启动重整或者清算程序的决定在土地登记簿、交易登记簿以及成员国的其他公共登记簿上登记。③ 当成员国有强制登记的规定时，此时的个人或者机构有义务采取一切必要措施进行登记。④

专业秘密

6.80　所有根据银行业指令⑤接受或传递磋商程序相关的信息都有保守职业秘密的义务，2000 年银行业指令所列出的规则和条件适用这一问题，⑥ 司法机关适用本国的规则除外。⑦ 银行业指令的前言部分将此描述为"重要因素"，并且强调所有参与此类程序的行政机关都应该尊重这一义务。⑧

实践中的 2001/24/EC 指令

6.81　根据之前提到的相关公布的规定，欧共体官方日报中包含了大量在成员国启动的破产程序的决定摘要。⑨

6.82　在 Jefferies International Limited v Landsbanki Island HF 案件

---

① 银行业指令，第 28（3）条。
② 同上。
③ 同上，第 29 条：登记的支出被认为是程序中产生的成本和费用。
④ 同上，第 29（1）条。
⑤ 同上，第 4、第 5、第 8、第 9、第 11 条和第 19 条。
⑥ 现在规定在 2006 年银行业指令，标题 V，第 1 章，第 2 节，第 44—52 条。
⑦ 银行业指令，第 33 条。
⑧ 同上，前言（32）。
⑨ 参见，近期大部分决定的摘要：The Northern Rock Plc Transfer Order 2009（OJC 8，14 January 2010 25）；Bank of Credit and Commerce International（BCCI）（OJC 13 20 January 2010 34）等。

中，司法机关裁决了与银行业指令相关的问题。①

改革的磋商和建议

6.83 前文所述，从共同体破产立法的角度来看，子银行具有法定自主权：银行业指令不适用母子银行集团。② 问题在于银行业指令狭窄的适用范围是否会阻碍欧洲跨国银行危机管理协调性，以及损害债权人的利益。总体而言，金融危机暴露了缺乏有效的危机管理机制，以及现有框架没有办法协调旨在恢复跨境集团的措施。

---

① ［2009］EWHC 894（Comm）。Landsbanki Islands HF（Landsbanki）是一个在伦敦有分支机构的冰岛银行。2008 年秋天倒闭时，它是冰岛最大的银行。2008 年 10 月 6 日，冰岛议会通过了第 125/2008 号法案，授权冰岛金融监管机关（FME）接管面临支付困难的银行，并且限制和禁止银行处置资本和资产。2008 年 10 月 7 日，FME 通过决议委员会替代了 Landsbanki 的董事。2008 年 10 月 8 日，英国政府依据《2001 反对恐怖、犯罪以及安全法》，通过 Landsbanki 冻结令 2008（SI 2668/2008）冻结了 Landsbanki 英国分行的资产。

2008 年 10 月 9 日，FME 考虑到债权因素，将 Landsbanki 的国内业务移交给一个新的实体，New Landsbanki Islands HF，使非冰岛债权人只向原来的破产实体索赔。这些包括 Landsbanki 对 Jefferies International Limited（Jefferies）的义务。

2008 年 11 月 20 日，Jefferies 在英国商事法院提出对 Landsbanki 的一项诉讼。诉讼起因于衍生协议，即 2007 年 6 月 16 日订立的《全球主要证券出借协议》（《协议》），关于《协议》中 Landsbanki 的支付违约和有争议的负债。《协议》适用英国法和排他管辖权条款。Landsbanki 申请中止 Jefferies 对其提出的诉讼程序。

Landsbanki 最初试图根据《冰岛破产法》，依据雷克雅维克地方法院批准的《延期偿付指令》，作为自动中止的基础，该中止在《2004 年信贷机构（重组与清算）条例》（SI 2004/1045）（《条例》）之下对英格兰产生影响。《延期偿付指令》是在《条例》含义内的欧洲经济区破产措施和 Landsbanki 是一有一个伦敦分支机构不符合《条例》第 5（1）段范围内的欧洲经济区信贷机构。《条例》第 5（1）段规定，欧洲经济区破产措施在英国有效：对于（a）任何欧洲经济区信贷机构的分支机构，（b）此信贷机构的任何财产或其他资产，（c）此信贷机构的任何债务或责任方面具有影响。然而，在商事法庭关于将自动中止从冰岛法律移除的听证会前不久，冰岛破产立法发生了变更。

前提是要求 Landsbanki 在冰岛破产制度下去寻找一个自由裁量、暂时中止，未决定的索赔（Landsbanki 没有质疑 Jefferies 作为普通债权人参与到重整程序中的权利）。它的立场是礼让原则要求中止，因为《延期偿付指令》的目的是给 Landsbanki 的重整一个喘息空间，以保护债权人的整体利益。它的困难在于之前的英国机关解释道：在只有一些例外情形下，如果有利于英国的排他管辖条款存在，英国法院将中止程序以支持在布鲁塞尔或卢加诺公约国进行的外国破产。参见 Mazur Media Limited v Mazur Media GmbH［2004］EWHC 1566 和 Equitas Limited v Allstate Insurance Company［2008］EWHC 1617（Comm）。

法官（在第 37 段）决定这些例外情况不存在，Jefferies 的起诉继续在商事法庭审理。他的理由（在第 24 段 et seq）是，任何剥夺 Jefferies 向已达成协议的、有管辖权的法院请求权利的中止行为不仅是不正义的，而且是与原则相悖的，因此他没有权力那样做。

② 子银行是跨境银行在欧洲最主要的形式，持有近 4 万亿欧元的资产：参见 Commission Communication，布鲁塞尔，2009 年 10 月 20 日，COM（2009）561 at 4.1。

6.84 欧洲中央层面正对改革进行磋商和提议。这部分仅概述最近的某些改革建议，更多的细节参考本节提及的官方文件。① 一般而言，进行中的委员会的公共协商的目的是检验银行业指令是否达到它的目的，它如何适用跨国银行集团，如何解决集团内关于资产转让的障碍。

6.85 2009 年 10 月 20 日，委员会提议了银行业②跨境危机管理的框架，该框架包括了有效的风险管理和银行业指令改革。其目标是创造一个强大的监管体系：包含预防、早期干预、处置和清算。

6.86 所提议的框架包括了两个目标：

（a）确保所有的国家监管机构有足够的工具在早期阶段识别银行问题，进行干预以便让机构或集团恢复到正常状况，避免进一步地恶化。该机制期望在集团实体的问题变得很严重之前，能够将集团实体间的资产的转移作为流动性支持的手段。③

（b）为了让跨国银行的破产不影响银行业的服务和发生系统性风险，需要建立欧盟层面的危机处置机制以解决因适用独立实体的破产

① 参考 http://ec. europa. eu/internal_ market/bank/index_ en. htm，以便了解此程序的进展情况和获得官方文件的情况。

② 布鲁塞尔，2009 年 10 月 20 日，COM（2009）561（the Communication）。它遵循 2007 年 10 月，欧盟经济财政理事会从由欧盟理事会展开的关于信贷机构重整和清算的公共协商中总结出的结论。此研究号召加强欧盟金融稳定性的安排，审查危机预防、管理和处置工具。这包括银行业指令的修订以及存款保证指令的说明。

③ 2010 年 4 月 20 日的"金融危机时期在跨国银行业集团内减少转移资产障碍的可行性研究"（Contract ETD/2008/IM/H1/53）。资产转移被描述为一个可能的"避免跨境系统性影响的核心"。研究转移类型是共同体内部的同业拆借，金融工具和资本转移。最终建议是实施指令满足如下条件：（a）预防由信贷机构不平衡和不恰当的资产转移产生的潜在破产风险；（b）如果这些转移可能潜在的限制风险范围，那么应当提高资产转移的限制。法律框架会包括两种制度：一般机制和特别安排。它基于在捷克共和国法律下提供的资产 10% 上线（并且以美国修正过的形式使用）。概括来说，一般机制规定资产转移只有在遵守在欧洲议会和欧洲委员会关于投资公司和信贷机构资本充足的 2006/49EC 指令（重述）（OJ L 177，2009 年 6 月 30 日，201）下规定的偿付能力才被允许。例如其他条款：上限标准引发了让独立机构转移的资产固定在转移者股票资本的 10% 的义务。指令也设想在一段限制期间内，授权"例外个别豁免"。这将导致（概括来说）转移仍然可行即使没有满足由一般机制创设的条件。这些将由监督转让人与受让人的主管机关授权。上述 2010 年 4 月 20 日的文件记录了研究参考的详细内容。

的方法带来的跨国危机处置的障碍。该机制也考虑建立金融处置工具，让成员国提供资金。

6.87　另外，三个提议的措施包括：（a）早期干预；（b）处置机制；（c）破产，包含重整和清算。然而，提议强调了这些措施并不是危机处置都需要适用的"阶段"。①

6.88　第一，早期干预是监机构采取的行为旨在恢复机构的稳健性的行动，包括在有清偿能力的集团实体内部资产转移。鉴于"母国和东道国机构之间缺乏有效的合作和对东道国在紧急情况下进行干预的担忧"，早期干预也包括跨境分支机构的监管进行审查。② 应当在机构满足破产条件之前就启动早起干预程序，这意味着新的欧洲银行监管机构将在协调跨国集团的早期干预方面发挥作用。

6.89　第二，管理危机的国家处置机关采取旨在保持其金融稳定的措施，在适当时促进机构的整体或部分进行有序清算。③ 某些建议的处置工具包括如下权力：（a）促进私人企业收购破产银行或其业务；（b）为了维持银行的营运价值，将破产银行的业务转让给"桥银行"，然后卖给私人买家；（c）通过部分转让资产和资产，将"好的资产"和"有毒资产"分别给予"运营良好"的银行和"濒临破产"银行。委员会也发现银行集团包括投资活动或提供其他金融服务的实体，它们的破产可能产生系统性风险，协调化的欧盟处置机制应当适用投资公司。④

6.90　就这点而言，2010 年 5 月 26 日的委员会议案⑤探讨了更多关于银行处置基金的细节。资金为了实现所提议的处置工具的目

---

① 根据委员会要求的可行性研究，2010 年 4 月 20 日的"破产前，早期干预，重整和清算研究"，文件记载了研究参考的详细资料。

② Communication 3.1.

③ 尤委员会认识到需要一套银行处置框架共同目标的协议。这在银行破产特别机制中，将优先考虑到公共政策目的，如金融稳定、服务连续和信用体系。

④ 雷曼兄弟倒闭就是造成系统性风险的典型例子，系统性风险可能导包括雷曼兄弟合同相对方的地位及其未偿付交易地位的不确定性。

⑤ 布鲁塞尔，COM（2010）254。

的。委员会支持建立事前的处置基金，资金来源于银行，以避免处置银行所带来的系统性风险，并且避免银行贱卖资产，在特定的时间内进行有序清算。①

6.91　第三，在破产方面，② 改革至少要建立法院和负责跨境银行集团附属机构的机构的合作和信息交换机制。而进一步的建议则是让"主要程序的管理人"来协调成员国的程序。

6.92　然而，改革也期望建立一个更统一的针对破产集团的处置机制。将破产集团视为单一主体以解决传统的"独立实体"方法带来的低效和不公平。如何处理因国家不同的破产法所引发的问题，委员会做出了如下声明：③

统一的方法可以解决以"独立实体"方法处置跨国银行集团所产生的不公平的问题。"独立实体"的方法与功能不相匹配，不能充分应对复杂的企业结构，现在需要协调各国的破产规则。学术界和实务界普遍认为，缺乏这种协调将难以对跨国银行集团进行重组。

不应低估这项工作的难度和敏感性。破产法与其他领域的国内法密切相关，如物权法、合同法和商法，以及与社会政策相关的优先性规则。在统一的法典内纳入诸如"信托"或"浮动担保"这些特殊的国内概念，将会异常复杂。

为了欧盟内跨境银行集团的重整或清算，该项改革可能会采取独立、自动生效的破产机制来替代成员国的国内机制。如果此机制能够对集团进行统一处置，完全可以解决"独立实体"方法所产生的问题。对于具有系统重要性的跨境银行集团是否适用这一机制要进行深

---

① 该原则的目的是最小化或者消除对纳税人基金的依赖以帮助银行摆脱困境。委员会也表示，对于股东（取决于他们的投资价值）和债权人（排除由存款保证体制保证的存款人）必须是首先面对银行破产的后果应当"清晰不含糊"。此外，处置基金不能作为破产或者为帮助银行摆脱困难的保险，但是可以用来促进有序的破产。

② 如上所述，2010 年 4 月 20 日的"破产前，早期干预，重整和清算研究"。在重整免除范围内，它提出了应当建立一个针对银行业集团重整程序的普遍主义模式。至于清算，考虑到普遍主义模式不现实，但是应进行一个更高层面的法律合作。上述 2010 年 4 月 20 日的文件记录了研究参考的详细内容。

③ Communication at 5.

思熟虑，对现有实体适用新的欧洲破产制度将产生转型的问题，并对债权人和相对手产生影响。

6.93　因此，建议将如何在变银行业指令的现有规定，仍有待观察。

（冷帅达译）

7

跨国银行破产适用的
国际法原则

Rosa M Lastra[*]

简　介

7.01　破产作为适用于特定领域的以实体为中心的程序，各国往往以本国为基础进行规定。[①] 随着全球金融市场国家间界限的模糊，这些原则在处理金融集团、复杂的金融集团以及国际控股公司破产方面的局限和不足逐渐暴露出来。这种不足在跨国银行破产中体现得尤

　＊ Rosa M Lastra，是英国伦敦大学玛丽皇后学院商法研究中心（CCLS）国际金融与货币法教授。作者在此对 Roman Chapaev 提供的非常有价值的研究上的帮助表示感谢。
　① 参见 Jacopo Carmassi, Elisabetta Luchetti and Stefano Micossi with contributions from Daniel Gros and Karel Lannoo, "Overcoming Too Big to Fail: A Regulatory Framework to Overcome Moral Hazard and Free Riding in the Financial Sector", Report of the CEPS-Assonime Task Force Report on Bank Crisis Resolution (CEPS, 15 March 2010)。

为明显。① 同样，东道国与母国的区分及系统性重要性金融机构的风险处理存在着不足。在缺少统一的跨国破产法律规则的情况下，处置跨国破产目前主要通过本章介绍的依照国际法原则制定的各国国内法和不同国家当局间颇为艰难的自愿合作。②

7.02　尽管跨国金融机构破产引发了特殊的难题，其他跨国实体的破产也面临着难题。正如大型银行总是会在不同的国家经营，大型公司同样会将业务范围扩大到母国之外。

7.03　跨境包括很多情形：通过在国外设立子公司或分支机构、代表机构；与海外顾客和供应商的交易；通过拥有资产（以及为这类资产设定担保）；抑或通过签订适用外国法的合同（以及与外国的交易相对人订立合同）。跨境交易同样会发生在合资企业并购中。尽管大量的程序将会涉及银行的跨国监管（值得注意的是巴塞尔规则，并表监管以及近期监管者协会的建立）。跨国银行的破产处置仍然处在发展初期。我们需要从并表监管转变为统一处置。

7.04　子公司，作为法律实体在设立和存续中受东道国法律约束，受制于不同东道国破产法并且原则上不受母公司破产影响，因为子公司的破产独立于母公司的破产。然而事实并非如此。正如在前文第四章所谈到的，跨国集团的跨境关联往往对母公司和其他子公司的经济活力产生重大影响。金融机构的这类重要的经济联系包括：金融集团内部资产转移（如以集中的流动性监管的方式）；③ 来自或强或

① 巴塞尔委员会跨境破产机构 2010 年 3 月的报告，http：//www.bis.org/publ/bcbs169.htm——在第六段中指出："现存的法律和规范管理整体上不是为了解决一个金融集团通过各自分离的跨国金融实体运行中的问题。这在跨国集团和国内金融集团均如此。目前不存在针对金融公司的跨国破产框架，而在不久的将来也不会出现。国内破产规则的实施以法律实体为基础并且在金融集团内部会因交易类型的不同而有差异。确实，几乎没有国家在自己的主权范围内用统一的规则解决国内金融集团和不同于金融集团的吸收个人存款的机构。"

② 关于跨国银行业危机预防的国际倡议，参见国际货币基金组织报告第 5 项："Resolution of Cross-Border Banks：A Proposed Framework for Enhanced Coordination"，2010 年 6 月 11 日，http：//www.imf.org/external/np/pp/eng/2010/061110.pdf；参见附录。

③ 参见 Roland Nattrass，"Cross-Border Intra-Group Asset Transfers：Too Big to Ignore？"，（2010）25（5）*Journal of International Banking and Financial Law* 300。

弱的实体担保或其他明示或法定默示的保证（如"力量源泉"原则）;① 允许使用关键的机制如证券结算系统；特许权的价值和信誉;② 以及在市场上信誉的评价。

7.05 对分支机构或代表机构的处置与子公司不同。尽管分支机构在东道国经营，它们并非拥有自身权利的法律实体。（作为母公司的派出机构，它们仍然受母国法律的约束），从公司法和破产法角度来看也受制于母国法。③ 金融集团设立分支机构产生的风险比设立子公司更明显。如果一个金融集团被允许通过设立分支机构在东道国开展经营，当地的监管机构和监管人员对分支机构经营活动的安全性的监管不如子公司。例如，在没有特别法的情况下，东道国的监管人员不能够对金融机构的清偿能力进行监管，因为东道国的监管人员无法获取分支机构在母国的资产和债务信息。④ 进一步来说，银行吸收了东道国的存款，如果母国有存款保险制度，东道国金融监管机构将会依靠母国的存款保险制度。大多数东道国监管机构往往不会遇到如此有利的情形。同样，母国的存款保险人可能会发现用母国公共资金（即"纳税人的钱"）来偿付其他国家的存款人存在政治风险。

7.06 一个公司与国外交易相对人进行交易，该公司无法对相对手履行义务，后者有权启动破产程序。在这一点上，从法律角度来说需要的是确定性：母国的监管当局必须承认国外债权人有权对债务人申请破产程序并参与破产财产分配。从特定角度来说，分配给国外债权人破产财产会减少母国债权人可供分配的破产财产，类似于之前章节所述的支付存款保险金，监管当局可能会减少对国外债权人的破产

---

① 参见 E, Jason Alber and Harris, Weinstein, "Regulatory Child Support: Capital Maintenance Requirement in the United States" (1998) 14 (1), *Journal of International Banking Law* 18. 严格来说，这个原理在全国范围内适用。

② 这些观点和更普遍的，法律形式和功能不匹配，参见 Eva, HUPKES, "'From Following Function': A New Architecture for Regulating and Resolving Global Financial Institutions", (2009) 10 *European Business Organization Law Review* 369。

③ 这是一个宽泛的总结，但现实状况会很复杂，在下文将会有更深入的分析论述。

④ 并且，事实上，流动性监管也是如此；参见前文第 4 章《巴塞尔协定》。

财产分配。

7.07 破产债务人位于国外的部分财产会受财产所在地的法律（即东道国法律）约束，① 根据国家主权原则，母国无权执行这些财产。当母国的破产程序开始后，东道国是否会承认母国任命的用来处理破产财产的管理人抑或破产受托人？如果不承认，是否有让这些财产进入破产程序的有效措施？债务人位于母国的债权人能否获得这些财产？这些问题可能都存在较大争议，如果东道国有价值的财产也归入母国破产程序，这将可能会影响东道国债权人的可供分配的财产份额。

7.08 跨国问题的另一个难题涉及合同受外国法约束或是与外国合同相对人订立合同。在衍生品协议中，这类交易的文件很大程度已经被国际掉期与衍生工具协会（ISDA）标准化为 ISDA 主协议及相关文件。② 这些标准文件已经内化在破产风险缓解机制中，其中包括如净额结算条款、担保条款。③ 净额结算条款的出现很大程度减少了金融市场的风险。可以说，如果国外的破产相对人排除净额结算条款的适用将会对金融稳定造成巨大危害。④ 伴随着近期的金融危机，衍生品的作用备受关注，虽然这些关注多在不健全的商业实践和风险控制，⑤ 而不是法律的不确定性。⑥ 巴塞尔委员会跨国银行处置工作组 2010 年 3 月报告在其第九项建议中提出：

"国家破产处置机关应当有权限临时延迟合同终止条款的生效。这一权限为了使某一金融市场合同缔约方转移给另一可靠的金融机构，如

---

① 这种情形尤其存在于土地、房屋等这些被称作不动产的有价财产中。

② 关于该机构的更多信息，参见 http：//www. isda. org。

③ 欧盟机制在金融危机中的金融担保中所起到的作用，参见 Rolf H Weber, Seraina Gruenewald, Settlement Finality and Financial Collateral Directives：Ignored but Crucial in Financial Turmoil, （2009）2 *Journal of International Banking and Financial Law* 70。

④ 目前有关在破产中排除净额结算条款的争论主要认为其将导致破产中的债权人法定的优先受偿权被排除。正如在起草 ISDA 时收到了从 55 个国家（管辖权）有关净额结算法律意见。

⑤ 如美国国际集团（AIG）。

⑥ 这可能被解释为证明衍生品法律规范相对稳定性。关于衍生品、法律规范以及金融危机，参见 Schuyler K Henderson, Regulation of Credit Derivatives：To What Effect and for Whose Benefit? Part 1 （2009）3 Journal of International Banking and Financial Law 147。

过渡金融机构或其他公共实体。当这种转移无法实现时，当局应当确保有终止合同的权利和保留抵押物的权利。应当修改相关法律以便允许暂时延迟适用这些终止条款，来促进市场职能的持续发挥。当局也要鼓励业界组织如 ISDA，来探讨能够减少危机时风险蔓延的标准条款。"

7.09　从广义上，前面讨论的跨国的复杂的措施和结果，取决于破产地域主义原则和破产普遍主义原则或把这些原则做改动后形成的原则。

原则：普遍性原则、地域性原则 和折中主义

7.10　针对当下跨国银行破产上的制度空白，有两个相互独立、互为补充的回应。一方面，需要统一银行破产规则；另一方面需要推动不同国家间破产程序的有效协调。这些协调的形成基于在跨国破产中采用地域原则或普遍原则。①

7.11　跨国破产地域性原则指不同管辖权范围内的破产程序互相独立，而普遍性原则指有且只有一个破产程序而不考虑涉及的诸多国家管辖权。在这两个对立原则中同时存在"折中做法"。

7.12　某种意义上，讨论地域性原则和普遍性原则有些理论化，正如 2010 年 3 月巴塞尔委员会的报告在第 55 节所述：两个原则均以实体为中心，并没有解决在多国管辖权范围内，由具有内在联系的法律实体组成的跨国金融集团（破产）处置中出现的难题。

7.13　这一章将回顾、分析这些原则以及折中原则的方法，这些原则调和了国家利益与银行业、金融业国际化需求之间的矛盾，如相互承认原则以及其他有助于欧盟法律制度一体化进程，尤其是逐渐加强的协调与统一。增强协调性被 2010 年 3 月巴塞尔委员会跨国银行处置工作组提倡并被作为折中主义（在需要有约束力的国际条约的绝

---

①　"地域性原则和普遍性原则"。

对地域性原则与反全球化的金融机构之间的妥协），弥补了地域性原则和普遍主义原则的适用中存在的缺陷。除了增强协调外，国际货币基金组织 2010 年 6 月报告"跨国银行处置——增强协同性框架"提议加强协调，这被视为采取制定国际条约和反全球化之间实用的折中做法。

普遍主义原则

7.14　根据普遍主义原则，由一个国家负责破产程序，负责破产机构所有国内和跨国破产处置事务。[①] 这种统一独立的管辖权（通常是母国，债务人或破产机构的总行所在的国家）力图控制和管理所有债务人位于国内外的财产和债务。[②] 破产的普遍性和统一往往伴随着清算时的单一实体理论。单一实体意味着仅一个法定的法院来决定银行（整体）的破产程序，以及已经启动的破产程序在银行（总行）有财产或设有分支机构的其他国家发生效力（普遍原则）。所有总行的资产和债务以及国外分支机构将会被作为一个整体进行清算。因而，这一原则确定了破产宣告的域外效力。分支机构所在地的地方法院将会承认母国破产法院的司法管辖权。这将意味着东道国法院的任何程序将完全从属于银行母国法院的程序。任何分支机构所在地的财产将不会被东道国所"圈护"，这些财产将会依据母国法成为母国破产财产分配程序的一部分。为了更为有效，普遍主义要求东道国承认母国破产诉讼的域外效力。

7.15　多数国家采用了单一实体原则，如卢森堡和英国。这些国家的银行在清算时被作为一个法律实体，外资银行的分支机构仅仅作

---

①　"resolution"（处置）一词在文中含义并不相同。依据巴塞尔委员会 2010 年 3 月的报告，"处置"指任何形式的公共部门或私人部门参与的，由公共机关采取的解决危及金融机构存在发展的重大问题的举措。国际货币基金组织 2010 年 6 月报告第 5 节采用了相似的宽泛的做法，包括公共干预（无论私募还是公募资本），如企业合并与收购，再注资，债转股，转移资产和债务，临时性管理，重整与清算。

②　因此，根据破产普遍主义，一个国家分配债务人财产（在清算时）或进行重整。收集剩余资产，协调索赔诉讼并与主要管辖权法院共享信息，以及执行延期偿还。

为大型公司的营业部门。跨国银行的全球的债权人都有权参与破产程序中。作为惯例，某一特定分支机构债权人的请求将不会优先于其他分支机构的债权人。理论上，施行单一实体原则的清算人关心清算过程中公司在全球范围内的资产的收集和获得。然而，实践中，他们只可能获得破产银行在其本国的财产和获得外国主管机构承认的位于外国的财产。

7.16　美国法上对美国银行和境外分支机构适用统一原则。联邦存款保险公司作为破产银行接管人收集和取得所有财产，并且处理所有机构的请求，无论其位于何处。然而，美国法对跨国银行在美国的分支机构破产采用不同的制度。下文将解释美国针对跨国银行在美国的分支机构采用"分离实体"（separate-entity）原则。美国法律对跨国银行破产清算的不一致表现在国外的跨国公司在美国的分支机构与美国的跨国银行在国外的分支机构之间的区别对待。这也揭示了在跨国银行破产清算形成普遍的国际规则的艰难。欧盟2001年的清算指令（在第6章有分析）沿袭了针对欧盟范围内的欧洲银行采用普遍主义，但欧盟成员国对非成员国的跨国银行的分支机构有继续采用地域原则的自由。

7.17　联合国国际贸易法委员会（UNCITRAL），欧盟和部分国家（如挪威、新西兰等）已经采取措施来形成一种针对银行破产的普遍方法。有很多原因能解释为什么很多国家支持地域主义（下文会深入分析）：出于监管的考量（考虑到监管和危机控制），保护国内市场和本地债权人的利益，其他国家的破产法和程序的不确定性，以及缺乏有效的成本分担机制。① 尽管实现普遍主义有困难，雷曼兄弟集团的倒闭、冰岛银行以及富通银行、德意志银行等事件，已经凸显了在银行

① 参见 Robert A Eisenbeis，"Home Country versus Cross-Border Negative Externalities in Large Banking Organization Failures and how to Avoid them"，Working Paper 2006 – 18，Federal Reserve Bank of Atlanta；Robert R Bliss，"Multiple Regulation and Insolvency Regimes：Obstacles to Efficient Supervision and Resolution"，in D Mayes and G Woods（eds），*The Structure of Financial Regulation*（New York：Routledge，2007），132 – 54，and Eva Hüpkes，"Too Big to Save"：Towards a Functional Approach to Resolving Crisis in Global Financial Institutions，Paper for the Chicago Federal Reserve Bank Conference on Systemic Financial Crises：Resolving Large Bank Insolvencies，30 September 1 October 2004。

破产领域采取更普遍的统一的做法的趋势。2010 年 3 月巴塞尔委员会跨国破产处置组的报告证实了这一点，第 9 章将更深入地分析。

普遍主义的发展现状

7.18 普遍主义在有共同利益和立法上有一定程度相似性的局部地域范围内更容易发挥作用。普遍主义需要互相信任，下文将会有深入分析。

7.19 即便在局部地域范围内，对待分支机构显现出一些不对称性。普遍主义原则适用欧盟以及设立在欧盟范围内的信贷机构，这些信贷机构在其他成员国有分支机构；不允许对欧盟银行的分支机构适用栅栏原则。然而，非欧盟成员国、欧盟成员国境内的分支机构并不强制适用普遍主义的方式，欧盟成员国可自由裁量是否适用普遍主义或地域主义方法。正如 2010 年巴塞尔委员会跨国处置组 2010 年 3 月报告第 60 节承认的那样：国家对跨国的分支机构采用普遍主义或地域主义的方法将不会适用外国银行的子公司的破产。在普遍主义、地域主义这两种情形下，子公司适用所在地独立的破产程序。

7.20 子公司的处理引发了其他问题。普遍主义原则目前不适用子公司。值得注意的是，欧盟委员会提出的指令修改建议致力于将普遍原则扩大到子公司以及处置集团内部的请求权问题。联合国贸易法委员会也在寻求在更大的跨国集团的背景下，如何让子公司能够重整或分立。财产从一个稳健的子公司转移到一个不景气的分公司整体上将会对整个集团有利，尽管可能会对经营稳定的分公司的债权人和（母公司未全部控股时）少数股东产生不良影响。美国的力量源泉原则（"Source of Strength"）需要各种形式的集团内部的支持。

7.21 规模和复杂性。随着金融集团规模的扩大，更难实现普遍主义。当国际金融机关破产时，国际市场和各国监管和处置机制的差异增加了这一难度。正如巴塞尔委员会 2010 年 3 月报告在第 60 节所做的解释：

"地域主义、普遍主义概念严格意义上来说仅仅指出了国内当局将会对个别机构（在国外有分支机构的金融机构和财产位于国外的金融机构）进行破产以及相关的处置程序。这些概念适用多国法律实体组成的金融集团时导致了不确定性。一个国家对分支机构遵循普遍主义的方法还是地域主义的方法将不会影响对外国子公司的处置。无论普遍主义还是地域主义，子公司的处置要遵从各自独立的子公司所在地破产程序。然而不同国家对于破产的集团公司内部请求权的处置也有很大的差异。"

以下第 11 章将会关注综合性的大型公司特定问题。缺乏破产处置的国际规则的同时，一些国家也没有关于国内金融集团处置的法律制度，这一点 2010 年 3 月巴塞尔委员会的报告也予以证实。

7.22　缺少成本分担机制。根据谁付费谁决定的原则。目前大多数情况下由国内当局负担处置成本，因此想要掌控处置进程。这对发展可信的银行处置程序而言是个巨大的阻碍。理论上，不能危及公共资金安全。个人自负盈亏是市场的基本逻辑。遗憾的是，"救市"是一个有政治意义的社会现实，我们需要设计制度来减少对公共资金的依赖，同时限制使用公共资金产生的消极影响。2010 年 3 月巴塞尔委员会的报告和 2010 年国际货币基金组织报告都重申了建立稳定而可靠的风险分担协定的必要性。依据巴塞尔委员会 2010 年 3 月的报告第八节所述："缺少危机和破产的成本分担的国际性框架，以及法律体系和财政责任的国别性，是用地域主义处理银行危机和破产的基本原因。"回到统一破产、监管、财政责任话题上，即便在欧盟（高度一体化的地域），监管和财政政策仍然以各自国家为基础。国家财政当局有义务保护其纳税人并且有动机去阻止财产从其国家转移出去，这些财产可能复兴或处置银行至关重要。

7.23　国内当局也适用"栅栏原则监管"，这一概念包含了广泛的非破产措施，由监管机构采取上述措施保护国内分支机构和外国公司的子公司。正如巴塞尔委员会 2010 年 3 月强调："有国家采用栅栏原则监管施加财产抵押或财产维持的要求……来提升当地金融机构的运行能力。监管的栅栏原则也被更广泛地用在对关联公司间交易施加限制，包括财产转移……以保护债权人。"

7.24 尽管巴塞尔委员仍然致力于统一资本监管等标准，当前已经有了决定银行有偿付能力或应当破产、判断银行是否有流动性的标准，这些标准由国家、区域性和国际规则组合在一起。审慎监管也限制了集团内资产转移的能力。对某一公司或集团的关联相对人限制风险暴露的规模目的在于避免风险的过度集中，限制关联借贷也是基于同样目的（巴塞尔核心原则 10）。① 集团内部的财产转移往往被认为是与关联方的交易，因此这种交易需要符合其他法律条件。在一些国家，风险暴露限额被用来限制集团内部风险限制上。2006/48/EC 指令的第 111 条将信贷机构自有资金的风险暴露限额限定在母公司资金的 20%，如果这些子公司或附属机构不属于同一集团。美国《联邦储备法》第 23 条 A 款和 23 条 B 款规定了对子公司设有担保的交易的限制。

地域主义原则和栅栏原则

7.25 大多数国家对跨国破产采用地域主义的方法。破产采地域主义时，债务人的分支机构所在地和财产所在地的每个国家都需要宣告破产。② 主权作为最高权力往往及于一个国家领土范围内：即属地原则。主权包括领土主权。破产的"地域原则"往往与破产清算的"独立实体原则"有密切联系，破产程序仅仅在启动该程序的国家有效，因此由于破产程序的多元性，破产程序需要在破产银行有可获得的财产或分支机构的每个国家启动。因此，这个原则将地域效力归属在破产判决的管辖权范围内。根据这一原则，如果一个跨国银行的分支机构清算时依据地域原则，在一些国家，所有跨国银行的财产，包括这些分支机构的财产，将会聚集并且将优先实现分支机构债权人的权益。针对财产实施栅栏原则保护个别机构的债权人的利益却损害了

---

① 参见《巴塞尔委员会有效银行监管核心原则》，http：//www.bis.org/publ/bcbs30a.pdf。

② 参见巴塞尔委员会 2010 年 3 月的报告，第 58 段。

其他国家的债权人。[1] 一个公司"资产围栏"（资产被转移到总公司）应当与财产被转移到另一个国家用以日常经营相区分，如法定资本。尽管栅栏原则从破产法的角度看对保护个体财产（通过公司或处置机构）有作用，累积效应却具有破坏性。

7.26 在美国，外国银行的分支机构受加入存款保险体系，当分支机构破产时，将适用栅栏原则并且国内的存款人对破产银行财产分配时有优先权。根据 Curtis[2] 教授的研究：

"当外资银行破产或其在美国的分支机构无法满足债务，破产管理人将会用该外资银行在美国的所有财产及收益清偿位于美国的债权人。当美国所有债权人均清偿仍有剩余财产时，剩余财产将会被移交给外资银行母国的清算人。这种不同国家的程序相互独立，分别用当地财产去偿付当地债务的方式就是'独立实体'的方式对跨国银行进行清算。用'巴尔干化'来指称这一方式可能更为恰当……"

7.27 尽管栅栏原则违反了公平原则（所有债权人应根据债权请求的数额按照比例清偿），该原则符合国家财政政策的现状（国家间没有责任分担机制）和国家监管的原则。只要对金融危机或破产时的风险分担缺乏国际共识，就难以在跨国破产领域形成统一的国际规则。因此破产法的发展需要各国在发展跨国监管和责任分担的事前协议时同时推进。[3]

---

① 关于栅栏原则特别是危机中的内部集团资产转移的障碍，参见巴塞尔委员会 2010 年 3 月报告，第 58 段。

② 参见 Christopher T Curtis, "The status of Foreign Deposits under the Federal Deposit Preference Law" (2002) 21 (2) *University of Pennsylvania Journal of International Economic Law* 254。

③ 跨国银行处置工作组 2008 年 12 月 19 日的中期报告在第 63 段论述了可进一步研究的两种潜在解决方法：(a) 第一种是在日常监管中更全面地考虑到法律实体各自的特征，确保处理某一法律实体的紧急措施能应用在与之有内部有关联的其他集团或实体上。这将确保子公司更独立且能单独被处置。一些人确信这种类似于"防水隔舱"的方式能让金融机构在面对破产时有更大弹性，但有人认为这一方式不现实。(b) 另一选择是在破产管理或清算时采用一个更统一的方法，基于对全球的债权人和跨国银行的股东平等对待，无论其是否对特定实体提出请求。这里的范式可以适用在欧盟范围内的银行及分支机构（母国清算程序承认）或金融集团实体之间基于公司法、破产法设定的跨国担保（这里的范式将成为美国"力量源泉"和"跨国担保"条款，但超出了国内法的范围）。这将不可避免地需要最低限度的国家立法间的协调。

互相承认和折中主义

7.28　正如 Baxter、Hansen 和 Sommer 所述,[①] 在绝对的地域主义和绝对的普遍主义之间有选择的空间。他们认为有两种类型的地域原则，即古典地域主义原则和现代地域主义原则，绝对的普遍主义和修正的普遍主义原则这两种类型的普遍主义原则。在破产清算程序采用古典地域主义时，破产管理当局有充分的权力处置其管辖范围内的所有财产，但无法执行管辖范围外的财产。现代地域主义并非基于属地管辖这一法学理论。它推崇合作：破产程序中的国家间的合作，法律选择规则上的协调与统一，外国担保物权的相互承认。绝对的普遍主义需要国家借助条约或国际组织来排除国家主权。国家必须要事先约定由一个国家来解决主要的破产程序。其他的所有管辖仅作为附属程序来协助主要破产程序。Baxter、Hansen 和 Sommer 教授指出这需要国家大量的自我限制，尤其是当破产的主程序与附属程序管辖存在冲突时。修正的普遍主义并没有排除国家主权。在此种制度下，每一个国家的法院，以个案审查的方式决定采用主程序或附属程序。通常的预期是采用一种特定的附属程序。[②]

7.29　国际货币基金组织 2010 年的报告推崇折中主义的做法（参见第 9 章和附录），通过采用一些核心标准来建立一个更具协调性的框架，如针对外国债权人的非歧视的普遍规则，适当干预的工具，恰当的存款保护和存款优先权，强有力的监管，以及机构有能力执行一个国际性的方案。采用这些标准能逐渐形成对其他国家的信任来共同建立更具有一致性的框架。（这构成了欧盟互相承认的法律框架，而该框架只能依赖最低限度的协调和相互信任才能够发挥作用。）

7.30　跨国处置工作组 2010 年 3 月的报告由 Eva Hüpkes 和 Mike Krimminger 主持，也推崇通过加强处置当局之间的协调的折中主义的

[①]　Thomas C Baxter, Joyce M Hansen and Joseph II Sommer, "Two Cheers for Territoriality: An Essay on International Bank Insolvency Law" (2004) 78 *American Bankruptcy Law Journal* 57.

[②]　Ibid.

方式来作为在普遍主义和地域主义之间的中间路径。① 因为这些原则极为重要，该2010年3月的报告第67—73节重申了这一原则：

67. 跨国银行处置工作组（CBRG）承认在金融危机中出现用栅栏原则实现风险隔离的巨大可能，建议采用折中主义的方法，来确保母国和东道国以及金融机构所关注的国家之间必要的弹性空间。折中方式需要一定的国内法和破产处置法律框架的改变以形成一个起补充作用的法律机制，从而加强国家间的金融稳定和核心金融功能的持续性。这种方式并没有否定现存的风险隔离的正当性，其旨在提高不同国家当局加强跨国破产一致性。如果缺少在这些方面的努力，尽管减少了道德危机但可能会导致很多国家纷纷采用栅栏原则实现风险隔离。折中主义的方法仅仅保护由破产的金融机构担负的重大的系统性金融功能，并不保护金融机构本身，至少目前的所有制和公司制如此。折中方式通过让所有股东和其他债权人承担损失的方式限制道德危机并提高市场自律。

68. 备受推崇并逐渐发展的国际合作，如折中主义的方式要求提高对不同国家当局行为及日益趋同的国内法的了解。跨国破产处置工作组准备建立关于成员国国内银行处置和破产法的数据库。这能为更进一步地了解不同国家当局的破产处置行为奠定基础，但数据库要求定期更新。为了支持数据库的建立，跨国银行处置工作组鼓励建立一个或多个有关现在或未来各国的国内法和区域性或国际法规或政策的发展数据库或信息源。

69. 通过加强普遍理解，建立相应的更多可预期且可靠的机制实现国内法的趋同性，将加强国家间的合作。尤其是，有助于减少草率且不必要的可能使危机恶化的行为。如在早期干预和干预启动机制方面建立更具持续性的方式，基于这些事前机制，为

---

① 参见2010年3月报告的第10节，http://www.bis.org/publ/bcbs.169.pdf。

危机中的国际合作提供预期的可采取的应对措施。相似地，选择一个过渡金融机构能让当局相信有切实可行的处置方法，从而能加强关键国际合作中的可持续性。这些或其他措施应当提高对国内处置程序的信任，为加强与其他当局协调提供必要保证和关键信息的交流。

70. 一个可替代性的方法将能采取必要的措施为跨国处置工作组建立一个全面、普遍的破产处置机制。这一机制将首先关注管辖权内破产的金融机构所有国内或跨国金融处置活动，无论该机构是总部或超国家实体。普遍机制的执行需要各国国内当局处理诸多难题。

71. 这样的机制将需要从有约束力的法律文书或国际条约开始，[这些有约束力的文书应当由对本国的法律制度包括法律、司法系统和监管机构有自信的国家订立，或在相关的区域性当局之间订立] 并且规定以下内容：

·关于金融处置责任分担的条款和具体情形，包括危机管理和破产处置费用，如公共基金和存款保险或其他担保方式；

·主管当局决定处置过程中工作组所有构成以及这些程序间的相互协调，包括不同程序的各当局间的信息交换；

·确定危机管理过程中使用的规范和处置阶段；

·确保工作小组或法律实体在协调行政管理和监管事项的程序，包括对将会持续的交易进行日常监管，如通过一个临时机构使用公共资金，或临时机构再融资或集团内部资产转移；

·国家司法机关承诺进行必要的司法改革，这要求规范跨国危机管控和处置的各国国内法协调，包括关于核心事项的规则，如统一定义银行破产、撤销权、债权人（包括存款人）最低限度的权利义务、集团内部索赔处理、清偿顺序、抵销和净额结算及金融合同的处理，提出和承认请求，债权人破产财产分配；

·无论司法管辖是否在其所属地，要确保公平对待债权人，存款人，合同相对人及集团实体（group entity）的股东，这需要机构内部的财务部门认真评估相关规定。

·互相协调且不冲突的存款保险制度能够确保所有涉及的金融集团的存款人得到平等对待;

·约定一致的法律制度变化的协议将为跨国破产的决定和行动提供充分的执行力和影响力。

72. 执行这种机制需要国内法律体系的作出重大改变且会引发法人分离制方面的基本概念冲突以及处理集团利益不同法律路径。这同样需要处理在复杂的跨国处置过程中出现的一些典型的实际问题,由于金融集团自身固有的复杂性,当记录和危机管理系统并未被很好地维持,会导致信息获取的困难。一个法律实体的财产、责任、相对人识别的有很大的必要性,这些将解决公司间交易和财产获取问题。应对这些调整需要其他监管和管理措施,以及国家当局之间的协调,从而促进信息技术系统进步和跨国金融机构的发展。

73. 联合国国际贸易法委员会(UNCITRAL)在破产和国内企业集团的处理方面的努力能为建立这种机制更进一步地指导[第五工作组(破产法)。联合国贸易法委员会(UNCITRAL)正在完成旨在提高国内集团破产效率的提议(预计将在 2010 年采用)。包括提出共同申请的可能性和集团内部不同法律实体程序协调,允许在破产程序启动后集团内部融资和担保,任命管理人,执行联合重组计划、分担费用令(Contribution Order)、责任扩张(extension of liability)、实体合并(资金池)]。联合国贸易法委员会的工作遇到很多挑战。其中一个是"主要利益中心"的概念,这一概念决定了哪一司法管辖领域将率先启动破产程序,这一原则并没有被各国普遍统一适用。"主要利益中心"的适用需要有约束力的协议,正如普遍主义程序适用时的先决条件。各国当局和政策制定者应当审查联合国贸易法委员会的针对企业集团的司法处置决议能否提高金融集团和大型企业处置程序的协调性。2009 年 7 月 17 日,联合国贸易法委员会通过了《跨国破产合作实务指南》。① 实务指南旨在提供可以获取的目前破产程序裁判者、执行者和其他股东使用和参照的跨国协调和的合作现状的信息。然而，实务指南并不包含任何具体的实质建议，具体内容仍需要进一步明确。] 然而仅仅依靠联合国贸易法委员会不可能解决太多尤其是企业实体和大型集团的处置中涉及的特有的问题。

7.31　这些段落的内容很有趣。他们承认了最终需要制定包含跨国破产规范和原则的条约才能实现所希望的和谐统一（这也在联合国贸易法委员会的计划中），但他们仅仅提出了一个实用的折中主义的方法来促进这种协调统一，折中主义的方式仍需要进一步完善（在这一领域进一步的协议能让国家主权作出让步）。

7.32　折中主义原则仍然值得进一步研究。不能否认欧盟在绝对的地域主义和绝对的普遍主义之间提供了折中主义的解决方式。"相互承认原则"在欧洲法院作出的著名的"Cassis de Dijon"判例后推动着欧洲一体化②。根植于相互承认原则的互惠主义指服从其他某个国家的管辖权。在互惠协议下，每个国家同意像遵守本国法一样服从其他国家法律的规制。但相互承认原则必须在具体语境下发挥作用。它必须在相互信任的情形下才能发挥作用。相互信任很难定义，通常是指有共同利益和价值追求，从法律角度来看，相互信任类似于法律和法学概念。互惠的方法反映了大量的统一的国际规则和标准的出现，通过共同监管的方式修正或取代原有的国内法。互惠主义被包含在统一规则内，绝对统一需要建立国际性的监管机构。最大限度地统一防止了监管套利但仍需要法律统一，破产法中往往缺少这一点。法律统一将会使盛行不同法律传统的国家的（民法法系、普通法法系）的破产法等法产生内在联系。最低限度的法律统一往往被金融服务领域建立的

---

① 参见 http：//www. uncitral. org/uncitral/index. html。

② ECJ's judgement te Cassis de Dijon（Case 120/78）[1979] ECR 649.

单一市场所青睐，同时还包括互相承认。在折中主义的方式下，互惠协议往往在有密切的经济往来和相同的监管标准的国家间缔结。①

7.33 在欧盟内部，互相承认和规则统一（互惠和共通）往往与母国的管辖相伴。然而，像银行业这种需要严格监管的产业，要大量的国家监管人员密切合作来保障银行业的透明化、有序竞争和安全。此外，母国控制的原则也有例外（如有东道国监管资金流动性）该原则也有缺陷，如冰岛和欧洲中东部的银行业系统，外国所有的银行很多，这一缺陷在其他有关的案例中也存在。因此，分工理论有时已经不能适应跨国银行业和金融业的需要，依靠母国管辖正在被重新审视。

7.34 当然规则统一并不是没有问题。首先，它仍然存在监管套利的空间。其次，过于趋同会导致在一个可能存在不易察觉的监管俘获的产业中出现过度的"团体迷思"和可能的监管松懈（一定程度的监管多样化是有益的，如识别系统风险的源头）。最后，子公司仍服从设立地监管机构的管辖。然而，国际货币基金组织在加强跨国银行（在本书第9章和最后的附录出现）处置规则统一方面的机制是沿着正确方向的一步。援用 Eva Hüpkes 的话来说，"因为跨国危机有效的处置依赖国家的机制，国家机制的特点对跨国处置的特点、速度、效率产生深远影响"。② 因此，需要规则的统一。这一需求在巴塞尔委员会2010年的报告（支持各国在法律上更大的统一来增加国家间破产处置的信心，尤其采取"特别处置制度"和"应急计划"与国际货币基金组织2010年6月的框架中提议其作为折中主义的一部分："只有当东道国与母国的法律实现一定程度的趋同时，东道国当局才会愿意与母国当局合作。"③

---

① 这些问题前沿的讨论，参见 SUSAN Yin, "Regulating Systemic Risk in a Globalizing Securities Market", in Kern Alexander, Eilis Ferran and Miamh Moloney (eds), *Law Reform and Financial Markets* (Cambridge: Cambridge University Press, 2010 forthcoming).

② Eva Hüpkes, "Rivalry in Resolution: How to Reconcile Local Responsibilities and Global Interests" (The Wharton School Financial Institution Center, forthcoming in the conference proceedings 2010), at 3.

③ 国际货币基金组织2010年报告，第19页至20页第35节。

原则的实施

原则的执行

7.35 "统一破产和债权人权利标准"（ICR 标准），把世界银行有效债权人权利和金融系统结合起来，（世界银行十二分之一的地区和国际货币基金发起的标准和规则），① 简称为"国际考量"（international consideration）。

破产程序包括很多国际方面的因素，一个国家的法律体系应当建立关于本国管辖权，对外国判决的承认，不同国家在法院与法律选择上的合作方面明确的法律规则。有效处理跨国问题的核心因素中有代表性的包括：

一个识别外国破产程序的明确且迅速的程序；

外国破产程序识别的救济；

外国破产代表人能够参加破产诉讼和其他当局的程序中；

法院和破产代表人在跨国破产中的合作；

对国外和国内债权人非歧视原则。

7.36 "ICR 标准"在其第 31 项建议中支持"单一实体"原则和"统一和普遍主义"原则：

破产程序启动时适用的法律规定的权利和请求应当由破产程序启动所在的国家的国际私法规则来决定。

7.37 然而第 32 项建议通过以下例外运用地域主义原则，与银行破产有关的案例：尽管第 31 项建议破产程序对支付、结算系统或受监管的市场的破产参与人的权利和义务的影响应只能由适用在该金

---

① http://siteresources.worldbank.org/GILD/ConferenceMaterial/20774191/ICR_Standard_21_Dec_2005_Eng.pdf.

融系统或市场的法律来决定。

7.38 在这一领域缺少成文法，故软法填补法律空缺。联合国贸易法委员会在公司破产方面的规则为银行破产提供了宝贵的经验，在第 8 章有进一步的探究。国际货币基金组织 2010 年报告基于联合国贸易法委员会的成果（第 9 章论述），因为这些成果了提供了在哪一领域需要统一规则及如何能够加强或阻碍协调的信息，即便示范法特别把银行从其规范中排除出去（Paragraph 2 of Article 1）①。制定示范法的指引②强调了在跨国的语境下各国国内破产法制定的局限。总体来说，示范法为统一的破产法提供了先决条件；然而，它保留了国家执行国内破产程序的权利。

7.39 谈到英国的跨国破产，其跨国破产条例执行示范法，在第 9 章会进一步分析。然而，与示范法的意图相一致，信贷机构并不适用该条例。③ 欧盟信贷机构破产机制主要规定在信贷机构 2004 年的指令中（重整和清算）。④ 这些规则同样部分适用于第三方当事人（即信贷机构的总行不在英国或欧盟经济区）：包括法院告知金融服务局（FSA）作出管理令或清算令，以及金融服务局承担的相应告知义务，需要告知在其他欧盟经济区成员国有分支机构的这些第三方机构。⑤

---

① 制定示范法开始于 1995 年，最终法律文本在 1997 年 5 月通过。国际破产协会（INSOL）针对这一文本提出了建议。在起草示范法期间，联合国贸易法委员会列举了执行示范法的 19 个国内执行方案，http：//www. uncitral. org/uncitral_en/uncitral_ texts/insolvency/1997Model_ status. html。

② 此指导由联合国国际贸易法委员会秘书处准备。http：//www. uncitral. org/pdf/english/texts/insolven/insolvency-e. pdf。以下四种国内技巧可能被使用在跨国语境下：礼让说（普通法系司法管辖）；签发许可指令（许可）（民法法系）；执行国外的破产指令与执行外国判决类似；请求司法协助的调查请求书。正如指引所表述的这样，以上方式能很好地证明结果的不尽如人意和难以预测。

③ SI 2006/1030，依据《2000 年破产法》第 14 章。Schedule 1，Para 1，Article 1 （2）（h）排除所有英国或欧洲经济区所有的信贷机构和分支机构，（i）排除了其他国家信贷机构。第 4 章和第 9 章将会讨论这些规则。

④ SI 2004/1045：规则 3 禁止欧盟经济区的英国信贷机构和分支机构的清算（即信贷机构在欧盟经济区但总部不在英国）；规则 5 规定了可欧盟经济区破产措施在英国的识别。第 4 部分（规则 19—35）规定了英国信贷机构在欧洲经济区清算时适用的英国法律。

⑤ 规则 9、10 和 37 执行了《信贷机构重组和清算指令》。

7.40 过去，英国银行适用一般破产法，在《2008 年银行法》（特别法）通过后，英国银行适用的法律发生了改变。之后适用《2009 年银行法》，在第 14 章会进一步分析。在这之前，针对各类的公司的破产机制均规定在《1986 年破产法》。

7.41 在跨国破产的语境下，《1986 年破产法》第 426 条的第（4）和第（5）款有相关规定：英国法庭可能会对其他"相关国家或地区"的法院的请求提供协助，英国法院也可能适用提出请求的法院所在地或本国的破产法。正如第 4 章所提到的，这些章节表明英国法院的协助只是提供给特定国家。①

7.42 在 426 节法律适用方面有一些意义重大的案件，如国际商业信贷案、② 剑桥天然气运输公司案③以及保险公司案。④ 大体上来说，上述案件都关系到英国法庭识别其他各个国家的破产规则，与本章节的内容有关联。由于后两个案件已经在第 4 章提到过，⑤ 因此只有国际商业信贷案下文将会分析。因为这一案涉及国际银行在英国处于中心地位，在处理一些重要的事务时需要特别注意。

7.43 国际商业信贷案关注合法分配从英国到卢森堡的资金（依据不同司法管辖范围内的清算人订立的联合协议）。国际商业信贷银行在卢森堡注册，但实质上经营管理仍由英国负责——事实上，"这个公司……其全球业务的 10% 在卢森堡，大部分的业务仍在英国进

---

① 英吉利海峡群岛或马恩岛以及由国务大臣发布令状来说明 [s 426 (11)]。

② *Bank of Credit and Commerce International SA（In Liquidation）（No* 10）["*Re BCCI（No* 10）*] [1997] Ch 213.

③ *Cambridge Gas Transport Corp v Official Committee of Unsecured Creditors of Navigator Holdings Plc* [2006] UKPC 26.

④ *Re HIH Casualty General Insurance Ltd* [2008] UKHL21.

⑤ 关于 Re HIH Casualty & General Insurance Ltd 一案很好的深刻评论是 Lord Neuberger（在上议院作出判决时，他在现场），"The International Dimension of Insolvency"（2010）23（3）Insolvency Intelligence 42. 这篇文章回应了 Gabriel Moss，"'Modified Universalism' and the Quest for the Golden Tread"（2008）21（10）Insolvency Intelligence 145，此文批评了 Re HIH Casualty & General Insurance Ltd 一案的判决。类似的观点见 Gerard McCormack，"Jurisdiction Competition and Forum Shopping in Insolvency Proceedings"（2009）68 Cambridge Law Journal 169。

行"。

7.44 国际商业信贷银行清算中的一个核心问题是在破产抵销方面英国法和卢森堡法之间的差异：根据英国法，破产抵销是强制性，包括所有的债权人和债务人；但在卢森堡，抵销只包括有关联的请求。因此，资金流动应当排除卢森堡，与国际商业信贷银行（没有关联）的债权人反对资金流向卢森堡，因为这些债权人将面临更糟糕的境况，只有在进入破产后才能主张全部清偿。考虑到对债权人的潜在危害，英国破产管理人请求法院决定是否他们能否排除资金流向卢森堡。

7.45 结果就是尽管英国国际商业信贷银行清算附属于卢森堡的清算程序，英国法院仍然有义务适用英国法包括英国破产法的义务，来解决在法院介入之前的清盘过程中出现的问题。因此，尽管有合并协议，为了让破产抵销方面的英国法发挥效用，需要制定条件以便能让资金流行卢森堡。

7.46 在宣布这一判决时，Richard Scott V—C 法官认为：

（1）当一个外国公司在母国进行清算时，在英国作出的清算令往往从属于母国启动的清算程序。（2）英国的清算程序是附属程序，因为英国的清算人的权限不能取得世界范围内的所有资产。他们必然只能关注英国境内得资产登记和取得。（3）为了实现公司所有债权人间的公平分配，世界范围内的资产有必要合并在一起，且对聚集在一起的资产进行分配。在英国的清算程序某种意义上是附属程序在于主要程序国家的清算人处于最好的位置以便收集资产并进行分配……

7.47 在作出判决的过程中，Richard Scott V—C 发表了很多意义重大的言论。尤其是他谈到他的前辈，Nicolas Browne-Wilkinson V—C，回应某个清算顺位请求（1991 年 6 月）：

这个案件已经引发并将不断引发大量问题。国际商业信贷银行（BCCI）是一家卢森堡的银行，不是一家英国银行。根据我的理解，如果清算针对国际商业信贷银行在全球范围的资产，其应当对国际商业信贷银行在全球的债权人都适用。该银行在债权人所在的国家有资产，试图将这些资产限于英国境内，至少在我所理解的英国法之下，是不正确的且注定会失败。我相信这一情形在大多数的其他国家和司法管辖权内是相同的。

在债权人申请方面（1991年8月）：

第二个需要谨慎处理的是英国法庭和卢森堡法庭之间的关系。国际商业信贷银行在卢森堡注册，直观上主要的清算程序所在地即卢森堡法院。如果是这样的话，清算将按照公司所在的国家的法律进行。这并不是一个我在任何情况下都会持有的观点。如果没有迹象表明卢森堡的法院被认为是不恰当的，此外根据一般法该法院管理这一事项也是恰当的。

7.48 当然，根据信贷机构（重整和清算）的规则，Re BCCI（No. 10）案件法院的逻辑当下已经不再适用。然而，这仍表明，尽管明显坚持"普遍主义"方式的破产，倘若适用外国法院所在地的法律将会侵害他们的利益，法院也会保护英国债权人的利益。[①]（欧盟信贷机构重整和清算规则由信贷机构重组和清算指令确定[②]，在第6章会详细分析。）

7.49 在2009年，欧盟委员会发布了旨在建立欧盟银行业跨国危机管理的框架。[③]文件强调尽管在欧盟经营的主要的信贷机构以跨国为基础，享有"单一护照"制度的益处。这需要关注2001/24/EC指令下的普遍主义的原则，政府在应对危机时大多以从国家的角度：成员国倾向于对当地的资产限制于境内以保护当地的债权人的利益。

7.50 此外，文件也指出了欧盟大部分金融机构经营的主要形式是设立分支机构。子公司的清算不属于前文指令的范围。

7.51 进一步说，欧盟成员国在回应信贷机构危机管理和处置采

---

① Cf Re HIH & General Insurance Ltd，参见前注45。

② 2001/24/EC，[2001] OJL 125/15.

③ "An EU Framework for Cross-border Crisis Management in the Banking Sector"，文件来自欧盟委员会、理事会、欧盟经济和欧洲经社理事会，欧洲法院以及欧洲中央银行，欧洲委员会和欧洲议会，COM（2009）561/4，http：//ec. europa. eu/internal_ market/bank/docs/crisis-management/091020_ communication_ en. pdf。

用的方式时有分歧。文件说道："如果破产法是国内法，国内当局有正当合理且强烈的政治利益去为国内的处境困难的银行的资产设立栅栏，以保护国内的存款人和债权人能取得尽可能多的资产。"①

7.52 针对银行危机管理和处置的"巴尔干化"，建议的一个解决措施是有约束力的事前的风险分担协议。这将提升成员国之间的合作，因为事前风险分担协议这种方式能在出现危机时减少推卸责任的动机。②

7.53 过去两种通常建议的方式是增强欧共体范围内对危机的应对："首先是在国家层面上发展解决措施之间协调的框架。其次是发展更广泛的单一市场，这将通过由一个单一处置当局为不同管辖范围内的集团提供统一的破产处置。"③ 这些选择都是在跨国集团的语境下，这些集团的附属机构可能不仅仅包括信贷机构。④

7.54 最后，这一函件深究了是否有必要针对跨国银行集团建立欧盟破产法。这样的一个机制适用系统重要性的欧盟跨国银行业集团存在着较大争议。这种方法也被称为"第28个机制"。

7.55 在题为"第28个银行破产机制"的概念下，国际货币基金组织在2010年的《欧盟银行业危机管理和处置》一文中提出了跨国银行危机的处置措施。⑤ 国际货币基金组织文中建议建立欧洲处置当局⑥来解决操作和动机问题。有一个很好的理由去建立"第28个机制"和欧洲处置当局：因为银行集团能且在欧盟范围内轻松进行跨

---

① COM（2009）561/8.

② 一般来说，子公司在母国和东道国的动机的不同取决于银行在各国都关涉整个行业系统。参见 Robert A Eisenbeis and George G Kaufman，"Bank Crisis Resolution and Foreign-owned Banks"（2005）90（4）Economic Review（Federal Reserve Bank of Atlanta）1，12。

③ 前注50，前注13。

④ 这一函件正确指出（在第11页）雷曼兄弟的破产在市场上非常突然且具有很大的不确定性。

⑤ Wim Fonteyne，Wouter Bossu，Luis Cortavarria-Checkley，Alessandro Giustiniani，Alessandro Gullo，Daniel Hardy，and Sean Kerr，"Crisis Management and Resolution for a European Banking System"，IMF Working Paper WP/10/70，http：//www.imf.org/external/pubs/ft/wp/2010/wp1070.pdf.

⑥ 连同欧洲存款保险和处置基金。

境活动且任何关涉这些集团的困难会扩展到欧盟范围，应对的水平必然是相似的。

7.56 然而，绝大多数的成员国对"第 28 个机制"的提议持否定态度。① 首先，相当多的国家立法的改革（如一般的公司法）可能将会要求包括第 28 个机制；其次，或许更重要的是，"第 28 个机制"将在限制国家主权方面有重大进展。似乎成员国在这一时期不准备作出这样的牺牲，即便危机会有带来毁灭性的后果。从产业的回应中提出的一个解决措施是"通过法规和允许银行选择来推行这种机制。自愿选择是一个值得注意的想法。然而，这并不确定地表明银行业集团自身有动机去采用"第 28 个机制"。

7.57 "第 28 个机制"将促进跨国银行破产上的普遍主义的适用和统一。同时，进一步与传统上对原则的理解相对比，也存在争议。这种机制也不能简单意味着合作和顺从另一国家的破产法，这将成为一种独特的超国家的破产机制，且直接适用于跨国银行业集团。

7.58 即便在执行上有困难，应当承认"第 28 个机制"很有前景。但这一机制同样有缺陷。该机制需要有成员国多边的接受的承诺，鉴于各国制度差异，因此从一些国家来看，很有可能不能提供最佳的解决措施（这里指"先进的"）。此外，尽管这将解决在欧盟的层级的破产，但将不能扩大到位于欧盟外的分支机构（抑或子公司）。因此，"第 28 个机制"将依旧只是区域性解决措施。

7.59 笔者之前主张，鉴于欧盟成员国之间破产法存在差异，大型的跨国银行和其他重大系统性的金融机构可以合并成为 Societas Europeae（Nordea 提议）且由特定的监管机构（包括设立一个泛欧洲当局来监管这类机构），监管和破产机制能适用于这些机构。

---

① 参见"Overview of the Result of the Public Consultation on an EU Framework for Cross-Border Crisis Management in the Banking Sector", European Commission, 20 March 2010, http：// ec. europa. eu/internal_ market/consultations/2009/banking_ crisis_ management_ en. htm。

结 论

7.60　本章分析了破产的普遍主义和地域主义。采用普遍主义时，只有一个国家机构负责。在地域主义下，破产需要在破产机构有分支机构或财产的每一个国家进行宣告。这两个原则有各自的支持者和反对者。这些原则都有国家采用。然而，地域主义和普遍主义的讨论很大程度上是理论上的。因为这两个原则都是以实体为中心，现代金融世界的特点是银行业集团的存在和金融集团的存在（在任何案例中普遍主义均不适用于子公司）。建立分支机构和子公司的需要的负担和分工（母国和东道国管辖权之间），预期或实际上对主权原则的侵犯，及事前风险分担协议的空缺对公共资金作出的难以预估的后果都是需要处理的重要事项。争论已经超出普遍主义和地域主义二元的范围。依赖这些原则和仅仅依靠国内破产法一样都已经过时。我们需要其他原则和国际破产法。在破产上采用折中的方法已经在一些研究论坛上推崇。

7.61　笔者认为，我们需要一个跨国银行破产的国际条约。因政治和法律上的原因需要一步步循序渐进，这可能需要很长时间。目前我们必须致力于在银行破产方面达成国际认可的界定和理解，这点与银行资本国际协定（软法）类似。这一进程需要国际货币基金组织、金融稳定委员会、巴塞尔委员会、联合国贸易法委员会的协作。这些合作已经开始。在欧洲，我们需要采用与国家援助、紧急流动性援助、存款保险及其他相关的欧盟指令和破产、审慎监管、危机管理方面的规则相一致的银行破产框架。同样，欧盟层面的努力也早已开始，但仍有很长的路要走。愿一切顺利。

（陈嘉慧译）

8

跨国公司破产的协调：公司破产对跨国银行破产的启示

*Jay Lawrence Westbrook**

8.01　本章将简述在跨国公司陷入金融困境时所进行的国际合作的演变。[①] 当金融机构陷入困境，需要清算、重组等救济措施时，对企业破产领域的经验的了解有助于处置金融机构（下文中将使用"处置"程序以将金融机构的清算与重组与普通破产程序相区别）。

＊　Jay Lawrence Westbrook 是美国得克萨斯大学法学院的法学教授，本章作者感谢得克萨斯大学 Jamie France 在此章对其提供的研究协助。

①　"Bankruptcy"是在北美洲最常使用的法律术语，是指对个人或法人的不履行责任的法律应对，"Insolvency"是北美洲以外通常使用的英文术语，用以指称企业破产。本章将普遍使用"Insolvency"指代用以解决金融困境而使用的清算或重整程序。用"Financial distress"指代企业正处于或可能处于资不抵债或严重缺乏流动性的情形。

处置机制与普通企业破产有着极大的差异，而活跃于跨国公司破产的改革者们则需克服怀疑与偏见，对陷入困境的金融机构处置时进行跨国合作。

8.02 下文将列举跨国公司破产①的核心要素，这些要素对于跨国处置程序有着重要意义。② 这也意味着：

尽快控制该机构在世界各地的资产和业务；

国家机关最终控制和运行处置程序；

为处置提供资金的相应条款；

通过出售或其他方式实现资产最大化；

在债权人之间分配资产，当资产不能实现全部清偿时，确定分配的优先性规则。

每个国家都期望本国破产程序具有域外效力，只有国家间相互礼让才有可能实现。

跨国破产案件中，只有国家机关和处置机构相互协调才能实现目标，其要求如下：

（1）对于特定债务人，一国应扮演主导角色，但这不要求其他国家放弃自主权（或主权）。

（2）提供资金的主体必须对破产程序的管理和结果有重要影响。

（3）金融机构的母国是监管机构，也通常履行最后贷款人的

---

① 对于更加详细的国家制度的讨论，参见 Jay Westbrook, Charles M Booth, Christoph G Paulus, Harry Rajak, *A Global View of Business Insolvency Systems*（Washington, DC：World Bank, 2010）；*Legislative Guide on Insolvency Systems*（New York：UNCITRAL, 2005）；*Principles for Effective Insolvency Creditor Rights Systems*（Washington, DC：World Bank, 2005），available at http：//siteresources. worldbank. org/GILD/Resources/Final-ICRPrinciples-March. pdf； America Law Institute, *International Statement of Canadian Statement of Mexican Bankruptcy Law*（Huntington, NY：Juris Publishing, 2003）；American Law Institute, *International Statements of American Bankruptcy Law*（Huntington, NY：Juris Publishing, 2003）。

② 在这简短的一章中，我略去了撤销或"追索"程序（允许交易或财产转移的撤销，尤其针对内部人员）。这一条款对于处置程序的公共资金的支出可能有重要作用。

角色。

（4）在机构陷入困境前就应对母国进行确认。

（5）禁止基于国籍的歧视（基于法定的目标和情形进行区分不属于此类情形），应当谨慎对待类似措施。

（6）应在全球化基础上追求价值的最大化，因此某些策略（如出售子公司）若能让跨国银行价值最大化即应当使用。即使本地化策略能更好地适用某个管辖权或保护某些特定利益，也应排在前述方法之后。

8.03 下文中我将讨论上述原则及其背景，但我想先行说明的是，在跨国领域的种种改革方法虽较为新颖，但称不上完美，仍处在不断发展之中。这些方法有大大小小的成功的案件，但也有失败的大案件。尽管要从这些失败案例提炼原因是很困难的，但绝大部分有如下的特点：

（1）案件所涉及的受保护的债权人在一个或多个国家（参见 Federal Mogul case 案件中：被侵权债权人和养老金债权人间的对立）。[①]

（2）因债务人公司的组织和运营或因为监管原因，导致案件涉及不同的国家程序（参见雷曼兄弟案 Lehman case）。[②]

（3）案件涉及本地专业人士，尽管他们也致力于国际合作，但希望拥有更大的权力并收取更高的费用。

---

① 参见 Mark Andrews，"The Federal-Mogul Restructuring: Cooperation in International Bankruptcy"，in Eight-First Annual Meeting, National Conference of Bankruptcy Judges 14 – 15（Orlando, Fla, 2007）。

② 参见"Lehman Protocol Divides Administrators" *The banker*, 27 May 2009, http://www.thebanker.com/news/fullstory.php/aid/6625/Lehman_protocol_divides_administrators/html。

背 景

8.04 本篇将简述不同的破产机制的主要区别。首先,各国破产制度大部分受到国国家管控。法国和美国的破产制度因其详细的条例和相近的法院监督而被广泛引用。某些破产制度甚至设立公职,作为管理人或"受托人"管理困境机构。相反,除美国外的大多数普通法国家,任命私人担任清算人或管理人,并给予足够的自主权。

8.05 第二个显著的特点是担保债权人的地位,尤其是起支配作用的担保债权人(即对大部分或全部财产享有留置权的债权人)。在英国的破产制度当中,此类债权人通过任命接管人,一直以来支配着公司破产程序,然而近年来这种现象没以前明显了。而法国为我们提供了一个反例,担保债权人受到诸多限制。其他国家如美国,担保债权人的地位介于两者之间。

8.06 第三,多数情形下运用清算手段的制度与强调重整、拯救的制度之间,也存在较大差异。近来年,存在着事实上趋同的单一程序,即可能两者都发生,但仍然有重要的差异。维持营运价值的重整式出售在公司破产时变得越来越常见。

8.07 历史上,破产事务的跨国合作——通常根据"司法礼让"(普通法)或"执行判决"(enforcement of judgement)(大陆法)的规定——可以追溯到 19 世纪。① 然而,合作因为要求互惠行为往往难以实现(经常引发争议而难以解决)。只有少数条约规定了合作的内

---

① 美国最早的重要案件是 *Canada SRR Co v Gebhard*, 109 *US* 527, 537 – 538(1883),案中美国最高法院判令纽约债券持有人接受加拿大法院的加拿大铁路的重组结果。对于美国法院间合作发展情况的部分历史,参见 *Cunard SS Co v Salen Reefer Servs* 773 F 2d 452, 457 – 459(2d Cir 1985)。并参见 Jay L Westbrook,"Transnational Bankruptcy", in *The Development of Bankruptcy Law in the Second Circuit Court of appeals*, Second Circuit Committee on History and Commemorative Events, United States Courts(New York: Matthew Bender and Co, 1995)。对于更加全面的历史背景,参见 Bob Wessels, Bruce A Markell, and Jason Kilborn, *International Cooperation in Bankruptcy and Insolvency Matters*(Oxford: Oxford University Press, 2009)。

容，这些条约下的合作却差强人意。

8.08　20 世纪 70 年代的一些重要跨国案件催动了美国和其他地方的改革。改革与不断增长的跨国公司破产数量催生了相当多的成功案例，而那些拒绝合作的法院则备受指责。1997 年联合国国际贸易法委员会（UNCITRAL））颁布了《跨国破产示范法》让这种合作达到了顶峰。18 个国家已经吸纳了示范法，① 而这些国家包括了许多经济发达国家。②

8.09　尽管历史上的合作导致了示范法的协商，但当时对于协商能否达成一致存在着诸多怀疑。当示范法形式并迅速公布时，许多人由于采用的国家较少将无法达到效果。在许多国家采纳之后，批评意见认为现有条文过于模糊、难以执行，法院将逃避对他国判决的"承认"。当前许多国家的法院都根据当地化的示范法形式，怀疑论者将需要寻找新的理由。截至现在，"由于看不到合作所带来的好处，法院将实行狭隘的以本国利益为中心的方式"，已经证明了这一论断的错误。

示范法

8.10　示范法不是条约，也不包括互惠的要求。③ 示范法规定对外国的"主要"或"非主要"的破产程序的承认。外国主要程序是指以债务人主要利益所在地国家的程序。非主要程序指债务人从事商业活动，但没有主要利益所在地国家的程序。只有主要或非主要程序才被承认。（避税港不适用这一原则，这些地区与债务人的经济活动并没有

---

① 示范法和相关条文参见国际破产机构网址：www. iiiglobal. org.

② 包括澳大利亚（2008），英属维京群岛（2003），加拿大（2009），哥伦比亚（2006），厄立特里亚国（1998），英国（2006），日本（2000），毛里求斯（2009），墨西哥（2000），黑山共和国（2002），新西兰（2006），波兰（2003），韩国（2006），罗马尼亚（2003），塞尔维亚（2004），斯洛文尼亚（2007），南非（2000），美国（2005）. 参见 UNCITRAL, Status, 1997：Model Law on Cross-Border Insolvency（2010），http：//www. uncitral. org/uncitral/en/uncitral_ texts/insolvency/1997Model_ status. html。

③ 部分国家增加了类似要求，但绝大多数国家并没有这样做。

联系，不属于主要程序或非主要程序。）承认的程序非常简单、快速而不需要考虑外国程序所涉及实体破产法。可驳回的假设在此有助于程序的速度，如债务人公司注册地和主要利益中心所在地相一致。

8.11 撇开许多细节不谈，示范法包括三个关键要素。首先，它规定了对债务人当地资产的快速控制以及避免债权人单方面采取行为。当地法院有广泛的裁量权，赋予外国主要程序的管理人各种救济。（非主要破产程序的管理人的救济相对有限。）此外，这种裁量权伴随着法定要求的合作。只要债权人和债务人得到充分的保护，当地法院有与国外程序合作的广泛的权力。（注意，法律并未要求当地债权人的保护，仅仅要求保护所有债权人。①）

8.12 这一制度允许迅速控制并运营债务人资产，对外国程序的承认让当地债务人中止支付，这有助于保护债务人资产。当地法院拥有的案件信息和对国外程序把握影响了法院所确定的救济程度。②

8.13 尽管法律允许在当地申请的破产程序凌驾于外国程序，其长远重要意义在于坚实地建立了破产的层级制度：主要程序以及其他程序。例如，虽然大多数国家规定了破产程序的域外效力，在外国主要程序被承认之后，当地程序仅适用当地资产。③ 这一规定显著减少了针对资产的跨国争夺。目前，实践表明法院和债权人通常遵从主要程序，而非在当地申请破产。

8.14 示范法深受《欧洲破产条例》草案的影响，④ 尽管两者存

---

① 参见 Model Law, Article 22. 法条规定了禁止歧视外国债权人的一般规定。Model Law, Article 13。

② 示范法也规定了当"承认"请求尚未决定时的临时救济。Model Law, Article 19.

③ Model Law, Article 28.

④ 参见 Council Regulation 1346/2000 European Union Regulation on Insolvency Proceedings, 2000 OJ L160（以下简称"EU Regulation"）. Gabriel Moss, Ian F Fletcher, and Stuart Isaacs（eds）, The EC Regulation on Insolvency Proceedings: A Commentary and Annotated Guide（Oxford: Oxford University Press, 2009）; Chan Ho（gen ed）, Cross-border Insolvency: A commentary on the UNCITRAL Model Law on Insolvency（London: Globe Business Publishing, 2006）（以下简称"Look Chan Ho, Cross-Border Insolvency"）; Bob Wessels, Judicial Cooperation in Cross-border Insolvency Cases（Culemborg: Centraal Boekhuis, 2008）。

在着重大差异。当然，条例仅适用欧盟内部。对于成员国对欧盟外申请的破产程序的承认，只有少数成员国采纳了模范法，但是近来许多欧盟国家的改革表明条例和示范法也鼓励了这些国家之间的合作。①

理论与政策

8.15　破产领域的国际合作问题、是否采纳示范法在属地主义和普遍主义之间有着长期的争论。传统的属地主义认为，每个国家都应当在其能力范围内控制资产、变现，并根据当地法进行分配。普遍主义反对这一零碎的方法，理想化的寄希望于一个统一的、国际化的程序，用单一的程序进行资产最大化并分配资产。而各国的现实显然无法实现这一理想，由此产生了修正版的普遍主义（modified universalism）。它将普遍主义者作为指导原则，但根据现实采取了活动的做法，以便尽可能实现单一实体程序的目标。②

8.16　绝大多数的学者和破产界的实务人员都支持修正版的普遍主义。个别属地主义的支持者也意识到修正版的普遍主义的优点，提出了"合作的属地主义"的观点，让法庭通过合作将债务人资产最大化，并根据当地法规定的优先权进行分配。③ 另一做法是"普遍程序主义"（universal proceduralism），其关注主要法院的程序性权力（如延期履行），将破产涉及的实体法（如优先性规则）交给当地法院处理。④ 尽管怀疑论者对国家的合作仍然充满质疑，主要的美国属

---

① 德国便是一例。参见 Judgement of 13 October 2009 – X ZR 79/06 German Federal High Court of Justice（Bundesgerichtshof – BGH）（对美国破产程序的自动承认）. Eberhard Braun（ed），Commentary on the German Insolvency Code（Düsseldorf IDW-Verlag, 2006）。

② 参见 American Law Institute, *Principles of Cooperation among the Nafta Countries* （Huntington, NY: Juris Publishing, 2003）。

③ 参见 Lynn M LoPucki, "The Case for Cooperative Territoriality in International Bankruptcy"（2000）98 *Michigan Law Review* 2216。

④ 参见 Cf Edward J Janger, "Virtual Territoriality"（2010）48 *Columbia Journal of Transnational Law* 401 and Jay L Westbrook, "A Comment on Universal Proceduralism"（2010）48 *Columbia Journal of Transnational Law* 401。

地主义的支持者也承认示范法朝着普遍主义迈出了第一步,① 而最近的判例也表明大多数国家的法官也倾向支持普遍主义的方法。②

公司集团

8.17　示范法没有解决公司集团破产问题，UNCITRAL 的新项目已经处理这一主题。③ 这一问题是跨国破产最困难的领域，也难以找到解决方法。然而，银行业在这一领域可能相对好一些，监管手段可以对要求公司的结构和公司间关系，这更容易以协调的、合作的方式进行破产。

8.18　公司集团的难点在于许多公司集团实行单一公司的管理模式，而债权人对法律独立公司的资产存在这法定预期，这两者之间存在着冲突。④ 上述要素在不同的公司集团之间各不相同。一个集团的控股公司可能是被动投资者；但另一个集团可能作为单一商主体，以全球品牌与债权人进行交易，而债权人可能并不清楚哪一家子公司是他们的交易相对手。此外，公司集团内的子公司在集团内的角色也各不相同，有些子公司仅仅是法律上独立的公司，而有些则拥有独立的品牌和业务。

8.19　相较于示范法所涉及的问题，公司集团问题更加棘手。这一原因主要在于，示范法中的争议在国家层面已经大致得到了解决，

---

①　参见上文引注 16 – 17，LoPucki。

②　如 *In re Condor Ins Ltd* 2010 WL 961613（5th Cir 2010）；*In re Maxwell Comm Corp* 93 F3d 1036（2d Cir 1996）；*In re HIH Casualty and General Insurance Ltd* EWHC 2125（Ch）（2005）；Judgment Of 13 October 2009 – XZR 79/06 German Federal High Court of Justice（Bundesgerichtshof – BGH）（自动承认美国启动的破产程序）. 当然，这一过程也在不可避免地艰难前行。

③　参见 Http：//www.uncitral.org/uncitral/en/commission/working _ groups/5Insolvency. html。

④　参见 *Legislative Guide on Insolvency Law*，*Part Three*：*Treatment of Enterprise Groups is Insolvency*，§§ 4 – 8，UN Doc A/CN.9/WG.V/WP90，UNCITRAL，Working Group V（Insolvency Law），thirty-seventh session，9 – 13 November 2009，Vienna（distr 31 August 2009）。

唯一的困难是向跨国法律适用转变。相反，公司集团金融困境相关的问题在国内法体系内也未能得到妥善解决。[①] 将这些未解决的问题转移到跨国领域增加了问题的难度。

8.20 每一个公司实体可能适用不同的国内和国际管辖规则，国际性协调尤为困难。如波兰的控股公司可能在波兰申请破产，而它的五个法律独立的欧洲子公司可能在不同的国家分别申请破产。[②] 即便欧盟条例要求各国承认在波兰发起的程序，波兰也不一定愿意接受对欧洲的子公司的管辖权。毫无疑问，很多司法辖区不会这样做。除了国籍问题，波兰会接受自身尚未破产的子公司申请破产吗？如果不愿意接受，而条例和示范法都没有解决这些问题，法院就很难进行合作。

8.21 另一个重要的问题是集团内部请求权和重组计划中子公司的合并。如果债权人对特定子公司的请求权理由并不充分，将这些实体进行合并这一做法是很常见的。将每个子公司或分公司之间进行隔离并进行区别对待，将带来昂贵的成本并且和巨大浪费。然而，管辖权和协调问题在某些案件中成为了非常棘手的难题。

发展合作的关键因素

8.22 虽然存在着公司集团的问题，对于公司债务人破产的管理已经取得了长足的进步。合作方面的每一个进步，都有助于建立信心，让每个人认为"国家通常对共同的困难作出短视而狭隘的反应"这一论断是错误的。

在许多早期的案件中，都存在着正面或负面的情况，但负面案件

---

① 对这一问题的更多探讨，参见 Philip I Blumberg's magnificent work：Philip I Blumberg, Kurt A Strasse, Nicholas L Georgakopoulos，以及 Eric J Gouvin, *Blumberg on Corporate Groups*, 2nd edn（New York：Aspen Publishers, 2010）。

② 在公司方面，术语"ring fencing"在银行业并不常用。然而，企业集团中的子公司经常遭遇此类问题。

仅仅是法官应用旧观念的结果，而正面（合作性的）决定则作为被视为司法创新朝着国际化的方向前进。一些学术成果也极大地推动了这一方面的发展。

8.23 Maxwell 案具有一定的代表性。[①] 该公司的规模以及其总裁离奇地死亡引发了广泛的关注。案件开始于美国和英国法庭的剑拔弩张，但却在法官与律师间明智的合作下得到解决，并造就了史上最具有普遍意义和成功的国际破产案。此外，该案涉及对大型集团公司的破产处置，其子公司资产位于多个国家。尽管公司资产主要集中于美国，案件最终在英国终结。案件结果受到了业界和金融界的称赞。因此，该案比那些不合作的案子的影响更大，而不合作往往源于法官对外国法概念的不信任和对制度差异的狭隘理解。

8.24 成功的案例鼓励了 UNCITRAL 开展示范法的研究并最终建立了示范法项目。UNCITRAL 将许多国家的破产从业人员、外交官聚到一起进行协商，极大地推动了目前普遍主义的发展。代表们互相学习破产法中通行的基本原则，也让大家了解各国破产法的差异。这一项目让各国这一领域的领军人物开始了解问题和潜在的合作性的解决方案。而世界银行通过资助各国商法法官参与会议并举办国际性研讨会在这一领域做出了突出的贡献。国际货币基金组织在早期就支持国内和国际的破产改革，出版了破产法原则和国际合作方面的相关著作。最后，美国法律协会作为在美国的主要法律改革组织，以其法律重述和统一商法典而闻名于海外，制定了北美自由贸易区的破产原则。[②]

8.25 联合国颁布了示范法使得这一文件具有了权威性。许多经济发达国家首先采纳了这一文件，这增强了普遍主义原则的适用范

---

① 参见 Maxwell Comm Corp 93 F 3d 1036 (2d Ci 1996)。

② 参见注 15，附录 B。在美国法律协会和国际破产协会（自伦敦大学学院的 Ian Fletcher 和来自莱顿大学的 Bob Wessels）的联合项目中，这些原则已经在北美以外广泛应用。International Insolvency Institute, Committees-Working Group on ALI Principles of Cooperation in International Cases, http：//www. iliglobal. org/committees/aliprinciples-cooperation-international-cases.

围。UNCITRAL 立法指南公正地讨论了上述法律，但同时也给属地主义留下了一定的空间。当然，采纳了普遍主义的国家具有当地法上的效力并具有执行力。

8.26　示范法的成功也催生了 UNCITRAL 的第二个项目，这一项目通过制定破产立法指南的方式来协调各国的破产法。该项目最大的成功在于扩大了示范法协商过程中的培训。

8.27　上述的结果之一是合作性的判决在数量上大为增加。目前，我正在开展示范法在美国运行情况的实证研究，这一研究表明美国法院承认了上百件破产案件，而拒绝承认的只是少数。这些案件承认了世界其他国家的主要程序。此外，新的正面的裁决往往引用其他国家的有力的判决。因此，成功的案例推动了下一个成功的案件。尽管互惠影响了对他国判决的承认，有效的互惠行动也是承认的推力。

与银行业相关的公司经验

8.28　基于我从其他优秀作者（包括银行法与监管领域的专家）身上所学到的内容，在与公司有关的经验中，对于何种要素最能够帮助改善困境中金融机构的国际合作，我也有一些感想。在此，我尤其希望讨论启动、便捷性、领导权、分配与优先性、沟通、两种正式的协议，以及当事人之间的特殊关系。

启动

8.29　无论国内或是国际，公司破产的难题是程序启动问题。债务人的管理层知晓其所有的金融问题，但面临着动机问题，启动破产程序往往让管理层失去工作。债权人有着更恰当的动机，但掌握的信息不足，因此有可能草莽行事，或造成启动过晚的结果。受管制的实体应当避免上述问题。监管机构有足够的金融信息，应当有权在适当时候启动处置程序。美国政府的院外游说者让这项权力在法律中变得模糊，这一权力应当明确且是自由裁量，但是应当反对政府的肆意行为（包括获得补偿在内）。

便捷

8.30 对陷入金融困境的企业而言，速度就是一切。在破产实践当中，可以将债务人的主要财产比作一船舱的鱼，这一原则基本可以适用于所有案件。拥有完善的破产系统的国家，有保留资产价值或维持现状的需要时，法官可以全天候的提供救济。

示范法的核心即是迅速承认——无须正式地明确否认——自动启动对当地资产的转移和债权执行的暂时中止。示范法提供快速的、"维持现状"的救济也保留更全面的救济（如根据主要程序分配资产），同时也让法院考虑债权人利益，示范法提供了一个可接受的平衡。

领导权

8.31 领导权指需要一个主要程序，其他程序都服从这一程序。主要程序的法院和管理人不是独裁者，但是必须是对类似的法院和管理人拥有领导权。一些国家成功的重整经验表明，如果需要协商则法律应当规定如何进行协商。管理人、受托人和控制资产的债务人是协商的中心。这一中心对于召集协商和提供解决方案有着重要作用。

8.32 由于协调法院行动的需要，跨国案件中的协商是必不可少的。Maxwell 案是一个很好的案例。美国法院服从英国法院和管理人的领导，但依据《美国破产法》第11章任命了一名监督员，配合管理人的工作，并保护美国利益和保障美国法院对于案件的信息通畅。因此，尽管大部分的破产财产位于美国，英国依然通过协调让美国法院愿意服从英国的程序。类似的情形还有，在 Riechmann 的不动产帝国崩塌时，美国法院服从了加拿大的主要程序。在位于阿根廷的美国大型电信企业破产案件中，这些法院也服从了阿根廷发起的程序。除此上之外，还有大量的类似案例。

融资

8.33　与上述话题相关的还有融资问题。几乎所有大型公司破产都有融资的需求，即便计划清算的公司也不例外。如果试图保持营运价值出售，或者需要财政担保来为某些特定财产的出售提供支持，这一需要则更加迫切。通常，提供必要融资的机构对于破产程序的发展方向有着相当大的决定权。同样地，破产企业的买家可以对交易提出某些特定的条件，他们也有着上述的决定权。

分配与优先权

8.34　在跨国公司的破产案中，最困难的问题是不同国家的法律对分配中优先权的不同规定。[①] 尽管平等分配是基本原则，优先权仍然是不可忽视的现实。[②] 英国在最近的改革降低了优先权的比重，德国废除了绝大多数的优先权，但优先权在其他国家仍然扮演着重要角色。优先权在不同地区的差异也很大。三个主要的优先权（雇员、税务机关以及有担保的债权人）几乎所有的国家都有规定，但这些优先权的类型和范围则有所不同，还有许多其他优先权优先于普通债权人。如果每个国家都坚持自己的优先权，那么则无法建立统一的程序。因此，普遍主义的方法甚至是合作都需要一定程度的妥协。

8.35　优先权的问题过于复杂，不适合简要的讨论。但核心难点在于，愿意合作的法院可能坚持当地法律所规定的优先权，要求将其获得的财产根据当地的法律进行分配。这将减少或消灭跨国间的合作。例如，如果当地法院要求当地获得的财产根据当地法律进行分配，在出售债务人在当地的分支机构的财产时，由于难以对公司的资

---

① 参见 Jay L Westbrook，"Universal Priorities"（1998）33 *Texas International Law Journal* 27；Ulrik Rammeskow Bang-Pedersen，"Asset Distribution in Transnational Insolvencies：Combining Predictability and Protection of Local Interests"（1999）73 *American Bankruptcy Law Journal* 385，386－7。

② 参见 Riz Mokal，"Priority as Pathology：The Pari Passu Myth"（2001）60 *Cambridge Law journal* 581。

产分配达成一致意见，该法院可能拒绝合作。相反，可能每个组成部分被分割并单独出售，即便这样会降低总价值。总之，按当地规则分配的要求可能会阻碍跨国间资产的收集和变现。

8.36 除了上述当地化的问题，当地分配规则在标准和经济层面上有着很强的随意性。原因有二：第一，几乎所有国家在分配财产给债权人时都不考虑国籍问题，并且被占有的资产与当地并没有实质性联系；第二，当地规则可以授予合同当事人优先权。假设有一架公司所有的飞机，飞机在公司破产申请期间在机场被发现，或者一项与任何当地活动均无关联的当地知识产权的出售，此时可以分配给当地的合同当事人。尽管货物是被其他国家的雇员生产和销售的，在当地扣押的存货的收益，可以被分配给当地雇员。此外，收益的一部分可以被分配给提出赔偿请求的国际出贷人或者供货商，尽管他们与当地司法辖区没有关系，或者并没有财产位于此辖区内。①

8.37 我的想法是，在银行业领域，优先权的某些问题可以通过金融监管和要求企业在当地注册等方式得到解决。对于银行、经纪公司以及其他金融机构，地方性非破产的相关规定可以授予顾客和投资者以优先权。这些规制远早于金融困境这一问题，内容也没有出现在破产法，并且通常与当地财产有着极强的联系，因此并没有发生适用破产法所出现的问题。这些规定通常要求建立当地的企业，或者将某一分支部门为破产目的而拟制为单独的法律实体。这些规定也会创造出与破产政策或者跨境合作不符的金融困境前的预期。当然，如果当地法律要求全球集团进行交叉担保，也会发生适用破产法所出现的问题。

8.38 英国的 HIH 案阐述了上述诸多观点。② HIH 是一家澳大利亚保险公司。争议的焦点是位于英国的资产应当根据英国法还是澳大利亚法进行分配。这两个国家的优先权的规定对案件中的债权人将产生截然不同的结果。根据澳大利亚法律法，投保人优先于普通债权

---

① 在绝大多数国家，除了优先权外，外国债权人在分配时不会因其国籍而受到歧视。在所有诉讼中，当地债权人通常享有类似于"主场球队"的优势。

② *In Re HIH Casualty and General Insurance Ltd* [2005] EWHC 2125 (Ch).

人，而英国法则对投保人和其他债权人一视同仁。初级法院认为，英国法院对位于英国的财产适用英国的法律规定。尽管法官对撤销判决的理由存在着较大的分歧，枢密院最终推翻了初级法院的判决。

8.39　下文将讨论不同的撤销理由，但该节主要讨论案件的事实问题。"位于"英国的资产是再保险协议。HIH 正准备与在苏黎世、纽约或者其他地方的机构签订再保险合同。英国和其他国家的债权人都不太可能根据英国法来分配资产，而许多国家的投保人则希望根据澳大利亚法对抗公司的破产，或者在公司破产后让其拥有优先权。英国的债权人，包括在英国的投保人，可以依照英国法，但这与以在某种意义上位于英国的财产的标准并没有什么区别。显然，如果英国法要求在英国设立特定的资产以保护当地投保人，结果将完全不同，然而现实并没有这么做。

8.40　对于熟稔跨境民事诉讼的人而言，优先权的问题显然是准据法问题。[①] 应当依照何种"合同"来确定分配？我们是否应该关注财产的实体所在地或其拟制所在地，还是主要利益所在地，还是向债权人表述的事实陈述、应诉地，或是共同支持的对特定类型债权人的政策偏向，或是监管系统的要求，亦或是其他要素？尽管这些问题可以写满一个章节——或者一本书也有可能——我依然希望本篇概要能够阐明，如果可扣押的财产（或是债权人的期待）与当地法律间的联系非常微弱，那么要将当地法律应用于上述财产是有问题的。这一困难也凸显了此类问题上事前协议的重要性，即以事前协议的方式允许某些任意性的存在，而这些任意性也是此种协议所要求的。上述区别也对分析陷入困境的跨境金融机构及其子公司的债权人提供帮助。

沟通

8.41　从程序角度来看，示范法最激进的革新，在于其明示允许

---

① 参见 Jay L Westbrook，参见注 17，508 – 9。参见 Chan Ho，"Applying Foreign Law under the UNCITRAL Mode Law on Cross-Border Insolvency"（2009）24 *Butterworth Journal of International Banking and Financial Law* 655。

法庭和破产管理人之间的直接沟通。① 在传统的民事诉讼中，法庭之间的沟通充满障碍、无尽的许可和合法化的工作、层层报送的许可审批，以及惯常的延误。沟通的工具是调查委托书，其更现代的名词是请求信。在破产法领域，由于破产案件的控制与变现是同时进行的，法院开始不断寻求更现代、更迅捷的沟通方式。如果法院不能高效合作，保护财产的出售所得，跨国案件将面临资产流失的问题。

8.42　普通法法院，尤其是加拿大、英国和美国，很早就开始法院间的沟通或通过管理人进行沟通。典型的案例是 Cenargo 案，② 美国和英国法院有效地互相传达指令，指导法官与律师电话沟通、制作好相关副本，以使得他们能够解决相关的管辖权问题。然而，很多成文法国家并不准许这种直接沟通的方式，因此，法官也无法参加进来。示范法提供了这一必要的、法律上的明示的修正。

8.43　目前，仍然存在许多实践上的障碍，其始于对参与新事物的惯常惰性，同时也伴随着相关的语言问题。此外，正当程序、单方面接触、秘密决策等问题，也存在着合法性的疑虑。美国法学会在跨国破产项目中担任了先驱者的角色，为上述的沟通提供了相应程序，并得到了普通法和大陆法的律师、法官的肯定。③ 国际破产协会一直在将这些程序翻译为更多的语言，并对全球的法院和职业团体开放使用。④

8.44　不能过分强调在公职人员、职业人士以及法院之间的沟通。合作与协调要求沟通，这也将我们指向了制定协议这一问题。

协议

8.45　示范法和各种各样的法院判决，为跨国公司的破产提供了

---

① Model Law, Article 26.

② *In re Cenargo Int'l*, 294 BR 571（Bankr SDNY 2003）.

③ 参见 Jay L Westbrook, "The Transactional Insolvency Project of the American Law Institute"（2001）17 *Connecticut Journal of International Law* 99。

④ International Insolvency Institute, www. iiiglobal. org.

许多帮助，但也留下了诸多等待解决的问题。在成功的国际协调当中，对协议的协商无疑是最重要的程序，也是在个体案件中最亟待解决的问题。

8.46　协议是正式的协定，通常就专业人士所介绍的破产中涉及的主要利益进行协商，包括债务人的管理层或者破产管理人等，并通常在破产程序的开始之后不久即进行协商。协议通常由部分或全体法院批准，这些法院控制债务人财产，因此协议在当事人间具有约束力，在某种意义上，对破产涉及的法院也有效力。协议是处理跨国案件必不可少的工具。

8.47　Maxwell 案是第一批协议的案例。美国的"审查员"（Gtilin）和英国的接管人（Mark Holman）协商出了一个程序性协议。英国方面希望接手这一案件，但美国方面则希望适当地参与重大讨论以及决定。在协议的条款当中，协定的内容是关于何种行为需要通知、抑或是通知并取得美国方面的同意才可以。协议也规定了涉及双方的争议如何由法庭解决的问题。协议本身由（分属两国的）两个法庭许可。协议对潜在的冲突起到了减少和导流的作用，对决策制定也起到了规范作用。

8.48　与此同时，美国与加拿大法院就破产事务例行交流也建立了一大批协议。协议正式而又富于经验性的内容催生了有效的合作，包括协调听证的，同步指令记录，甚至当需要时，可以组织共同参与的视频法庭诉讼程序。上述的协议主体在本质上是经验性的，我们从中学到最重要的一课，是应当尽早协商协议。其中，当事人的利益变得众所周知且难以改变时，协商将变得极为困难。因此，应当在此前协商协议。

8.49　运用协议的经典案件是 Inverworld 案。[①] 母公司是拉丁美洲的投资者对美国进行投资的工具。它的资产——无论是直接所有还

---

① 267 BR 732（bankr WD Tex 2001）. 在此笔者应当披露，笔者曾被任命为美国程序中管理人的特别顾问，目的是分析案件中出现的准据法的问题。

是由子公司所有——主要位于美国、英国和开曼群岛。破产程序在这三个司法辖区进行，每一个辖区都有着不同的破产分配规定。这些规定上的差异影响了国际诉讼的开展，而后者本可以处理破产资产的很大部分。为了及时止损，律师和会计师加入到已经由三方破产法院批准的协议的协商中。协议要求撤销英国的案件，但保证不会损害英国债权人利益。协议将相关工作分配给其他两个法院。协议规定美国法院解决优先权问题，开曼群岛的法院处理资产分配问题。案件最后以和解告终，而多个法院的合作也为债权人带来了更高的回报。

8.50 现在，大量的协议范例可以为新案件提供指导。ALI 项目的附录包含了诸多极具重要性重要的协议。① 除此之外，国际破产协会的提供了更多的协议可供参阅。最近的协议中也包括了 Federal Mogul 案和 Lehman 案中的协议。我在这里单独提出上述案件，虽然这两个案件未能达成完美的国际合作，但当事人表示，协议在诸多方面提供了帮助，即使他们未能在协议当中确立所有程序。

8.51 我预测，在下一步的发展当中，更加一般化的协议将会出现，其由政府间进行缔结，管理特定的区域，尤其是其（政府）管理下的区域。与多行业或多公司有关的大型协定通常会以新示范法或者条约的形式出现。但对普通协定最直接的分类，可能是以双边或多边基础上的"特别关系"为形式来进行。

特别关系

8.52 如上文所述，英国枢密院的法官在 HIH 案中产生了分歧。部分法官将英国普通法上的普遍主义作为将再保险财产转移给澳大利亚清算人的理由；其他法官则援引破产法案的第 426 条，该条允许英国法院全面适用外国破产法，如果该国是政府行政部门所列的清单上的国家。因此，该行政官员有权根据第 426 条授权法院与他国法院进

---

① 参见 American Law Institute, *Principles of Cooperation among the Nafta Countries* (Huntington, NY: Juris Publishing, 2003), appendix C, 123。

行密切合作。澳大利亚属于清单上的国家，因此英国法院承认澳大利亚的优先权具有正当性。

8.53　在促进国际合作方面，此类法律有非常显著的作用，尽管这些法律不应当替代更包含多个国家的协定。与其他国家在更广阔层面上的合作，可能将会引发保密问题、待解决的识别问题，也可能为基础部分的工作增添其他内容，但上述法规仍可以为制定此种协定提供帮助。这些规定可以为特定行业做出针对性调整，因此，对于总部设立于另外国家的金融机构，上述规定可以用来处之金融机构的困境。对于一国合作清单上的国家，法院和国家相关行政主管部门将会有义务根据法律进行合作来解决跨国金融机构的问题。

8.54　如果某司法辖区具有适当的法律，并将以类似的方式合作（可能依据之前存在的正式协定），外交大臣会在全面合作的清单上增加这个司法辖区。也存在着这样的可能性：在未来某一时刻协定的破裂将会导致该司法辖区被从清单当中移除。因此，双方都有动机充分理解相对方。此时，协定有着实际上的约束力，它比示范法或条约有着更高的灵活性。

结　论

8.55　最后，我想要强调以下三点：法定授权，领导权以及教育。每个国家的与陷入困境的金融机构有关的政府官员应当有权依照法规进行合作。合作应当服从于金融机构的主要利益所在地国家的程序。从监管层面上来讲，应当提前确认金融机构的主要利益所在地。如果金融机构是近期成立的并且未受到监管，确定主要利益所在地可能引发诉讼，但主要利益所在地通常是显而易见的。

8.56　最后，教育是合作的关键。通过教育，不仅增加了对其他国家的法律的了解，同时也加强了与法律的实施者的个人联系。IMF的工作小组，UNCITRAL上的协商，以及世界银行安排的座谈会，都极大地促进了公司破产领域的专家的专业知识；同时，也增进了彼此间的相互联系。在危机当中，如果相对方是熟人且曾经共同讨论过解决方案，这将有重要意义。

8.57 从更大的意义上来说，协调跨国机构金融困境的方法是对国家政治系统管制下的全球市场的反常所作出的回应。克服相关的后续困难将面临着重大的挑战。

（苏洁澈译）

9

国际发展

*Look Chan Ho and Rosa M Lastra**

简 介

9.01　在近几十年当中，跨国银行与金融业务取得了显著的扩张。对这些机构的监管（主要通过巴塞尔银行监管委员会以及其他国际标准制定机构出台的软法律标准）也取得了显著的进展，尤其在并表监督原则方面颇见成效。然而，跨国银行破产领域[①]尚处于发展初期，仅在冲突法和国际私法规则上有所发展，但目前为止，还未有针对银行的国际性的统一实体规则。

---

* Look Chan Ho 是英国富而德律师事务所（Freshfields Bruckhaus Deringer LLP）的律师，Rosa M Lastra 是伦敦大学玛丽皇后学院商法研究中心（CCLS）国际金融与货币法教授。

①　即使是普通破产法也因国家不同而大相径庭。银行破产法较之普通破产法，其破产程序与"风险管理工具"（例如：第一章中的存款保险、最后贷款人等），面临更大挑战。

9.02 在巴塞尔委员会存续的这些年（至 2007 年 9 月金融危机），其在银行退出政策以及处置跨国银行危机[1]的问题上并未提出多少指导。1992 年，巴塞尔委员会在 BCCI 事件之后，颁布了《跨国银行破产清算》的文件[2]。

9.03 有关区域性的跨国银行破产的倡议也是存在的，尤其是欧盟相关的指令以及条例，也有双边规则或是双边协定，这些规范和协定多以谅解备忘录的形式存在。

9.04 受 2007 年 9 月金融危机的影响，一系列国际倡议都在推动建立这一领域的软法标准，[3] 这些倡议来自国际货币基金组织、金融稳定理事会以及巴塞尔跨国银行破产处置组。本章分析了这些倡议以及联合国国际贸易法委员的重要工作。

9.05 联合国国际贸易法委员会（UNCITRAL, the United Nations Commission on International Trade Law）于 1997 年 5 月在维也纳通过了有关跨国破产的示范法。然而，这部示范法包含了一项任意性条款，通过该条款银行可以适用特殊破产制度而不适用示范法。1999 年，联合国国际贸易法委员会展开了针对公司破产的破产法立法指南工作。这项工作发端于与国际破产从业者协会（INSOL，一个由专精于破产领域的会计师与律师组成的各国家协会联合而成的全球性联合会）和国际律师协会的交流讨论会。立法指南工作已在 2004 年完成，并于 2004 年 12 月 2 日在联合国大会上通过。

9.06 世界银行通过与基金会（全球银行破产行动计划的一部

---

① Charles Goodhart 在即将出版的官方文件中，就巴塞尔银行监管委员的历史性问题进行了深入研究（见第 11 章）。

② 《跨国银行破产清算》（1992 年 12 月）这份文件，也被称为 Patrikis 报告（以 Ernst Patrikis 命名，他是纽约联邦储备银行的总顾问），包含在巴塞尔银行监管委员会 2000 年 2 月出版的文件"国际监管问题"第三章第三卷"其他监管问题"的纲要中。可参见 http：//www. bis. org/publ/bcbsc333. pdf。参见 Rosa M Lastra，"Cross-Border Bank Insolvency：Legal Implications in the Case of Banks Operationg in Different Jurisdictions in Latin America"（2003）6 （1）Journal of International Economic Law 79。

③ 国际存款保险机构协会（IADI）也在 2010 年 7 月由其下设的研究和指导委员会起草了一个讨论稿，主要关于全球金融危机引起的存款保险问题。

分）、联合国国际贸易法委员会（UNCITRAL）以及其他专家的合作，制定了一份文件，设定了统一的《破产和债权人权利标准》（"ICR"标准），将世界银行《有效破产和债权人权利保护原则》（世界银行和国际货币基金组织联合制定的十二个标准与守则之一）和联合国国际贸易法委员会的建议（包含于联合国国际贸易法委员会制定的破产法立法指南当中）合并。这份文件于 2005 年 12 月 21 日出版。ICR 标准（世界银行和国际货币基金组织联合制定的十二个标准与守则之一）①旨在评估成员国遵守"标准与守则实施的报告"（ROSCs）的程度。ICR 标准承认，在涉及"排除条款"（见第三点）时，银行可以适用特殊的破产法："排除适用此一般破产示范法的，应当在本法中明确规定限制。"随后，其在注释中对这些"排除条款"做了进一步的说明：

进行高度管制的组织机构，例如银行和保险公司，可要求特殊对待，适用单独的破产制度或者在一般破产示范法中通过特别条款加以规定。

9.07　联合国国际贸易法委员会第五破产工作组于 2006 年展开对国内和跨国企业集团破产的研究。2010 年 7 月 1 日，联合国国际贸易法委员会通过了破产法立法指南的第三部分，以解决企业集团破产问题。立法指南旨在对国内和跨国企业集团破产管理的发展与完善提供指引。

9.08　欧盟制度——第 6 章中进行了深入分析——出于以下考量给监管机构、政策制定者和破产职业者提出了特别的难题：（1）欧盟和欧洲经济区的所有成员国在单一金融服务市场的义务（自从冰岛银行破产和东欧银行系统崩溃以来，这种义务就受到密切关注）和此种国内市场环境下的准则，尤其是单一护照或许可和母国控制原则。（2）同步维持欧盟金融统一和金融稳定的困难性，确保不管是欧元区还是非欧元区国家的金融监管、风险控制和财政政策都在国家控制

---

① 其他十一个领域分别是：会计、审计、反洗钱和打击恐怖主义融资，银行监管、公司治理、数据发布、财政透明度、保险监管、货币金融政策透明度，支付体系和安全政策。参见：Rosa M Lastra, Legal Foundations of International Monetary Stability（Oxford：Oxford University Press, 2006），第 14 章。

之下。(3)欧盟和欧元区成员国的二分。最突出地体现在于委员会在跨国风险管理方面的努力，委员会于 2009 年 10 月 20 日在欧盟框架内关于跨国危机处理的交流讨论和 2010 年 5 月 26 日关于银行处置基金的讨论①，其建立了破产法专家组，并出台了《2001 年的信贷机构清算指令》的修正版。②

9.09 金融稳定理事会为了应对危机也在 2009 年 4 月 2 日③通过了《跨国公司风险管理条例》。理事会也支持落实公司自己的"意外风险处理计划"的需要，这些内容将在第 10 章具体阐述。

9.10 在国际货币基金组织 2010 年 6 月的报告中（BOX 5）④ 总结道，20 世纪 30 年代以来发达国家爆发的最严重的金融危机的影响之一，就是发展了许多用来降低大型跨国金融机构陷入困境的建议。银行业监管者协会扩展到了近 40 个金融机关，特别是当金融情况恶化时，更要重视处于不同管辖权的监管者之间关键信息的共享。风险管理小组（GMGs）——原本是该协会的一个初步想法——如今已经成立。这些小组负责这些公司的修复和重整计划（该问题将在第 10 章中具体阐述）。其他正在考虑的措施还包括对于"系统重要性"金融机构的系统性风险的控制，提高银行和大型金融机构的资本要求，通过管制动机减少大型金融集团的复杂程度（从跨国公司和子公司的去风险化到重整和破产计划的要求）。

9.11 金融稳定理事会与巴塞尔跨国银行破产处置组，以及联合

① 参见：http://ec. europa. eu/internal _ market/bank/crisis _ management? index _ en. htm。

② 参见：http://ec. europa. eu/internal_ market/bank/windingup/index_ en. htm。该公告的研究主要涉及 2010 年 4 月 20 日的金融危机爆发时降低跨国银行集团资产转移、破产前的早期干预、重整、清算程序的可行性报告。2008 年委员会关于跨国银行"资产转移"的可行性报告，展示了欧洲委员会解决这一法律和运行问题的决心，欧洲委员会的目标在于提出欧洲范围内的跨国银行破产处置方法。

③ 这些条例可参见：www. financialstabilityboard. org/publications/r_0904c. pdf。

④ 参见国际货币基金组织 2010 年 6 月 11 日的文件 "Resolution of Cross-Border Banks: A Proposed Framework for Enhanced Coordination", http://www. imf. org/external/np/pp/eng/2010/061110. pdf，本书附录有更详细的内容。国际货币基金组织的文件在下文的"国际货币基金的工作"中会更加详细地讨论。

国国际贸易法委员会和国际货币基金组织，出于危机期间保护银行的关键功能，如支付系统的运作，在一定程度上就跨国银行破产领域的核心问题达成了一致（法律的趋同）。

国际性指引：国际货币基金组织与巴塞尔跨国银行破产处置组

巴塞尔跨国银行破产处置组的工作

9.12　2007 年 12 月，巴塞尔银行监管委员会成立了一支新的小组，研究跨国金融机构破产问题，这是跨国银行破产领域一个可喜的发展。该跨国银行破产处置组由 Michael Krimminger 和 Eva Hüpkes 担任这一非正式跨国破产研讨会的联合组长，就任期至 2006 年 12 月。[①] 这是非常有先见之明的，因为这场危机发生于 2007 年 8 月。2007 年春天，第一场非正式会议在巴塞尔召开，研讨会的最初目标是当大型国际金融机构发生危机时提高其管理和处置水平，使法律框架能适用国际性金融机构所在的主要国家，从而实现对涉及国际金融机构破产的法律的实施及其运作达成共识。同时，识别可能存在的冲突、强调进一步协作的必要性。其还向参与成员发布了调查问卷以更好地解决上述问题。

9.13　2007 年 12 月，金融危机爆发以来，巴塞尔委员会批准了跨国银行破产处置组的建议。这一建议与该非正式小组的最初目的非常类似，即"分析现存的破产政策，职责分配和相关国家的法律体制，以此为基础为跨国银行破产的合作扫清障碍、达成共识"。作为巴塞尔银行监管委员会工作组，其会员由巴塞尔银行监管委员会的成员国选任，并由各国监管机构的官员组成。

9.14　2008 年前半年，跨国银行破产处置组接受了各方的意见，收集了关于不同管辖权下银行风险管理和银行破产现状的有价值的建

---

①　我们中的一位成员（Lastra）曾是跨国银行破产危机非正式研讨会的成员，从其2006 年最初成立直到 2007 年 12 月。2007 年 12 月，研讨会成为正式的巴塞尔小组（由Michael Krimminger 和 Eva Hüpkes 一起主持），其成员也限定为法规和监管部门的官员。

议，尤其是有代表性的地区，比如：阿根廷，比利时，巴西，加拿大，开曼群岛，法国，德国，马恩岛，意大利，日本，泽西岛，卢森堡，毛里求斯，荷兰，西班牙，瑞典，瑞士，英国和美国（欧盟委员会和欧洲中央银行也参与其中）。由于在 2008 年秋天全球金融市场遭遇了一场灾难，同年 12 月巴塞尔委员会传达了这一指令。该小组被要求分析和回顾在具体案例中（如：富通，德克夏银行，克伊普辛银行和雷曼兄弟）风险管理及处置机制的发展与进程。

9.15　2009 年 3 月 27 日，20 国集团在报告中联合金融稳定论坛（现在的金融稳定理事会）和巴塞尔委员会，共同探讨制定可操作的跨国破产方案的统一标准及规范的可行性，以此减少不合作的国家行为所造成的消极影响，包括"围栏原则"。如上文所提到的，金融稳定理事会在 2009 年 4 月 2 日发布了一系列跨国公司风险管理的高质量条例。

9.16　该小组在 2009 年 9 月发布了一份可协商文件①，提供了三套建议：第一组国家处置破产的能力、事前措施与企业特定应急计划以及限制系统性风险的方法。

9.17　这份文件指出，现有的危机解决框架主要是针对国内问题，旨在最小化国内利益相关者的损失，但并不能很好地解决跨国问题。解决跨国性危机或者破产导致的财政责任的分担的多边机制还未建立，而其中牵涉的法律体制、财政责任又是国家性的，因此在解决银行危机和破产问题上，区域性方法有着明显优势。

9.18　巴塞尔委员会跨国银行破产处置组在 2010 年 3 月发布了一份最终版文件，根据跨国危机处置的法律政策框架，梳理并提出了一系列建议。这些建议旨在识别现行制度中的不足以及吸取以往在金融危机中取得的经验教训。② 国际金融市场和国家的法律法规之间的两分常见于现代金融行业，也让破产问题的处理极具挑战性。金融危机爆发之前的几年，国际金融交易的范围、类型和复杂性都在以惊人的速度发展，但

---

① 这份 2009 年的可协商文件可参见：http://www.bis.org/publ/bcbs162.htm。

② 跨国银行破产处置组的文件参见：http://www.bis.org/publ/bcbs169.htm。

跨国银行危机处理的技术手段却没能跟得上。危机暴露了干预机制的缺陷和很多国家缺乏危机处置办法。跨国机构在危机处置中的作用非常特别，因为其有着严格的时间限制，还需要大量的公共支持。

9.19　巴塞尔委员会在这一领域的推荐建议，旨在加强国家处置权和在跨国范围内的实施，他们还为银行机构和主要国家的母国和东道国政府提供了企业特定应急计划。这份建议还致力于通过风险对冲机制来减缓危机的蔓延，比如净额结算协议、担保和受管制的中央相对手。加强这些方法以及其他方法的使用，将有效减少银行倒闭引发的市场冲击。

9.20　巴塞尔委员会的建议涉及以下领域：

建议 1：有效的国内处置能力

建议 2：金融小组间的协调处置合作框架

建议 3：国内处置方法汇总

建议 4：国内处置方法的跨国影响

建议 5：减少金融集团操作的复杂性与互联性

建议 6：推进有序处置进展的计划

建议 7：跨国合作和信息共享

建议 8：加强风险缓冲机制

建议 9：合同的转让

建议 10：退出机制和市场约束

国际货币基金组织的工作

9.21　国际货币基金组织是国际货币和金融系统的核心。作为正式的国际组织，它具有非正式国际组织所欠缺的合法性。国际货币基金组织有着一系列的工具、职能，以及金融资源和合格的人才，这使得它尤其适合担任国际金融权威的角色[①]。在跨国危机管理领域，国

---

① 参见 Rosa M Lastra，"The Role of the IMF as a Global Financial Authority"，（2011）2 European Yearbook of International Economic Law。

际货币基金组织致力于提供指引，并推动国际性标准的发展。

9.22 国际货币基金组织近日公布了由其执行董事会在 2010 年 7 月 1 日通过的名为《跨国银行破产：加强协调合作的框架》的报告。① 2010 年 6 月 11 日的这份报告由货币和资本市场部的工作人员在国际专家②的协助下完成，也回应了 20 国峰会的领导人在 2009 年 4 月伦敦会议上提出的"继续推进国际货币基金组织、金融稳定理事会、世界银行和巴塞尔银行监管委员会的合作，发展跨国银行破产处置框架"的共识。在 2009 年 10 月的匹兹堡会议上，20 国峰会领导人呼吁进一步推动"金融机构处置的机制和框架，减少金融机构破产造成的影响，降低道德风险"③。这份文件以巴塞尔委员会跨国银行破产处置组④和联合国国际贸易法委员会的工作成果为基础。有趣的是，在 2010 年 6 月 26—27 日的会议上，20 国发布公报表示支持"提升相关国家在跨国处置的合作能力"⑤。

9.23 在国际货币基金组织建议的执行框架的摘要中，提出了几种不同的跨国银行危机处置的方式：

一种长效的处置方式是设立一个国际条约，以此让相关国家有义务去遵守金融机构主要活动所在国国家作出的处置决定。或者建立一个去全球化的金融机构，使其可以适用所在国的处置机制。第一种解决方法：颁布一项国际条约，这将会使部分国家在主权问题上作出相当大的牺牲，而这在近期内亦不可行。第二种解决方法：建立去国际

---

① 参见 "IMF Executive Board Discusses Cross-Border Bank Resolution", Public Information Notice (Pin) No 10/90, dated 21 July 2010. 也可参见：http://www.imf.org/external/np/sec/pn/2010/pn1090.htm. 这份报告也收录在本书的附录中，参见：http://www.imf.org/external/np/pp/eng/2010/061110.pdf。

② 包括本书编者之一 Lastra，其也是本项目的技术援助顾问。

③ 伦敦研讨会，2009 年 4 月 20 国峰会关于 "Declaration on Strengthening the Financial System"，参见 http://www.g20.org/Documents/final-communique.pdf。匹兹堡会议参见 "Leaders Statement of the Pittsburgh Summit"，2009 年 10 月，http://www.g20.org/Documents/pittsburgh_summit_leaders_statement_250909.pdf。

④ 参见第 12 条。

⑤ 参见 http://www.g20.org/Documents/g20_declaration_en.pdf。

化的金融机构，这将会导致重大的效率损失，更为频繁地破坏正在发展的资本市场准入机制以及国际贸易的扩张。

9.24 国际货币基金组织偏爱的方式是制定一个加强协调的框架，主要基于以下四个要素：

第一，各国修改法律，要求国家有关部门与不同司法管辖区的同行协调合作，最大限度地保护债权人的利益和国内金融的稳定。其中最重要的是，国家有关部门有权继续基于自由裁量权行事，也就是说若根据判断，独立行事更有利于目标的实现时，其可以选择不合作。

第二，各国意识到与采用处置框架的国家合作更有利于有效结盟，因为加强协作的框架只适用于采用与破产制度设计、应用有关的"核心协调标准"的国家。因此，调整破产制度和监督激励机制，实现巴塞尔委员会的监管协约也将是核心协调标准的一部分。

第三，尽管处置机制的主要目标是减少对公共基金的需要，但有时公共基金的支持——至少是临时的支持——是不可或缺的。与之相应，加强协作框架的一大要素在于细化规范，以指导各协作国之间的责任分担。

第四，同意加强协作框架的国家也都同意协作的程序，这种程序被设定为在危机环境下，尽快采纳处置行为，并能产生跨国的效力（而这将会与目前的实际情况大大相反）。

9.25 国际货币基金组织的核心协调标准文件名单（BOX 1）：
协调各国的处置规则
国家的恢复和处置机制的内容需有以下的共同规则：
·不歧视外国债权人
·合适的干预工具
·合适的债权人保护
·强有力的存款人优先规则
强有力的监管
母国的监管一定要强力而有效（包括通过加强监管等手段实现），从而使东道国接受母国设计、采用的处置策略。

相关部门要有能力实施跨国处置：

相似地，东道国依赖于母国的引导，因此母国有关部门需要具备有效的资源和基础设施来实现跨国破产处置。

9.26 国际货币基金组织的文件显示，在较短的时间内，有限几个国家（那些代表世界主要金融中心的国家）已经满足上述标准，可以互相开展协作。在不久之后，更多的发展中国家也能符合上述标准，从而增大合作范围。文件也写道（第49段）："除非东道国的有关机构对母国的监管部门有高度的信任，母国会及时告知关于该机构财务状况的进展信息及母国将要采取行动的相关信息，否则东道国有权通过不合作来保护自身资产。"在第50段，在有关机构的具体协议中（与下面提及的监管者的想法相似）提出了简化交流的方法：

在跨国破产中，合作框架以联合国国际贸易法委员会的示范法为基础，该框架已经在具体案例中加以适用。该"协议"经法庭批准，已经成为目前相关案件中交流、商讨的具体方式。该协议在金融机构的处置中作用显著，但因为需要迅速行动，这种协议必须在危机发生前达成。这样的协议是大型金融机构实现恢复和处置计划中必须建立的。①

---

① 在国际货币基金组织 BOX 6 中有所提及，联合国国际贸易法委员会的示范法中（详见下文）有大量值得学习的内容，并非严格限缩为其表面意思，而是各国可以自愿适用自己的法律框架中的规则。示范法可以适用于设立在外国某个单个公司，但不适用于该国对某种机构有特殊破产法的情况——尤其是银行和保险公司，也不适用于在国外设立了子公司的企业集团。示范法建立了一个跨国金融公司破产重整的公平有序的方法。示范法的主要特点在于一国法院承认的程序在另一国也会得到"承认"。更重要的是，也是在国际货币基金组织的文件中特别提及的，承认是普遍允许的，但并不硬性要求，如果其方案使债权人与债务人的利益均得到较好的保护，法院可以信任外国破产管理人。示范法某些方面的内容并不完全适合跨国金融机构的破产重整，还包括以下其他相关因素：
　·主要利益中心。示范法区别对待某企业的"主要"与"非主要"破产程序。确定"主要"程序时，示范法主要适用债务人主要利益中心（COMI）的法律。
　·合作。示范法提供了不同国家的破产代表人合作的权力（通过直接交流或信息交换），同时加强、提高破产程序的协调性。
　·酌情减免。有一个例外原则（如自动中止执行与一个国外相关的"主要"程序），给予外国破产代表人的救济属于法院自由裁量范围。根据不同情况，法院尤其要保证债务人与债权人得到足够的保护。示范法禁止对外国债权人的歧视。
　·协议。示范法提出的合作框架促进了破产机构之间的合作协议。协议是在各破产主要相关方的代表根据个案进行协商。通常经相关法院批准。从1997年采用示范法以来，已经制定了大量的协议。

9.27　在我看来，主要有两个问题需要进一步讨论：（1）我们怎么确定某个国家有合适的"处置标准"，又由谁来衡量是否合适？（2）我们是否应该将这些标准作为市场准入的考量之一？[①] 国际货币基金组织（或者其他机构）证明某国满足上述标准（金融监管和处置），这种"证明"能否作为市场准入的要求？目前，根据反洗钱/打击恐怖主义融资的要求（AML/CFT），在很多国家，将该标准作为市场准入要求之一。国际货币基金组织扮演的角色类似于金融行动特别工作组（FATF）在反洗钱/打击恐怖主义融资中的角色。同样地，金融行动特别工作组寻求与国际货币基金组织、世界银行的合作，由金融行动特别工作组区域性组织，国家金融情报机构（FIUs），甚至金融行业本身[②]对反洗钱/打击恐怖主义融资标准进行核实，以确保世界上每个国家均采用相同的方法。国际货币基金组织还寻求与其他国家、地区和国际性机构的进一步合作，以确保金融机构适用合适的监管、法规和解决标准。[③]

9.28　众所周知，从法律角度，国际货币基金组织并不对机构进行监管。事实上，它的监管职能在于对"金融部门政策的监督"，比如监督某国如何适用相关标准，主要包括各国的破产程序、标准和手段、监管、法规等，以及相关标准的充足性和质量。作为监督职能的延伸，国际货币基金组织有权"证明"一国有适合的破产标准，在跨国银行破产中，能够在框架内有效解决并加强协作。

---

① 在外国银行的市场准入方面，如果每国有充足的处置标准，可以根据政府间协议，允许外国银行进入国内市场。或者，市场准入可以根据事前协议，但是除非有相关协议，东道国有权挑选法律和破产的政策保护。根据既有国际金融机构，这为母国和东道国提供了机会来采取相应的安排、采取适当的行动。Eva Hüpkes 拥护这样的市场准入，"Rivalry in Resolution—How to Reconcile Local Responsibilities and Global Interest?" 详见华顿金融机构中心工作室发表的 "Cross-Border Issues in Resolving Systemically Important Financial Institutions"，2010 年 2 月 10—11 日。

② 参见 James Fries，"Global Markets and Global Vulnerabilities：Fighting Transnational Crime through Financial Intelligence"，在萨拉曼卡举行的 MOCOMILA 会议上发表，可参见：http：//www. mocomila. org/meetings/2008 - freis. pdf。

③ 参见第 13 条。

联合国国际贸易法委员会的跨国破产示范法①

9.29 本章主要关于与银行破产相关的跨国破产程序与联合国国际贸易法委员会关于跨国破产示范法（示范法）的关系。示范法并非旨在与当地破产法融合。示范法所提出的主要问题是，如何承认外国程序，对相同债务人的协调程序，外国债权人的权利，外国破产代表人的权利和义务和不同国家相关机构的合作。

9.30 由于示范法并非一种协议也不会产生有约束力的国际义务，它的实施主要依靠各国当地的立法。② 示范法的第 8 条涉及当地立法，该条规定："解释示范法时要考虑其国际的渊源，促进统一适用的需要。"第 8 条要求进行比较分析。③

9.31 本章主要阐述示范法如何几乎一字不差地通过《跨国破产条例》（CBIR）在英国适用④，该条例主要关于跨国银行破产程序的问题⑤。

9.32 《跨国破产条例》的第 2（1）条表明示范法对大不列颠有法律效力，载于《跨国破产条例》的第 1 条。第 1 条说明在大不列颠

---

① Look Chan Ho 负责本章的撰写。他是 Robin Dicker QC，Jay Lawrence Westbrook 教授也在早期版本中发表了自己的意见。本章所有观点责任作者自负。

② 到目前为止，示范法已经被以下国家采用：澳大利亚，英国维京群岛，加拿大，哥伦比亚，厄立特里亚，希腊，日本，毛里求斯，墨西哥，黑山，新西兰，波兰，韩国，罗马尼亚，塞尔维亚，斯洛文尼亚，南非，英国和美国。

③ 英国和美国法院对第 8 章给予了相当的重视，尤其是它们适用示范法的时候；参见 Rubin vs Eurofinance［2009］EWHC2129（Ch）；［2010］1 All ER（Comm）81［40］，Lavie vs Ran（In re Ran），607 F 3d 1017，1020 - 1（5th Cir Tex. 2010）这项法规旨在使美国法与国际法相一致，具体参见 1510（a）和 1508 条，"在适用本款时，法院应考虑到其国际渊源，而且对本章的适用需与外国适用类似的条款"。In re Qimonda AG Bankruptcy Litigation，2010 US Dist LEXIS 66926（ED Va 2July 2010）。

④ 准确来说，英国在大不列颠地区适用的是跨国破产条例，在北爱尔兰地区适用的是 2007 年的《跨国破产条例（北爱尔兰）》部分。

⑤ 本章的重点是示范法中关于银行破产的内容。关于跨国破产条例的详细信息和示范法在其他地区的适用可以参见 Look Chan Ho，Cross-Border Insolvency：A Commentary on the UNCITRAL Model Law（2nd edn London：Globe Business Publishing，2009）。

适用时，可以对示范法进行修改。在本章中，示范法指的是第 1 条所表明的"英国示范法"。

概念

9.33　在考虑适用示范法和跨国破产条例之前，明确示范法的一些概念有助于我们的理解。为了与示范法相区别，外国的破产程序称为"外国程序"，是指"国外的一种司法或行政性的程序，包括临时程序，当债务人资产被一国外法院控制或监管时，即须适用相关的破产法进行重整或者清算"。①

9.34　"外国法院"这个概念也包括国外金融监管机构②和清算人。③

9.35　一项国外程序可能是"国外主要程序"（比如"国外程序发生在债务人主要利益所在地"）④ 或者"非主要程序"（比如，一项国外非主要程序，发生在债务人有资产的国家，只要是债务人在任何地方开展的非暂时性的产品或者服务都属于这种情况）⑤。

9.36　主要利益中心（COMI）并未进行明确的定义，但是可以推定为是在债务人注册所在地。⑥

9.37　"外国代表"是"被指派做一些临时工作的人或组织，授权其作为外国破产程序中的代表来管理债务人在破产程序中的财产或其他事宜"⑦。

---

① 示范法第 2 （a）条。这条不包括有偿付能力的清算。参看 In re Betcorp Ltd, 400 BR 266 （Bankr D Nev 2009），和 Look Chan Ho, "Recognising an Australian Solvent Liquidation under the UNCITRAL Model Law" （2009）18 （5），Norton Journal of Bankruptcy Law and Practice 537。

② In re Tradex Swiss AG, 384 BR 34 （Bankr D Mass 2008）（the Swiss Federal Banking Commission）；In re The International Banking Corporation BSC, Case No 09 – 17318 （SMB）（the Central Bank of Bahrain）.

③ In re Betcorp Ltd, 400 BR 266 （Bankr D Nev 2009）（Australian Securities and Investments Commission）.

④ 示范法第 2 （b）条。

⑤ 第 2 （c）和 （f）条。注意，资产的本身不构成设立。

⑥ 第 9 条。

⑦ 第 2 （d）条。

9.38 这些概念几乎一字不差地出现在英国示范法中。

英国示范法的范围

9.39 当示范法适用于各种不同类型债务人的破产程序中，第1（2）条规定了将某些情况排除在示范法的适用范围之外，比如，银行和保险公司通常适用当地特殊的破产法规定。

9.40 许多国家包括英国都希望采用示范法规定的这些排除规定。因此英国示范法的第1（2）条规定了将以下情形排除在示范法适用范围之外：

·英国信贷机构，根据《金融服务和市场法2000》（FSMA）第四部分许可的，总部设在英国的，可以存储、发行电子货币的机构[①]；

·欧洲经济区（EEA）的信贷机构，是指在欧洲经济区而非英国的信贷机构，在法的第1（1）条和（3）条提到，属于第2（3）条在2000年3月欧洲议会与欧洲理事会指令中提出的开展业务的信贷机构[②]；

·第三国信贷机构，是指在《金融服务和市场法2000》（FSMA）的许可下，可以从事电子货币的存储和发行的，总部不在英国或欧洲经济区的机构[③]。

9.41 示范法排除的英国信贷机构目前适用《2009年银行法》，欧洲经济区和第三国的信贷机构目前没有相关法律的调整，因此也造成了法律上不必要的冲突。比如，Glitnir Banki HF（一家冰岛的金融机构，已经进入冰岛的破产程序），因为它是欧洲经济区的信贷机构，所以不能适用英国示范法[④]。相反，Bancredit Cayman Limited（一家开曼群岛的金融机构，已经进入开曼的清算程序）还有国际银行公司BSC（TIBC）（是受巴林管理的巴林金融机构）均可以适用英国示范

---

① 2004年的信贷机构法第2（1）条（重整和清算部分）。

② 同上。

③ 同上，第36条。

④ Glitnir Banki 在冰岛的破产程序已经被视为国外主要破产程序，根据《美国破产法》第15章几乎完全适用示范法，因此与跨境破产条例一致：In re Glitnir Banki HF, case No 08 –14757（SMB）（识别日期，2009年1月7日）。

法，因为它们不属于英国的、欧洲经济区的或是第三国的信贷机构①。

9.42 实际上，在 2009 年 12 月 18 日，在哈萨克斯坦的 JSC BTA 银行和 JSC Alliance 银行都在英国示范法中被视为外国的主要破产程序②，这些哈萨克斯坦的银行不属于英国的、欧洲经济区的或是第三国的信贷机构。

9.43 进一步说，因为英国示范法第 1（2）条并不排除投资银行，雷曼兄弟的很多破产程序均在英国示范法下被识别为外国主要破产程序；比如，雷曼兄弟公司③（基于 1970 年的《美国证券投资者保护法》启动的程序），雷曼兄弟财务公司④（采用瑞士破产程序），雷曼兄弟特别融资公司⑤（根据《美国破产法》第 11 章启动的程序）。

9.44 这些对信贷机构的排除条款安排并不合理，但符合立法程序时间表，英国示范法实施时，英国政府已经考虑将排除的信贷机构纳入英国示范法的范围。但是目前并未有任何相关的立法动向。只能希望英国政府尽快矫正这一立法上的偏差了。

银行处置和国外程序

9.45 为了能在英国示范法下得到承认，这一在国外启动的程序必须属于"国外程序"，是国外的一种司法或行政性质的集体性程序，包括临时程序，当债务人资产被一国外法院控制或监督时，即须适用相关的破产法进行重整或者清算。

9.46 但这种关于"外国程序"的定义可能会将一般的公司纳入

---

① Bancredit Cayman 的开曼破产程序已经被识别为主要破产程序，根据《美国破产法》第 15 章：In re Bancredit Cayman Ltd，06 - 11026（SMB）（识别日期，2006 年 6 月 15 日）。同样地，TIBC 在巴林的程序也基于《美国破产法》第 15 章被认定为主要破产程序：参见 In re The International Banking Corporation BSC，Case no 09 - 09 - 17318（SMB）（识别日期，2010 年 1 月 15 日）。

② Re JSC BTA Bank（case No. 21894 of 2009）和 Re JSC Alliance Bank（case No. 21895 of 2009）。

③ 2009 年第 11300 号案件（2009 年 3 月 30 日）。

④ 2009 年第 18389 号案件（2009 年 11 月 12 日）。

⑤ 2009 年第 19600 号案件（2009 年 11 月 24 日）。

其中。国外银行的破产程序与《2009 年银行法》下的程序相似，但目前仍不可知，比如，转移给私人买主、转移给一个临时银行或者国有化是否构成一个国外程序。

9.47　解析国外程序的定义，一家外国银行如欲适用英国示范法进行破产，必须①：

（a）是集体性质的②；

（b）是司法或行政性的；

（c）发生在国外；

（d）依据破产相关法律③；

（e）银行的资产以及业务受外国法院的控制及监督；以及

（f）目的是为了重整或清算。

9.48　外国银行破产程序与《2009 年银行法》均构成英国示范法下的外国程序。

外国银行破产程序的承认

9.49　示范法的核心在于外国破产程序的承认及其效果。

9.50　如果是一个非英国银行的国外破产程序，需在英国示范法第 17 条中加以承认，满足特定程序④和特别情形⑤。主要包括以下这

---

①　"该定义是整体性的，任何一个因素都必须具备"参见：Re Standford International Bank［2010］EWCA Civ 137；［2010］BPIR 679，［23］。

②　程序是集体性的，必须为全体债权人考虑，不得偏向任何一个或某一类型的债权人：Re Standford International Bank［2010］EWCA Civ 137；［2010］BPIR 679 at［27］和 In re British American insurance Company Limited 425 BR 884（Bankr SDFla 2010）。

③　本条规定的法律不一定是法规形式，也不一定完全是破产方面的法律：参见，Re Standford International Bank［2010］EWCA Civ 137；［2010］BPIR 679 at［24］。

④　该程序的要求包括归档申请文件；参见英国示范法的第 15 条。

⑤　除非承认违反了英国公共政策或者其他情形（英国示范法第 6 条），但这种排除的范围太窄了。相似的，《美国破产法》第 15 章规定的公共政策的适用应当在有限的范围内，且只有在美国的原则性政策受到威胁时才能请求适用；参见 Iida，377 BR 243（BAP 9th Cir 2007）；In re Ernst & Young，Inc 383 BR 773，781（Bankr D Colo 2008），In re Atlas Shipping A/S，404 BR 726（Bankr SDNY 2009）；In re Gold & Honey，Ltd，410 BR 357，372（Bankr EDNY 2009）；In re Qimonda AG Bankruptcy Litigation，433 BR 547（ED Va 2 July 2010）。

些特殊情形：

·该银行并非属于欧盟经济区或第三国的信贷机构。

·外国破产代表获得授权。

·程序发生地是银行的主要利益中心或有常设机构①。

9.51　关于银行主要利益中心（COMI）的位置的争论与银行本身关系并不大。这是因为银行的破产程序通常在其总部所在地或分支所在地的司法管辖权下展开。前者的位置很大可能就是银行的主要利益中心，这会使得外国主要程序被承认②，而后者的位置可以让其视为外国非主要程序。

9.52　从接受承认申请到申请最终得到决定，英国示范法第19条允许法院在国外破产代表的请求下，在紧急情况下对债务人资产或债权人利益加以临时保护，法院保护债权人或其他利益相关人的权益，包括适当情况下，对债务人也会充分的保护③。这种临时救济包括对债务人财产的延缓执行，委托外国代表或法院指定的其他人管理或拍卖债务人在英国的财产④。

承认外国主要程序的影响——自动或酌情减免

9.53　国外银行的破产程序如果是外国主要程序或者非主要程序，则其在英国的承认必须依据英国示范法⑤。

---

① 法院不会随意拒绝这项请求。参见 Bear Stearns High-Grade Structured Credit Strategies Master Fund, Ltd 389 BR 325（SDNY 2008）; *Reserve International liquidity Fund Ltd v Caxton International Ltd*, 2010 US Dist LEXIS 42216（SDNY 28 April 2010）。

② 例外的情况包括欺诈：参见 re Stanford International Bank［2010］EWCA Civ 137;［2010］BPIR 679; 还可参见 Look Chan Ho, "Cross-Border Fraud and Cross-Border Insolvency: Proving COMI and Seeking Recognition under the UK Model Law" Butterworths Journal of International Banking and Financial Law（2009）24（9）537。

③ 第22条。

④ 《美国破产法》第15章相关的案例通常颁布临时性救济：In re Qimonda AG, 2009 Bankr LEXIS 2330（Bankr ED Va 16 July 2009）; In re The International Banking Corporation BSC, Case No 09－17318（SMB）（Order Granting Provisional Relief, dated 17 December 2009）; In re Japan Airlines Corp 2010 WL 1050075（Bkrtcy SDNY, 28 January 2010）。

⑤ Re Standford International Bank［2010］EWCA Civ 137;［2010］BPIR 679 at［105］.

9.54 一旦国外银行的破产程序被识别为主要程序，根据英国示范法第20条，就会自动产生相应的救济。包括根据第20（1）条规定的自动中止，包括：（a）开始或继续关于银行资产、权利、义务或可信赖的行为或程序；（b）处分银行资产；（c）转移、损害、处置任何银行资产①。

9.55 第20（2）（a）条明确规定了自动中止的范围，应小于根据《英国破产法》做出的申请终止决定的范围②。这表明第20（1）条的自动中止并不会产生额外的效果③，这也在 TPC Korea Co. Limited 一案中得到证实④。

9.56 进一步来说，根据清算中所处的位置和第20（3）（a）和（b）条，担保债权人和不动产权利人的权利不会受自动中止的影响，债权人和权利人能够继续行使其权利。

9.57 银行的业务不可避免地包含很多金融合同，其中两个与银行破产程序相关的问题值得注意，即担保权的执行和抵销权。

9.58 第一，一旦一个外国程序被承认之后，外国代表会根据英国示范法的第21条申请额外的酌情减免。在根据第21条作出允许或驳回决定时，法院必须维护债权人（包括受保护的债权人和租购协议方）和其他利益相关人的利益，包括适当时对债务人的保护⑤。国外

---

① 承认令规定某些事项不适用中止是非常普遍的，这类事项包括正在进行的诉讼，以及债务人日常业务中财产处置，债务人银行账号的日常支出。

② Re Samsum logix Corporation［2009］EWHC 576（Ch）；［2009］BPIR 150 at［12］（"这种中止和根据《1986年破产法》颁布的清算令的中止有类似的效果"）。

③ Re Oriental Inland Steam Company（1874）LR 9 Ch App 557；Re Vocalion（Foreign）［1932］2 Ch196；Mitchell v Cater［1997］1 BCLC 673；Mitchell v Buckingham International［1998］2 BCLC 369；Harms Offshore Aht "Taurus" GmbH Co Kg v bloom［2009］EWCA Civ 632；［2010］Ch 187.

④ 案件编号：19984 of 2009（29 October 2009, unreported），都对包括本章作者 Look Chan Ho 在内的观点进行了论证，"Smoothing Cross-Border Insolvency by Synchronising the UNCITRAL Model Law：In re Samsun Logix Corporation" Butterworth Journal of International Banking and Financial Law（2009）24（7）395。还可参见 Re Pan Occanic Maritime［2010］EWHC 1734（Ch）（感谢 Stephen Robins 的提醒）。

⑤ 第22条。

破产程序是一项拯救程序，当法院批准请求后，会根据第 21（1）（g）条给予额外酌情延期偿付，而不产生其他额外的效果①。这种酌情的考虑阻止了对相关财产的强制执行，从而更有利于对企业的救助。但是根据 2003 年的《金融担保协议条例》，法院不得批准对金融担保协议和平仓净额结算条款进行酌情减免②。

9.59　第二，第 20（3）（d）条表明自动中止不会影响债权人"如果债务人根据《1986 年破产法》申请清算令，则债权人有互相抵销的权利"。第 20（3）条仅仅是解释性的说明，并非是对第 20（1）（2）条的排除适用。第 20（1）（2）条的关于合同抵销范围还需进一步明确。

9.60　也许有人会说合同抵销并不属于第 20（1）（2）条规定的中止的范围。换言之，合同抵销并不涉及债务人财产的处置。但是，这一观点并不成立。新版的教科书和《1986 年破产法》第 127 条，对于合同抵销描述如下：

抵销是债权人的一项权利，其在另一个账户或交易中同时也欠债务人钱，两者相互抵销以减少自己的责任……这种合同抵销要求双方确实构成支付③。

债务人通过资产偿还负债，通过抵销、相互行使请求权，债权人请求权得以实现④。

处置包括……债务人行使权利要求交相申索，合同抵销，从而减少债务⑤……

---

①　Re Pan Occanic Maritime［2010］EWHC 1734（Ch）；Re TPC Korea Co limited，都对包括本章作者 Look Chan Ho 在内的观点进行了论证，详见脚注 57。

②　英国示范法 1（4）条。

③　Louise Gullifer（eds），Goode on Legal Problems of Credit and Security（4th edn，London：Sweet & Maxwell，2008），pp. 281 - 344. 通过抵销实现付款：Securities Registry v Gomes［2008］NZCA 567 at［26］。

④　Philip R Wood，English and International Set-Off（London：Sweet & Maxwell，1989），p. 5.

⑤　Sir Roy Goode，Principles of Corporate Insolvency Law（3rd，edn，London：Sweet & Maxwell，2005），p. 494.

非双边或多边的合同抵销属于无效的①。

9.61 如上文所指出，第20（3）（d）条表明自动中止不会影响债权人"如果债务人根据《1986年破产法》申请清算令，则债权人有互相抵销的权利"。一旦被承认为国外主要程序后，合同抵销便不得实施，主要理由有二。

9.62 第一，多边抵销合同的达成必须在英国清算开始之前才有效②。因此，在第20（3）条的附带条款中说明必须是在英国清算中可操作的权利，比如即便是在非英国的清算程序中，多边合同抵销在被承认为主要程序后也就不再具有可操作性③。

9.63 第二，即使是双边抵销合同，在被识别为外国主要程序后也存在风险。"一旦一个公司进入清算程序（《1986年破产法》第4.90条），就强制性适用相应的法规，取代破产开始前适用的所有抵销。"根据第20（3）条，承认为外国主要程序后，假设清算中双边抵销合同可以继续操作执行，可是实际清算中，破产抵销条款会取代双边抵销合同。不过，在假设清算中，破产中的抵销条款并不具有强制性。根据第20（1）、（2）条合同抵销中止时，不会被破产抵销取代。一种摆脱这种境地的办法就是第20（3）条隐含着触发第4.90条对外国程序的承认。换言之，假设清算中对合同抵销的禁止，尽管并不在英国清算，但也会因为触发第4.90条从而对破产抵销产生影响。这种对于4.90条的自反应用符合英国示范法第20（6）条的规

---

① Philip R Wood, English and International Set-Off (London: Sweet & Maxwell, 1989), p. 160.

② British Eagle International Airlines v compagnie Nationale Air France [1975] 1 WLR 758 (HL). 同样可参见 Louise Gullifer (eds), Goode on Legal Problems of Credit and Security, (4th edn, London: Sweet & Maxwell, 2008), p. 289; Sir Roy Goode, Principles of Corporate Insolvency Law, (3rd, edn, London: Sweet & Maxwell, 2005), p. 221。

③ 除了特殊的金融市场制度保护抵销的权利，需要注意的是《2003年金融抵押品安排（第2号）条例》是不保护多方合同抵销的；参见 Look Chan Ho, "Practitioner's Perspective: The Financial Collateral Directive in England", forthcoming in Arad Reisberg and Dan Prentice (eds), Corporate Finance Law: UK and EU Perspectives (Oxford: Oxford University Press, 2010)。

定。这又出现一个实际问题,这种根据 4.90 的自反应用是不是可以并且如何用通用货币而非英镑处理。

在英国示范法对外国法律的适用

9.64 目前一个仍未解决的问题是,在英国示范法下申请酌情减免时对外国法律的适用问题。以下将会介绍英国法院在英国示范法下适用外国法律的情况①。

9.65 对酌情减免申请适用外国法律,须根据英国示范法第 21 条加以许可。第 21(1)(g)条指出了一个让英国破产官员在"英国示范法下"批准酌情减免的最直接的方法。英国示范法的第 2(1)(q)条的规定涉及大不列颠地区,包括涉及大不列颠地区的法律(包括国际私法)。因此,英国法院在批准酌情减免申请时,根据法律规定选择适用不同地区的法律。由此,法院得以将注意力集中于选择适当的法律条文上②。

9.66 Robin Dicker QC 曾指出,在适用第 21(1)(g)条和第 2(1)(q)条时存在一定难度,因为英国的政府官员会在英国示范法下根据第 21(1)(g)条,允许额外救济。英国官员通常不会适用外国的破产法,而倾向于适用《1986 年破产法》第 426 条。在跨境破产中,英国官员通常不愿根据外国破产法进行酌情减免,这倒不是法律上的障碍。英国破产程序有可能作为国外破产程序的辅助,原本必须依据英国法律进行的破产申请现在需要根据分析相应的准据法。当两国并没有同时发起破产程序的时候,在 Paramount Airways③ 一案中

---

① 参见 Look Chan Ho, "Applying Foreign Law under the UNCITRAL Model Law on Cross-Border Insolvency", Butterworth Journal of International Banking and Financial Law (2009) 24 (11) 655。

② 关于撤销交易所涉及的冲突法问题,参见 Look Chan Ho, "Conflict of Laws in Insolvency Transaction Avoidance" (2008) 20 Singapore Academy of Law Journal 343。

③ [1993] Ch 223 (CA).

英国的无效交易规则域外效力就是分析准据法的结果。①

9.67 一些英国律师认为第21（1）（g）不允许适用外国法的观点是可以理解的，因为在示范法的预备文件中排除了对外国法律的适用。示范法的颁布指南（154、159页）写道：

> 法院没有义务批准任何类型减免的行为，即便外国法允许这一减免。"只要在该实施国被允许"这一条款表明示范法隐含的原则，承认一个国外的程序并不意味着要扩张这个国家程序的效果，因该国将规定这一效果。相反，承认一国外程序会在实施国产生一系列影响。

9.68 相应地，尽管第21（1）（g）并不意味着外国破产程序在英国具有域外效力，但也不阻止英国法院适用外国破产法。

9.69 示范法在准据法的问题上保持中立。准据法问题由实施国的法院决定：

> 示范法关于减免问题的基本原则是根据跨境破产秩序和公平的需求，由实施国法院对国外程序进行承认。示范法采取了一种中立的方法。

示范法的发展过程中深入讨论了对外国破产程序进行承认的影响和外国法律在承认国的效力问题。工作组的代表认为一旦承认了外国破产程序，就适用外国的法律，其他人认为只能承认外国当地的程序。示范法两种方法都没采纳，而是采取了一种折中的方式，至于减免救助则是在承认之后自动产生的。同时，与本地法不同，减免救助申请的范围、修改和终止都要服从于实施国的法律，包括除外条款、

---

① Look Chan Ho, "Conflict of Laws in Insolvency Transaction Avoidance" (2008) 20 Singapore Academy of Law Journal 343.

限制、修改和终止①。

9.70 示范法关于中立立场的选择也在英国法院 Condor Insurance Limited 一案中得到确认②：

> 联合国国际贸易法委员会破产法工作组衡量了三种承认法院应适用哪种法律的方法。第一种方法是承认法院适用自己的法律。这种方法的支持者大多是较少有与之相似法律国家的承认。第二种方法适用主程序所在国的法律。这种方法"基于目前各国破产法存在分歧，将产生更一致更和谐的结果"，也有助于"避免教唆债务人隐瞒资产，为资产提供避风港"。第三种方法是允许承认国法院选择适用本国法律或者主要程序所在国的法律，这种方式"提供了限制资产和破产程序相互隔离的灵活性方法"。但是这种方式也会引发一种担心，"外国代表享有比起程序发起国有更多的权力"。

最终示范法并未采纳以上三种方法。相反，示范法准许识别国许可任何适当的减免救助和根据识别国法律允许外国代表行使撤销权。这样一来，由英国提出的适用哪国法律的问题，演变成了一个开放性的问题。

9.71 需要强调的是，示范法从准据法的角度来看是中性的，示范法并没有规定在给予外国破产代表人时应当适用的准据法，对不影响实施国的冲突法规则。正如美国第五上诉巡回法院解释《美国破产法》第 15 章所指的，"第 1510（a）明示美国法应当符合国际法，而 1508 条更是进一步阐明国会制定第 15 章为了协调跨国破产程序"。③

---

① Jenny Clift, "The UNCITRAL Model Law on Cross-Border Insolvency: A Legislative Framework to Facilitate Coordination and Cooperation in Cross-Border Insolvency" (2004) 12 Tulane Journal of International and Comparative Law 307, 324, 339 – 40.

② 601 F 3d 319, 326 – 7（5th Cir Miss 2010）.

③ Lavie v Ran（In re Ran），607 F 3d 1017, 1020, 1025（5th Cir Tex. 2010）.

9.72 《美国破产法》第 15 章授权法院可以适用外国法。①

9.73 同样地，也存在英国普通法反对适用外国法的可能性。在一个授予外国破产代表的案件中，英国枢密院表示，"是否援助适用外国法，而该法又不属于当地法律体系，这是个问题"。②

但这并不构成反对法院适用外国法的理由，而这也不影响适用英国版的示范法，其理由如下：

9.74 第一，英国枢密院在 Navigator 一案中最终适用了外国法（《美国破产法》）。在 Navigator 一案中，马恩岛资不抵债的公司自愿适用了《美国破产法》第 11 章的程序。第 11 章的重整计划将集体资产转移给债权人。这些资产最终归一家马恩岛的母公司所有，第 11 章还要求马恩岛母公司的股份由债权人的管理人持有。英国枢密院同意承认第 11 章的条款效力的方式来协助美国破产法庭，因为普通法中规定"法院有权宣布适用第 11 章"。③ 尽管通过英国的债务和解程序也能达到相同的效果，但是英国枢密院认为没有必要这么做，通过第 11 章规定的实施就能直接产生影响，这事实上适用了《美国破产法》。

9.75 第二，当英国破产程序作为外国破产程序的辅助时，强制适用英国破产条款的选择准据法的结果④。如果准据法规则没有指向《英国破产法》，原则上应适用外国破产的有关条文。

---

① 参见 In re Atlas Shipping A/S, 404 BR 726（Bankr SDNY 2009）；In re Metcalfe Mansfield Alternative Investments, 421 BR 685（Bankr SDNY 2010）[美国破产法庭根据《美国破产法》第 1521（a）（7）条和第 1507 条裁定根据《加拿大公司债权人和解法》达成的和解协议在美国享有完全的效力，即便根据《美国破产法》第 11 章法院无权做出此类和解]；In re Qimonda AG Bankruptcy Litigation, 2010 US Dist LEXIS 66926（ED Va 2 July 2010）[根据《美国破产法》第 1509（b）（3）条，破产法庭缺乏自由裁量权拒绝外国管理人的礼让的请求；破产法庭只能拒绝适用《德国破产法典》第 103 条，因其适用将明显违背美国公共政策]；and In re Condor Insurance Limited 601 F 3d 601 F 3d 319（5th Cir Miss 2010）将在下文详细论述。

② Cambridge Gas Transportation Corpn v Official Committee of Unsecured Creditors of avigator Holdings [2006] UKPC 26；[2007] AC 508 at [22].

③ Ibid at [23].

④ 参见 Re HIH Insurance [2008] UKHL 21；[2008] 1 WLR 852 at [25]。

9.76 第三，在 Banque Indosuez 诉 Fert Resources 一案中①，也让我们看到了为什么不应反对适用外国破产法。该案法院撤销了违反了《美国破产法》的自动中止规定的英国强制令：

法院并不受美国法院自动中止的约束，但自愿尽最大努力与美国破产法庭合作，避免任何干扰根据《美国破产法》第 11 章程序下对债务人的有序管理。该院有权做出命令保护债务人在本国的资产，从而协助美国破产法院……如果美国法院要求司法协助，我相信法院也一定会予以配合②。

9.77 这个结果与让美国的自动中止令具有直接效果并没有两样。

9.78 第四，上诉法院在 Rubin v Eurofinance 一案③执行了根据《美国破产法》做出的撤销欺诈性转让。这种结果事实上让美国的破产法具有直接效果。

9.79 第五，即使假设英国法院无权适用外国破产法，这也不影响根据英国版的示范法适用破产法。因为英国示范法和普通法是两个平行的规则。④

9.80 第六，如果只有法律要求才能适用外国法的话，英国示范法的第 2（1）（q）条要求参照国际私法规则就提供了这种要求。国际私法规则使得英国的合适的时候适用其他国家的破产法。这也就解释了 Lord Hoffmann 的论断：尽管一般而言人们指望法院适用本国破产法，但在一些案件里，冲突法规则可能指向不同的方向。⑤

9.81 因此，现在根据英国示范法适用外国破产法并没有原则上的异议。英国法院对适用外国破产法的技术并不陌生。随着冲突法规则的发展，适用外国破产法也朝着普遍主义发展：所有破产资产和请

---

① [1993] BCLC 112.

② Ibid 117 – 18（Hoffmann J）.

③ [2010] EWCA Civ 895.

④ Re Stanford International Bank [2009] EWHC 1441（Ch）；[2009] BPIR 1157 at [100] and Rubin v Euro finance [2009] EWHC 2129（Ch）；[2010] 1 All ER（Comm）81 at [22].

⑤ Re HIH Insurance [2008] UKHL 21；[2008] 1 WLR 852 at [28].

求权应当根据债务人母国的法律进行管理。

近年来涉及跨国破产案件的国际性规则主要关注债务人的利益中心地。采用的标准是选择法院的规则而非准据法规则，但是为了实现普遍主义有必要采取两种做法。①

9.82 与适用外国法有最密切联系的领域如下：破产解除令，待履行合同和撤销先前的交易，下文将进一步阐述。

外国破产解除令

9.83 有人认为如果根据英国示范法适用外国法导致解除英国法下的义务，则禁止适用外国法。这个观点理由如下：

9.84 根据普通法原则，"是否免除义务适用相应的法律"②。相应的，"英国法原则之一便是请求权适用英国法的债权人不受根据《美国破产法》第11章做出的和解协议的约束"③。

9.85 本文建议应该放弃这一传统的普通法规则。回到普通法的起源有助我们对这一问题的思考。

9.86 普通法认为破产解除令项下的义务免除适用这一义务所适用的合同法，其详细阐述如下：

在一国签订的合同不能受另一国的法律管辖。这种情况也包括，如果马里兰州规定本州人欠英国债务均无须偿付，则原告受其约束。当签订合法有效的合同后，原告向法院申请执行后，法院给出的答案却是外国有一项法律规定，债权人已经放弃了债务人对其所负所有债务。但是怎么能对在本国签订合法有效合同的人适用这样的法律呢？在既没有明示也没有暗示的情况下，怎么可以让原告接受这一外国法的约束？④

---

① Jay Lawrence Westbrook, Universalism and Choice of Law (2005) 23 Penn State International Law Review 625, 634.

② Wight v Eckhardt Marine [2003] UKPC 37; [2004] 1 AC 147 at [11].

③ Re T N [2004] EWHC 2361 (Ch); [2005] 2 BCLC 488 at [121].

④ Smith v Buchanan (1800) 1 East 6, 10 - 11 (Lord Kenyon).

第一，毫无疑问，在一国产生的债权债务自然由该国法律进行调整，如果要消灭债权债务，不仅仅会影响救济措施和执行程序，不仅是对该国的法院而言，也是针对所有其他国家。这是英国的法律，也是其他国家国际私法的原则……第二，人们普遍认为，解除债权债务应根据债务产生国的法律，不能根据一国法律产生债务，适用其他国家法律条款解除债务。①

通常来说，合同适用的法律或者是合同签订地的法律，或者是合同实施地或者对合同有主要影响地的法院的法律；不仅是指合同的主要结构，也包括合同实施中的各种情况……合同当事人均同意适用的法律也是对合同有约束力的法律。因此，如果一国有破产法，或者与之相似的法律，如果某些事件触发该法律的适用，则该法就构成影响合同的法律之一，该法在触发事件发生地的法院同样适用，否则将违反合同责任。以上这就是英国关于这个问题的规定。因此，当要在国外签订或实施合同时，合同受该国管辖，如果该国有破产法或与之相似的法律，当破产条件成就时，一方想要免除责任，也需要依据该国法律进行责任免除。但这只是根据合同地原则进行的法律免除责任。此外，在一定情况下，根据被告居住国的法律，可以对既不是发生在该国也不是在该国实施的合同进行免责。看起来这样的处理与我之前所说的原则不大一致。这里适用的法律既不是合同所属国的法律，也不是合同当事人均同意适用的法律，而是他们并未达成一致的第三国的法律。正如 Lord Kenyon 在 Smith v Buchanan 一案中所说，应当用与之无关的，其没有明示或默示赞成的法律来约束原告。这样的主张可能看似违反了我提及的原则，看似在法律上站不住脚。为什么原告要接受非本国的且对其合同没有约束力的法律的约束呢？如果这个看法成立，如果被告根据法国法免于合同责任，我就可以说法国法对原告没有约束力，其仍有权根据英国法要求被告继续履行合同，行使合同权利。或者说，如果这个合同是在法国以外的任意第三国签订，原告

---

① Ellis v M'Henry（1871）LR 6 CP228，234.

在这里起诉，但是他们的行为却不受法国法的调整。在这样的案例中，应当适用任意第三国的法律约束合同。①

我们不反对承认外国的中止支付令：当涉及应付款项时在英国起诉时，我们把它视为该国法律在英国的效力，而不能就把它等同于在适用英国法……希腊法不能创设英国法上的权利义务，但它能使英国法上的权利和义务无效……一条公认的规则是，英国法院不能承认外国法所规定的免除在支付英国的义务的效力。②

9.87　如果破产解除令是一个合同法的问题，那么就没必要再参考普通法的权威判例了。欧洲议会第（EC）0593/2008 号法规的第12（1）（d）条和理事会 2008 年 6 月 17 日通过的"合同义务的适用"（《罗马公约Ⅰ》）指明了在适用合同法时，借助《罗马公约Ⅰ》多种解除合同义务的方式。因此，希腊就不能让英国法上的义务归于无效。

9.88　但是，《罗马公约Ⅰ》基于以下两个原因并不调整破产解除令。

9.89　第一，对于公司债务人，破产解除应该是属于公司法的范围。根据《罗马公约》第 1（2）（f）条，《罗马公约Ⅰ》排除适用的范围包括"由公司法调整的事项，法人、法人团体、非法人，比如对公司、法人团体和非法人进行清算"。公司破产解除令应当是属于清算公司的范畴。

9.90　第二，2000 年 12 月 22 日通过《民商事案件管辖、承认和判决执行条例》（No.44/2001）也不适用破产事项。③《罗马公约Ⅰ》的前言 7 规定："实施的范围应当与《罗马公约Ⅰ》提供的判决条例相一致。"因此《罗马公约Ⅰ》不适用于破产案件（包括破产解

---

① Gibbs Sonsv societe Industrielle et Commerciale des Metaux（1890）25 QBD 399，405 – 7（Lord Esher. MR）.

② Adams v National Bank of Greece［1961］AC 255，279 – 81（Lord Reid）.

③ 第 1 条第（2）款规定，判决条例不适用于"破产，与公司或其他法人的清算程序，司法和解、和解和类似程序"。See Byers v Yacht Bull Corporation［2010］EWHC 133（Ch）；［2010］BCC 368.

除令）。

9.91　毫无疑问，被《罗马公约Ⅰ》排除适用的事项继续适用普通法的冲突法规则。普通法是否拒绝承认外国破产解除令这一问题在当前仍有探讨必要，其原因如下：

9.92　首先，普通法规则将破产解除令视为合同事项，因此适用合同所指的法律。现代权威们只是叙述普通法规则，而没有去了解合同识别的基础。① 只要仔细研究，就会发现将破产解除令视为合同性问题存在问题。我们先开始看国际私法的识别原则：

> 根据其表征或者分类由法院地法院管辖。然而，是什么样的表征或者分类呢？……正确的做法是不要局限在称呼上，而根据法院地对请求权所代表的真实争议。这需要对相关法律规则的分类进行研究。然而，存在冲突的法律体系的基本原则应该是相互礼让，相应的法律不应该受法院地的法律概念或者其他法律体系没有相应的概念所局限。这些问题不应该被定义得太过狭窄，以致在法院地适用的本国规则在其他法系中不适用……②在普通法中，法律识别包括三个步骤：（1）对相关争议进行分类；（2）选择与法律争议有联结点的冲突法规则；（3）根据争议的联结点确定应当适用的法律……这个程序有着广阔的国际主义精神，根据法院地（这里是英国）的冲突法原则。

尽管这三个步骤很容易区分，但法院在第一步时不应该忽略第二步的选择法律冲突的联结点。三个步骤最主要的目的就是选择争议所适用的法律。在法律识别时，是人为地制造了对问题的分类。其最终目的是为了选择最适合的法律。不顾结果、机械地运用，就与制度设置的目的背道而驰。在第二步中，如果有必要的话，可能还会要求重

---

① eg AWB Geneva v North America Steamships［2007］EWCA Civ 739；［2007］2 Lloyd's Rep 315.

② Macmillan v Bishopsgate Trust（No 3）［1996］1 WLR 387, 407（CA）（Auld LJ）.

新定义，修改此项识别，以便找到最适合的法律。

上述三个过程……不能颠倒也不能单独使用……三个步骤所蕴含的因素相互影响并且循环……但是法律的冲突并不是（像场比赛或者选举一样）僵化的适用规则，而是根据特定的情况寻求适合的法律。①

这样看来，这种方法是对法律问题的性质进行分类。一般来说，这是在确定除英国外适用何种法律的第一步。第二步是找到这个问题"联结点"的冲突法规则。最后一步是根据联结点确定法律的适用……对问题的分类在英国人看来是人为的，其本质的意义是根据问题选择最适合的法律。他们必须进行重新定义或者修改，不管是国际一致同意的法律冲突规范，比如罗马公约，还是英国普通法的产物。②

9.93　根据上面分类规则，破产解除令（因破产而免除合同义务）应该归于何类呢？主要可能有三类：合同，财产和破产。③

9.94　普通法上将破产解除令视为合同的前提是合同当事方将合同法作为解除义务的法律，而不同意适用其他法律，如被告住所地的破产法。

9.95　合同事项强调当事人的自治是可以理解的。"目前合同法中最重要的原则，国际通说是当事人自治。当事人可以自由决定合同相对方和合同内容。"④

9.96　但是破产解除令并不仅仅是一个合意事项。为了进一步厘清，我们先来看看破产法的基础。破产法的实质是如何将不足的资产

---

① Raiffeisen Zentralbank v Five Star Trading［2001］EWCA Civ 68；［2001］1 QB825 at［26］－［29］（适用 Macmillan v Bishopsgate Trust（No 3）［1996］1 WLR 387（CA）案建立的规则）。

② Kommune v Depfa ACS Bank［2009］EWHC 2227（Comm）；［2010］EWCA Civ 579 at［39］－［40］.同样可参见 Wight v Eckhardt Marine［2003］UKPC 37；［2004］1 AC 147 at［12］（"对这种冲突分类的目的是为了确定最合适的法律。这就告诉我们看问题要看实质，而不是只看表象"）。

③ In Wight v Eckhardt Marine，破产的银行的重组计划引发的解除合同义务的争议。枢密院承认了破产解除令，但没有明确这是合同或财产的问题，因为义务履行地的法律及其所在地法是相同的（Wight v Eckhardt Marine at［16］）。

④ Raiffeisen Zentrabank v Five Star Trading［2001］EWCA Civ 68；［2001］1 QP 825 at［34］.

在各个参与人之间公平分配。另一个关键的问题是在债权人之间分配资产的同时，尽可能地尊重权利人破产前的法定权利。美国最高法院也一再说明，"债权人在破产中的权利是根据破产前的实体法所设立的债务人的义务，而这项权利受《美国破产法》约束"①。一旦破产前的法定权利得到确认，债权人要求对破产财产进行偿付的权利就是破产法的问题了，而破产法的立法政策是平等、公平、自由和效率。

9.97　当事人根据合同所设立的权利适用当事人的意思自治，但破产后对当事人破产前权利的处置就不能完全排他性的适用当事人意思自治的原则。

9.98　破产事项不能排他性的适用合同当事人自治原则获得了判例法和法学界的认同。比如，剥夺财产的决定可以被反剥夺财产的合意废止。在 Mayhew v King 一案②中，双方合意的对财产的剥夺并不能让反财产剥夺的原则失效。

9.99　还有很多类似的例子。在新加坡，破产法中的无效行为（申请撤销无合法的优先清偿行为）③ 是不可仲裁的：

破产法上的撤销条款是对保护所有的债权人利益。这就是为什么相关交易根据公司法有法定约束力却仍人可以对其行使撤销权。只有公司进入破产时，才能对低价转让公司资产和不当的优先清偿行使撤销权。如果行使撤销权受私人的安排约束（如公司和享有不当优先权的债权人或受让人之间有仲裁条款），那就难以实现破产撤销权所要实现的政策目标。此时，公司撤销条款下的权利应当根据一般的法律。④

---

①　Raleigh v Illinois Dept of Revenue 530 US 15, 20 (2000); Travelers Casualty Co of America v Pacific Gas Electric Co 549 US 443, 450 (2007).

②　[2010] EWHC 1121 (Ch). See Look Chan Ho, "The Resilience of the Principle against Divestiture in Mayhew v King" (2010) 3 Corporate Rescue and Insolvency 159.

③　"破产程序包括《1986 年破产法》第 238 条和第 239 条相关的机制，《美国破产法》有类似的规定：允许破产管理人（法定代表）出于所有债权人利益对第三人提起诉讼。这些机制是破产集体性程序不可或缺的部分，不仅仅是偶然的程序性事项。"Rubin v Eurofinance [2010] EWCA Civ 895 at [61]。

④　Petroprod v Larsen Oil and Gas [2010] SGHC 186 at [16] (Singapore High Court).

9.100 在美国破产管辖权与仲裁交合的案例也阐明了该点。在 Jalbert vs Zurich American Insurance Company（*In re Payton Construction Corporation*）案中，① 债务人根据第 11 章启动了破产程序，Jalbert 被任命为清算人。Jalbert 有权要求 Zurich 继续控制抵押物，同时根据《美国破产法》取消 Zurich 的重复付款以防止欺诈性转移资产。Zurich 意图提起仲裁，但是破产法庭驳回了，理由如下：

在处理破产案件和相应的民事程序时，执行仲裁及类似条款会干扰破产法和其他联邦法律构建起来的权利、程序和司法管辖权。这个问题不仅仅关乎合同的双方当事人。在破产阶段，Zurich 的相对手……不是债务人而是破产财产的代表人 Jalbert。破产引发了这些争议，《美国破产法》的条款涉及破产财产的设立、债权人的承认和优先性。无论是破产受托人还是持有资产的债务人（DIP）都要根据清算计划，为了债权人利益忠实的收集和清算破产财产。这些事情都是在破产法庭中展开的，国会也针对这些问题进行了缜密的安排……

国会特意赋予破产法庭对许多破产事项的管辖权，而这种管辖权在《美国破产法》中并未进行精确的阐述，因为最大限度的司法管辖权对破产重整、债权人利益最大化、保护破产债务人是至关重要的。即便有些"核心"程序，如对破产财产的请求权、对留置权效力和范围的争议、在非破产法中责任免除争议，这些问题并不都是完全根据破产法产生，但国会设计赋予破产法庭负责此类争议……

破产案件集合性程序，因此设计了特殊的法庭和条款。这种特殊法庭和条款的可以更便捷地解决与破产相关的所有事由，也更可能实现重整，让债务人有重新开始的机会，实现资产最大化并有利于给债权人分配资产。正是因为这种集合性的、独一无二的特点，因此破产案件需要特殊的法院进行裁判，也需要精心地为破产及其相应程序设计规则。国会实际上是希望破产法庭成为债务人、债权人以及破产财产代表人处理破产的主要、常态（哪怕不是排他性）的机构……

---

① 399 BR 352（Bankr D Mass 2009）.

　　破产财产是《美国破产法》第 11 章第 541（a）条拟制的产物。破产财产产生起就脱离债务人成为一个独立的实体。受托人在破产案件中充当破产财产的代表人［11 U. S. C 323（a）］。即便根据第 11 章规定让债务人控制破产财产（DIP 模式）且没有任命受托人的情况下，债务人持有资产也要以受托人身份，对破产财产行使权利履行义务［11 U. S. C 1107（a）］。在本案中，将破产财产转移到破产清算受托人，这就赋予 Jalbert 作为受托管理人，为债权人利益服务履行破产受托人的权利和义务……

　　执行仲裁协议将让 Jalbert 不得不在很远的法院、根据不熟悉的规则下进行诉讼，花费大量的费用还可能拖延诉讼时间。如果仲裁条款可以适用这些破产事项，这些条款将会很快出现在消费信贷协议中，受托人和债务人将不得不根据不同案件在不同地方参与破产事务的处理，每一方都会反对在另一个法庭审理该案。这就违背了避免耗散各方精力和财产的破产制度的初衷。

　　破产法庭将以上的考量总结如下。有关破产财产的事由，包括对破产财产的请求权和反诉、收回和清算财产。国会通过地方法院，给予破产法庭对于破产事项的最终裁判权，从而推动破产财产便捷的清算。便捷性也是通常破产清算的考量因素。（Jalbert，债务人，债权人）作为本案的利害关系人从没有放弃对这些问题进行司法裁决的权利。考虑到这些因素，仲裁和破产法的目标存在着内在的冲突，国会目的是让予司法机关裁决破产事项。[①]

　　9.101　正如读者预期的，根据美国法，破产程序也可能不承认法院地选择条款的可执行性：

　　作为一般规则，国际合同中的自由谈判建立的选择法院的条款，在其并未受到欺诈，契约相对方不当的影响时，如果没有强烈的证据表明该条款应当不被执行，应当承认法院地选择条款的法律效力……然而，撤销债务人欺诈性转移资产或不当的优先清偿的诉讼属于破产

---

　　①　See also in re Nat'l Gypsum Co 118 F 3d 1056（5th Cir Tex 1997）.

法院的管辖范围……如果与诉讼相关的协议属于破产事项，占有财产的债务人或受托人，或者根据其授权建立的委员会不受选择法院地条款的约束……这个原则将所有破产相关的事项集中到破产法院以便促进公共利益。① 尽管存在强烈的政策支持选择法院的条款，这个政策并没有强到让破产法院可以执行选择法院的条款。② 法庭一致认为选择法院的合同条款并不是自动地成为可执行条款，因为执行这一条款会损害破产程序的目标……而判决也隐含着这样一种认识，即选择法院地条款与破产程序有着潜在的冲突。③

9.102 欧盟在这一问题也有着一致的看法：

破产法可能对当前的合同产生影响。如在双方互相负有义务时候，清算人有权继续履行或者终止待履行合同。该条规则目的为了保护破产财产，以便履行合同损耗债务人资产。④

原则上来说，合同双方当事人的权利、义务以及合同的效力（例如履行、终止和免除）适用合同法，而适用的准据法则根据国际私法规则……然而，为了实现破产目标，破产法允许对合同进行必要的干涉……这些破产效干涉并且高于根据非破产性的冲突法规则（如1980年的《罗马公约》）所确立的合同法。破产程序所在地法将决定启动破产程序是否可以修改或终止合同（"根据事实本身"，破产能否取消合同）以及公司清算人继续履行或解除合同的权利。⑤

9.103 破产解除关于破产后对破产前建立的权利的处置。对于破产解除义务的承认关于合同相对方是否可以以损害其他债权人的方式实现其债权，而其他债权人并不是合同的当事人。此外，允许一个

---

① In re Commodore International, Limited 242 BR 243, 261 (Bankr SDNY 1999).

② In re Iridium Operating LLC 285 BR 822, 837 (SDNY 2002).

③ In re Brown, 354 BR 591, 602 (DRI2006)，同等效力可见 Wachovia Bank Nat'l Ass'n v Encap Golf Holdings, LLC 690 F Supp 2d 311 (SDNY 2010)。

④ Virgos-Schmit Report on the Convention on Insolvency Proceedings (1996年7月)，第116段。

⑤ Miguel Virgos and Francisco Garcimartin, The European Insolvency Regulation: Law and Practice (The Hague: Kluwer Law International, 2004), 121-122.

合同交易相对方的破产债务解除相当于在没有经过其他债权人的同意下，没收他们的财产。

9.104　因此，因为破产法涉及的不是合意的事项，合同双方当事人并没有选择一个国家的破产法去解除合同义务是无关紧要的。

9.105　第二，现存的美国法律体系可能"促进了当前适用的国际性原则"。① 自从19世纪以来，美国最高法院始终认为美国的破产管辖权是对物管辖权：

对公司破产的裁定本质上是一种对物的裁定，也与公司的状况相关……②

通常而言，破产程序本质上是一种对物的程序……③

依据国会权力通过并建立一个全美统一的破产法，其目的为了将不管哪里找到的破产财产置于法庭的控制之下，以实现债权人的公平分配。提交的申请书即是让法院确认破产状态、处置财产和分配。该管辖权具有排他性，自提出破产申请之时即对财产拥有对物管辖权。④

整个债权申报、认可和分配的过程，简而言之是对物所代表的利益的裁决。⑤。

破产管辖的核心是对物的管辖……从18世纪到现在一直如此。破产法院对破产财产的裁定权包括颁布有助于管理和分配资产的强制令……破产管辖主要是对物的管辖。⑥

9.106　破产债务解除同样是对物的事项：

破产程序本质上是对物的程序，裁定破产以及解除义务，正如法院在以往的裁定中所述的是对状态的确认。⑦

---

① Raiffeisen Zentralbank v Five Star Trading［2001］EWCA Civ 68；［20（川1 QI3 825 at（42）.

② New lamp Chimney Company v Ansonia Brass and Copper Company 91 US 656, 661 – 2（1876）.

③ Hanover Nat Bank v Moyses 186 US 181, 192（1902）.

④ Straton v New 283 US 318, 320 – 1（1931）.

⑤ Gardner v State of New Jersey329 US 565, 574（1947）.

⑥ Central Virginia Comm College v Katz 546 US 356, 362, 369（2006）.

⑦ Local Loan Co v Hunt 292 US 234, 241（1934）.

破产法庭所裁定的债务免除类似于对物的程序……破产法庭能够给债务人以这种方式提供全新的开始，尽管并非所有的债权人都参加，因为破产裁定是根据债务人和他的财产，而不是根据债权人……破产法庭的对物的管辖允许其决定任何人对物、行为和财产的请求权。破产程序具有对世性。① 法院对债务人的义务的免除是其行使对物的管辖的一部分……②

9.107 如果礼让原则，英国法庭将会将破产债务免除作为一个对物的问题进行分类，对国外免除的承认将会成为承认外国对物判决的问题。③ 因此由合同债务产生的破产债务免除将会成为一个所在地法的问题。

9.108 第三，尽管英国法庭遵循枢密院在 Navigator 案中的决定，由此认为外国破产债务免除的裁定既非对物，亦非对人④，枢密院的决定与以下的论点保持一致：即合同债务的破产免除并不是根据合同法由双方合意的事项。

9.109 第四，在普通法规则将义务的解除视为合同法问题仅仅是合同当事人的假设。人们总希望将双方意思自治凌驾于破产法之上，但这一观念现实吗？1883 年美国最高法院已经写道：

任何一个与外国企业交易的人都默示地将自己置于外国政府法令的支配下，诸如成文的与习惯的政策，与此同时，他们也影

---

① Tennessee Student Assistance Corp v Hood 541 US 440, 447 – 8（2004）.

② Ransom Jones v Cordray（In re Cordray）347 BR 827, 837（Bankr ND Tex 2006）.

③ 事实上，英国传统的观点认为破产管辖权也是对物权。破产管辖权仅有权处理破产财产，但其不能决定何为破产财产。如果这是一个法律问题，其必须通过法律规定；如果这是一个公平问题，其必须在此法庭解决。一旦确定了何为破产财产时，对破产财产的管理属于破产法院的管辖权。Halford v Gillow（1842）60 Eng Rep 18, 20。

④ 有人曾提议，枢密院对国外破产令的匿名分类是非常有问题的，看起来很站不住脚，因其未获得当局支持。见 Look Chan Ho, "Navigating the Common Law Approach to Cross-Border Insolvency"（2006）22 Insolvency Law Practice 217. 该种分类在 Rubin v Eurofinance [2010] EWCA Civ 895 一案中被遵循，对此批判可见 Look Chan Ho, "Recognition Born of Fiction: Rubin v Eurofinance" [2010] JIBLR 579。

响着外国企业的权利与义务。实际上，缔约人使自己与外资企业签订的合同服从于外国政府的政策，在与缔约人相似的情境中，这些政策也约束着其他人——这些人，就对与外国企业订立的合同的履行与效力来讲，都处于外国政府管辖之下，外国政府为促进其政策的施行无论做出什么（行为）都必然对缔约人有约束作用。缔约人也确定无疑地被看作与对外国政府的这些法令的一种看法订立了合同，因为该企业必须遵守这些法令，且其也无权选择跟它冲突的其他法令。因此，企业住所地依据这些法律的授权所作出的免除公司义务的行为，该公司在其他地方同样免除义务①。

9.110　与国外当事人缔约意味着服从该国法律，尽管这一观念可能有待考究。毋庸置疑的是，人们了解债务人所在地的法律受破产程序的影响，而这将影响合同当事人之间的谈判，除此以外其他的想法都是幼稚的。比如，一个英国人与一个法国人选择英国法为其合同适用的准据法，前者应想到后者的合同义务可能会被法国破产程序所免除，而英国法院也会根据《欧洲委员会 2000 年 5 月 29 日第 1346/2000 号的破产条例》（《欧洲破产条例》）承认免除义务。

　　X 是一家主营业地在法国的公司。通过一纸根据英国法订立的合同，在英国营业的 A 同意出售铜给 X。X 拒绝接收 A 提供的铜矿并为之付款。随后，X 在法国启动了破产程序如清算（该程序被视为主要破产程序），根据法国法免除了 X 的债务。A 在英国对 X 进行索赔，尽管根据合同的准据法即英国法，X 的义务不得被免除，但根据《欧

---

　　① Canada Southern Railway Company v Gebhard, 109 US 527, 537 – 8 (1883)；之后是 In re Board of Directors of Multicanal SA 307 BR 384 (Bankr SDNY 2004). 这一观点被 Farley J 在 Re Cavell Insurance Co 2005 Can LII 4094 [14] 中被采纳（安大略高等法院），其在英国也得到了呼应，如 Firswood v Pestra Bank [1996] CLC 608, 618（债权人选择与一家在约旦注册的公司签订合同，由此适用约旦法律对公司资产进行分配的优先规则，这种优先规则并没有和英国的公共政策相冲突）。也可见 Jay Lawrence Westbrook, "Chaprer 15 and Discharge" (2005) 13 American Bankruptcy Institute Law Review 503。

洲破产条例》，英国法院必须承认法国法院的裁定，因此在英国的索赔不会成功。①

9.111 笔者也不得不指出 Dicey，Morris，and Collins on the Conflict of Laws 这本书中出现的错误：

> 根据一份英国合同，在英国营业的 A 同意将铜矿出售给一家在法国营业的 X 公司，后者拒绝接收并为这批铜矿付款。随后 X 公司在法国启动破产程序，根据法国法，其对 A 应尽的义务被宣告免除。但在英国，X 公司仍然对 A 的损失负有赔偿责任，因为 X 公司的免责在合同的准据法即英国法下不发生效力。②

9.112 上述论述并没有考虑到《欧洲破产条例》。

9.113 简而言之，"根据相应解除义务的法律会实现缔约双方的预期"③，然而当涉及《欧洲破产条例》④ 时，这一说法并不准确，而且在这样一个 "国际私法已经逐渐将商业的跨国属性及跨国破产囊括其中的时代"⑤，这一说法也不现实。

9.114 第五，上述载于 Dicey，Morris，and Collins on the Conflict of Laws 中的这篇文章不正确，不仅仅是因为其忽视了《欧洲破产条例》，其也犯了原则性错误。它将破产免责制度视为罗马公约及其扩

---

① Lawrence Collins （ed），Dicey，Morris and Collins on the Conflict of Laws 14th edn （London：Sweet & Maxwell，2006），1453（脚注）。若 X 是一家法国银行也是如此，适用欧洲议会和欧盟理事会的 2001/24/EC 指令指导下的 2004 年信贷机构（重整与清算）条例以及 2001 年议会通过的关于信贷机构重整与清算的规定。

② Lawrence Collins （ed），注解 121，1620 ［脚注引用了罗马公约第 10（1）（d）条关于适用合同义务的法律规定，法条略］。

③ Wight v Eckhardt Marine ［2003］UKPC 37；［2004］1 AC 147 at ［12］．由枢密院的裁决来看，尚不清楚这一观点是部分法官的观点还是获得了一致的认同。

④ 相关条款：欧盟议会和欧盟理事会 2001 年 3 月 19 日关于《保险企业重整与清算指令》（2001/17/EC），以及 2001 年 4 月 4 日《信贷机构重整与清算指令》（2001/24/EC）。

⑤ Re Cavell Insurance Company （2006）269 DLR （4th）679 at ［54］（Ontario Court of Appeal）.

张解释①的范畴。如上所述，《罗马公约Ⅰ》并不适用破产，破产免责应属于破产法领域内，《罗马公约Ⅰ》的1（2）（f）条已经将公司债务人排除其适用范围。

9.115　这也与 Base Metal Trading v Shamurin② 一案中的裁决一致，在该案中，根据《罗马公约Ⅰ》的1（2）（e）公司董事责任问题属于公司法的范畴。Arden LJ 说公司董事责任问题从法律上来说不根据公司与其董事所签订的合同内容来确定，而要考虑保护股东和债权人的保护。③

9.116　就债权人的保护这一问题而言，破产免责制度与其有许多类似之处。它根据相关的法律而非债务人与其他缔约方签订的协议内容。

9.117　第六，如果认为执行外国破产免责是荒谬的话，这就错了。即使损害了美国成文法授予的权利，很多美国法院还是愿意承认外国的破产免责裁定。在 Canada Southern Railway Company v Gebhard 案中，受加拿大重整计划约束的美国债权人（加拿大铁路公司的债权人）在纽约提起了诉讼要求实现债权。尽管铁路公司的大部分债权人及股东、加拿大议会批准了重整计划，但是原告既没有同意重整计划也没有承认加拿大法院的管辖权。美国最高法院认为原告受重整计划约束并驳回了原告的请求：

> 破产法对管辖范围内所有的主体具有约束力，这一点与破产法的精神吻合，也是各国所公认的。除非有关各方当事人，无论住所为何处，都受到重整计划的约束，否则将无法实现重整的目的。

---

① Lawrence Collins（ed），Dicey，Morris and Collins on the Conflict of Laws，Second Supplement to 14th edn（London：Sweet & Maxwell，2008），229 – 30.

② ［2004］EWCA Civ 1316；［2005］1 WLR 11 S7.

③ Base Metal Trading v Shamurin［2004］EWCA Civ 1316；［2005］1 WLR 1157 at［74］and［76］.

所有本国债权人都受到重整计划约束。我们所需做的是让外国当事人也受到约束。这类似情形下，国际礼让的精髓则要求在本国已经合法化重整计划也应当为他国所承认。在加拿大发行的债券在美国支付这一事实并不重要，在确定缔约各方合同所适用的法律才有用。

除公司所在地国家的公民之外，其他国家的公民可以拒绝与创设了不公平的法律所在国的公司签订合同，从而保护自己利益。[①]

9.118 承认一个境外破产免责案件时，美国法院给出的理由显示这一领域的国际私法问题不仅仅关乎诉讼当事人的私人利益：

对一个终局的境外破产判决给予国际礼让的根本原因在于，当各方均已将案件详细地展示在一个完全享有管辖权的法院面前之后，案件就应当结束。对于境外破产程序的国际礼让的延展，比如中止或禁止对债务人及其财产提起的诉讼的开始或继续，则有另外一套不同的原因。

给予境外破产程序国际礼让让债务人的财产以一种公平、有序和系统而非杂乱、无序且零碎的方式进行清算。因此，美国法院一贯承认外国法院在对本国商业实体进行清算或终止营业过程中的利益[②]。

9.119 所以笔者认为英国普通法仍拒绝承认境外破产免责案件的这一做法已经过时了。进步的正确途径是抛弃传统的做法，发展一套合适的准据法规则以使英国法院能够承认并执行境外破产免责。这套准据法规则应当服务于普遍主义的理论，即所有的破产财产及债权申请的管理均应统一适用债务人母国法。[③]

---

① Canada Southern Railway Company v Gebhard, 109 US 527, 539（1883）；Continental Illinois National Bank v Trust Co v Chicago, Rock Island v Pacific Ry Co 294 US 648（1）35 and In re Board of Directors of Multicanal SA 307 BR 384（Bankr SDNY 2004）.

② Cunard Steamship Company v Salen Reefer Services AB773 F 2d 452, 458（2d Cir NY 1985）.

③ Cf Look Chan Ho, "Conflict of Laws in Insolvency Transaction Avoidance"（2008）20 Singapore Academy of Law Journal 343.

待履行合同

9. 120　三个例子将阐述在适当情形下适用外国法是与示范法的精神相一致的。

9. 121　第一，假设以下情景：（a）一家航运集团需要根据《美国破产法》第11章进行债务重组；（b）其主要营业地位于美国；（c）其很多租船契约适用英国法，且合同约定了破产终止条款；（d）很多船主生活在英国。如果该航运集团想要重组成功，它需要确保其根据美国法启动破产程序时，船主不会终止租船契约。

《美国破产法》禁止因破产而终止履行合同。然而这些英国籍的船主不愿受美国管辖而因此无视美国的这项禁止。在这种情形下，尽管根据英国国内法这种终止是被允许的，美国的破产代表人会申请英国法院根据英国示范法进行承认与协助，这些救济的依据是第21条，该条如法炮制了美国对终止租船契约的禁止。该英国法院若以不能适用《美国破产法》而拒绝给予承认，这将是不幸的结果。也与英国示范法的条文和精神相冲突。

9. 122　第二个事例来源于 In re Probulk Inc. 案[1]。启动美国清算程序的债务人运营并拥有远洋冰箱、干散船、油轮、集装箱和冷藏船。尽管船舶登记在国外，债务人通过总部设立在纽约的办公室进行营业活动。清算人想尽快有效地终结债务人的事务。清算人必须让船只完成剩下的行程，如果清算人不去管船舶是否仍然停留在途中，船员是否将船开到合适的港口，船上的货物是否会变质等问题，这将导致清算中的混乱局面。而这要求继续为这些船只上保险。

9. 123　两位保险人分别是 UK P&I Club 以及"北英格兰保险与赔偿有限公司"（UK Clubs）。理赔条件适用英国法，并包含了解除条款。该条款规定被保险人进入破产程序时，保险合同自动终止。因此"北英格兰保险与赔偿有限公司"主张保险合同已终止。

---

[1]　407 BR 56（Bankr SDNY 2009）.

9.124　然而，美国破产法院同意了清算人的申请，禁止保险人取消保险并要求保险人对破产前的保险合同做必要的修改。

法院认为，保险人依据"北英格兰保险与赔偿有限公司"的保险政策中的解除条款违反了《美国破产法》第541（c）（1）（B）条是无效的，① 任何企图让这一解除生效的行为都违反了《美国破产法》第362条要求的自动中止。

9.125　美国的破产法院也驳回了"北英格兰保险与赔偿有限公司"对法院拥有属人管辖权的异议：

"在诸如此类的案件中，清算人已经证明了各当事人间的联系和对美国造成的实质效果，同时也表明了授予禁令的必要性和不授予禁令的严重后果，境外实体不得保持沉默或逃避责任。如果其他规则允许在美国有实质业务的外国实体可以通过属人管辖的争议而不受中止的影响。这将落空自动中止条款所要达到的目标。"②

9.126　如果"北英格兰保险与赔偿有限公司"不遵守美国法院的禁令，而美国清算人根据英国示范法要求英国法院给予援助。如果英国法院出于法院不能适用美国法的理由而不根据第21条颁布禁令，那将导致不幸的结果。而这也将与英国示范法的条文和精神相冲突。

9.127　第三个例子外国银行处置措施。假设一个外国的处置措施建立了一个"好银行"和"坏银行"并涉及受英国法管辖的资产和债务转移③。如果处置措施被视为外国程序，而英国由于不能适用外国法律从而根据第21条承认外国的资产转移，这又将是一次莫大的不幸④。

----

① 第（541）（c）（1）（B）条显示，除了规定的例外情形，债务人的财产利益属于破产财产。"不得利用任何协议条款……或可适用的非破产法……规定破产时占有、限制或剥夺债务人财产。"

② In re Probulk Inc 407 BR 56, 64（Bankr SDNY 2009）.

③ Cf the Northern Rock plc Transfer Order 2009.

④ 倘若案件属于2004年的《信贷机构重整与清算条例》范围，英国法院将会承认资产转移。为了实施欧洲议会与欧盟理事会2001年4月4日通过的《信贷机构重整与清算指令》（2001/24/EC）指令，英国制定了《信贷机构重整与清算条例》。

撤销交易

9.128　根据英国示范法第 23 条规定，外国代表人可以根据相关法律有权在英国法院申请撤销损害债权人利益的交易，《美国破产法》第 238、第 239、第 244、第 245 和第 423 条体现了上述内容。

9.129　然而，英国法院是否可以依据英国示范法适用外国法律推翻先前的交易，这个问题仍未有确定的答案。本文认为，第 21（1）（g）条给英国的破产职业者提供了获得救济的最直接路径。

9.130　英国法院应当从美国法院在 In re Condor Insurance Limited①案件的裁决中获得灵感，该案主要涉及《美国破产法》第 1521 条。②该案中，债务人是一家依据尼维斯法律而成立的保险公司，2007 年 5 月对该公司进行了清算。2007 年 8 月，美国根据《美国破产法》第 15 章承认其为外国主要程序。境外清算人认为，债务人将超过 3.13 亿美元资产欺诈性的转让给被告，并且许多资产位于美国。

境外清算人根据《美国破产法》第 1521 条要求返还资产。诉讼的事由符合尼维斯法律的规定，即违反忠实义务转让财产、违反忠实义务不诚实的为资产转移提供协助、《伊丽莎白法 1571》之下的欺骗性转让，以及根据尼维斯破产法清算申请后对财产处置无效的规定。

9.131　第五上诉巡回法庭认为，破产法院可以在《美国破产法》第 15 章程序中根据外国法律撤销交易。其建设性的推理如下：

尽管成文法否定境外破产代表人可以根据第 7 或第 11 章节撤销交易的权力，并不意味着国会意图否定外国破产代表人根据可适用的

---

①　601 F 3d 319 (5th Cir Miss 2010).

②　《美国破产法》第 1521 条与英国示范法第 21 条有类似的规定。其中一个主要的区别是第 1521（a）（7）规定：在承认外国破产程序时，法院除了按照第 522、第 544、第 545、第 547、第 548、第 550 和第 724（a）条规定的措施处理破产前无效交易行为外，还可以给予其他合适的救济。第 1523 条还规定如果债务人进入第 7 章或 11 章规定的破产程序，则外国破产代表人有权提起撤销交易的诉讼。相比而言，英国示范法第 23 条规定即便债务人在英国没有进入破产程序，外国破产代表人也可以根据《1986 年破产法》提起撤销先前交易的诉讼。

外国法行使撤销权。如果国会希望禁止此类撤销行为，它早就这么做了，但它并没有这样做。

第 15 章所阐述的目的以及整体框架反映了国际性趋势并且提供了答案：《美国破产法》第 1521（a）（7）条并没有排除外国法的撤销行为。无论如何解释第 15 章的内容，该章并没有限制联邦法院适用外国法律的权力。

第 15 章授权地区法院一旦承认了外国程序，就可协助外国破产代表人。法律并没有规定提供救济的例外情形。尽管从字面解释并没有明确规定适用外国撤销的法律，但对地方法院权力的扩张性解释有助于促进国际礼让原则。考虑到美国在最紧要的关头为促进跨国贸易所做出的努力，这种解释有着重要的意义。

当不同国家对同一份财产适用不同的破产法时，就产生了冲突法上的争议。撤销规则具有对债务人财产再分配的效果，消除债务人与债权人之间的交易，将撤销所得根据法律规定的优先性规则分配给全体债权人。因此，撤销规则是破产法体系不可或缺的一部分。当法院糅合不同的破产法目标时，任何特定的破产法体系的目标都无法实现，而最终的结果（最终分配）可能无法实现单独使用某个破产体系所要的结果。在示范法协商过程中，就表达了这种担忧。

第 15 章的起草者，针对《联合国国际贸易法委员会》的辩论上提出的担忧，将让美国第 7 和第 11 章的破产程序都适用撤销规则，法院也可以决定财产分配所适用的法律。根据第 15 章的辅助程序涉及撤销问题时并不牵涉法律选择的问题，这是因为法院不需要设立独立的破产财产。无论适用外国法的辅助程序还是适用本国法的主要程序，撤销和分配之间都有紧密联系，这种联系可以避免因适用不同国家的法律所导致的更难以解决的冲突法问题。

有人担心外国破产代表人可能仅仅为了获得撤销权而启动一个次要的破产程序，而外国法并没有规定这项撤销权。当外国法没有规定撤销权时，在美国启动破产程序并不能让代表人根据《美国破产法》拥有撤销权，遵循国际礼让原则并不意味着允许挑选法院地（forum shopping）。

此案很形象地展示了适用第 15 章程序对于《联合国国际贸易法委员会》代表们的担忧的回应。境外破产代表人并不寻求混合适用美国法与外国法，他们只想适用尼维斯法。破产代表人并没有通过美国的程序获得尼维斯法中没有授权的权力，通过在美国发起的程序并没有危及尼维斯法的分配体系也没有适用相互冲突的撤销规则。

国会并不想限制美国法院适用发起主要程序的国家的法律。拒绝这么做的后果便是方便了债务人为躲避本国法院的管辖将资产转移至美国，从而导致境外破产代表人在美国为恢复被欺骗性转移的财产而提起更昂贵的诉讼，这种结果正是第 15 章所要避免的。我们并不相信国会已经不知不觉地与（债务人）达成了此项默契，否则根据第 7和第 11 章提出主张的境外保险公司将被驳回。我们也不相信境外诉讼代表人只需要对尼维斯的法律给出一个答案。并不是所有的被告人都属于尼维斯法院管辖。

根据《美国破产法》第 15 章适用外国法并不会让美国法院通过界定国内制度而更依赖外国。让联邦法院启动次要的程序有助于保护美国当地的债务人和那些在海外拓展业务的债权人。对规则的预期有利于他们放贷时的风险估算和管理公司。

简而言之，第 15 章体现了国会对与利益相关国家建立合作关系的努力。这将有助于促进国家在国际贸易方面获得更高的份额。

正如第 15 章旨在促进美国法院与境外破产程序之间的合作，我们根据这一原则解读《美国破产法》第 1521（a）（7）条，认为法院有权根据该条适用外国的撤销法。[1]

适用外国破产法的案例
雷曼兄弟/永恒信托
9.132　通过分析本案，我们将探讨雷曼兄弟破产所引发的"掉

---

[1]　601 F 3d 319，324 - 9（5th Cir Miss 2010）。

期交易相对手"可执行性问题。

9.133 "永恒信托公司"（债券持有人）是雷曼特殊目的公司所发行的信用风险相关的债券的持有人。债券发行人和"雷曼兄弟特殊金融公司"（LBSF）签订了信用违约掉期协议（适用英国法）规定了债券的条款，而 LBSF 作为掉期的交易对手。"BNY 公司信托服务有限公司"为债券发行人对债券持有人和 LBSF 公司的义务提供了担保，该公司为担保财产设立了信托。信托协议规定，LBSF 对担保物的受偿权优先于债券持有人，一旦 LBSF 公司不能支付到期债务，则债券持有人优先于 LBSF（"优先权倒转条款"）。

9.134 2008 年 9 月 15 日当雷曼兄弟申请破产时，LBSF 也不能支付到期债务。

2009 年 5 月债券持有人在英格兰启动了一起针对受托人的诉讼，要求法院确认持有人对担保物的权利优先于 LBSF。

9.135 LBSF 公司不承认债券持有人的优先权。2009 年 5 月，LBSF 公司在美国破产法院提起诉讼，主张债券持有人所依据的优先受偿权违反了美国破产法，因为其因为破产申请而改变了合同所规定的债务人利益。

9.136 LBSF 公司也参与了债券持有人在英格兰发起的诉讼。该公司主张因破产而引发的优先权顺序更换不符合英国法，因为其违反了反剥夺原则，并寻求中止在美国破产法院的 LBSF 公司与受托人之间的诉讼程序。LBSF 公司给出的中止理由包括在 CBIR 之下将涉及破产程序的协助问题。债券持有人认为美国破产法院不会向英国法院申请协助。持票人主张英国法院无权根据 CBIR 适用外国法，即本案中的《美国破产法》。LBSF 公司主张英国法院根据英国示范法第 21 条有权适用外国法。

9.137 法院在一审①中认为优先权倒转条款没有违背英国法的反

---

① Perpetual Trustee Company v BNY Corporate Trustee Services [2009] EWHC 1912（Ch）；[2009] 2 BCLC 400.

剥夺原则。① 法院认为在外国破产代表并未要求英国法院给予协助的情况下，现在讨论法院是否可以根据英国示范法适用美国法为时过早。因此，法院并未讨论这一问题。如果 LBSF 公司随后拿到了美国法院关于优先受偿权倒转条款与美国破产法抵触的命令，其可以随时请求英国法院适用美国破产法。

9.138　随后，美国破产法院认为"优先受偿权倒转条款"事实上违反了《美国破产法》第 365（e）（1）和第 541（C）（1）（B）（ii）条，而且任何由 LBSF 公司破产申请所导致的执行此类条款的行为均违反了《美国破产法》第 362（a）的规定。② 美国破产法院随即注意到，如果考虑到英国法院确认债券持有人优先权适用于永恒公司在英格兰对其提出的主张而做出的相反判决，此判决将 BNY 置于一个困难的境地。在这种情形下，需要英美双方法院以一种协调合作的方式调和彼此相互矛盾的判决③。

9.139　部分英国破产职业者认为，英国法院在类似的案件中将不考虑美国法，因为英国法院不会适用外国法而让受英国法管辖的合同条款归于无效，其理由就是 Gibbs 案也不承认外国的破产免除令。这种主张显然站不住脚。首先，假定 Gibbs 案中法律适用正确，永恒受托人案中的事项并非承认一起传统上被认定为合同事宜的境外破产免责案件。其主要事项为在破产案件中根据事实本身判断的有效性，而非一项合同。这与上文所探讨的 In re Probulk 案中的英国保险政策里的解除条款如出一辙。正如美国破产法院正确地指出的那样，解除条款的效力以及对《美国破产法》中第 541（c）（1）（B）以及 362（a）条的适用不受 UK Clubs 合同条款的支配。这些事项暗含破产法的核

---

① 上诉法院支持了这一判决：Perpetual Trustee Company v BNY Corporate Trustee Services ［2009］EWCA Civ 1160；（2010）3 WLR 87. 对于上诉法院推理的批评，参见 Look Chan Ho, "The Principle Against Divestiture and the Pari Passu Fallacy"（2010）25（1）Butterworths Journal of International Banking and Financial Law 3。

② Lehman Brothers Special Financing Inc v BNY Corporate Trustee Services Limited, 422 BR 407（Bankr SDNY 2010）.

③ 422 BR 407, 423（Bankr SDNY 2010）.

心条款以及破产关注的核心问题。①

9.140 第二，由于上述原因，英国法院根据示范法颁布禁令时会适用外国破产法。

无论普通法持有何种立场，英国示范法的运行将会削弱管辖合同的英国法的作用。在 Re Samsun Logix Corporation 案中，② 韩国的重整程序被视为在英格兰的主要破产程序而中止了在伦敦的仲裁程序，而仲裁条款适用英国法。

9.141 相应地，本文认为英国法院在承认美国破产法院的判决的过程中，应当适当地达到一种和谐的状态。亦即，如果 LBSF 公司根据英国示范法③申请协助，英国法院应当像美国破产法院④决定的那样，适用美国破产法给予救济。

总体合作条款

9.142 英国示范法包含了一系列涉及国内法院和外国破产代表人、法院之间的合作、⑤ 协调当地和外国破产程序的条款。⑥ 其他地方已经细致地研究了这些条款。⑦

对英国示范法的最后点评

9.143 英国示范法在银行破产领域的适用还有待研究。尽管有

---

① In re Probulk Inc 407 BR 56, 62 (Bankr SDNY 2009).

② [2009] EWHC 576 (Ch); [2009] BPIR 1502.

③ 2009 年 11 月 24 日，英国根据示范法将 LBSF 的第 11 章程序承认为外国的主要破产程序。

④ 或者，英国法院根据 Rubin v Eurofinance [2010] EWCA Civ 895 案的先例，也可以承认美国的破产判决。然而，眼下适用先例的困难在于英国的相反的判决，根据英国破产法优先受偿权倒转条款是有效的。如果英国法院根据准据法法规则适用美国破产法，认定优先受偿权倒转条款无效，就不会出现互相冲突的判决。否则，美国破产法的无效判决将没有实质意义。

⑤ 第 25 和 26 条。

⑥ 第 28 至 30 条，也可参见 In re British Americctn Insurance Company Limited, 2010 Bankr LEXIS 757 (Bankr SD Fla, 22 March 2010)。

⑦ Look Chan Ho (ed), Cross-Border Insolvency: A Commentary on the UNCITRAL Model Iaw, 2nd edn (London: Globe Business Publishing, 2009)。

关主要营业地位置的讨论不太可能与银行破产程序搭边，但是关于与2009 年银行法相似的境外银行处置措施是否属于英国示范法之下的外国破产程序，这个问题还存在着一定的不确定性。

9.144 如果境外银行破产案件有权根据英国示范法被承认，就英国法院是否能够适用外国法给予救济的这个问题，也存在着一定的不确定性。本文认为可以适用外国法是英国遵循示范法的文本和精神的表现。

9.145 关于外国破产免除的承认问题，传统的情况下专注于争议的合同性问题，随着欧盟 2001/24 指令、破产条例和 2001/17 指令的颁布，已经解决了这一问题，普通法亟待打破这种不合时宜的现状。

结 论

9.146 跨国银行的破产处置工作刚刚起步。在英国的《2009 年银行法》建立的特殊处置机制仅适用于在英国注册的机构。建立一种机制以解决那些在其他国家设有分部或子公司的陷入困境的银行，这是一件需要从更广的视野看跨国的危机管理。

9.147 尽管面临着不少困难，已有相当数量的国际性倡议促进了这个领域的发展。就这一点而言，国际货币基金组织提出的《加强跨国银行处置合作的框架》是一个可喜的进步。它包含软法和正式的国际组织提出的标准，与"联合国国际贸易法委员会"以及金融稳定理事会和巴塞尔跨国银行破产处置组的各项工作并行不悖。当然了，它的意图受到了当今的政治需求与政治制衡的束缚，但其无疑朝着正确的方向迈出了一步。

（张紫涵译）

10

范围问题：特别法在多大程度上
适用系统重要性金融机构？
"大而不倒"的退出路径

Thomas F Huertas & Rosa M Lastra[*]

简　介

10.01　系统重要性金融机构（SSFIs）是 2007 年金融危机的核

---

　* Thomas F Huertas 系英国金融服务局局长，Rosa M Lastra 系英国伦敦大学玛丽皇后学院商法研究中心国际金融与货币法教授。

心焦点①，这些机构的破产造成了巨大损失并将世界经济推向了债务通缩的恶性循环②，只有通过政府的大规模干预才能扼制衰退。与1933 年"大萧条"的说法相区别，世界经济在本书写作时（2010 年7 月）正经历着经济学家所谓的"大衰退"。

10.02　政府干预有两种形式。首先，各国政府采用了在和平时期空前规模的货币与财政刺激。其次，各国政府在 2008 年 10 月作出承诺，不让任何系统重要性金融机构破产。

10.03　各国政府和央行已经在规划货币与财政刺激的退出路径，此外各国还需构建针对"大而不倒③"的退出路径。本章将探讨上述退出路径。

"大而不倒"的可谴责性④

10.04　"大而不倒"具有双方面的可谴责性。如果政府决定支持具有系统重要性的公司，那么"大而不倒"就会带来负面影响。道德风险侵蚀正确的风险定价⑤，扭曲了竞争，为政府制造财政负担，最终由纳税人承受。但如果政府决定不支持系统重要性金融机构而市

---

① 对 2007 年金融危机前的"大而不倒"问题的全面回顾，参见 Gary H Stern and Ron J Feldman, *Too Big to Fail：The Hazards of Bank Bailouts*（Washington, DC：Brookings Institution, 2004）and Frederic S Mishkin, "How Big a Problem is Too Big to Fail? A Review of Gary Stern and Ron Feldman's Too Big to Fail：The Hazards of Bank Bailouts"（2006）44（4）*Journal of Economic Literature* 988。

② 参见 2009 年《时代》杂志采访 Ben Bernanke：Richard Stengel, John Huey, Michael Duffy 及 Michael Grunwald, "Too Big to Fail is One of the Biggest Problems We Face in this Country"（2009）174（25）*Time* 76。

③ 关于"大而不倒"的历史，参见：George G Kaufman, "Too Big to Fail in Banking：What Remains?"（2002）42（3）*Quarterly Review of Economics & Finance* 423, 425 – 7。

④ 本节基于 Thomas F Huertas 的论文，"Improving Bank Capital Structures", paper presented at the LSE Financial Markets Group Seminar on Modigliani-Miller in Banking, 18 January 2010。

⑤ 关于信用评级、价格风险和隐性补贴的关系，参见 William M Isaac（former chairman of the US FDIC）and Cornelius Hurley, "To End TBTF, Remove 'Subsidy'"（2010）175（68）*American Banker* 8。

场对政府支持抱有预期，"大而不倒"也同样有不利后果①。

10.05 为了说明原因，我们来看看私营机构债权人在向金融机构（FI）贷款时所承担的风险②。债权人遭受损失的风险由两个因素组成：

（a）金融机构需要干预的概率；以及

（b）干预后的损失。

10.06 前者取决于金融机构资产的风险性，杠杆率，以及流动性状况的传统信用分析。

10.07 这里的"干预"，指的是监管者的行为，包括：

（a）拯救金融机构（例如通过注入新资金）以维持金融机构持续运营。在此种情况下，干预造成的损失为零；

（b）对金融机构进行处置（例如进行存款转移或建立桥银行）。在此种情况下，金融机构的债权人或将遭受重大损失。

10.08 拯救或处置实际上决定了私人债权人所承受的风险。如果当局总是以保护债权人的方式来进行干预，则干预造成的损失为零。债权人的风险也同样为零，无论金融机构需要干预的概率为多少。而如果当局对金融机构的债权人不予保护，那么债权人可以预期到干预给他们带来损失，并且债权人的风险等于干预造成的损失乘以金融机构需要干预的概率。

10.09 因此，市场的实际风险对价取决于在金融机构需要干预的情况下政府是否会对其提供救助③。从本质上讲，政府决定救助金

---

① 对于"大而不倒"的评论，参见：Roland Nattrass, "The Too Big to Fail Problem: Fault Lines Open up" (2010) 6 *Journal of International Banking and Financial Law* 353。

② 关于"大而不倒"保护对债券收益率的影响，参见：Saiying (Esther) Deng, Elyas Elyasiani, and Connie X Mao, "Diversification and the Cost of Debt of Bank Holding Companies" (2007) 31 (8) *Journal of Banking & Finance* 2453。

③ 假设政府对需要干预的金融机构进行救助的概率为 p (0)，则在任何时间点的预期损失（风险溢价）等于金融机构需要干预的概率的函数 [P (I)]，乘以干预造成的损失 [LGI]，乘以政府选择以对债权人造成损失的方式处置而非救助需要干预的金融机构的概率 [1 − p (0)]，可具体表示如下：R =f [{p (0) (0) + [1 − p (0)] [LGI]} P (I)]
= f { [1 − p (0)] [LGI] P (I)}.

融机构而非处置它的可能性很难确定。但是很显然，如果市场预测政府将对金融机构进行处置而非救助的概率突然增加，那么金融机构需支付的风险对价亦将随之升高。

10.10　举个简单的例子来说明这一点。假设一个金融机构有20%的概率需要干预，并假定干预造成的损失为25%，如果干预采取了处置金融机构的形式而非拯救金融机构，这两种情况的唯一区别在于市场预期干预将采取形式的概率。在第一种情况下（"大而不倒"），政府决定拯救金融机构的概率估算为95%，并且其决定处置金融机构的概率估算为5%。在此种情况下，预期损失（风险对价）达到25个基点。在第二种情况下（"小而不救"），政府决定拯救金融机构的概率估算为5%，并且其决定处置金融机构的概率估算为95%。在这种情况下，预期损失（风险对价）达到475个基点。

表10.1　　　　　　　　　　处置决定风险

"大而不倒"	"小而不救"	
需要干预的概率	20%	20%
干预造成的损失	25%	25%
拯救的概率	95%	5%
处置的概率	5%	95%
预期损失（风险对价）	25bp	475bp

10.11　这个简单的例子表明，如果市场预期政府将拯救金融机构而政府决定不这样做时将会造成恐慌，使得市场对于政府拯救金融机构的预期从一个较低值（如表10.1中的5%）急剧飙升到一个较高值（如表10.1中的95%）。这反过来将导致市场风险对价飙升，令投资者纷纷涌向高品质的机构而逃离那些被市场判断为更可能需要干预的机构。

10.12　市场对拯救与处置方案的预期突然地如此逆转，准确地说发生于 2008 年 9 月①。9 月 14 日，美国当局命令雷曼兄弟的母控股公司申请破产②。当金融机构需要干预时，市场预期"政府将保护系统重要性金融机构的债权人"——这种预期最初建立于美国拯救贝尔斯登公司案（2008 年 3 月），并在美国当局接管房利美和房地美（2008 年 9 月）后被进一步强化——然而到了 2008 年 9 月 14 日，该预期在一夕之间被推翻。

10.13　2008 年 9 月 25 日美国当局对华盛顿互助银行的处置进一步加剧了从拯救到处置系统重要性金融机构的转变。按照美国《联邦存款保险公司改进法》（FDICIA）规定的最低成本处置原则，联邦存款保险公司（FIDC）处置了这家拥有超过 3000 亿美元资产，近 2000亿美元存款以及分布在 15 个州的 2200 家分行的大型银行③。这种处置方式给该银行的高级无担保债权人造成了严重损失。摩根大通（JP Morgan Chase）在联邦存款保险公司举行的拍卖中以 19 亿美元收购了华盛顿互助银行的全部投保存款及其投保的银行子公司的部分资产和负债，但未收购其控股母公司的任何资产或负债，及其非银行子公司的无担保债务，包括超过 10 万美元限额的无担保存款④。这种高级债权人未曾遇见的损失进一步加剧了市场参与者对于处置金融机构所造成损失的担忧，使得债权人将资金存入陷入困境银行（即使是隔夜存款）表现得极为惶恐。

---

① 关于 2008 年 9 月至 10 月事件的深入讨论，参见：Thomas F Huertas, Crisis: *Cause, Containment and Cure* (London: Palgrave Macmillan, 2010), ch 4; Thomas F Hueras, "Resolution and Contagion", Special Paper 188 LSE Financial Markets Group Research Centre (on file with author)。

② 关于危机的背景可以了解金融危机的非官方历史，参见 by Andrew R Sorkin, *Too Big to Fail: Inside the Battle to Save Wall Street* (London: Allen Lane, 2009). 与之对应的重要文献，参见 Robert C Pozen, *Too Big to Save? How to Fix the U. S. Financial System* (Hoboken, NJ: John Wiley & Sons, 2010)。

③ 关于以最低成本处置银行和"大而不倒"例外的讨论，参见：Larry D Wall, Too Big to Fail after FDICIA (2010) 95 (1) *Economic Review* Ⅰ (a reprint from the 1993 January/February 1993 issue of *Economic Review*)。

④ 根据 ManojAthavale 在 2000 年所作的研究，"Uninsured Deposits and the Too-Big-to-Fail Policy in 1984 and 1991" (2000) 18 (2) *American Business Review* 123：报告指出："投资者仍然认为联邦存款保险公司将继续对大型银行的无担保存款适用'大而不倒'政策。"

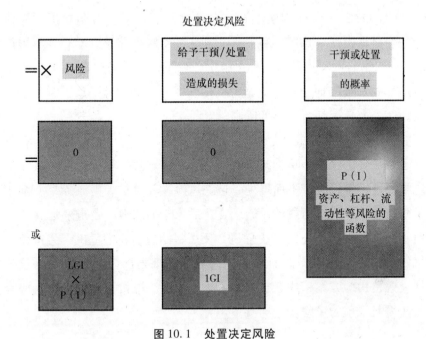

图 10.1　处置决定风险

10.14　雷曼兄弟的破产以及采用最低成本原则处置华盛顿互助银行的决策，再加上"不良资产救助计划"（TARP）的迟延履行，引发了对于"政府支持系统重要性金融机构的意愿和（或）能力"的重新评估。伴随着流动性枯竭，金融体系在 2008 年 9 月的最后几个星期走向崩溃。金融恐慌导致消费者纷纷缩减个人可自由支配开支，同时公司削减投资和库存并大量裁员。新的债务通货紧缩周期开始，实体经济深陷危机。

10.15　面对经济崩溃的局面，政府和央行果断地采取行动。为遏制经济衰落，各国采取了在和平时期前所未有的货币与财政刺激。不仅如此，在此期间还有另一件同样重要的事：修订处置金融机构的政策。2008 年 10 月初，各国政府发表了强有力的声明，并迅速付诸行动，绝不允许系统重要性金融机构破产。声明包括欧盟各国元首在 10 月 6 日签署公告，欧盟财政部长在 10 月 7 日进行证实，七国集团财政部长在 10 月 10 日进一步作出申明。所采取的行动包括在 2008

年 10 月 11 日至 12 日对英国银行系统进行资本重组〔包括由政府向苏格兰皇家银行（RBS）和苏格兰哈里法克斯银行（HBOS）/劳埃德银行（Lloyds）注资〕，以及在 10 月 13 日美国当局启动"不良资产救助计划资金"向全美大型金融机构注资。这些举措平息了金融市场的动荡，避免了经济灾难的降临。

10.16　然而，成功遏制经济危机意味着要付出相应代价。它破坏了市场经济秩序，重创政府财政。它暗示着政府将拯救而非处置系统重要性金融机构，进而增加了道德风险，并且扩大财政赤字，削弱了政府履行他们明示或默示给予支持的承诺的能力。在未来延续"大而不倒"政策非但不能解决危机，反而将制造出新的危机。为避免危机发生，应当终结"大而不倒"的局面，规划出一套处置系统重要性金融机构的方案，或者加强对系统重要性金融机构的管理，大幅降低其需要干预的风险。

系统重要性金融机构的识别

10.17　目前对于系统重要性金融机构尚无普遍接受的定义①。为了便于本章的论述，我们采取立足于结果的方式进行定义：系统重要性金融机构是指在其需要干预时当局很可能拯救而非处置的任何金融机构②。

10.18　诚然这并非一个精准的定义，但我们应当承认该定义具有优势。首先它符合客观事实，金融机构是否具有"系统重要性"取决于当局在对其进行干预时的判断。其次，这样的定义意味着如果金融机构能够在没有纳税人支持的情况下得到处置，那么它并不具有"系统重要性"，而且无须受那些针对由纳税人支持的金融机构的额

---

①　从略微不同的角度讨论银行在 GDP 比重对于拯救措施的影响，参见：Jean Dermine and Dirk Schoenmaker, "In Banking, Is Small Beautiful?" (2010) 19 (1) *Financial Markets, Institutions & Instruments* 1。

②　关于其他定义的进一步讨论，参见后面的"系统性风险和'大而不倒'问题"一节。

外规定限制。

10.19 政府有许多理由来拯救而非处置金融机构，其中最为常见的理由是为了防止系统性风险，或者说一个金融机构的破产将导致其他金融机构的破产①。这种传染能够直接或间接发生。

10.20 直接传染是由于一家金融机构破产导致作为该破产金融机构债权人的其他金融机构遭受损失。这种损失消耗了该破产金融机构债权人的资本，并且有可能导致其流动性和（或）资本短缺，严重时能导致一家甚至更多家金融机构破产，从而产生"一家金融机构破产引发其他金融机构相继破产"的连锁反应。

10.21 支付、清算和结算基础设施由于其先天的系统设计而无疑面临着传染的威胁。这些基础设施作为中央对手方，他们的破产将对其参与成员造成严重的不利影响。这些基础设施实际上集中了风险，一旦允许支付、清算和结算基础设施以破坏性的方式破产，将导致其参与方同样面临金融困境。这不仅从某种形式上对整个行业造成严重损失，而且也不易预测，还将使得一个或多个关键产品或市场的大部分未进行的活动中止。因此，允许市场参与者个体通过中央对手方进行金融衍生品等交易以降低自身风险的建议只有在这些中央对手方非常强大、能够承受至少两个最大的参与者同时失败且无须寻求纳税人支持的前提下才有意义的，否则，与中央对手方的集中交易将会提高而非降低系统性风险。

10.22 如果个别金融机构破产可能导致其他金融机构陷入类似的问题，可判定这该机构具有系统重要性，并需要进行干预。这意味着陷入困境金融机构的破产将导致其他金融机构的资本和（或）流动性的重大损失，可能引发金融机构破产的连锁反应，尤其是在其他金融机构的资本和流动性由于其他原因已经承受压力的前提下。美国当局

---

① See Jean Helwege, "Financial Firm Bankruptcy and Systemic Risk" (2010) 20 (1) *Journal of International Financial Markets, Institutions and Money* 1; James B Thomson, "On Systemically Important Financial Institutions and Progressive Systemic Mitigation" (2010) 8 (2) *DePaul Business & Commercial Law Journal* 135.

在 2008 年 9 月雷曼兄弟破产后旋即就在美国国际集团（AIG）案中证实了这一点，也正因为如此，美国当局选择了拯救而非处置美国国际集团。事实上美国当局不仅决定向美国国际集团提供紧急流动性援助，而且还批准美国国际集团代偿其与众多市场交易者之间的衍生品合约。该举措有效地防止了美国国际集团接受干预后可能导致的传染。

10.23 同样，2008 年 3 月，美联储决定拯救贝尔斯登公司而不允许该券商破产①。美国当局认为贝尔斯登与其他金融机构关联甚广，一旦任其破产，将会对其他金融机构造成不可承认的连锁反应。为此，美联储向贝尔斯登旗下流动性较差的资产提供 300 亿美元无追索权的融资（以流动性差、有毒债券为担保），而收购方则负责承担最初 10 亿美元的坏账。在如此特别援助的基础上，摩根大通最终同意收购贝尔斯登。美联储在本次援助中允许了"私人"参与援助。

10.24 传染也可以是间接的。即使某个金融机构的破产不会对其他金融机构产生重大的直接影响，也有可能会引发市场参与者重新评估该机构所处的整个行业类别的风险。尤其是在该机构的破产使得陷入困境金融机构债务的默示或明示担保的有效性受到质疑的情况下。

10.25 美国的货币市场共同基金（Money Market Mutual Funds）就是一个例子。雷曼兄弟的破产导致主要储备基金（Reserve Primary Fund）跌破面值②，并打破了美国法律允许发展货币市场共同基金与存款等价的神话。随之而来的是货币基金纷纷发生挤兑，迫使这些资金减价出售资产，而这加剧了经济下行，使得银行机构更加难以筹措资金（货币市场共同基金将其相当一部分资产投资于银行控股公司及其银行关联公司发行的债券）。这也可能导致非金融企业的债券市场萎缩并导致相关公司要求商业银行提供流动性支持，然而与此同时商

---

① Laurence Lieberman, "Bear Stearns and Northern Rock: A Transatlantic Comparison and the Potential Fallout" (2008) 23 (5) *Journal of International Banking and Financial Law* 255.

② Diya Gullapalli, Shefali Anand, Daisy Maxey, Kara Scannell and Tom Lauricella, "Money Fund, Hurt by Debt Tied to Lehman, Breaks the Buck" 252 (66) *Wall Street Journal* (Eastern Edition) C1.

业银行自身正遭遇严重的流动性危机。因此，美国当局启动了各种保障措施和流动性工具，允许货币市场共同基金继续履行他们的承诺而不致跌破面值。

10.26 另一个例子是美国当局在 2008 年 9 月对房利美和房地美的接管①。房利美和房地美作为政府支持的企业，长期受益于市场参与者的预期，即一旦这两家企业不能履行到期债务时联邦政府将承担债务。尽管许多经济学家都曾指出这种观念盛行的危险，但美国当局并未采取有效措施消除其作为房利美和房地美最终后盾的印象，这导致房利美和房地美占据了全美 40% 的抵押贷款市场。房利美或房地美的破产将对大量投资者造成严重的损失，进一步破坏美国已经十分脆弱的抵押贷款市场，并可能引发对美国当局能否履行其承诺的质疑。

10.27 尽管相关事例的数量不多，但已经足以说明一个关键问题：金融机构是否具有系统重要性在政府对其进行干预时可以作出有效判定，如果该机构被拯救，则说明其具有系统重要性；如果被处置，则说明不具有系统重要性。

10.28 我们能否简单地听其自然，依赖"推定模糊"以确信市场会对系统重要性金融机构进行监管？我们认为并非如此。如前所述，它是金融机构从事风险分析以完成某种类型的干预损失评估所必不可少的一部分，而这必然涉及对于当局在金融机构需要干预时将如何抉择的判断——他们会拯救还是处置金融机构？

处 置②

10.29 在拯救与处置之间的选择③应当在很大程度上取决于这两

---

① 关于房利美和房地美的角色，参见：David Reiss, "The Role of the Fannie Mae/Freddie Mac Duopoly in the American Housing Market" (2009) 17 (3) *Journal of Financial Regulation and Compliance* 336。

② 本节参考了注解 9 的内容：Huertas, "Resolution and Contagion"。

③ 关于处置机制，参见：Rolf H Weber, "Overcoming Special Resolution Regimes for Financial Institutions" (2010) 25 (4) *Journal of International Banking and Financial Law* 233。

种行为的不同社会成本的比较。如果一个机构能够在不产生严重的直接或间接的社会成本的情况下被处置，那么对其处置的决定应优先于拯救。甚至在特定情况下即使两套方案产生的社会成本大致相当，也应当优先考虑处置而非拯救，因为这样可以减少道德风险并降低其他金融机构在未来需要干预的可能性。

10.30　银行的处置成本比非金融机构高出许多。银行不同于非金融机构，银行在无法像零售商或航空公司那样在破产时仍继续运作，进而保持营运价值。银行本质上必须具有吸纳客户存款等持续负债的能力①。

10.31　因此，银行无法运营时的价值相比其营运价值将大幅下降。从营业转为停业令银行失去了开发新客户的能力。客户更喜欢同那些能够持续服务于他们的交易需求、履行承诺并提供信贷的金融机构交易，一旦银行失去这种持续交易的能力，对于客户而言他们与银行之间交易关系的价值将迅速萎缩，而第三方买家建立于该关系之上的价值也会迅速下降。

10.32　银行破产的社会成本高于其他非银行机构。首先，银行提供着诸如支付、流动资金贷款以及为政府和公司债券做市等关键服务，而且它是个人及组织的证券投资组合的保管人。其次，银行之间是相互关联的，彼此往来密切，因此一个银行的破产可能会引发其他银行相继破产。

10.33　因此，如果说处置是用以代替拯救银行的切实可行的方式，那么我们必须找到能够降低处置成本的办法。以下两点至关重要：

·建立银行特殊处置机制；
·确保提出的处置机制能够适用于复杂的大型跨国银行。

----

① 区分银行传统负债业务与投资银行的重要性，参见：Robert C Merton and André Perold, "Theory of Risk Capital in Financial Firms" (1993) 6 (3) *Journal of Applied Corporate Finance* 16 – 32, reprinted in Donald H Chew (ed), *Corporate Risk Management* (New York: Columbia Business School Publishing, 2008), 131 – 61.

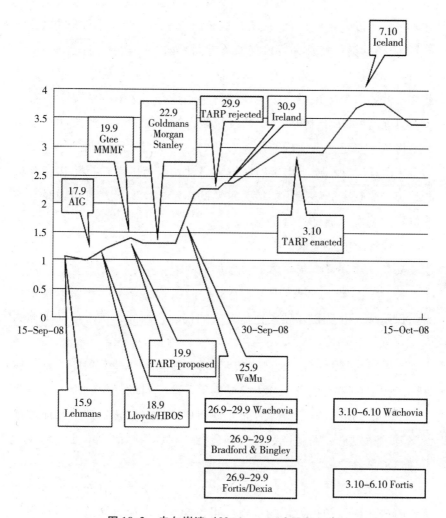

图 10.2　走向崩溃（Moving toward Meltown）

3 month LIBOR – OIS 利差（以百分比为单位）

2008. 9. 15 – 2008. 10. 15

10.34　银行特殊处置机制正常的破产程序至多需要几个月时间，当然也有些个案需要几年时间。银行必须更快地采取行动，以维持其营运价值，减少对债权人、存款人以及整体经济的伤害。

10.35　有鉴于此，建立银行特殊处置机制是有道理的，当局能够迅速行动以处置银行①，极大地降低社会成本，使处置优于拯救②。

10.36 银行特殊处置机制的关键因素如下：

·启动条件。一般来说，这应该在银行不再满足资本或流动性的最低条件的情况下进行，以便在银行仍然具有正净值的情况下进行干预。根据《2009 年银行法》，当发现该银行不再满足门槛条件（基本上不再具有充足的资本或流动资金）时，可能启动该机制。

·由谁启动。应当由银行监管者启动，因为启动银行特殊处置机制是银行监管者能够做出的最为重要的决定。事实上，可以说只有监管机构才能有效启动处置机制。

·处置时能够采取的手段。

银行特殊处置机制总体上包含如下手段：

——按正常破产程序清算。存款保险机构将立即向投保的存款人支付保险金，并获得存款人在清算中的权利。因此，该手段又被称为支付存款。

——转移存款。破产银行的存款将被转移到另一家银行，这种转移同时需要将相匹配资产减去接受银行可能支付的任何溢价。

——桥银行。破产银行的部分资产和负债将被转移到一家能够继续运营的桥银行，而破产银行的剩余资产和负债则留待单独解决（通常通过清算）。

——股权转让（包括临时国有化）。该手段授权被处置金融机构将银行的股份按照被设定的价格（可以为 0）转让给第三方（可以是政府）。值得注意的是，这种手段可以作为其他处置手段的先行为（譬如在 Bradford & Bingley 一案）；此外，该手段还授权银行更改其发行的其他产品（如优先股或次级债务）的合约。

---

① 关于特殊处置机制在英国的实施，参见：Maximilian J B Hall, "The Reform of UK Financial Regulation" (2009) 11 (1) *Journal of Banking Regulation* 31。

② 监管在银行处置中的角色，参见：Gillian G H Garcia, "Ignoring the Lessons for Effective Prudential Supervision, Failed Bank Resolution and Depositor Protection" (2009) 17 (3) *Journal of Financial Regulation and Compliance* 186。

·如何选择处置手段。包括两方面：第一，决定由谁担任处置机构；第二，处置机构如何从可行手段中筛选出最佳处置手段。例如在美国，联邦存款保险公司为处置机构，指导其选择处置手段的原则是争取让存款保险金成本最小化（受制于系统性风险豁免）。在英国，如果处置手段涉及公共资金的使用，由英格兰银行负责选择处置手段，但须经英国财政部批准。

10.37　英国处置"北岩银行"和"布莱德福德—宾利银行"的案例①展示了银行特殊处置机制的优势。2007年9月"北岩银行"破产，在当时凡是破产处置必须按正常的企业破产程序进行，而这意味着银行的清算和高昂的社会成本②。因此，英国当局决定拯救该银行，首先通过提供紧急流动性援助，并最终于2008年2月，在该银行最初宣布破产的整整五个月之后，根据临时颁布《临时银行法2008》对该银行进行了国有化。

10.38　2008年9月"布莱德福德—宾利银行"破产。本案中，英国当局决定处置而非拯救该银行。根据《临时银行法2008》，英国当局得以将"布莱德福德—宾利银行"的零售存款业务连同其分支机构及设施以6.12亿英镑的价格打包出售给Abbey（Santander银行的子公司）。而该银行的剩余负债，包括其次级债务，均留在破产银行进行清算。这让银行债权人遭受了巨大损失，但同时也加强了市场约束。

10.39　然而，美国当局在尝过雷曼兄弟破产所酿就的恶果之后，

---

① See eg Reports of the Treasure Committee of the House of Commons, "The Run on the Rock", Fifth Report of Session 2007 – 8, available online at http://www.parliament.the-stationery-office.co.uk/pa/cm200708/cmselect/cmtreasy/56/56i.pdf and "Banking Crisis: Dealing with the Failure of the UK Banks", Seventh Report of Session 2008 – 9, 21 April 2009 available online at http://www.publications.parliament.uk/pa/cm200809/cmselect/cmtreasy/416/416.pdf.

② 此外，"北岩银行破产"也暴露了英国存款保险制度的缺陷。根据存款保险政策，银行破产时存款人账户内2000英镑以内可以获得全额赔付，其后的31000英镑可以赔付90%。而且英国存款保险机构无法立即向被保险的存款人支付保险金。"北岩银行"破产所暴露出的存款保险制度的缺陷同样也适用其他银行。

不愿再将特殊处置机制适用于复杂的大型金融机构，尤其是在它们从事广泛的跨境业务的情况下。当金融机构需要干预时，当局通常选择拯救而非处置这些机构，这在当时看来似乎是适当的选择，它能够保障银行的持续经营，避免由客户及整个社会承担清算、存款或资产和债务转移到桥银行过程中产生的大量成本。

10.40　但是拯救通常不包括临时国有化，相反是由政府作为最后的资本提供者，采用各种途径向银行注入资本，无论是有针对性地向需要新资本的银行（如英国政府收购 RBS 和 HBOS/Lloyds），还是全面注入所有大型银行（如美国初期面向全美银行的不良资产救助计划）。此外，政府为大型银行提供了资产保护计划，允许这些银行从政府的不良资产组合中购买风险保险以换取保险金。这些救援机制共同保障了银行的持续经营，并避免了处置银行将造成的直接成本。

10.41　然而这种做法将令整个世界陷入困顿，因为其代表一味地拯救而非处置那些复杂的大型银行，让它们永远"大而不倒"，永不破产。正如本章开篇所述，长此以往必会将全球经济带入非常危险的境地。这种做法破坏市场约束，为政府创造出在某些时候可能无法履行的义务。事实上，将复杂的大型跨国银行的义务加诸政府的直接义务之上，可能会造成即使是最大国家的纳税人总有一天也可能无法或不愿承受的负担。如果是这样，拯救银行的预期可能会突然转变成处置银行或政府违约的事实，并将对整个金融系统产生严重的连锁效应，正如雷曼兄弟破产所导致的那般情形。

10.42　处置计划。[①] 为避免发生这种结果，当局已要求各银行制定恢复和处置计划（"生前遗嘱"）[②]。根据恢复和处置计划，银行被要

①　关于破产和处置计划的进一步探讨，参见：Thomas F Huertas, "Living Wiils: How Can the Concept Be Implemented?", paper presented at Conference on Cross-Border Issues in Resolving Systemically Important Financial Institutions, Wharton School of Management, University of Pennsylvania, Philadelphia, 12 February 2010 (on file with author)。

②　See eg Emilios Avgouleas, Charles Goodhart, and Dirk Schoenmaker, "Living Wills as a Catalyst for Action" (1 May 2010), DSF Policy Paper No 4, available at ssrn. com/abstract = 1533808.

求制定各种应对困境的方法（而当局决定采取何种处置方法）。银行必须计划如何向当局及时提供当局所要求的信息，以便当局能够在银行破产和处置银行的方法之间选择。从某种程度上讲，这一计划将使当局能够事先将重点集中于寻找可行措施，以便识别处置过程中可能出现的障碍并让金融机构自身或政府（如有必要立法）提前清除障碍。

10.43 当局在选择处置银行的方法时所需要的信息种类应当与破产执行人开始管理公司时所需的信息种类一致，包括银行集团的法人实体结构，其主要业务与该法人实体结构的对应关系，以及确认本集团各成员之间的财务及业务依存关系。此外还包括有关银行在支付、清算和结算基础设施方面的成员资格，有关客户资产分离，以及将这些分离的客户资产转移给第三方的程序的信息。最后，当局还需获取有关银行存款的信息：哪些是被保险存款，哪些不是，以及存款期限结构，条款和承保险别等。

10.44 以上正是处置计划要求银行能够在短时间内提供给当局的信息。银行不需要为这些信息建立实时的数据库，但必须保证当局能够及时方便地获取信息。在必要时，银行需确保当局能够访问其设施的相关信息，以保障其在遭受某些物理破坏时的业务连续性。因此，当局希望确保银行在短时间内提供此类信息的能力，并在某些时候会通过"消防演习"来验证银行在特定时间确实具备该能力（例如当某金融机构迫于压力不得不启动恢复处置计划时）。当局将要求陷入困境机构建立一个存放有关信息的数据库，以便于当局在需要干预或处置该机构时能及时启动应急计划。

10.45 因此，在审查银行的恢复处置计划时，当局可能会针对银行的整体结构加以特殊考虑。到底应该将银行的业务分离，通过出售银行特殊目的公司的股权政体出售？还是让银行业务登记于多个法人名下，让每个法人实体包含多项业务①？前者能够更方便地向第三

---

① 值得注意的是，该表述相对于存款类金融资产是不确定的。关键在于业务的可分离性，而不是由存款构成的金融资产。事实上，有可能存在这样一种说法即存款应当融资以便能够更容易地上市。这将有助于针对随存款转移的金融资产的尽职调查。

方出售独立的业务；后者则不是，并且可能意味着具有这种结构的法人团体将需要更高的资本或流动资金以确保它们远离政府的介入。

10.46 当局还可能特别关注公司为隔离客户资产所作的安排，以及在短时间内将这些资产转移给第三方的措施。如果客户银行被处置时无法动用其账户内的资金，那么他们将遭遇流动性问题；当客户无法通过其在银行被处置时冻结的工具进行交易，他们将面临损失。监管机构需要确保银行能够妥善隔离客户资金，并具有将客户资金转移给第三方的适当程序①。

10.47 除了银行自身的信息之外，当局亦需确保他们必须从银行所参与的基础设施和存款保险体系获取信息，尤其需要了解问题银行所参与的主要基础设施是否足够健全到能够抵御该银行的破产。如果基础设施不够健全，陷入困境银行无法满足其作为基础设施的义务，可能会导致基础设施本身的崩溃，并将陷入困境银行的困难转移到该基础设施的其他成员②。同样，当局需要知道陷入困境银行所参与的存款保险体系在其进行清算时能否及时的支付存款保险金。一旦存款保险机构无法履行其义务，将极易引发金融恐慌③。

10.48 理想的情况是，当局能找到一种处置方案，让银行客户继续获得服务，让股东承担损失，避免为银行债务长期的担保。该方案将避免因突然将银行从支付和结算基础设施中抽离所引发的问题，同时还允许存款账户继续维持、循环贷款等持续运作。实际上，这种处置方案相当于将银行的部分业务出售给第三方，以减少某些业务的

---

① 值得注意的是，机构客户需要明确什么是受隔离的什么不是。允许银行将客户抵押给银行的抵押品中超出其所担保的债权的余额部分进行再抵押，在此种情况下，银行向客户提供贷款，而客户则通过向银行提供超过贷款金额的抵押品的方式转化为银行的债权人。

② 因此，当局需要继续与基础设施以及使用这些基础设施的银行合作，以加强基础设施的恢复能力。支付和结算基础设施是金融系统的传输通道。只要它们是稳健的，就能作为断路器避免一家银行的破产蔓延到其他银行。然而如果它们无法承受一家（乃至两家或更多）最大对手方破产，基础设施将沦为非常强大的金融不稳定性的传导机制。过去二十年来，我们为加强基础设施做过许多工作，这种改进还需继续下去。

③ 因此，当局需要继续修改存款保险计划的运作和资金安排，以便能够及时支付被保险的存款。

方式来帮助银行有序退出市场。这将使客户不受影响，但是股东承担损失。甚至很有可能出现机构核心业务仍能继续经营若干天。

10.49　在此阶段，关于处置计划可能出现的情形：

·尽管银行采取一些措施改变自身结构以帮助处置的进行且无须公共资金，但这种自救尚不足以让系统重要性金融机构在没有公共资金的情况下完成处置。

·修改法律可以促进处置系统重要性金融机构而无须纳税人支持。

·根据其"系统性"对银行征收费用，特别是当这种收费行为体现在更高的资本和流动性要求，而非征税。更高的资本和流动性降低了金融机构被干预的可能性，而征税却不能对机构起任何强化作用，甚至可能出现反效果，传达出该机构将被拯救而非处置的错误印象。

10.50　修改法律。如何修改法律方能起到最佳效果？关键在于促进破产程序尽快产生结果。一家复杂的大型跨国银行的处置工作必须从一个工作日结束到下一个工作日开始之间完成（在周末，该时间段通常从北美周五收市计算到澳洲/亚洲周一开市，共36小时）。可通过两种方式完成：

·通过投资者自救的方式进行再注资。[①] 根据这种方式，当监管机构发现某银行不再满足门槛条件但尚未进入破产程序时，非核心一级资本和二级资本将被转换为股权。这样修改法律将会有效地将所有非核心一级资本和二级资本转化为或有资本，而且允许当局通过或有资本进行再注资。同时还可通过减记部分长期债务以及将减记的债务转化为股权来作为补充。[②]

即使这一方法在理论上很有吸引力，但这个方法需要克服两个实

---

① "自救"的概念来源于 Paul Calello and Wilson Ervin, "From Bail-out to Bail-in", The Economist, 30 January 2010, 86。

② 这将增加变后的资本，增强机构恢复的前景。然而，这样的方案实施起来却有难度，除非这种债务转换可以很容易地作为独立类别并在次级债务、存款以及与存款居于同等地位的资本工具之间排序。目前，这种债务不被视为银行的资本工具，因此将这种债务与被视为资本工具者在干预时一同被强制转换/减记是一项重要但或许不必要的步骤。

践中出现的问题：保证有足够的可利用的非核心一、二层资本来转变为普通股，而且要预先建立普通股的转股比例。保证这种转化能够对银行注入足够的资本，可能需要银行筹备一些备用资本（非核心一、二层资本）来保证风险资本比例。债转股比例应当与绝对的优先权（absolute priority）相一致，但是预先建立的这一转股比例难免不够准确。①

·有偿付能力时退出。这种股权转让（临时国有化）保证了投资人（普通股、优先股和次级债务）而非国家承担损失。与此同时，银行有能力继续为客户提供服务，如存款服务。主要是以下列方式操作：对银行进行干预的目的是将"特别优先股"（golden share）以名义成本转让给政府。这种"特别优先股"授予了政府管理企业的权力，但黄金股不承担损失（就如同特殊目的证券化工具不承担损失一样）。与此同时，监管当局改变与投资者的资本合同。所有形式的资本转变为债务，例如典型的证券化，然后对这些转变的债务设定清偿顺序。前一种银行的股份转变为大量的次级债务。优先股转变为中间级债务，次级债务转变为更高一级的中间级债务。损失首先归于原先的普通股，之后归于第一级的中间级债务（原先的优先股），最后归于更高一级的中间级债务（原先的次级债务）。②

10.51 银行的退出取决于处置机构，由处置机构决定退出的方式：包括将存款转移给第三方或是变卖一些资产或业务。政府也可以提出要约或接受债务人提出的要约以便让其继续控制银行并进行再注资。如果这一过程涉及减少原先投资人的股权，则需要获得相应组别的投资人的同意（与普通破产程序类似）。

10.52 这个方法避免了在干预之前建立优先和次级债务的转化

① 为了遵循绝对优先原则，每一欧元的次级债务都必须转变为重要的、比每一欧元的优先股数量更多的普通股股份。

② 这种处置方式还能够由高级的无担保债务来进行补充，更高一级的中间债务（之前的次级债务）耗尽之后，由这一种类型的债务来承担损失。这种补充的实施能够预先有效地显示出当局会采用哪种处理方式/或是通过立法来使得这些债务分为高级或次级债务，而不是分为初级的存款和其他高级债务。

比例。完全允许非核心的一级、二级资本在银行运营期间承担损失（此时继续偿还客户债务且无须被转换）。它模仿了在破产中对于投资者资本的处理，还与现在通行的次级债务处理方式以及评级机构和机构投资者对优先股的处理方式一致。最后，有偿付能力地退出可能会使机构进行再注资的谈判。

10.53 虽然这样的方案并不能保证没有纳税人的支持下处置机构，但它大大提高了这种可能性，特别是当中央银行能够而且愿意为银行提供有担保的贷款时（这类债务人占有资产的融资）。这将使当局者有可能让银行持续运营，同时在不需要纳税人支持的情况下对银行进行处置。这样，可以实现市场约束，确保即使大的复杂跨国银行也不属于本章所说的系统重要性金融机构（系统性机构意味着它更可能被拯救而非被处置）。

规制与监管

10.54 除了修改法律让处置优于拯救之外，还需要采取措施从源头上减少干预的发生。就银行而言，当前进行的措施包括改进规制和监管[①]。

10.55 规制。主要的改变是提高资本的质量和数量。通过采用杠杆率和首次实施的全球性流动性标准。

10.56 具体的细节由巴塞尔委员会协商，并要求美国、英国和其他主要的地区制定法律或规制。但总体改革方向明确的，即要提高资本质量，而资本的数量也必须依据风险有所提高。尽管现在的最低资本要求资本充足率8%，但目前银行仅需以核心一级资本（股东的股权）的形式持有风险加权资产的2%。而且，银行目前将多种资产算作股东股权，如递延所得税资产和商誉，这些将可能不能及时用来

---

① 更多探讨参见 Thomas F Huertas, Crisis: Cause, Containment and Cure（London: Palgrave Macmillan, 2010）。

承担损失。所以巴塞尔委员会建议①将核心一级资本的最低要求提升，还有这一部分的资本不能用来去承担损失，如递延所得税资产和商誉，应该从核心一级资本中扣除。这能够加强资本的质量和提升它的数量。还能够降低对机构进行干预的可能性。

10.57　有人建议银行在最低资本之上还应保有一定的缓冲资本使得银行在遭受损失时不需要政府干预。虽然银行能够使用这笔缓冲资金，但不能用于支付股息，回购股份或是用于其他项目，除非银行的资本超过了最低资本要求与缓冲资本之和。缓冲资本被设置为最低资本要求的一部分，在宏观审慎监管者认为需要限制信贷增长时，缓冲资本还可以按照比例增加。

10.58　此外，巴塞尔委员会还考虑将非核心的一级和二级资本转换为普通股或者干预时核销资本。这是之前所探讨过的处置制度改革方案之一。最后，巴塞尔委员会还建议引入杠杆率来支撑以风险资本为基础的体制。

10.59　巴塞尔委员会还建议设立一个全球性的流动性标准。这包括两种形式：流动性覆盖率要求银行持有充足的缓冲流动资金以抵消短期流动性压力，净稳定融资比率要求银行拿出一部分资产作为基金来偿还那些即将到期的债务或者是在到期日很可能会延缓付款的债务。同时，流动性覆盖率和净稳定融资比率限制了银行面临的流动性风险。

10.60　这些资本和流动性规则适用于所有的银行。这些规则还要求系统性银行需要持有额外的资本和额外的流动性降低这些银行被干预的可能性。这些附加的费用与处置可能性有关：如果银行易于处置，则附加费用将低一些。

10.61　监管。监管方面也需要进行改善。需要强调两个方面：压力测试和恢复计划。两个都是实施监管的关键，对降低干预系统重

---

① 关于《巴塞尔协议》，参见 Tom Young, Elizabeth Fournier, Nicholas Pettifer, "Basel III: The Revenge of Basel" (2010) 29 (2) International Financial Law Review 20。

要性银行的可能性也是必不可少的。

10.62 压力测试是预测银行应对不利宏观经济情况的能力。这些情况可能包括经济增长率的下降，通货膨胀和利率的上升，或是来自主权债务的压力。银行需要向监管者展示他们有充足的资本和流动性，即使在压力环境中也能够维持最低资本率。如果银行不能做到这一点，就要承受监管措施（如注入新资本或是变卖产业），来使得银行缓冲资本达到抵挡压力的目的。

10.63 压力测试会周期性地进行。[①] 随着时间的推移，银行的状况以及经济前景都会发生变化。要保证银行的稳健性，压力测试将随着宏观经济发展的发展而发展，银行也就需要通过新的压力测试。

10.64 除了压力测试之外，银行还需要制订恢复计划。这些有效的金融连续性计划让银行面对比预期更严重的宏观压力或是管理市场压力不如预期那么好时，还能维持充足的资本或流动性。

10.65 这些计划是银行自己建立和发展的，监管机构对计划进行审查。监管机构对计划不足的地方给出建议，以避免银行恶化到需要干预的地步。如果计划本身很可信，也有诸多可供选择的实施方案能实质性地提高银行资本和流动性，监管机构将认可银行的计划。相反，如果银行只有很少的方案，监管机构可能得出银行难以恢复的结论，将银行进行对话，探讨如何增加备选方案或者如何提高银行实施方案的能力。如果银行无法做到相应的要求，监管机构就会考虑限制银行所承受的风险或是要求银行维持更高资本或流动性。

系统重要性金融机构的其他处置方法

10.66 要改进处置方式，规制和监管不是控制系统性银行的唯一途径。还有两个方法值得探讨：处置基金和对系统性机构或者金融

---

① The Committee of European Banking Supervisors published the results of the 2010 EU-wide stress testing at http：//www. c-ebs. org/Eu WideStress Testing. aspx.

交易进行征税。

10.67 处置基金是一个不恰当的说法。它并不改变处置的实践，它仅仅是建立一个基金让政府能够拯救银行，而不是解散银行。这使得"大而不倒"继续存在，而不是终结"大而不倒"现象。因此，基金只是应对未来危机的手段，而非消灭危机。

处置基金应仅限于存款保险基金，用于保护受保险的存款。

10.68 向系统重要性金融机构征税的原理是，如果金融机构扩大到一定的规模成为系统重要性金融机构需要付出代价。尽管这一理由不无道理，但更有效的办法应该是提高银行资本和流动性的要求。这样不仅保证了银行的强健性，还降低了干预的需要。

10.69 对金融交易征税的原理与控制系统性风险并没有直接的联系。而是为了阻止那些给银行带来风险的交易。这一理论认为，当某类交易会导致过度的风险时，对这样的交易进行征税能够限制这些交易的数量。这一观点忽略了一个事实，即房地产融资是导致银行破产的主要原因，而在房屋销售中征收印花税的国家如英国，并不能阻止房地产泡沫的发生。同样，英国的证券销售印花税也未能阻止证券价格的大幅波动。如果说对金融交易征税是合理的，那么能够带来高额的税收似乎是它最大的好处。

10.70 这些结构化的措施都在考虑之中。这将有效地限制系统重要性金融机构，特别是银行，让它们更简单或规模更小。对这种小而简单的机构的处置可以无须动用纳税人的资金。

10.71 有两个主流的意见：将投资银行与其他银行相隔离，并严格限制银行的规模。这两种方案假设了非银行机构不可能成为系统重要性金融机构，所以它们出现问题时会被处置而非被拯救。这种假设是不成立的，特别是经历了"雷曼兄弟"破产和拯救"美国国际集团"事件之后。很显然，非银行机构能够被拯救，且非银行机构也有可能成为系统重要性金融机构。所以，简化或缩小银行规模可能会把系统重要性金融机构所造成的问题转移给其他的部门。如果简化或减小银行规模是解决问题的答案，那必须解释为什么非银行机构会被处置而非拯救。

10.72　总而言之，这些备选措施并不是最好的解决方案。最好的方案是改革处置方式，使得能够有效地实施处置。即便在危机期间需要迅速做决定，处置也优于拯救。

非银行系统重要性金融机构

10.73　这一章节所探讨的内容以及政策的关注点是银行类型的系统重要性金融机构。但非银行的系统重要性金融机构是否也需要特殊处置制度或类似的监管呢。

10.74　无疑应当适用同样的标准。如果系统重要性金融机构意味着政府有更大的可能性去拯救而非将它处置，那么这个机制就必须要改变。处置制度可能会改变，以使得处置的花费少于拯救，或是采取措施降低干预的可能性。

10.75　三种类型的公司需要特别考虑：基础设施（infrastructures），保险公司和非银行投资公司。基础设施公司必然具有系统重要性，与这类机构相关的工作是如果需要干预时，没有纳税人支持的情况下能对它们进行处置。事实上，除非他们能够在没有纳税人支持下被处置，否则要求银行和其他投资者将它作为中央交易对手方（从而将风险集中到这些基础设施公司）就会变得毫无意义。

10.76　保险公司不同于银行，纯粹的保险公司一般都能够在没有纳税人支持的情况下通过原有的市场退出机制进行处置。不同于存款人，投保人一般不能在需要时或是到期日要求保险公司偿还他们的债务。投保人获得偿付只能是在发生保险事故时（如汽车保险只在发生事故时才能得到赔付）或是在投保人取消保单时（要根据公平的价值折价后给投保人，这一般会给保险公司带来可观的资本收益）。投保人不可能去"挤兑"保险公司，而保险公司有足够的时间来筹措资金支付给应付的投保人。

10.77　当非银行投资公司持有大量的客户资产或是金融市场上

是大的参与方时，其具有系统重要性。特别是当客户资产不能被恰当隔离时，这样的机构破产会给消费者带来巨大的损失，破坏金融市场。基于这个原因，英国和其他地区正在考虑是否为这样的机构建立特殊的处置机制。我们认为这是朝着正确方向迈出的一步。

设定界限

10.78　政府任何试图拯救系统重要性金融机构而不是处置它的趋势都会让市场偏向于系统重要性金融机构，诱发非系统重要性金融机构努力变为系统重要性金融机构。除非能够在两者之间设定一个界限，否则市场就会驱使公司朝着系统重要性金融机构发展。除非能够对系统重要性金融机构设定一个有效区分的界限，否则大而不倒问题将会变得更加严重。

10.79　银行监管机构长期面临着这样的问题。银行长期以来受益于"金融安全网"，存款保险和"最后贷款人"是安全网的重要组成部分。因此，对银行实行特殊的监管。通过设立银行的审批确保银行具备足够的资源，并且确保合适的人来担任银行的管理人员和董事会成员。同时对银行施加资本和流动性方面的限制，这与私人放贷方对借款人施加的条款类似，相当于私人放贷方要求对债务提供了担保。而监管机构有监督银行遵守契约（法规）的权力，监管者可以命令银行采取纠正措施，这些权力是私人放贷方所没有的。

10.80　银行一直以来都在寻找从事交易活动时不受限制的方法，与此同时又能受到安全网的保护。这些方法包括与控股公司的非银行子公司开展交易，赞助结构性投资工具，还有其他的表外活动。理论上，应当对银行进行保护，而银行集团的其他成员适用一般破产程序。在实践中，对于危机中的监管者而言，更好的措施是在控股母公司层面进行早期股权注资而救援整个机构，而不是试图区分遭遇困境的银行和机构中的其他部分。所以，安全网被扩大到了整个组织。

10.81　这对于系统重要性金融机构来说意义重大。它意味着建立和设置一个界限是很困难的。如果我们的这种做法在银行中并不能取得成功，那就更不用说会在系统重要性金融机构上获得成功。我们认为，即使是针对极为庞大、复杂和跨国的组织，更好的办法都是改进处置方式以使它成为比拯救更可行的选项。这能够使监管者和市场来约束风险。

系统性风险和"大而不倒"问题[①]

10.82 在 2007—2009 年的金融危机之前，"大而不倒"理论（这一术语出现在 1984 年对大陆银行进行公开救助后）最开始主要跟规模相联系。然而，贝尔斯登危机和雷曼兄弟的破产给这一理论增添了新的内容：一些机构因相互关联太深而不能倒。此外，冰岛发生的问题表明一些机构太大而无法救助。在理解系统性风险和恶性的"大而不倒"问题时，现在通说认为系统性风险也可以来源于证券和金融衍生品市场，而不仅仅只有银行业才会引发系统性风险。这就使得防范系统性风险成为整个金融监管的目标，而不仅仅银行业监管才防范这一风险。

10.83 系统性风险被定义为一个或多个机构发生金融问题感染很多其他的机构甚至蔓延到整个金融体系。[②] 一些作者认为这种风险等同于违约风险或信用风险。本文认为任何风险（如利率风险，汇率风险等）都可能发展为系统性风险，只要它的负面影响从单个机构影响或威胁到其他的机构，并且通常会破坏货币和支付体系。

---

① 这一部分参考了 Rosa M Lastra, *Legal Foundations of International Monetary Stability* (Oxford: Oxford University Press, 2006), ch 4。

② Davis 将系统性风险定义为"干扰金融市场，带来信用或资本市场中的价格和数量发生无法预计的变化，导致金融公司破产的危险，并且反过来可能扩散以至于破坏支付机制和金融市场配置资本的能力"。参见 Philip Davis, *Debt, Financial Fragility and Systemic Risk* (Oxford: Clarendon Press, 1992), 117。

10.84 艾伦·格林斯潘在1995年写道：[①]

能够精确地掌握系统性风险对于中央银行来说十分有用，但是目前并没有一个公认的概念。一般认为，系统性风险代表着金融系统的混乱。但在事后，有人可能会使用"市场失灵"这个术语来形容，而其他人可能认为是市场自然、健康的结果，即使这种结局是非常的残酷……除非我们拥有一套关于产生系统性风险的原因的共同的理论范式，否则难以达成任何有关测量系统性风险的一致意见。

10.85 系统性风险指的不是个体或部分的崩溃，而是导致整个系统崩溃的风险或者可能性。[②]

10.86 危机的教训之一是意识到在微观审慎监管之外，还需要提供宏观审慎监管（以森林似的宏观视角而非审视每个微观树木个体的健康）。有趣的是，早在2003年，考夫曼和斯科特定义了系统性风险中"宏观"和"微观"的含义。[③] 系统性风险中的"宏观"概念可以在30国集团《国际组织、国别监管和系统性风险》的报告中找到，[④] 该报告将它定义为"突然发生、无法预料的风险，它会破坏金融体系，并导致更大经济范围内的经济活动受到影响，而且要引起系统性的震荡必须要威胁到整个金融系统而不是其中的一小部分"。米什金（Mishkin）也赞同这种"宏观"的解释。[⑤]

10.87 系统性风险的"微观"定义是考夫曼（Kaufman）提出

---

① 参见 Alan Greenspan, "Remarks at a Conference on Risk Measurement and Systemic Risk" (Washington, DC: Board of Governors of the Federal Reserve System, 1995)。

② 参见 Adriano Lucatelli, *Finance and World Order: Financial Fragility, Systemic Risk and Transnational Regimes* (Westport, Conn: Greenwood Press, 1997), 70 - 4。

③ 参见 George G Kaufman 和 Kenneth E Scott, "What is Systemic Risk and Do Bank Regulators Retard or Contribute to It?" (2003) 7 (3) *Independent Review* 371。

④ 参见 Group of Thirty, *Global Institutions, National Supervision and Systemic Risk: A Study Group Report* (Washington, DC: Group of Thirty, 1997)。

⑤ Mishkin 也将系统性风险定义为"突然发生、通常不能够预测的破坏金融市场信息的事件，导致市场不能成为通向那些最具生产力的投资机会的有效资金渠道"。参见 Frederic Mishkin, "Comment on Systemic Risk", in George Kaufman (ed). *Research in Financial Service: Banking, Financial Markets and Systemic Risk* (Greenwich, Conn: JAI Press, 1995), vii, 32。

来的，他将系统性风险定义为"大量累积的损失逐渐在机构或是系统中形成连续的损失链……也就是说，系统性风险是一连串的风险组成的多米诺牌的倒塌"。[①] 同样地，国际清算银行将系统性风险定义为"一个市场参与者不能履行合同债务可能会导致一连串的其他参与者迟延履行，使金融性危机扩大"。[②] 前英格兰银行行长乔治形容这种多米诺效应"直接暴露了金融将所有公司捆绑在一起，就像登山者们一样，只要有一个跌落悬崖，就会有其他的被拉下去"[③]。

10.88　系统性风险的定义大多都提及到传导机制，即危机传播的渠道。危机的系统性特征不是来源于引发危机的事件（近因）而是因为这些国内的和国际的传导机制。如果系统间的联系很强，那么系统潜在的不稳定性就会增加。如果系统间的联系较弱，那么系统性风险的威胁也就较小。

10.89　动荡的发生以及随后传播的程度都是难以预测的。谁也无法预知到 1997 年 8 月发生在泰国的危机或是 2007 年美国发生的次贷危机会搅乱了全球金融市场。市场信心在 1998 年的亚洲金融危机里急剧下降，到 1998 年 10 月达到最低点。10 年之后，2007—2009 年的危机中市场信心再次急剧下降，并在 2008 年 9 月至 10 月达到最低点。这种不确定性具有灾难性的后果，因为一旦爆发危机，就可能会对金融部门和实体经济带来严重后果（对出口和公共福利产生消极影响）。

10.90　新技术同样能够加快事件发展的速度，太多的金融活动在今天依赖于自动化的计算机系统。在 2010 年 5 月 6 日那场被称为"闪电崩盘"的事件中，高频交易伴随着主要市场指数和个别证券史无前例的下跌和反弹，其中暴露的危险即使只是短暂的，也凸显了证券和期货市场的紧密联系。[④]

---

① 参见 George Kaufman，"Comment on Systemic Risk"，ibid 47。

② 参见 Bank for International Settlements，64*th Annual Report*（Basel：BIS，1994），177。

③ 参见 Edward A J George，"The New Lady of Threadneedle Street"（Governor's Speech，Bank of England, London, 24 February 1998）。

④ 参见 Aline van Duyn, Michael Mackenzie, Jeremy Grant，"That Sinking Feeling"，*Financial Times*，2 June 2010。

10.91 传导机制的通道至少能够分为四类（有时候多个传导机制内部也存在联系）：① （1）银行间的同业拆借通道；（2）支付系统通道；（3）信息通道；（4）心理通道。

10.92 这一通道来源于银行紧密的信贷联系，一个银行出现的问题能够迅速影响到其他健康的机构。② 此外，若是扩散到那些经营跨国业务的银行，它们又将之扩散到它们业务所在的国家。金融衍生品又为这种传递机制和它们对系统性风险的影响带来了新的维度。③

10.93 正在进行的有关信用违约掉期交易对放大危机的争论，为理解衍生品市场对系统性的影响提供了一个新的视角。

10.94 加里·郭尔顿（Gary Gorton）认为是证券回购融资市场（大规模的）挤兑导致了 2008 年的危机，而银行挤兑多数并非发生在存款机构，而是在影子银行体系中，这导致了危机的发生。④ 郭尔顿和梅特里克（Metrick）认为 2007—2008 年的危机是由销售和回购市场（证券回购融资市场）引发的，这是一个给广泛的证券化活动和金融机构进行融资的规模非常大的短期市场。他们提到了资产证券化和作为证券化银行的回购融资之间的联系，并且认为这些活动同危机存在关联。对债券市场上的流动性的担心导致了作为担保物的债券的折价出售——大量的债券在同一时间内被抛售。随着资产价值的下跌

---

① In a summary on "Financial Contagion: ABC Channels", published by the International Monetary Fund (available at http://www.imf.org/external/pubs/ft/irb/2000/eng/02/index.htm), Haizhou Huang 定义了三种主要的金融传导渠道：资本市场渠道、银行业渠道和货币渠道。

② 参见 eg Jean-Charles Rochet 和 Jean Tirole, "Interbank Lending and Systemic Risk" (1996) 28 *Journal of Money, Credit and Banking* 733; Ross Cranston, *Principles of Banking Law* (Oxford: Oxford University Press, 1997), 72。

③ 参见 Garry Schinasi et al, *Modern Banking and OTC Derivatives Markets: The Transformation of Global Finance and its Implications for Systemic Risk* (Washington, DC: IMF Occasional Paper, 2000), 49 – 58; 也可参见 Adam R Waldman, "OTC Derivatives and Systemic Risk: Innovative Finance or the Dance into the Abyss?" (1994) 43 *American University Law Review* 1023。

④ 参见 Garry Gorton 和 Andrew Metrick, "Securitized Banking and the Run on the Repo" NBER Working Paper No w15223, August 2009, 可浏览 http://papers.ssrn.com/sol3/papers.cfm? abstract_id = 1454939。

和打折出售资产的增加，美国的银行业系统事实上已经破产。尽管戈顿只挑出回购市场进行说明，但诸如商业票据市场也遭遇了类似的"挤兑"。

10.95 银行和其他金融中介机构通过支付和结算系统构成了一个复杂的网络。近年来，关于支付结算系统存在的系统性风险已经成为学术界和政策制定者的研究热点。[1]

10.96 隐藏在这些系统中的基本风险与金融机构曾遭遇到风险的大体相同，主要有：操作风险（如计算机失误，以 1985 年纽约银行为例），[2] 流动性风险（不能在期望的时间接受最终或是"优质"的资金），信用风险（市场参与者的破产以及随之而来的资本流失），还有法律风险。

10.97 电汇以及无纸信用转账（电子资金转账）的发展，使得全国以及全世界的监管者都很担忧，因为这样的转账涉及巨额的资金。[3] 一个金融机构如果不能及时履行支付义务，就会导致其他在这一结算系统中或其他系统中的金融机构也不能及时履行自己支付义

---

① 关于支付和结算系统的法律概念的分析，包括系统性风险，可参见 Benjamin Geva, *Bank Collections and Pafyment Transactions*：*A Comparative Legal Analysis*（Oxford：Oxford University Press, 2001），chs I and 7 – 8；还有 Robert C Effros（ed），*Payment Systems of the World*（New York：Oceana Publications, 1994）。对于这些问题的经济学分析，可参见 David Folkerts-Landau，"Systemic Financial Risk in Payment Systems", in International Monetary Fund, *Determinants and Systemic Consequences of International Capital Flows*（Washington, DC：IMF Occasional Paper No 77, 1991），46 – 67；David B Humphrey，"Payments Finality and Risk of Settlement Failure", in Anthony Saunders and Lawrence J White（eds），*Technology and the Regulation of Financial Markets：Securities, Futures, and Banking*（Lexington, Mass：Lexington Books, 1986），97 – 120；Richard Dale，"Risk Management and Public Policy in Payment, Clearing and Settlement Systems"（1998）1（2）*International Finance* 229. 也可参见 Committee on Payment and Settlement Systems, *Delivery versus Payment in Securities Settlement Systems*（Basel：BIS, 1992）；Committee on Payment and Settlement Systems, *Settlement Risk in Foreign Exchange Transactions*（Basel：BIS, 1996）；Board of Governors of the Federal Reserve System, *Policy Statement on Payments System Risk*（Washington, DC：Board of Governors of the FRS, 30 May 2001）。

② 录入大量错误指令的交易也可以归入这类操作性风险中。

③ 例如，在美国，通过电汇完成的支付交易量要远远超过通过其他方式完成支付的交易量。

务，甚至导致这一清算中心或其他清算中心的破产。[1] 危险性在于不能履行到期债务会给健康的、有偿付能力的金融机构造成流动性短缺，如果不能在预期的交割时间收到款项，可能会导致其自身也无法履行支付义务。[2]

10.98　在国际层面，与国内同业银行系统形成对比的是，外汇和证券交易结算都有两条"腿"。在外汇市场，因为存在不同的时区，可能会导致"跨国货币结算风险"（赫斯特风险），这种风险的发生是因为一个交易需要在不同市场、不同时区中对不同的"腿"进行结算。[3] 在证券交易中一个和跨国货币结算风险相类似的风险是证券的交付和价款的支付可能不是同时发生的，即"支付腿"和"交腿"可能存在不同的时间点。在证券结算中对于这个风险的担忧促进了付款交割与所有的交易结算的同步完成。[4]

10.99　这条通道和银行市场和资本市场相关，在这些市场中有关资产价格的信息可以产生系统性影响。

10.100　银行的资产、贷款是不对外公布的。那些非市场性的贷款具有不确定性，导致很难评估银行的信誉和风险。所以，存款人和

---

[1]　参见 Charles Freedman 和 Clyde Goodlet，"Large-Value Clearing and Settlement Systems and Systemic Risk"（1996）7（2）*North American Journal of Economics Finance* 153。

[2]　参见 David Folkerts-Landau，*Systemic Financial Risk in Payment Systems*（Washington，DC：IMF Working Paper No 65，1990），6 - 7。

[3]　赫斯特风险是以 1974 年赫斯特银行的破产来命名的。在 1974 年 6 月 26 日，德国联邦信贷监管局收回了位于科隆的、活跃于外汇市场的小银行赫斯特银行的银行执照，并要求其在银行营业期间进行清算，但这种清算要同时在德国的同业银行支付系统被关闭后来进行。在赫斯特银行被关闭的消息公告之前，几个赫斯特银行的交易对手方已经在那天通过各自的分支机构或者代理银行在德国的支付系统下向赫斯特支付了德国马克，而非在之后的纽约市场上用美元支付到期的即期或远期交易。在纽约时间上午 10：30（法兰克福时间下午 3：30），也就是接近赫斯特银行交易时间结束的时候，赫斯特在纽约的代理银行暂停了正在进行的从赫斯特的账户中进行美元支付。这个行为致使赫斯特的交易对手银行累积着已经交付的全部价值的德国马克（信用风险和流动性风险）。而且，那些已经和赫斯特银行达成期货交易但尚未结算的银行因需要将合同重新出售而蒙受了损失（重置风险），同时蒙受损失的还有其他在赫斯特银行有存款的交易对手（传统的对手风险）。

[4]　参见 Committee on Payment and Settlement Systems，*Delivery versus Payment in Securities Settlement Systems*（Basel：BIS，1992）. 也可参见 Cranston，注解 51，315。

其他银行债权人能够得到的关于银行资产的信息就很有限（信息不对称），也就很难评估银行是否稳固。银行对于他们的借款人有着专门的监督和筛查系统。但这种信息一般的普通公众是无法获得的。

10.101　一些诸如某家银行破产的负面新闻会导致其他机构的存款人对他们的银行的可靠性进行重新评估。[①] 尽管以往的经验表明将有偿付能力和没有偿付能力的机构进行区分是相对容易的，现实中发生危机之后这样做的难度比危机前大。事前的信息通常都是无用的，不及时的，或是无法进行可靠的区分。银行通常不会披露相关信息，特别是在它们濒临破产时。[②]

10.102　合理的、以信息化为基础的直接系统性风险，与不合理的、不以信息化为基础的、随机的系统性风险有时是存在差异的。[③] 合理的或是消息灵通的传导假定了投资者（存款人）能区分状况不同的各家机构。但非理性的挤兑传导更加可怕和危险，因为它并不区分各家银行的不同状况，对健康的和无偿还能力的机构都会产生影响，因此这种传导更为广泛也更难控制。

10.103　理性预期理论和证券市场传导分析密切相关。一个市场中的资产价格变化会揭示其他市场中的资产价值变化。

10.104　"恐慌也会通过心理通道传播。"[④] 心理通道和信息通道是相关的。公众认知很重要。一个银行的破产可能会使公众认为其他银行也将要破产了。这种想法往往在恐慌中会自我实现。市场情绪变化突然且迅速。"羊群效应"是一种"繁荣与萧条"相互循环的

---

① 参见 Varadarajan Chari 和 Ravi Jagannathan，"Banking Panics, Information, and Rational Expectations Equilibrium"（1988）43 Journal of Finance 749，以及 Charles Jacklin 和 Sudipto Bhattacharya，"Distinguishing Panics and Information-Based Bank Runs: Welfare and Policy Implications"（1988）96 *Journal of Political Economy* 568。

② 参见 George G Kaufman 和 Kenneth E Scott，"What is Systemic Risk and Do Bank Regulators Retard or Contribute to it?"（2003）7 *Independent Review* 371，376。

③ 参见 Joseph Aharony 和 Swary Izhak，"Additional Evidence on the Information-Based Contagion Effects of Bank Failures"（1996）20 *Journal of Banking and Finance* 57。

④ 参见 Charles P Kindleberger，Manias, Panics and Crashes: *A History of Financial Crises*, 3rd edn（New York: John Wiley & Sons, 1996），109。

模式。

10.105 危机揭示的非理性具备一个要素。金德尔伯格谈论过理性的个体和不理性的市场。[①] 诸如忧虑、狂喜、狂热、恐慌这些术语就一个心理内涵。它们表达了经常不受控制的情绪。当然，这些通道很难量化，但它们是真实存在的。

10.106 鉴于信心和信任是市场完好运行的先决条件，因此很容易理解，对一个机构或市场的信心缺失（无论是消息灵通的还是不灵通的，合理的或是不合理的）会破坏这一机构或市场的运行。

10.107 有些情形下，危机的解决也呈现出心理部分：仅仅是相信危机能够化解的信念就能够使投资者重回市场，有积极的动力再去经营，打开信贷大门。在解决金融危机中，真正起作用的不是贷款的能力，而是贷款的意愿。"仅仅是认识到可以赚钱就能对缓和或者消除危机心理发挥巨大作用。"[②]

结 论

10.108 中央银行和监管机构在追求金融系统稳定时面临的一个主要问题就是所谓的边界问题或说是界定问题。[③] 如同国家间的领海捕鱼纠纷一样，在划定监管、保护和政府援助的界限时可能无法达成一致。这是个没有解决的极端重要的问题，因为危机深刻地揭示了非银行机构，如 AIG（美国国际集团）中所蕴含的系统性风险。系统重要性金融机构是很难去定义的：规模、结构、互联性，所有的因素都要考虑到。而且这还是一个动态的定义。此外，任何公开的名单都很

---

① 参见 Charles P Kindleberger, Manias, Panics and Crashes: *A History of Financial Crises*, 3rd edn (New York: John Wiley & Sons, 1996), 23。

② Ibid. , 16.

③ 参见 Brunnermeier, Marcus Andrew Crocket, Charles Goodhart, Avinaush Persaud, Hyun Shin, "The Fundamental Principles of Financial Regulation", *Geneva Report on the World Economy* (February 2009). 也可参见 Charles AE Goodhart 和 Rosa M Lastra, "Border Problems" (2010) 13 *Journal of International Economic Law* 705 – 718。

容易诱发道德风险，除非存在政府对银行的担保的合理定价。绝大多数的系统重要性金融机构都是跨国的，所以需要一个跨国性、超越国家的解决方案。

　　只要监管能够有效地使被监管对象从优先地位转变到次要地位，就有可能解决边界问题。这是几乎所有的监管者都会实施的一个措施。当前（2010）的例子是提议引入对系统重要性金融机构的额外监管。如果要对系统重要性金融中介机构进行处罚，就需要基于衡平和公正的理由对什么构成了系统性重要中介机构进行定义和分类，而这是相当困难的。但是，一旦建立起这样的清晰的定义和界限，就使得一些机构能够自我定位，这看上去似乎更加有益。假设我们在一个只有三家银行的小国家开始这项工作，这里的每家银行都有三分之一的存款，每一个银行都符合"大而不能倒"，而系统重要性金融机构被定义为拥有全国20%以上存款的银行。如果每家银行为了逃避更严格的监管，而选择将银行拆分成两家相同的银行，这两家银行有着相同的资产组合和同业银行联系，能否说这样制度就是进步的呢？相似性很容易导致危机传导。事实上，这样的监管就是鼓励和培养相似的行为。遵守这样的法规却提高了产生系统性风险的危险，这是否违反了应当避免风险的初衷？鼓励所有监管者采取最"好"的行为或者与之保持一致，难道不是在危害整个系统的活力吗？

理解系统性风险还需要更多的研究和分析，特别是对于跨国机构的系统性风险以及现代金融市场相互联系的特征。

（赵硕、荼志梅译）

11

终结"大而不倒"：
金融集团的替代性处置方案

Michael Krimminger

11.01 导致 2007 年金融危机爆发的原因有很多，比如错误评估的信贷风险，史无前例的债务水平，结构性融资中错位的激励机制，隐藏风险、但并未真正分散或消除风险的创新金融工具，以及相比有限的风险而言，可能收获的丰厚回报的过度冒险文化，上述原因是金融危机爆发的诱因之一。为了应对金融危机，人们已经提出了许多改革方案，并且准备将其中一些方案付诸实践。但是，该方案是否对金融危机中所出现问题的范围进行界定，这一点是非常重要的。以往，金融危机较集中地发生在银行系统或特定的交易错位中，但是由于资产泡沫的迅速破裂以及随之而来的不确定性,本次金融危机除了波及大多数国家的银行和非银行金融机构以外,还影响了更广泛意义上的金融系统。

11.02 这场金融危机暴露了全球性金融基础设施的不足。金融危机发生之前,相比国际金融交易在范围、规模以及复杂程度上的快速发展,与其对应的国际监管和组织框架可以说是滞后的。虽然监管者大大加强了跨境监管问题上的合作,但是这种合作仅局限于银行监管机构之间相互协商进行功能性监管,其实并未完全解决金融危机的管理问题。甚至可以说,这种合作更多地在为跨国银行及其控股公司服务,它并未将可能承受重大金融危机压力的金融集团的所有机构及业务涵盖在内,更重要的是,这种合作监管也没有提供处理金融危机的机制或者工具。

11.03 跨国银行危机处置的工具和技术并未与金融创新或跨国银行经营中的业务同步。金融危机期间发生的一些事件暴露了不同国家介入手段存在的差异,也暴露了许多国家缺乏适当的处置工具。由于时间限制以及有可能涉及规模庞大的公共援助,金融危机期间为了解决跨国机构面临的危机而采取的行动往往只是权宜之计。

11.04 从根本上说,这次危机还表明了金融集团对于国际金融体系的重要性。如下所述,无论是监管还是处置方案都无法采取有效、协调的措施来应对金融集团开展的不计其数的金融业务。在许多情况下,正是税收、监管基础设施、监管体制以及在某些程度上包括监管框架的差异,推动了日益复杂的金融集团业务的迅速增长,利用这些差异进行监管套利所形成的商业价值是不可估量的。

11.05 无论对于跨国金融集团还是国内金融集团而言,一般情况下,现有的法律与监管制度都不是为解决拥有多个分支机构的大型金融集团存在的问题而专门设置的。目前针对金融机构不存在国际通用的破产框架,而且在近期也不太可能制定出该框架。国内破产规则只适用于个别机构,而且根据金融集团从事业务类型的不同在适用时也会有所差异。事实上在自身管辖权范围内,几乎没有国家能以统一的方式处置国内金融集团（不同于单独存款机构）①。

11.06 这些事件表明，需要协调好金融公司所在的不同市场的监管，为系统重要性金融机构开展有效的跨境合作以及管理危机。虽然这些领域的改革有许多需要探讨的地方，但本章将重点讨论一项核心改革：在不造成金融体系崩溃的条件下为最大型金融机构制定可信赖、可操作的破产规则。这是缓解因政府救助和"大而不倒"所造成的市场扭曲的关键。

11.07 许多国家，包括欧盟在内，正在考虑进行一系列改革以提高大型金融机构的风险防范能力，以及在它们破产时为其提供额外资源用以控制破产带来的负面影响。巴塞尔银行监管委员会正在审议银行流动性和资本充足率方面的改革。金融稳定委员会正在监督问题银行的风险防范能力和法律与政策的应对能力。其中很多问题是在美国最近的《多德—弗兰克法》中得到了解决。从本章的目的和本章对于问题金融机构处置关注点出发，可以看出《多德—弗兰克法》授予了新的监管权，通过赋予关闭最大型金融集团的权力解决"大而不倒"问题；通过设立过桥银行防止系统重要性机构的非正常倒闭、确保股东及其他债权人承担金融机构破产的损失；通过防止债权人过度依赖政府救助，新的处置权将让大集团受到市场约束。

破产规则的重要性

11.08 审慎的风险偏好是市场经济非常重要的因素。大体上，政府应当让市场确定交易的价值，确定利润和损失并区分成功者与失败者。相反地，一个能够有效运作的市场需要由规则、通信、运输及交易中介整合而成的良好基础设施。简言之，市场效率取决于日常交易生活中众多因素的相互作用。虽然在发达国家这些理论被人们普遍

---

① 关于本次危机的经验及改革建议的讨论参见 Basel Committee on Banking Supervision, Final Report of the Cross-Border Bank Resolution Group（18 March 2010）。

认可无须强调，但是商法及其他法律、可信赖的争议处置程序、信息交流、产品及支付网络、运输系统、中央银行和私人信贷等众多因素对金融系统而言确实至关重要。

11.09　政府必须扮演两种角色。首先，政府应当提供服务于特定公共事务的监管框架。例如禁止使用童工、不安全产品及禁止金融机构承担过多风险。在金融监管领域，审慎监管有助于确保银行及其他金融机构采取有效的风险管理程序，从而抑制高风险贷款，并且有助于确保其遵守消费者保护标准；其次，政府应当作为市场竞争规则的制定者，这一角色同样重要，但是在金融危机之后展开的改革辩论往往忽视了这一角色。透明性、特定信息披露、标准化会计要求及其他类似标准通过对市场行为的影响，确定了"路径规则"及市场结构。例如，当一些人仅关注承销标准具有明显改善证券化市场弊端的功能时，往往忽略了更加透明化的证券化市场具有促进承销自我完善的作用。因此，良好的监管框架应当包含相互促进的因素，这些因素能够支持同时实现上述两种政府角色。

11.10　形成市场的诸多要素之中，一部分是由私营部门提供的。然而，大部分要素仍是基于政府提供的既定规范和程序，其中一个例子就是决定交易结构的商法。有些人会反驳说，商法中有很大一部分内容来源于长期以来形成的既定私法。确实如此，但正是因为政府确认了商法的交易结构而使得商法具有稳定性和可信赖性。如果没有强制力作为保障，法律和规则将毫无意义。要证明这一点很简单，只需在腐败问题严重或私法和公法都不具有公信力、缺乏严谨的司法体系的国家从事商业活动，就足以知晓其困难程度。简而言之，政府的基本作用之一就是制定市场规则。

11.11　确定市场的另一个基本规则是破产法。商法确定交易如何进行，而破产规则确定了商业失败的后果以及承担风险的代价。如果对于某些具有系统重要性的市场参与者不适用破产规则，那么他们几乎不需为承担交易失败的风险而担忧，因为风险将转由交易对手承担，这样就会大大降低他们的交易风险。这种典型的"道德风险"

会扭曲市场，并不可避免地导致市场日益集中，还可能导致出现其他特权，增加未来市场错位的风险。如果破产规则不适用于大型且影响广泛的市场参与者，那么将不可避免导致系统性风险向小型市场参与者集中。除非我们能假设这些机构的领导者具有预见能力，否则不适用有效的破产规则必将导致系统性危机再次发生。这就是"大而不倒"问题的核心。

风险业务

11.12 毫无疑问，这次金融危机表明银行以外的金融机构也可能产生系统性风险，它们也会受到突发流动性危机的影响。传统上认为只有最大型银行和银行间的同业拆借才会引发系统性风险。在今天的市场和支付体系下，许多非银行金融机构扮演了关键角色。证券业、银行业和保险业之间的界限越来越模糊，这些行业的参与者都有可能在金融系统中发挥关键作用。[①] 通过利用科技的发展、市场运营和市场效率，行业横向混合现象日益增加，它导致了公司治理和监管日趋复杂化。

11.13 大型金融机构在一种相互依存且多元化的集团结构下运营。当其他许多国家已经发展全能银行时，美国的《格雷姆·里奇·比利雷法》逐步放松自大萧条以来的限制金融控股公司开展非银行业务的法律限制，这为美国金融业迎来了重大的横向整合。即使全能银行发展历史悠久的国家，2000 年之后的 10 年中，也见证了集团中更多全新的、更为复杂的金融业务组合的诞生。[②]

11.14 这次金融危机还表明，银行、非银行金融机构以及市场

---

① See Speech by Sir Andrew Large, Deputy Governor of the Bank of England, at the City of London Central Banking Conference, National Liberal Club, London, 17 November 2003, available at http：//www. bis. org; The President s Working Group on Capital Markets, "Hedge Funds, Leverage, and the Lessons of Long-Term Capital Management" (April 1999).

② See Group of Ten, Report on Consolidation in the Financial Sector ar 35, 133 − 5 (January 2001). See Group of Ten, Report on Consolidation in the Financial Sector at 35, 133 − 5 (January 2001).

参与方通过所谓的"影子"银行体系形成了复杂而统一的整体。随着信用中介逐渐从银行转向市场机制,投资公司、私募股权、对冲基金、证券公司和其他金融机构在为企业提供信贷方面发挥着越来越重要的作用。这种发展有很多积极意义——商业和消费者获取信贷的渠道增多——但是这意味着这些机构无须适应商业银行的杠杆率和资金控制,上述控制主要避免机构滥用条款损害消费者利益和对信贷进行错误的定价。诸如商业票据、结构性投资工具、短期回购协议以及其他形式的证券借贷活动等已经成为金融体系中主流的融资渠道。其中大部分属于银行与其他金融公司的表外业务,所以不存在对于该体系提高投资者风险偏好的杠杆增长的限制。信用评级机构给予高信用评级后,投资者相当于被告知其交易是安全的,而投资人没有能力对市场机制进行独立分析,而这恰恰是市场机制中控制过高杠杆和过多风险的重要机制。直到2007年年初,影子银行承担了超过传统银行部门水平的金融中介功能。事实证明,规模庞大的影子银行、过高的杠杆率、对投资者短期融资的信心以及金融业对抵押物的依赖混合在一起是非常危险的。

11.15 像银行一样,在影子银行体系中活跃的金融公司也高度依赖短期融资。银行短期负债传统来源是活期或定期储蓄。由于这些负债资金在特定银行或银行系统出现信用危机时会发生挤兑现象,许多国家建立了存款保险制度,以支持公众信心并保障银行体系的流动性。存款保险对于维持银行体系的稳定具有重要作用,其重要性体现在19世纪和20世纪初的大萧条中得到了充分的体现。虽然后来仍然经历了一段困难的经济时期,1933年建立的"联邦存款保险公司"迅速终结了美国银行业的挤兑现象。

11.16 今天,许多金融机构和银行都依赖市场融资。[1] 然而,依

---

① Claudio Raddatz, "When the Rivers Run Dry: Liquidity and the Use of Wholesale Funds in the Transmission of the U. S. Subprime Crisis", World Bank Policy Research Working Paper 5203 (February 2010); Gary Gorton, "Questions and Answers about the Financial Crisis \ prepared for the US Financial Crisis Inquiry Commission" (February 2010).

靠市场短期融资的金融公司会发现资金可以在一夜之间流失。如果市场认为公司正在衰落，其他市场参与者可能会决定减少向其提供信用贷款、缩短新交易的期限、或要求公司提供更多担保。市场更加关注公司生存状况，这些手段是交易对手正常且谨慎的风险管理措施。但是，这导致形成了"死亡旋涡"——对于依赖市场融资的公司来说，融资期限越来越短，成本越来越昂贵而且其对日益减少的担保资产的需求不断扩张。在某种程度上，公司会因无法满足这些额外的需求而倒闭。依据大多数破产法律，市场参与者可以在宣告破产后马上终止合同并净额结算衍生产品，卖掉抵押物以结清剩余债权。在市场不稳定时期，比如2008年秋季期间，净额结算权与抵押权的行使可能增加系统性风险。在这些时期，随之而来的抵押物紧急抛售会压低抵押品价格，投资者的资金回收会冻结市场流动性并造成许多公司倒闭。

11.17 实际上，由于在公司倒闭前担保物需求增多与公司倒闭后担保需求突降的循环使金融公司更容易突然倒闭。这些公司的交易相对方有充分的理由要求提供更多担保物，并在市场价格降低前尽快将其卖出。这可以对债权进行私力救济，与存款人挤兑现象由类似之处。

11.18 与受管制的银行业不同，影子银行不适用资本充足率、存款保险制度和最后贷款人等制度。因此，影子银行没有可供使用的措施来避免无担保债权人的挤兑。

在没有强制销售资产或者其他极端手段的情况下个人就无法被清算。当金融危机爆发时，评级骗局和表外工具的掩盖无法维持投资者信心，此时就需要大规模政府干预来稳定整个体系。传统上仅对受监管储蓄机构适用的安全网和流动性支持被扩张并适用于大部分影子银行。为了恢复真实的市场价格，我们必须恢复投资者的信心。但有点反常的是，为了实现上述目的，唯一的方法就是如果投资者与从事高风险业务公司交易，而公司因其高风险破产时，投资者需要承担损失。简而言之，让投资人和债权人承担破产的损失是恢复投资者信心的唯一途径。

终结"大而不倒"的困境：
金融集团处置规则

11.19 避免银行无序破产的一个根本问题是现有破产制度缺乏可信赖的针对大型银行控股公司的处置机制，这种机制要能满足快速、可预期及可持续的要求以避免处置造成无序的崩溃。改善规制和监管是改革的重要组成部分——特别是有能力涉及将不同类型的受监管实体以及不同市场中产生的风险——而可信赖的大型银行控股公司处置程序是最重要的。

11.20 大型金融公司和普通商业或工业公司之间存在根本性的区别。大型金融公司实现自身功能的途径主要是为法人和自然人提供融资服务、现金结算业务、作为流动性和资本市场的中介，甚至包括向政府在证券市场的活动提供基础设施和融资。市场的运作依赖于流动性，市场参与者的信心以及与市场、信贷和其他风险相关联的金融资产的价格。要终结"大而不倒"，我们必须有适用危急时刻的保护公众利益的处置程序，必须确保股东和其他债权人承担风险和损失，并防止公司无法提供系统重要性的服务。这不是救市，事实上，处置程序应当禁止针对特定机构提供援助。部分人可能认为这种做法过于极端，可能会限制政府在危机中的抉择。这种担忧的基础是公司不能破产，其重要业务应暂时继续运营，然后逐渐转移至其他公司。但是，这种观点的相关政策和监管措施只会增强"大而不倒"并使得金融体系更加扭曲。要让这些金融机构倒闭，我们必须创设出不会导致无序破产并引发系统性风险的方法。在制定应对政策时将不可避免地面临这些艰难的抉择，我们必须妥善解决，否则对这次金融危机的处理结果无疑将为下次危机的爆发埋下伏笔。

11.21 随着本次危机消退，一个亟待解决的问题是如何终止政府对大型金融机构的救助。在现有制度下，大型系统重要性金融机构（即被市场认定为"大而不倒"的机构）有能力进行债务融资和股权融资，并且能够以更优惠的条件从信贷市场中获取融资，然后他们以这些资金通过杠杆方式进行二次扩张。该过程使得投资者和债权人更加放心，甚至更愿意放贷而不担心遭受损失。从某种意义上讲，投资人、债权人和公司正在为他们无须承担失败和损失的风险下赌注。他们相信政府因为不能承受大型金融机构倒闭给市场和经济带来的负面影响，在关键时刻必会对其提供援助，该判断在目前来看是正确的。

11.22　要解决"大而不倒"所面临的最大挑战就是寻求方法用市场来约束系统重要性机构。① 对此有两种可以并存且可能实现的解决方案。其一，通过监管强制要求跨境金融集团主动分立为便于管理的小型机构，从而限制跨境金融集团可能引发的系统性风险；其二，为这些金融机构建立可以信赖的处置程序。

对银行业务的限制

11.23　许多人主张通过分立或者限制大型金融机构的规模或业务范围来解决银行业存在的"大而不倒"问题。这些建议旨在将高风险银行业务分割开来，比如自营或投机交易与"核心"的银行业务，如存取款、借贷、对冲交易和做市等业务相分离。英国金融服务局在2009 年 10 月发布的讨论文件中提出了上述问题，美国金融监管改革立法讨论中也有人提议直接缩减这些机构的规模。

11.24　监管者和立法者正在考虑采纳一些建议以收紧银行业务的范围。几乎没有人建议禁止市场参与者开展特定业务，但是有些人建议限制或者禁止诸如不能从其他金融或者商业活动中获取"期待利益"的信贷衍生品交易。美国参议员布兰奇·林肯提出了一个建议，取缔一切掉期交易商，包括大型掉期交易商及其市场参与者，以及一切有关"联邦援助"的机制如贴现窗口制度和存款保险制度。此种

---

① The Report of the FSB, IMF and BIS to the G20 Finance Ministers and Central Bank Governors on Guidance to Assess the Systemic Importance of Financial Institutions, Markets and Instruments: Initial Considerations (2009) 规定了识别系统重要性的标准和指标的考虑因素（2009 年）；第 10 章。

做法会导致任何银行都无法利用掉期交易来对冲其内部的和消费者的风险。美国最有可能采用的是"沃尔克规则"，这一规则非常简单，而又非常清楚：银行必须切断自己与对冲基金或者私募股权基金的直接联系，并且银行及其控股公司不得参与"自营交易"。依据此规则的表述，自营交易是指银行利用自有资金或融入的客户资金直接参与的对冲、做市等与自身业务无关的投机交易。

11.25　虽然并未直接指明针对银行，但欧洲议会中有些人提出建议，要向对冲基金业施加更广泛的监管，这些监管要求集中在投资资金的来源和用途的更高透明度和充分信息披露上。也许在国际上最具争议的是将投资限制于由欧盟监管者授权的机构的这一提议。若该提议落实，将导致美国设立的对冲基金未经欧盟监管者授权，将无法进入欧盟市场。这是金融危机将带来的危险之一，即由于过度监管可能会导致出现外国对冲基金远离欧盟市场，转而寻求国内或其他地区市场。

提高资本要求

11.26　所有国家的监管机构与市场参与者一致赞成更多优质资本对于大型银行和其他金融公司的业务具有重要作用。这些议题成为了巴塞尔银行监管委员会关于银行资本监管后续步骤讨论（即《巴塞尔协定》）的重点。其中一个重要议题就是加强资本的要求。

提高流动性要求

11.27　2008年秋季，特别是在雷曼兄弟破产后，对短期流动性的过度依赖和对市场流动性突然产生需求是影响金融稳定的主要因素。许多人相信这需要提高对流动性的要求——特别是减少对短期流动性的依赖以及确保金融机构的流动性资源、规划更有活力。巴塞尔委员会引入了两个新指标，一是提出流动性覆盖率，用于应对（30日内）的资金挤兑；二是提出净稳定融资比率，用于度量银行较长期限内可使用的稳定资金来源对其表内外资产业务发展的支持能力，以此促进更多结构性长期融资。

公司规模与集中限制

11.28　一些人提出建议希望通过限制金融公司的资产规模或负债来减少系统性风险，比如将杠杆率、个别交易对手风险限制或者类似于现有存款法定上限的，对大型银行负债上限进行更广泛适用。

11.29　根据美国法律，银行控股公司必须维持不低于5%的杠杆率，这样才能被视为"资本充足"。如果银行的杠杆率低于这个水平，其股利支付和运营会受到更加严格的控制。根据美国通用会计准则，此比率等于一级资本除以加权风险资产总额。瑞士银行业监管机构也正在对瑞士信贷和瑞银集团这两个大型银行采取新的杠杆率限制，在集团层面设置最低杠杆率水平为3%，在银行层面设置最低杠杆率水平为4%。为避免产生资本监管顺周期效应，瑞士银行业监管机构在初期将杠杆率限制在5%左右。这一比率就是核心资本（一级资本）除以总资产得出的核心资本充足率，该总资产依据瑞士通用会计准则认定，这与美国的标准类似。但是，由于瑞士银行现有的低杠杆率以及金融危机之后复苏过程中产生的交易困难，瑞士监管局允许在计算时从总资产中扣除特定资产，比如现金头寸和国内借贷，并且将实施的最后期限延迟至2013年。最终，2009年，美国众议院通过的《多德—弗兰克法》提出了杠杆限制（该限制并不在现有参议院的建议内）。

银行税收与相关费用

11.30　国际论坛中很多人建议对所有大型金融机构或者在金融危机中获得政府救助机构征收额外的交易税，比如托宾税、"系统"税的变体、暴利税等。有些建议还包括对事前处置基金的探讨，尽管这些内容由处置监管机构进行探讨更加合适。

会计准则变更

11.31　有些分析和建议提出要对信贷、交易损失的计算方式和报告时间进行变更。美国财务会计准则委员会和国际会计准则委员会都对这些问题做出了评论，他们关注的是分类和测量、动态准备金制度以及套期保值会计。尽管某些范围不同，美国财务会计准则委员变更对证券化交易的会计处理应当视为对本次危机的一种应对措施。该种变更可能会要求保荐机构将更多的证券化资产计入资产负债表内。这一举措直接针对"资产负债表外"现象和根据证券化交易进行销售、处理所产生的问题，这些证券化交易导致更多不良贷款被包销以及被分销至整个国际市场。

11.32 所有上述建议都可能对减少系统脆弱性发挥作用。但是，这并不足以应对金融危机。危机表明，市场约束必须在支持监管和实现监管目标方面发挥更重要的作用，仅仅依靠监管要求就忽视了过去的教训。但是，一套可信赖的大型金融公司处置程序——以及使用它的意愿——会确保市场约束这些公司的行为并增加监管要求的效果。

处置程序的作用

11.33 我们必须拥有一个维持市场和政策制定者信心的处置程序，即关闭这些机构不会导致系统性风险。[1] 首先，类似于某些国家的有序处置银行的法律机制。监管机构的目的不是无限期地维持一个问题银行使之存续，而是快速有序地解散银行并且尽快让私人企业吸收其资产。总之，建立处置措施适用可能引发系统性风险的金融机构，是一项紧急且必要的事项。

11.34 这个解决方案必须禁止对特定金融机构提供政府救助，并避免这些机构将来的救助。其目的在于禁止政府救助，提高约束力，快速有序地处置问题机构并让私人尽快接收其资产。

---

[1] See Group of Ten, Contact Group on the Legal and Institutional Underpinnings of rhe International Financial System, "Insolvency Arrangements & Contract Enforceability" (September 2002) ; Global Bank Insolvency Initiative, "Legal, Institutional, and Regulatory Framework to Deal with Insolvent Banks"; Financial Stability Forum, "Guidance for Developing Effective Deposit Insurance Systems" at 8 – 11 (September 2001) ; IMF Legal Dept, "Orderly & Effective Insolvency Procedures" (1999).

11.35 很显然，国内监管机构必须有权针对金融集团内不同类型的业务采取有针对性的处置方式。储蓄银行、证券公司和保险公司存在不同程度的资产和负债问题，针对不同行业消费者必须提供保护并将该保护列入处置计划，比如说，保险公司和保险业监管的重点在于平衡用于清偿即时债务和长期债务的资产。处置程序必须将上述差异纳入考虑。不同方式必须相互协调，当集团清算时，能够继续运营的业务被卖给私营公司或投资者，不能继续运营的业务进行有序清算，以避免影响市场的稳定。这种差异性和协调性的平衡需要适当且专门的合法权力，以及有望实现集团重组的操作能力、专业知识和相关资源，以确保集团重要功能的延续和从市场中有序退出。一种有效的跨境框架必须允许这些处置方式适用至跨境业务上。

11.36 有人提出了替代性解决方案，他们担心尽管处置程序是有效的，仍然可能引发市场不确定性和不稳定性，导致危机蔓延。这种解决方法通过让股东和其他债权人承担损失进行有序处置集团破产，实现市场约束这一目标目标，与此同时金融集团仍在私营企业手里。[①] 这种方法可以通过在重整公司时，将全部或部分无担保、无保险的债券转化为股权、稀释原有股东权益、降低并有效削减原有债权人权益。比较乐观的是，这种方法是基于合同（或然资本）条款设定或是基于法律直接规定而触发该机制。如果在金融公司陷入困境时尽早采用此方法，便能实现再注资、继续营业，并且能够避免政府参与的处置程序存在的问题。此外，另一种方法必须进行立法的变革，允许监管机构无须遵守股东大会表决的要求，直接提供临时的桥银行融资和促成公司的合并和收购。

11.37 虽然这些替代方案在避免破产程序和避免政府直接控制桥公司方面有些优势，但实际实施这些方案时存在明显的问题。首先，某些国家在既定的破产程序之外仍有关于股东权利保护的重要政

---

① Remarks by Paul Tucker, Deputy Governor, Financial Stability, Bank of England ac the European Commissions Conference on Crisis Management, Brussels, Belgium, 19 March 2010, available at http: //www. bankofenglandxo. uk/pablications/speeches/2010/speech431 . pdf.

策和法律；其次，这些方案并未消除交易阶段需要公共资金的可能性。在所有申请援助的例子中，其难点均在如何设计适当的框架来确保公众免遭损失；再次，即使有了这些可供选择的方案，我们仍然迫切地需要一个设计良好的处置程序以实现有序退出，还需要"过桥公司"机制用以处置破产的金融机构。

11.38　然而在我看来，更为根本的问题是这些替代方案无法完全解决希望解决的重要问题——启动破产程序而引发的市场不稳定。我们必须认识到如同 2008 年秋季发生的危机一样，金融危机期间的不确定性带来了可怕的破坏。如果公司符合预设的合同条款或法律规定并启动触发机制，将会引发公司股权和债务的大量抛售，导致"死亡旋涡"出现并很有可能造成市场动荡和崩溃。此外，除非改变公司的资产和负债结构和管理层，否则进重组的公司不会被认定为有更优的信贷风险水平或者更好的预期。对于营业和运营的公司而言要解决上述两个问题都很困难，但是公司的发展前景完全依赖于公司自己成功解决问题。虽然或然资本结构能给金融公司注入资本，但该公司仍可能启动随后的破产程序这一事实让债权人难以维持对公司长期稳定的预期。重组公司的困难以及预期的不确定性也意味着公司的重要员工可能会流向其竞争对手。虽然这是任何问题公司和过桥公司都普遍存在的问题，但是通过过桥公司这一桥梁来处置公司可能会有更好的前景，因为监管机构为了运营公司将会使用其权力维持必要的合同相对方和员工。

11.39　比较而言，破产程序是重组公司资产和债务更为有效的程序——通过优质银行/不良银行类型的框架利用过桥公司作为优质"银行"。破产程序和过桥银行这种程序根据股东和债权人在分配中的劣后性直接减少股东和债权人的份额，在必要时更换管理层，清理资产和债务并转移给新的桥公司，通过桥公司留住重要员工，最终将优质业务出售给其他公司，然后清算剩余资产并处置债务。

当前方案的问题

11.40　对现有银行危机的临时应对是不可避免的，因为没有程序来接管复杂金融组织。雷曼兄弟申请破产后产生的余波，包括信贷市场流动性中断，使得市场参与者和政策制定者对重要金融控股公司或者金融机构适用破产程序十分谨慎。处置系统重要性金融公司产生危险的不确定性，因为破产程序包含协商解决这一方案，可能导致数以千计的合同在数月内得不到处置，正如雷曼兄弟破产时发生的情况一样。虽然破产程序在处理大部分机构破产时运行良好，但是如果债务人的财务网络扩及全球信贷、信贷衍生品及其他金融市场时，就会带来市场的混乱。雷曼兄弟提交破产申请后，商业票据市场停止运行，然后随之而来的流动性的停滞对其他金融机构和企业造成了威胁。

11.41　对于市场冻结的一种解释是雷曼兄弟的倒闭震惊了投资者。继贝尔斯登公司之后，投资者坚信雷曼兄弟"大而不倒"，还坚信政府会保护债权人。投资者不认为雷曼兄弟会申请破产保护，因此他们愿意冒着"道德风险"去投资高收益的系统重要性机构的商业债券。如果在雷曼兄弟破产前设置可信赖的处置机制，投资者就不会进行这样的投机活动，市场也不至于对雷曼兄弟的破产申请作出如此震惊的负面反应。

11.42　另一种解释是破产程序无法满足处置金融公司（如雷曼兄弟）所需要的确定性。在这类公司中，商业及其资产的价值取决于公司与其他市场参与者的关系。反过来讲，这些关系取决于要求能即时并连续获取大量流动资本的金融市场合同。关于雷曼兄弟流动性的谣言和随后的破产申请引发了雷曼资产的低价抛售，并严重打击了雷曼兄弟大量的直接、间接交易对手对其享有的债权的流动性。由于对全市场中的交易各方结算能力的质疑，导致流动性的突然崩溃。

11.43　虽然雷曼兄弟倒闭了，但其后市场混乱的根本原因将在很长时间内继续被讨论，两种解释都指出推行一种针对系统重要性非银行金融机构的新型处置方案势在必行。这种新的处置方案会提供关闭或者重整系统重要性金融机构的明确、一贯的规则，并且在有序清算的同时维持其重要功能。

11.44　依据这两种解释能得出一致的结论，即我们必须制定一个处置机制，用以应对复杂金融集团下属的中小型但具有重要地位的子公司。这点非常重要，因为只有这样，监管者才有可能在避免摧毁金融市场的情况出现的前提下终结"大而不倒"问题。我们必须确保这种程序的有效性，确保纳税人不用为延续问题金融公司承担损失。如果有一个可信赖的处置机制能够在像雷曼兄弟这样的金融实体提出破产申请之前就对其重整，投资者将会因自己对"政府会提供援助"产生误解而付出代价。同时，因为预设一个有序有效的清算程序，市场将在保持其流动性的同时，不会对倒闭带来的震荡作出如此负面的反应。

11.45　不像银行重整程序具有明确且成熟的法定权力，事实上，几乎没有哪个国家有一套成熟的适用于问题金融集团的破产程序。现有可行的重整大型复杂非银行金融实体和金融控股公司的破产框架并不是为保证金融体系稳定性制定的。这一点非常重要，因为在本次危机中，集团及其非银行业务已经依赖其组织内的银行作为集团强有力的资源。虽然之前企业集团也作为强有力的资源服务于保险机构，这些保险机构依赖附属存款机构提供资金和实现流动性，但是在银行体系之外，通常在集团或者非银行分支机构层面开展很多系统重要性业务。

11.46　即使拥有有效处置银行程序的国家，监管当局通常不享有对问题金融集团采取迅速、果断措施的权力。然而，由于银行运营的许多核心服务存在于集团的其他部分中，而且处于监管者控制范围之外，监管当局仍然无法防止银行出现问题，这使得接管和重整银行非常困难。当银行出现问题，集团及其下属机构就会发现自身的运营和财务状况非常不平衡，甚至无法继续融到持续资金。在集团结构中包含诸多银行和非银行分支机构的情况下，仅仅管控银行并非一个可行的解决方案。

11.47　虽然银行在现有监管下能够实现处置，但这种处置方式很可能会导致集团倒闭，甚至其业务可能通过一般破产程序被瓦解。将集团置于一般破产程序可能会造成预期外的不稳定，因为依据现有体系，储蓄机构外的债权完全得不到清偿。没有建构起针对储蓄机构以外业务处置程序，大型复杂金融机构的倒闭会引发系统重要性事件风险。

破产程序的作用

11.48 美国破产法在 2008 年金融危机爆发时提供了有用的例子。美国在 19 世纪 30 年代大萧条时期建立了特殊处置机制，19 世纪 80 年代的储蓄危机推动了该机制的发展，该制度用来处置银行和受联邦存款保险公司保障的储蓄机构。与之相反的是，非银行金融机构仍然适用一般破产法规定。破产法的一些特殊规定适用于证券经纪交易商，而主要保护大宗商品经纪商零售客户的《证券投资者保护法》适用大宗商品经纪商。

11.49 在美国法律体系中，破产法有着悠久的历史。对于美国大部分商业破产而言，现有的体型运行非常良好。事实上，美国破产程序被贴切地称为美国商业和经济制度的力量来源之一。为了债权人的利益，上千企业根据破产法成功重整或清算。破产程序称为重组大型公司，比如通用公司和克莱斯勒汽车公司的有效手段。

11.50 但是，经验表明对于未能完成结算或缺乏流动性的大型金融公司而言，该程序并不能有效运作，还会广泛地引发市场不确定性。我们不能再犯错误了。2007 年至 2008 年的金融危机导致一种奇怪的情形，即大型金融公司的融资等优势被放大了。这种放大其实是由于公司对政府援助的期待变为现实。因此，我们必须采取必要的措施来建立起一套可信赖的处置程序，以此将大型金融公司的市场自律性由理论变为现实。

11.51 在一般破产制度之外对大型金融公司采用特别处置程序有四个重要的原因。第一，针对系统重要性金融机构的处置程序必须以保护公共利益为目标；第二，处置这些公司需要事前规划和跨境协作；第三，这种特别程序的实施必须迅速且具有前瞻性，可以避免金融体系产生动荡；第四，在清算问题公司时，该程序必须能够提供工具以使系统重要性业务继续运营。接下来的内容将对上述原因逐一进行探讨。

保护公共利益

11.52 保护广泛意义上的公共利益对于制定破产程序而言十分重要，如果对问题公司处理不当，其倒闭将造成更严重的经济损害，这对于几乎所有破产而言都可以说是关注重点，但是对于最为复杂的金融公司而言则不是。在系统重要性金融公司的特别处置程序中，关注的重点在于必须采取快速行动以避免系统性风险的发生。

11.53 与之对比，在大多数普通公司破产程序中，在认定处置性质（清算或者某种形式的重整）、协商或者对不同债权人类型或者个别债权人间的争议提起诉讼时，债权人处于支配地位。而在这种特殊的处置程序中，债权人无权决定处置的形式、现任管理层或者债务人的作用以及重整后的业务将如何运营。这种程序是完全恰当的，因为债权人是拥有破产公司实际利益的利益相关者。事实上，在大多数私营公司，包括金融公司破产时，这种程序提供了最公平的方法，使得公司在没有足够的资产支付给每一个债权人的情况下，能够平等地清算债权。即使在这种优势下，我们仍应认识到，在法院监督下侧重于谈判或相互竞争的利益诉讼的程序自身也存在一定不足。聘请专家和律师的费用可能非常昂贵，会占用很大部分的可利用资金，还会导致漫长的诉讼。所有例证都可以在雷曼兄弟在美国破产法庭的破产程序中找到。在诉讼前十五个月，债务人的各种律师和专家费用已超过5.88亿美元。[①]

11.54 然而，由于系统重要性金融机构自身就是一种重要的公共利益，其破产诉讼还必须对公司的债权人提供可预见性和法律保护。法律保护除了可以为债权人带来基本的公平，还有利于稳定金融

---

① Bloomberg："目前已支付雷曼破产律师、顾问588.4百万美元"（2010年1月15日），援引自其向美国证券交易委员会提交的报告。

市场，促进对金融企业的投资以及有效的商业运营。至少，债权人所获的不能低于直接清算所能到的价值。这是自由企业制度基础设施的组成部分。

11：55 在系统性重要金融机构破产的情形下，公共利益必须满足最重要的利益，即避免会威胁一个或者多个国家金融体系稳定性。这种附加的公共利益要求破产程序具有其他的一些特征，比如，同下文探讨的，它要求采取快速且果断的行动以延续系统关键性金融功能。因此，它需要临时性公共资金或者行业提供资金建立"处置基金"来维持继续营业所需的流动性。成立初期提供临时性公共资金是有必要的，但它仍然必须从销售公司资产、业务的收益获的偿付，如果不能完全支付，则必须由行业而非纳税人承担这部分资金。在任何情况下，处置必须保护公众，同时确保股东和其他责任交易方首先承担损失。冒险经营致使公司倒闭的责任应由其决策者承担，而不是由纳税人承担。

11.56 在此非常有必要强调公共利益既不需要也不是紧急救助金融机构的辅助方法。在一个运行良好的市场中，存款人、债权人和投资者自行决定其存款、投资以及基于银行业务风险性的借贷条件。相反，如果政府政策或者私营企业制度保护银行的存款人、债权人和投资者免受损失的风险，就会减少他们根据银行金融状况做出决定。[1] 紧急救助看似是一种合适的临时应对措施，但现实的危机表明这一明显简单的解决方案将给政治、财政、政策以及实践带来诸多问题。在一些案例中，由于国内法规定不足和在危机关键阶段可以采取的针对股东权的行动的限制，国内法或者国际法无法约束国家提供紧急救助。[2]

11.57 同样重要的是，系统重要性金融机构清算过程中其公共

---

[1] See G–10 Contact Group on the Legal and Institutional Underpinnings of the International Financial System, Insolvency Arrangements be Contract Enforceability (September 2002) at 8; William R White, Are Changes in Financial Structure Extending Safety Net?, BIS Working Paper No 145 (2004).

[2] 见巴塞尔银行监管委员会关于富通集团处置和雷曼破产的讨论，Basel Committee on Banking Supervision, Final Report of the Cross-Border Bank Resolutions Group at 11—15。

利益不能等到破产程序时再处理，因为在破产程序时通常关注如何将破产公司的财产分配给债权人，而不能再包含对公共利益的处理。可能导致全系统性风险的金融公司破产程序涉及的周边机构及导致的问题在雷曼兄弟的破产诉讼案件中得到了充分的印证。正如上文所述，周边市场事件和雷曼资产负债表的疲软导致了2008年9月公司流动性不足。这一突如其来的流动性崩溃以及巴克莱收购谈判的失败迫使包括雷曼集团最高层级的控股公司——雷曼控股（LBHI）在内于2008年9月15日提交破产申请。由于雷曼兄弟控股的多种运营下属机构的清算，包括其控股公司管理的经纪商和交易子机构，这次破产申请马上导致雷曼全部运营机构的资金被切断，其中包括雷曼在欧洲的主要机构，即总部位于伦敦的雷曼兄弟国际（欧洲）公司。为了防止更大的灾难，2008年9月15日、16日纽约联邦储备银行对雷曼兄弟股份公司，经纪交易公司提供了总额为1380亿美元的担保贷款。① 实际上，这次借贷使得缺乏流动性的经纪交易商的部分债权人能够全额清偿债权，而其他债权人则陷入9月19日星期五提交申请的破产程序中。雷曼兄弟股份公司提交破产申请后，其主要的经纪运营业务以15亿美元的价格出售给了巴克莱。

11.58 叙述这些事实不是为了批评美联储的行动，其行动很可能是防止更大的市场动荡，也是有必要的，因为依据美国法律，没有程序可以用来对如此重要的美国经纪交易商进行有序的处置。与美国投保储蓄银行破产的法律不同，美国法律无法对适用一般破产法对这类债务人进行有序清算，这是因为美国法律中对于非保险银行没有提供类似过桥银行或者短期流动资金的机制。

11.59 在涉及系统重要性金融集团的事例中，美国监管当局有

---

① See Report of Anton R Valukas, Examiner, In re Lehman Bros Holdings, et al, US Bankruptcy Court for the Southern District of New York, Chapter 11 Case No 08 – 13555 (JMP) (Examiner's Report5) 1534 at http：//lehmanreport. jenner. com/VOLUME%2 ( ) 4. pdf; see also A Sorkin, "How the Fed Reached out to Lehman", New York Times, 16 December 2008 at http：// dealbook. blogs. nyrimes. com/2008/12/16/how-the-fed-reached-out-to-lehman.

一个重要的任务，就是为集团特定的机构，比如保险公司或者经纪交易公司等量身定制的满足其特殊需求的完整破产法体系，这个体系能提供对金融体系冲击最小、保持最大限度市场自律的重整集团。拼凑式的公共资金在以债权人为中心的破产程序中不能达到上述标准。如果公共资金面临风险，该程序必须在所有债权人得到清偿之前优先清偿公共资金，同样地，该程序也必须确保系统重要性业务能继续运营。当预设机构出现问题前确保债权人承担损失时，临时过桥机构便能实现上述目标。

准备与协调的必要性

11.60　第二，对这些金融机构的处置需要事先规划，并且不能依赖持有资产的债务人、任命的托管人或是债权人委员会的传统司法性的管理程序。联邦存款保险公司几乎在一夜之间处置破产银行，其中的关键是对处置方案进行广泛的事前处置规划，以及在银行倒闭时，快速实施保留重要金融业务功能所需要的专业能力。事实上，若是没有针对破产银行进行事先规划，联邦存款保险公司不可能让存款人立即取回存款。这一要素在面对小型的问题银行都能保持其流动性，其在危机中避免处置大型金融机构时引发经济混乱的重要性是不言而喻的。虽然破产程序能有效地重整或清算商业公司，但事先妥善规划好对无数具有金融关联的大型金融机构的干预规则是非常重要的。正因为在过去，这些公司常常由于流动性断裂而突然倒闭，因此事先规划和采取快速有效行动的能力显得至关重要。

11.61　雷曼兄弟的破产案例还表明，对不同国家监管当局在法律和运营能力上的清晰认识有助于协调和防止不可预期的后果出现。比如，雷曼控股公司申请破产时，据说纽约联邦储备银行并未意识到雷曼国际欧洲公司是由其母公司，即美国雷曼兄弟公司全部融资至纽约再转资至其他分支机构的。从技术上讲，雷曼兄弟的破产是由于雷曼国际欧洲公司未能从其母公司获取流动资金引起的交叉违约，加上雷曼国际欧洲公司进入英国管理程序引起的交叉违约引发的。类似地，主要的监管当局不确定自己是否拥有向类似于雷曼欧洲国际公司的控股公司组成部分提供临时融资的权力。

11.62　事先进行精心规划不仅能更好地在不同监管当局之间进行协调，还有助于最大限度地实现公共利益和债权人利益。公司价值损失其实还包括隐性损失，这是由于即时清偿或者未能获取流动资金而引发的资产或运营价值的损耗。比如，在雷曼破产案件中，负责管理破产财产的公司预估高达 750 亿美元的财产价值由于雷曼的破产而蒸发。该公司的一个主要负责人向法院指定的监督人报告说由于未能对衍生工具应收款项有序平仓而造成的损失超过 330 亿美元。[①]

11.63　能最有效地应对潜在危机蔓延和破产的规划的方式，就是通过国内监管者和处置当局在任何危机发生之前的事先参与。其中重要的一步就是在和个体企业的合作中，改善企业活力、完善处置计划或者称之为"关闭计划"。完善有效且实际的缩减大型金融公司的计划是国际预防危机行动的重要目标。

11.64　在 2009 年匹兹堡峰会上，20 个国家各集团的领导们呼吁金融稳定委员会在 2010 年前制订出"国际一致的企业相关的应急和处置计划"。金融稳定委员会正在建立应急和处置计划国际标准的工作，并且评定如何提高国内监管当局对大型关联金融公司有序处置的能力。金融稳定委员会的计划是在巴塞尔银行监管委员会的跨境银行处置小组与笔者共同主持承担的工作基础上进行。在跨境银行处置小组 2010 年 3 月 18 日发行的最终报告和推荐中，巴塞尔委员会强调事先规划的重要性以及发展可行且可信赖计划以促进金融危机期间的恢复和促使快速处置的必要性。在其对金融危机的回顾中，报告发现最重要的教训是大型金融集团公司结构的复杂性和关联性使得对其进行危机管理和处置更加困难且难以预测。[②]

---

① http：//lehmanreport. jenner. com/VOLUME％202. PDF.

② See Basel Committee on Banking Supervision, Final Report of the Cross-Border Bank Resolutions Group（18 March 2010）.

11.65 类似地，金融稳定委员会跨境危机管理合作原则要求国内监管当局确保公司制订充足的应急计划，并强调信息是最重要的，包括集团结构的信息，集团内部间相互依赖的法律、财务及业务信息，公司与其所在各个经营管辖区金融体系（比如市场和基础架构）相关联的信息，还强调了重视源于公司所在经营国家法律框架和银行处置程序的协调解决方案的潜在障碍，金融稳定委员会危机管理工作小组建议监管机构确保公司有能力及时提供监管当局管控金融危机所要求的信息。除此之外，金融稳定委员会还强烈建议监管当局要鼓励公司维护在濒临倒闭情形下使用的应急计划和程序（比如破产律师能够轻松使用的情况说明），并且对其定期检查以保证其准确性和充分性。这一拟议规则提高并完善了上述国际工作。

11.66 相对于一些反对者的争论，这些并不是在其筹备时便几乎过时的"勾选"计划。制订有效的"清理计划"是用于关注识别信息系统、公司结构以及法律规定等主要限制，还用于关注可能引起困境的内外部连接，以及关注阻碍公司运营能力或者必要时清退金融公司的能力的因素产生影响的计划框架。一些已经被提及的困难包括实务中常见的管理或者出售公司资产能力的挑战，比如跨关联公司融资、公司间担保、对单一业务线使用多种实体法和关联付款程序。这些挑战使金融公司难以在危机中保持增减流动性需求的弹性，也使得监管机构难以有序处置这些公司。

11.67 如果没有针对系统重要性金融公司的特殊处置机制，那么要采取有效的应急计划将非常困难。

速度与可预见性

11.68 第三，复杂金融公司的处置必须以可预测的方式快速实施。大型公司的处置程序如果能有在财务运作中拥有丰富和专业知识的政府清算人，那么这种处置程序将能够提供金融市场所需的确定性。清算人快速、果断地接管业务，维持系统重要性金融运营，组建过桥机构以及确保重要业务继续运营的权利是非常重要的。政府清算人能够通过发布、解释有关重要问题的法规和对政策的说明来提供确定性。速度和可预见性使得国内外市场能够更确定地进行投资，定价和做出清算决定，并且减少市场动荡的可能性。雷曼兄弟当年提交破产申请后，由于投资者和其他市场参与者从市场中紧急撤退，导致数以万计的金融市场合同产生不确定性，这实质上造成了随之而来的流动性危机。

功能延续，而非公司延续

11.69　第四，处置程序必须能保证公司重要的金融功能延续。在此，我们推荐一种针对系统重要性金融公司，包括能够设立过桥金融机构的特殊处置程序。这在银行清算中也能运用的机制允许接管人将破产公司的资产和合同转移至过桥机构以保留其营运价值，并且避免在市场上弃置金融合同。依据该处置程序，金融市场合同能够在不引发净额结算和清算的前提下，被转移至政府接管人运营的过桥机构，这对于避免市场崩溃有重要作用。过桥金融机构还能维持其他的系统重要性功能，比如支付处理程序，证券借贷以及持续运行的政府债券或者其他交易的结算，最重要的是，过桥金融机构为避免重要服务突然受损、增进市场信心提供了时间。

11.70　过桥金融机构的方案，以及其能够继续提供服务要求该机构能获得流动性。为实现这一结果，特殊处置程序必须包括过桥金融机构从政府、最好是从行业提供资金"处置基金"处获取流动性。相反，依据破产法第十一章的规定，申请破产后为维持运营会产生一系列费用，该债务人必须经常向放贷人处处贷款，而这种借贷通常是以较高利率获取的。对于破产中的大型金融公司而言，由于其资产高度依赖市场流动性和投资者对市场的信心，并且破产申请本身就会使其资产价值大幅减少，导致拥有控制权的债务人的融资成本极其高昂且不利。这造成的结果是债务人只能融到少量用于维持有价值的业务继续运营直至出售。根据一些评论家的说法，雷曼兄弟申请破产后，由于所融资金的匮乏使得公司从可能重整变成了清算。依据针对系统重要性金融公司的特殊处置体系，能够获取流动性的过桥选择权会使业务延续，并且为债权人的利益更好地维持金融资产的价值。

11.71 联邦存款保险公司目前有权力作为投保银行和储蓄机构的清算人，并有权设立过桥银行以维持问题公司的重要功能并出售其资产，这是一个很好的模式。临时性过桥银行让联邦存款保险公司将必要的合同转移至过桥银行并且保留主要的银行业务，这对于遏制危机的蔓延是非常重要的。同时，联邦存款保险公司关闭银行并将其置于被接管的状态后，便于评估股东以及市场参与者的损失。保留金融资产的营运价值能激发其他公司购买资产进行运营的兴趣，这将减少清算的损失。

应对衍生品市场带来的特殊风险

11.72 本次危机中出现的一个重要风险是衍生品市场规模巨大的扩张、集中和复杂化。虽然这些市场实现重要的风险稀释功能，但是依赖于市场融资的金融公司仍可能在一夜之间资金枯竭。如果市场认定公司正在衰败，那么其他市场参与者就会要求提供越来越多的担保来保护自己的债权，有些时候公司无法满足这些额外的要求便只能破产。根据破产法和银行破产法，破产公司的交易对方可以终止交易然后净额结算衍生品并出售任一担保物以获得其债权的净额清偿。在与2008年秋季类似的市场不稳定时期行使这些净额结算权、担保物权会增加系统性风险。在这些时候，随之而来的担保物减价销售会压低价格，当投资者收回资金时将冻结市场的流动性，并且导致许多公司产生倒闭的风险。

11.73 正如前述，由于公司破产前担保需求增加和破产后担保物的抛售这一循环，金融公司更容易发生突如其来的市场恐慌出逃。联邦存款保险公司有权在银行破产中自行应对这些风险，并且将其纳入针对系统重要性金融公司的建议处置体系中。然而，联邦存款保险法中的银行破产法与一般破产法存在显著区别。区别在于，依据《联邦存款保险公司改进法》，衍生产品的交易对手（在《联邦存款保险法》中称为合格金融合同）不能在联邦存款保险公司被任命为接管人后的交易日 5 点前终止且净额结算其合同。在这个"空档"期间，联邦存款保险公司可以拒绝履行合同并且支付有限的赔偿金，或者其也可以将其衍生品完整地移转至另一家银行或者联邦存款保险公司运营的过桥银行。这一权力对于金融业务继续运营和为银行债权人的利益而保持衍生品的价值都非常重要。它还表明应当赋予破产权力——比如设立过桥银行和转移衍生品的权力，以应对大型金融机构快速的变动。

新处置机构需要的其他权力

11.74 针对系统重要性金融机构有效的处置程序还需要其他重要的处置权力。比如，新处置机构必须独立于公司的审慎监管机构。在创设一个新的处置机制时，我们必须清晰地定义职能和责任，并防止产生新的利益冲突。单个机构并没有能力做出处置系统性重要机构的决定，必须要有程序和监督制衡机制的辅佐。比如，现有成文法要求对投保存款机构实行系统风险监管的决定应由几方一致同意。[①] 由于这个原因，我们建议监管委员会要有权力来决定通过新程序处置对公众和金融系统产生巨大风险的系统重要性金融机构，而不是依据破产法进行处置。委员会将解释为何采取行动并向国会报告，还将任命破产公司法定接管人。在这一程序中，监督制衡机制和股东异议权防止了监管委员会贸然行动，并有助于保持市场预期。

11.75 一旦做出处置系统重要性机构的决定，处置机构必须有弹性地实施以保护公共利益和控制处置费用。实施处置时具有弹性是非常重要的，因为即使在一个完善的成文法和法规框架下，处置机构仍然要作出许多复杂的决定，以此快速清算某一大型金融公司并且确

---

① 《联邦存款保险法》允许联邦存款保险公司采取行动或者提供必要的援助以避免或者降低可预知的系统性风险。为了实现这一目的，该法要求在联邦储备体系监管委员会同意下，由联邦存款保险公司董事会判定系统性风险，随后由财政部长确定系统性风险，再与总统协商。

保其能继续经营关键的支付和其他金融业务。但是，这种弹性并不是无限制的，如果接管人拒绝向债权人清偿其有效债权而被起诉至联邦法院时，接管人就要承担损害赔偿的责任。

11.76 作为破产银行的接管人，联邦存款保险公司有权在破产后终止合同，包括和银行高管的合同。尽管这种合同取消权往往让联邦存款保险公司付出一定的补偿金。联邦存款保险公司可以通过桥银行与银行高管签订合同，实施合同受其监督。新的处置机构仔处置金融机构时应当被赋予类似的权力。

11.77 这些额外的权力会使处置当局使用被称为"好银行·坏银行"的模式来处置破产的系统重要性机构。在这一情形下，处置当局可以接管问题机构，使股东和无担保债权人承担损失。公司仍可运营的部分会通过使用类似于联邦存款保险公司过桥银行的结构将其纳入好银行，公司不可再运营或者有问题的部分将留在坏银行中，而且会在一定时间内被清算或者出售。即使在债权人的债权被移转至坏银行的情况下，这些债权也能通过与联邦存款保险公司对处置资产造成损失预估相关的"折价"机制得到部分清偿。

11.78 拟议的处置体系不会搅乱已经稳定的商业或债权人的预期。债权人会依据法定的优先顺序获得清偿，事实上这和破产法的规定一致。同样，在联邦存款保险公司接管期间，优先权和其他合同权利会得到法定保护。正如联邦存款保险公司现有的针对破产银行的接管程序，拟议的针对系统重要性金融公司的破产机制会公司股东和债权人向联邦法院提起行政诉讼，而法院根据"从新"的司法审查标准进行审查。简而言之，拟议的处置体系体现出如何在保护公共利益的同时保留债权人的权利。

美国特别处置监管局

11.79 随着《多德—弗兰克法》的实施，美国就已对必须清退的金融集团采用了持续经营救助/援助原则，并将破产公司置于有序处置程序中以防止系统性风险和避免纳税人遭受损失。这一路径旨在恢复对大型金融公司的市场约束，并且确保债权人更加注重公司的信用质量，而不是期待发生危机后能得到政府救助。

11.80 以金融危机所得的教训为背景而制定的《多德—弗兰克法》的目的是为了减少银行或金融机构破产的风险，其手段包括减少银行高风险活动并且确保充足资金，加强对不断增加的金融风险和系统重要性金融公司的监管，并且制定一个以用在清算破产银行的程序基础上的框架去处置大型非银行金融公司。《多德—弗兰克法》的处置规定设立了一种针对困境金融集团的崭新且灵活的清算程序，该程序可以代替普通破产程序，而且是在联邦存款保险公司、联邦储备系统和财政部长的建议下，在与总统协商的基础上，认为将公司置于破产诉讼——正如2008年9月雷曼兄弟所发生的——将会对金融体系产生系统性风险。这一程序是与众不同的，它只能有限地适用于极少数系统重要性公司，这些公司通常是那些根据《多德—弗兰克法》的规定由联邦储备系统进行更高程度监管的公司。值得注意的是，其适用范围实际上包括控股公司、投资公司、对冲基金以及经纪交易商在内的任何系统重要性金融公司。唯一例外是保险公司被故意排除在外，尽管保险公司和非保险子公司的控股公司是在适用范围之内的。因此，这一程序能适用于未来的雷曼兄弟或者美国国际集团的非保险业务，比如容易引起问题的金融衍生产品集团公司。

11.81 尽管该程序是为特别情况而制定的，但是该程序在美国应用多年的成熟机制中适用于破产银行。其有效性的根本在于赋予联邦存款保险公司作为接管人的灵活的权限，联邦存款保险公司依权利设立"过桥公司"，将破产公司有价值的部分转移至过桥公司并且使之在被出售或逐步清退前得以继续运营，从而避免了无序破产。作为接管人，联邦存款保险公司可以终止不必要的合同，执行有价值的合同，转移或者终止对价衍生品交易，并有权为实现上述目的运营破产公司。这有助于防止出现雷曼兄弟倒闭后贱价出售资产和国内外运营流动资金大规模断裂的现象。这些资产和业务能以大幅提高的价值出售，大大减少了系统性不良后果，还拥有一笔流动资金用以逐步清算公司。① 依据《多德—弗兰克法》，流动资金来源被限定为下述三种：美国财政部发放的以破产公司资产作为担保的授信额度；从债权人处所获的多于其应分配的那部分价值；以及根据金融风险而确定的应缴纳金额。

11.82 不管法律正式赋予的权力效果如何，与其他有效处置程序一样，《多德—弗兰克法》规定的新程序取决于精心的规划、监管部门的紧密协作以及高效的行动。为了上述因素的实现，《多德—弗兰克法》设立了一个由财政部长担任主席，成员包括国内所有金融监管者在内的金融稳定监管委员会。该委员会的目标看似简单，但是难以实现，即确保在风险转化为系统性危机之前将其识别出来，监管者之间共同合作，通过资金或者其他工具预防这些风险危及金融体系。系统重要性公司的主要监管者是美联储，它被授予广泛的权力来预防风险，其中包括采取早期干预措施、剥离资产等权力，以减少任何对金融稳定的"巨大威胁"。

11.83 《多德—弗兰克法》中关于预防的另一个重要组成部分是对大型金融公司建立处置计划的要求，该计划必须经过联邦存款保险公司和联邦储备委员会审核通过。联邦存款保险公司和联邦储备委员会有权颁布联合条例，规定这些计划必须包括哪些内容。如果该计划未能通过，则公司必须对其修改然后再次提交，如果公司最终无法解决问题，联邦存款保险公司和联邦储备委员会就可以要求公司放弃经营和财产，以此减少金融稳定面临的风险。如果实施得当，这些事先计划要求和与其他监管者的精心合作将有可能大幅减少金融危机蔓延的风险，并且提高《多德—弗兰克法》中规定的处置程序的有效性。

11.84 显然，成功实施《多德—弗兰克法》的一个额外要素是立法中并未广泛指出的，即与域外管辖权更深入有效合作与协调。所

---

① 雷曼兄弟在美国的清算人奥迈企业顾问公司声称高达 750 亿美元的价值由于雷曼破产而蒸发。Bryan P Marsal 告诉检查人，破产导致本能够平仓的价值 480 亿美元的衍生品应收账款损失了 70%。见雷曼检查报告，第 725 页。网址：http：//lehmanreport. jenner. com/VOLUME%202. pdf。

有可能被认定具有系统重要性的机构在境外都有广泛业务。一些评论家已经注意到立法在应对这些跨境问题上的不足，事实上这些问题单单由一个国家的法律是无法解决的，而《多德—弗兰克法》为允许美国当局与其他国家监管者进行更有效合作提供了框架。同时也为许多其他国家进行改革提供了模板，因为事实上当时所有国家都缺乏解散或者处置大型金融公司的处置程序。如果制定出这些改革措施，那么就能在共同的原则和权力范围内成功建立一个更有效的相互协作的跨境处置程序。虽然跨境处置程序本身并不能解决责任分担这一根本问题，但是它使得不同国家对合作的价值进行评估成为可能，以及明确危机中必须采取哪些步骤才能最大限度地发挥跨境经营的价值，还能减少因缺乏合作而导致的系统性危机蔓延。作为可信赖处置程序和未来国际合作基础的框架，《多德—弗兰克法》是成功的，其最终价值取决于监管机构如何有效地建立可信赖的基础设施以执行大型公司的处置措施，以及如何获取必要的跨境合作。

合作的进一步措施

11.85　进一步实现大型金融公司破产制度的协调是开展更广泛国际合作的必要步骤，这需要一定的时间，而且我们无法期待只产生单一的放之四海皆准的处置程序。国内破产法体现了诸多历史、文化和监管结构的融合，因此可以只有一个处置程序。话虽如此，关键合作问题上的更加和谐会使危机期间以及随后的处置更加协调和明确。

11.86　将公共利益中的经济价值最大化以维持运营公司的弹性或处置破产公司这样一种普遍方法能被很多人所接受，但是这样的方法并不总能被实施或者没有重要的政策理由支持。[①] 假设公司有营运

---

①　正如通常所用，"普遍主义"是指基于单一国家法律的破产处置。通常，这是破产机构总部所在地的法律。依据这一主义，在这一管辖区的处置当局的决定会延伸至破产公司在其他管辖区的分支机构及其运营和资产。子公司依据所在东道国管辖区的法律处置，即使在此种情况下，正如联邦存款保险公司对在美国注册设立，但在中国香港有分支机构，在中国有子公司的美国商业银行的处置所展现的，处置当局仍能加强合作以实现公司更高的价值。当然，本国处置当局在其他管辖区适用和实施决议的能力是受限于外国管辖区的承认和该管辖区的法律和政策的。

价值，那么在危机中应对的一种普遍方法就是允许公司从不同国家的不同业务中汲取力量，从这些协同效应中获取商业价值，并且将其平衡资本与流动性需求的能力最大化以应对在这些国家的压力。一种折中或者说经修正的方法可能是可行的，但即便这样，还是有必要对某些国内法和处置框架进行重大变动，以进一步协调这些框架和为改善协调性奠定基本基础。

11.87 对国内法进行必要的变动将很难实现，因此，为了废除与二十国承诺相抵触的默认"栅栏"措施和不协调的国内解决方法就需要强有力的政治支持。有鉴于此，对短期内可以实现的更好协作的处置方案的操作步骤进行评估是很重要的。

11.88 这些可行的步骤必须是在假定解决方法都不是依赖公共资金的前提下开展的。① 的确，考虑到达成责任分担合意的困难，避免在资产、资本或责任保证中涉及公共资金可以被视为一个先决条件，这些程序还要求国内法中反映的基本政策和工具更加集中。在危机中，随着个别公司破产或者缺乏流动性的可能性增加，国内监管者会在国内法要求下采取行动保护国内的资产、资本或者流动性。当然，这些行动可能进一步危及公司甚至导致破产的公司。在现有处置由国内法监管机构实施的情况下，这些法律经常相互矛盾并没有有效划分责任分担，② 因此，领土限定或监管限定这一合理想法是势在必行的。当监管者为了保护系统重要性机构而认为需要支出公共资金，以及监管者认为具有保护国内债权人的必要性时，其不可避免地会倾向于"栅栏"措施。

11.89 巴塞尔委员会跨境银行处置小组在其最终报告中推荐一种"中间立场"的方法，即一边承认危机中很可能存在"栅栏"措

---

① 当然，可以预料到紧急流动性救助和潜在存款保险总会有争议。虽然这些"公共资金"会造成困难，但是并不会比资本或者财产担保所需要的公共资金的预期造成的困难更具挑战性。我们必须在假定后者这些资金机制不可用的情况下继续进行。

② 由具有联邦特征的国家所组成的欧盟有很好的发展前景，此句主要说明在主要贸易国家和金融中心中更能达成国际合作。

施，一边寻求在跨境危机管理和处置上实现更深入的合作（见第 9
章）。处置小组为实现上述目标提出的主要步骤是改革和协调国内法，
加强国内监管机构之间的合作和清算，并且制定促使系统性稳定的增
强性框架，比如扩大中央交易对手系统的使用以及提高结算管理的弹
性。这一方法要求修改国内法和处置框架以设立一个促进金融稳定性
和跨境关键金融运营延续性的更完整的法律框架。虽然现有法律并未
否定"栅栏"措施的合法性，但这一途径的主要目的是在最小化道
德风险的情况下，提高国内不同监管机构促进国家跨境运营的能力，
因为一旦没有这些能力，就会导致危机在更多国家中蔓延。巴塞尔委
员会跨境银行处置小组还规定了实现更普遍方法的必要步骤"导
图"，包括进一步促进法律协调，可行的责任分担模式，债权人受到
公平对待以及一个跨越类似的管辖地区、确认监管者有责任处置危机
或者破产公司，并且确保这些监管者做出的决定可被执行的程序。

11.90 更进一步讲，巴塞尔委员会跨境银行处置小组对在最近这
次危机期间破产或者濒临破产案件研究的回顾中指出，金融公司破产
程序跨境协调的重要性和减少或者消除强制适用破产标准的重要性。
某种程度上，跨境合作减少了如果没有与其他地区协作将在某一司法
管辖区提起破产诉讼引起的法律和金融的不确定性。此外案件研究表
明，破产机构的一些单元如果尚未进入破产程序或者还能通过过桥机
构维持运营，那么其很可能仍非常适合在市场出售。保持避免这些单
元破产的能力是优秀公共政策的产物，因为其维持了这些单元的价值
并且减少了处置整个金融集团可能带来的混乱。因此，对可能产生自
动触发机制并且阻碍协调、可控的进行破产有必要对国内法进行修改。

11.91 最后，在破产程序中维持金融公司及其组成部分的价值
需要资金支持。在某些管辖区，处置机构可能既有权力又有能力出借
资金；而在某些管辖区，拥有控制权的债务人融资的市场需求强烈；
在其他管辖区，避免特定分支机构破产对于确保公司能够继续融资是
非常必要的。所有的管辖区都必须确保进入破产程序的公司能获得某
种形式的临时性融资。

11.92 本分析指出了部分可能取得进展的特定领域和未来危机期间在国际协作中能够取得重大改进的地方，这些内容包括法律改革、合同改革、公司结构改革以及国内监管者的执行规划。

法律改革

11.93 国内司法管辖区必须在不放弃国内司法管辖权或者特权的前提下，采用最低限度的合作或者修正的法律，这种法律能使包括所在管辖区的债权人在内的所有债权人的利益最大化。为了强调理解国内措施对境外影响的重要性，应当扩大国内监管者的任务范围，以便审议其行动在跨境背景下的后果以及行动如何影响国家利益。一个更具体的步骤是，在不出现紧急状况的情形下，国内危机管理或者处置方面的权力至少不会以一种可能增加系统性风险的方法来进行。当然，这一方法必须谨慎定义，因为如果我们要认真对待市场约束，就必须确保这不会被误解认为因为此方法可能会使其他公司的债券持有人感到恐惧而要求对持债人进行紧急救助。

11.94 开展更深层合作的步骤可能包括法定任务，即要求国内监管者在可能且恰当时通过危机管理小组就对有跨境经营的金融机构应采取的措施进行相互协商。作为第一步，监管者必须设法废除国内法中的一些规定，即由于在另一管辖区提起行政或是破产诉讼而导致的自动适用的结果或者诉讼触发机制的规定。

11.95 和无约束力的谅解备忘录相反，这可以采用司法礼让的法律原则，在合适且受限于监管者适当标准与合作的情形下，承认外国判决。这一原则可以作为适用的选择之一。第一，东道国司法管辖区可以承认母国监管者或法院所做决定的强制执行力，只要这些决定不对东道国债权人产生不利影响；第二，只要对双方有利，法律便承认在危机管理或者处置中保留集团价值的意义；第三，实现更平等的跨司法管辖区的债权人保护。例如，可以在国内法中承认对不同管辖区的债权人平等对待的原则而不论债权人的国籍如何。这在一些类似欧盟的多国组织结构中更容易实现，但是，必须注意到对不同司法管辖区的债权人予以不同对待会使合作的前景更加复杂。这不是建议说设立适用于各国的单一诉讼程序是必要的，而是建议更加公平地对待不同管辖区的债权人能改善各国的合作。

合同改革

11.96 实现更深层国际合作的重要要素之一可以通过合同改革来废除任何可能触发"违约情形"的条款，而这些条款会由于国内监管者采取的不会增加交易相对方风险的行动而被激发。例如国际掉期及衍生工具协会（ISDA）主协议中的一些条款将监督者或者监管者采取的"干预"界定为一种"违约情形"。这种改革可以由重要行业交易或者标准制定团体以最快速度实现，比如国际掉期及衍生工具协会、美国证券业和金融市场协会等，也可以通过确认这些条款是否有损公共利益或者是否有损安全和稳定的监管行动来实现，正如已经对美国银行"脱身"条款所确认的一样。

公司结构改革

11.97 监管者在清退计划中重要的努力方向是更好地了解金融公司的结构和复杂性，这些复杂性增加了系统性风险并阻碍个人和公众对危机的应对。虽然公司得以在较大范围内选择组织结构或者法律结构以及业务范围从而实现其商业目标，但是有些公司的结构不仅会对公司管理层、国内监管者在危机时的管理，还会对破产监管者的处置造成巨大困难。在极端情况下，有些结构或者业务并不安全或不稳健，还会增加危机向全系统蔓延的风险。

11.98 对商业业务或者公司形式的变更应当有助于提高公司弹性，并且在可能的情况下，这些变更应当在公司自身的配合下实现。在必要的情况下，这些步骤可以通过限制特定业务、提供正面或者负面的刺激以变更特定业务的法律、监管或监督这样一种方式获得支持。后者的例证是给予特定业务的风险程度确定的存款保险或者其他核定付款额或者税收，法律要求相对不透明的商业活动通过中央对手交易系统进行交易。

政府的运营政策

11.99　以往的国际合作经验告诉我们：空泛的政策、声明或者目标是没有用的。在现有制度下，最具操作性的方法是识别障碍，改变对这些障碍的应对措施。其中包括上述要素，并且由实施特定公司危机管理小组制订详细的恢复、处置或是清退计划。取得实质性进展最有效的方法就是在重要监管者之间实施针对特定跨境金融机构的详细的预先计划，只有通过检查处置特定金融公司时出现的具体问题，才能有效评估协调性、利益、合作中的挑战以及经修正的普遍主义方法。对特定机构间协调价值的认识很会得出最有效的计划并得以在危机中有效实施，这不是一个孤立的解决方式，而是包括前文论述所有问题在内的整体方法中的一部分。

11.100　危机管理小组必须将事先计划作为工作的一部分。虽然最新的经验表明依据谅解备忘录设置的这些小组是有缺陷的，但是其能成为设立个别跨境金融公司处置框架的宝贵工具。还应当指出，如果没有上述改革，真正的合作就缺乏基础。

11.101　这个过程要求理解并构建具体的结构以促进合作处置模式，将其作为特定机构清退计划的一部分。这可以效仿美国联邦存款保险公司实施的，与中国香港货币监管局、中国银行业监督管理委员会合作的跨境美国商业银行处置模式。该处置模式确保每一监管机构对于适用于公司的母国重要法律、该法律在特定情况（比如其他监管者对母国或东道国的公干干预做出回应）下会如何发生效力以及互助框架如何发展才能将公共利益和债权人利益最大化。在涉及子公司在中国内地、分公司在中国香港的美国银行的处置过程中，适用这一处置模式让每一监管者在推迟即时行动的同时也能维持运营的灵活性，以此实现在美国监管者处置的同时，其他管辖区银行可以对整个企业进行购买。

11.102　大型跨境公司的"生前遗嘱"或者弹性和处置计划的发展对短期内提高不同监管者协调性有重要作用。有一些简单但有效的步骤为证。比如，监管者应当在有限的法律权限内，致力于确认需要修改的现存有效的政策和程序以消除跨境合作面临的不必要的限制。还有一个步骤就是，正如根据美国法将外国存款人视为一般债权人一样，清退计划程序应承认国内法的限制，并且确保计划包含且理解国内法限制。在这些限制中，监管者可以建立信息程序的标准化准则，以支持对不同司法管辖权的债权人平等对待。这看起来可能与确保国内债权人的境况不会差于企业清算时一样简单。另外一个例子是，能促进相互理解的另一步骤是在不违背国内法的情形下，尽量将大型银行各类债权人的清偿次序集中起来，这有助于降低紧急情况下本国监管者被迫采取有利于本国债权人措施的可能性。最后，每个司法管辖区应当在处置或清算程序中，审查金融机构及其组成部分获取临时性融资的便利性和充足性。在某些情况下，处置机构有能力贷款给母公司或者主要组织；在其他情况下，在完善的市场中，拥有控制权的债务人（破产后）是可以实现融资的。如果没有适当的融资可用或者融资不充足时，就应当发展相应机制或者立法使融资得以实现。

结　论

11.103　这次金融危机表明了对系统重要性金融机构的破产制度进改革的必要性。系统重要性金融机构的破产对金融市场、商业和公众而言是毁灭性的打击。通过加强系统重要性金融机构的市场约束以终结"大而不倒"是必要的。尤为重要的是，必须建立一套体系化的法律机制，以便在危机中迅速有序地处置系统重要性金融机构。同时，设立类似于联邦存款保险公司的辅助机构，作为破产银行的接管人时，享有与其能力相适应的处置权力。

（朱　玲译）

12

操作问题

Ross M Leckow , Thomas Laryea , and Sean Kerr

简　介

12.01　雷曼兄弟 2008 年 9 月破产期间，全世界各地的员工纷纷离开这一跨国公司。报纸和电视上的图片象征着整个行业已经陷入危机。这一切和近一年前北岩银行的顾客在银行门口焦急排队的景象十分相似。持续了一个世纪的英国第一家银行、世界最大投资银行之一的崩塌，解释了公司破产时混乱无序的原因。

12.02　在银行或投资公司破产时，确保关键系统保持运作，保证债权人迅速得到偿付，这些是迅速且有序处置机构的关键环节，并且尽可能地降低破产对金融市场和经济的影响。一些特定操作问题会对有序处置产生障碍。其中一些涉及机构、顾客和交易对手之间的金融关系。其他操作问题也很重要。例如，当北岩银行破产时，技术支持的不足成了有序处置的障碍，并间接促成了英国政府最终对北岩银行进行国有化的决定。[①] 类似的情况发生在雷曼兄弟破产后，关键岗位的工作人员没有提供及时援助，伦敦和纽约的管理人颇费一番周折，才了解复杂的公司客户和交易对手的网络信息。

12.03　本章将介绍跨国银行和投资公司有序处置的操作上的法律问题。一些问题和银行相关，一些则关于投资银行的破产。对于拥有众多分支机构的跨国集团，参与了一系列银行或非银行业务活动，并且受到多个机构监管。有效、有序的处置需要各国法律协调一致并且程序上开展合作。截止目前，仍有许多法律和政治上的障碍在处置跨国金融组织时抛弃属地主义的处置方法。本章讨论何种处置方法可以在国际上统一使用并尽可能地统一处理跨国集团破产的问题。

关于公司破产的筹划

12.04　如果跨国银行或投资公司破产，国家机关（因为可能不止一个管辖权）需要尽量减少破产对市场或实体经济的影响。这需要确保受保险覆盖的存款得到尽快偿付，按时返还客户的财产，保障了支付和结算系统的持续运营，保护金融合同的净额结算的权利，并且以有序的方式处置金融合同。最重要的是，无论金融机构恢复到健康

---

① Ross Leckow 是 General Counsel 的代理人，Thomas Laryea 是 General Counsel 的前助手，Sean Kerr 是国际货币基金组织的顾问。本文表达的观点并不代表国际货币基金组织或其执行机关、管理机关的观点。国家审计署 2009 年 3 月 18 日关于北岩银行国有化的报告中写道："已经考虑了结束业务的选择，但不是 IT 系统的缺陷使得存款人需要等待才能获得赔付，这将引发另外一起银行挤兑……北岩银行没有能力迅速返还存款人财产……公司运行的人工账户终止过程估计要用 10 到 12 周才能以 25% 的错误率来偿还存款人。"第 7 页，第 17 段。

状态还是被清算，都需要让金融该机构的核心功能继续运行并保护债权人的法定预期。纯国内环境下很难满足这一要求。涉及跨国金融公司时，由于牵扯到多个国家的机构，实现这一要求显得尤为困难。

12.05 当跨国金融集团发展全球商业模式时，它们的分支机构或子公司却仍然适用当地和国家的处置规则。[①] 为了有效运行，同时考虑到税收、监管套利的机会，跨国金融集团采取高度复杂的公司组织架构。然而，复杂集团采取的组织形式并不一定反映出集团的经济实体或操作功能。例如，跨国金融集团经常根据商业联系来确定操作，通过商业联系连接着集团的跨国分支机构和子公司。并且，特定的功能（例如资产与流动性管理）可能进行集中管理。虽然这些跨国架构能有效整合公司的运营，但当公司面临着破产或处置程序时，需要按照所在国的国内法的要求被分别处置。公司的法律结构决定了哪个国家的机构有处置权。

危机预防作为有序处置的前置

12.06 自从 2007 年，政策制定者们的关注点放在了破产金融公司的处置和清算上。然而，预防总是比救治好。危机预防和计划必须处于监管体系的核心。长远来看，危机推动的最大的改变是增加银行和投资公司抵御破产的能力。监管和市场动机诱使金融集团降低其结构的复杂性，这对抵御未来的金融危机发挥重要作用。处置结构复杂的跨国公司比处置架构简单的公司更容易造成无序的后果。

12.07 巴塞尔委员会跨国银行监管组织（CBRG）报告和推荐指南将危机预防作为工作重点，以保证复杂结构的跨国公司得到有序处置。[②] 监管机构已经开始要求公司制订恢复和处置计划。这些公司

---

① 属地主义存在着例外。例如欧盟的《信贷机构清算指令》（Directive 2001/24/EC on the reorganization and winding-up of credit institutions）让母国的监管机构处置外国银行的分支机构。对于子公司而言，东道国处置在其境内注册的公司。

② Report and recommendations of the Cross-Broder Bank Resolution Group, final paper, 2010, recommendations 5 – 6.

的"生前遗嘱"将考虑如何以有序的方式对其进行处置。"生前遗嘱"为管理层和监管机构提供了管理跨国破产所需要的信息。例如，计划可能包含跨国集团的组织详细信息，每笔交易的交易对手可能引发的风险。计划让管理层和监管机构更好地了解公司的资产位置和危机期间当地法对集团内部资产转移的限制。它规划了公司内部应急资金计划和进入处置程序后如何继续公司的核心功能。为了在危机中发挥作用，恢复和处置计划需要不断更新，公司提供资金和人力资源以实施稳健的应急方案。[①]

12.08 恢复和处置计划展现了公司面料流动性和资金压力时的处置方案。该方案还涉及公司将采取何种手段避免传染性效应，如公司交易对手的破产可能引发的连锁破产反应。比较而言，大多数处置（与恢复计划相比）主要是由监管机构掌管，而非公司的管理层。因此，处置的本质在于"恢复和处置计划"必须给监管机构提供必要的信息，以帮助监管机构在处置程序中采取恰当的措施。对于跨国公司而言，它们的恢复和处置计划需要让监管机构了解其集团性的法律关系、潜在的风险和实施特定的处置工具可能遇到的障碍。

12.09 危机之前的监管过于专注公司个体，没有发现金融系统存在的缺陷而备受批评。这种批评是有道理的，但是也不能忽视继续监管公司个体，尤其是跨国公司的监管。不同国家的监管机构可以通过监管学院、谅解备忘录等方式开展更有效的合作。管理层和监管机构对不同国家的资产和债务规则了解得越少，跨国公司破产带来的不确定性和混乱就越大。与此同时，不同国家的监管机构进行合作，利用其专业知识检验恢复与处置计划。

12.10 也有人对"生前遗嘱"产生了担忧。难题之一就是如何确保恢复与处置计划保持更新，让监管机构和管理层继续关注潜在的问题。考虑到公司的规模和复杂性，而这些机构在不同国家营业，

[①] 英国的《金融服务法 2010》要求金融服务局制定规则，要求特定公司指定恢复和处置计划。

"生前遗嘱"是否能够提供足够精确信息是有疑问的。最后，监管机构收集和监控"生前遗嘱"需要确保公司相关信息的保密性和遵守"生前遗嘱"。

服务的可持续性

12.11 银行和投资公司需要做出安排确保一旦公司破产其仍能提供关键性服务。跨国公司的风险警示（如担保相关的信息、对顾客和债权人的义务）主要来源于整体的计算机系统和人力资源。只有继续获得上述相关信息才能提供关键的服务并维持公司的营运价值，才能开展有序处置。

12.12 为了确保提供关键服务，公司需要调整与雇员间的合同，激励核心员工继续留在原职，继续监督交易结算、偿还客户资产。当公司破产时，管理人或清算人通常只有较短的时间来决定是否继续履行核心职员合同。现实中，核心员工通常会立刻选择跳槽。即使核心职员继续留下来，他们也会缺少足够的动机和破产人员一起工作。例如英国已经提议根据市场化的合同鼓励核心职员留任。这些机制包括了激励计划（例如可变薪酬）和震慑机制（如索回已发薪酬）。[1]

12.13 公司还需要在与核心设施和IT供应商的合同中写明"破产防护"条款。然而，完全的破产防护让公司与支付结算公司签订合同变更的困难。通常情况下，支付结算系统的规则（根据所适用的破产法）在启动破产后冻结参与方的账户。这个问题，和"结算"的范围将在12.85和12.87中进行详细探讨。

12.14 用"收购与承受交易"或"桥银行"工具来处置银行时，存留下来的实体将会给受让人提供重要服务。例如，英国银行特殊处置要求进入管理程序的银行继续给私人买家或"桥银行"提供必要服务以便有效运行被转让的生意。[2]

---

① Establishing resolution arrangements for investment banks, HM Treasury consultation, 2009 年 12 月，第 3 章 "要求公司做好破产应对"。

② 《2009 年银行法》，第 138 条。

12.15 在跨国集团中，继续集团范围内的服务是非常重要的。然而，持续服务的能力取决于当地职员，商业合同和破产法的规定。各国的监管机构需要进行合作，达成可持续的服务安排并且了解不同国家在处置阶段的安排。

12.16 所有旨在提升处置过程中的操作效率的措施都需要成本和可持续的资金和资源，而公司在此时往往很难筹集到需要的资金。英国为了改善投资公司的处置，建议公司应当适用"围栏原则"预留"运营资金"以达到获得资金的目的。① 对跨国公司而言，其对流动性进行集中化管理，当集团任何部门陷入困境时都会动用此类"运营资金"。

12.17 不同国家对于处置前或者处置程序运行中的集团内部资产转移会施加不同的限制。当集团面临危机时，资产转移机制让集团内好的实体支持差的实体是一个有效的资源分配方式。然而这种机制应当与破产程序中的集团资产债务实体合并相区别。这类实体合并推翻了交易对手的期望，引来了反对声音。将整个集团的资产和债务视为单一实体面临着不可逾越的法律障碍，当前在处置跨国金融集团领域仅仅获得程序性的国际共识而非实体性的合并。

资金运行：存款与批发

存款

12.18 存款保险制度是有序清算银行的关键。存款保险制度有两个主要目的：第一，保护不能评估银行信贷风险的小投资人的利益；第二，维持市场信心，限制银行挤兑的可能性。

12.19 危机推动了重新评估存款保险机制的原则（如保险限额和资金来源），这领域取得共识认为有效的存款保险制度包括：明确

---

① Establishing resolution arrangements for investment banks，HM Treasury consultation，2009年12月，第3章"要求公司做好破产应对"。

和足够的保险额度、充足的资金、对保险体系和其雇员进行有限的保护、将存款保险制度融入更广泛的金融安全网，以便使其能迅速行动、及时赔付受保障的存款或让存款人迅速获得资金。

12.20 跨国背景下需要考虑其他因素。[①] 例如，不同国家的保险额度的差异（危机期间，一些国家为存款提供了无限担保）导致监管套利，扭曲了动机和竞争。然而，对跨国银行而言最重要的问题是，哪个国家的存款保险人可以参与跨国银行破产程序，根据可适用的存款保险制度，可以给予外国存款人何种程度的保护。

12.21 不同国家给予其境内的外国银行分支机构和子公司的存款人的待遇各不相同。美国1991年《外资银行监管强化法》规定，美国境内的外资银行的分支机构的存款不受美国存款保险制度保护（只有少数例外），只有美国授权的吸收存款的机构（包括外国银行的子公司）可以参加美国存款保险制度。此外，根据联邦存款保险公司（FDIC）规则，无担保的美国银行的存款人优先于外国银行分支机构的存款人。[②] 在欧盟，外国银行的分支受母国存款保险制度保护，而子公司则加入东道国的存款保险制度。然而，该原则有一个重要的例外。如果分支机构所在的国家的保险额度高于母国的存款保险额度，分支机构可以将两者的差额部分加入东道国的存款保险机制（补足差额安排）。这种安排涉及两个国家的监管机构，这增加了赔付的复杂性可能导致赔付迟延。在没有"补足差额的安排"时，分行存款人也受到母国存款保险机制的清偿力的影响。最近冰岛银行危机中，母国资金不够而政治压力让东道国的监管机构除了对外国分行的

---

① "Core Principles for Effective Deposit Insurance Systems", Basel Committee on Bank Supervision and the International Association of Deposit Insurers, 2009 年 1 月（http://www.bis.org/pibl/bcbs156.htm）. 第 7 条核心原则关于跨国争议，提倡不同国家的存款保险机构进行信息交换，明确哪个国家的存款保险机构应当进行赔付。

② 1993 年的《公共预算法》引入了美国储户优先的原则。不受保险覆盖的存款人在外资银行分支机构和其他一般债权人在破产中分配次序相同，而低于本国银行的不受保险覆盖的存款人。James A Marino 和 Rosalind L Benner, "The Consequences of National Deposit Preference"（http://www.fdic.gov/bank/analytical/banking/1999oct/2_v12n2.pdf）.

存款人进行担保外，没有其他选择。

批发资金

12.22　存款保险制度对避免银行挤兑有重要意义。然而，很多跨国银行越来越依赖短期批发资金，而存款仅占了负债的极少部分。实际上，最近的危机中，许多银行发现自己的困难并不是因为存款人对银行的挤兑，而是批发资金（如短期隔夜回购协议、银行隔夜同业拆借市场的冻结）的挤兑引起的。抵御现代的批发资金挤兑最有用的工具便是中央银行的紧急贷款和对私人债务提供国家担保。跨国公司在批发资金市场上尤为活跃，许多公司在危机时刻尤为脆弱。不同国家的中央银行的协调行动在缓解流动性危机发挥了重要作用。美联储提供的美元流动性（通过与其他国家央行货币交换这种非传统的市场方式）对于缓解国际货币市场的美元短缺有重要作用。

12.23　紧急流动性援助、央行放松担保规则和对私人债务提供国家担保有效地缓解了危机期间的流动性短缺问题，但是这些行为属于史无前例的政府补贴，可能产生道德风险问题。今后，金融机构的流动性规则的改革和限制杠杆率的监管要求有助于缓解道德危险的担心。

投资公司客户财产

12.24　快速赔付存款人对于避免银行破产引发系统性风险是非常重要的。同样，跨国投资公司破产时迅速返回客户资产（现金或金融工具）对于避免系统性风险也有类似的作用。不能迅速返还此类资产将会影响客户的流动性、增加传染的风险。大的系统重要性非银行金融公司有大量的跨国客户。发生跨国破产时，无论客户（和他们的资产）在何处，及时返还受保护的资产是非常重要的。

12.25　隔离投资公司客户财产降低了客户的风险。当客户将现金或者证券委托给经纪人时，并没有同意将这些财产作为客户对经纪人的债务担保，恰当的隔离确保为客户持有资产，当公司破产时将财产及时返还给客户。如果不能将客户资产和经纪人财产相隔离将起到相反的作用。如果非法地混同了客户和经纪人的财产，客户资产将作为破产财产而给债权人分配。

12.26 近期的金融危机凸显了处理客户资产面临的法律和实践的难题，处理拥有复杂的集团间安排和众多国际客户和相对手的跨国公司破产尤其困难。雷曼兄弟破产时，英国和美国的券商并没有履行隔离义务，如何对待这些机构的客户（给予包括外国投资人的投资人保护还是将资产划为破产财产）就成了问题。

12.27 投资公司把所有客户资产放在公司单独的或"公共的"现金或证券账户上，从而实现客户和公司资产相分离。公司可以为每个客户提供独立的账户从而为客户提供更好的保护。然而，由于管理复杂且成本较高，很少发生这种情形。当中介机构持有客户资产时，隔离原则要求为每个客户建立独立的托管账户或设立子账户。不是所有的中介都有合适的制度来实现这种个人资产隔离，有些机构甚至限制这种账户的数量和类型。

现金

12.28 《欧盟金融工具市场指令》（MiFID）为保护客户资产建立了欧洲标准。① 英国实施该指令的规则要求将客户资金与金融公司资金相隔离。

这些规则允许使用标准方法（公司收到的客户资产直接转移到被隔离的个人账户）或"替代方法"（客户账户隔离前，客户资产将暂时转移到公司固定账户，而公司每日对其进行分离）实现资产隔离。

12.29 对雷曼兄弟在英国和欧洲公司（LBIE）的管理已经凸显了这种规则适用大公司的缺陷（这些公司往往采用替代方法）。解决

---

① Directive 2004/39/EC on markets in financial instruments and implementing directive 2006/73/EC.

这些问题延迟了对客户进行识别和分配资产。

12.30 "替代性方法"从公司收到客户资产（记入公司账户）到实际分离（合并客户资产并进行隔离）会有一天的延迟。在2008年9月，LBIE在正式进入破产程序前（完成最后一次资产隔离后），仍然持续收到客户资金。而且该公司在破产前的很长一段时间内没有履行隔离客户资产的义务。结果公司进入破产程序后，大量的客户资产仍然在公司自营账户而没有被隔离。

12.31 这引发了LBIE破产时如何解释和适用英国的隔离规则的问题。2009年高等法院的判决解决了这个问题，而随后2010年上诉法院也涉及了这个问题。① 法院处理的争议是是否公司一收到客户资金就已经成立了法定信托（信托的成立将起到保护客户资产的作用），还是在公司实施了资产隔离才成立信托。

12.32 一审法院认为LBIE采用了"替代性方法"，公司给予客户资金收据就建立了法定信托，而这可能发生在公司对客户资产进行实质隔离之前。然而，当公司破产时倘若客户资产仍然放在公司自营账户，法院判定客户资产规则本身不能提供救济。一审判决认为这部分未隔离的资产不能纳入客户资产池从而在公司破产时分配给顾客。

12.33 一审判决表明只有公司遵循了隔离的义务，才可能给客户资产提供更好的保护。现实中，这意味着如果破产公司客户的资产如果没有进行隔离，则顾客对这部分资产没有优先权。② 上诉法院推翻了一审法院的这种看法。上诉法院同意下级法院关于公司收到客户资产后立即成立法定信托的观点。上级法院认为，即便客户资产还没有隔离，只要客户资产具有可识别性则仍然属于客户资金池里的资金从而可以分配给客户。上诉法院的判决扩大了可分配给客户的资金池的范围，却减少了可以分配给无担保的债权人的破产财产。

---

① ［2009］EWHC 3228（Ch）and［2010］EWCA Civ 917. 截至现在还不知道这个案子是否上诉到了最高法院。

② 一些LBIE客户没有被隔离，因为LBIE没有为这些客户建立足够的隔离资金。其他客户没有被隔离是因为LBIE没有履行隔离义务。

12.34 对于资产没有被隔离的客户而言，上诉法院的判决缓解了公司没有遵守隔离义务的后果，也降低了过于弹性的隔离制度的弊端。[①] 然而，尽管有人认为这给有些客户更公平的结果，实践中这种决定可能延迟给予破产客户资产，也降低效率。[②] 还有一点应当注意，当 LBIE 破产时，那些已经被隔离的客户资产同样面临着风险。LBIE 将大部分的隔离资产存到了一家德国的关联企业。而这家企业却破产了，然后终止支付，这进一步阻碍了将资产返回给客户。需要提醒的是，雷曼兄弟采用的客户资产的保护标准（破产时才暴露了这种缺陷）代表了业界的普遍做法，而非例外。

12.35 雷曼兄弟将隔离资产存到集团内部公司的做法导致了对集团内部的储蓄条款进行重新评估。[③] 一旦将隔离资产存入银行就面对着银行破产的风险。然而，将资产存入集团内部公司时（正如雷曼将资产存到德国的关联公司一样），集团间破产蔓延的风险就会增加很多。

证券

12.36 雷曼兄弟破产提供了一个研究处置客户证券和对客户非现金资产"二次抵押"的机会。[④] 投资公司有义务保护客户资金和资产。这些资产很大程度上包含了无形的、可替代的证券、通过中间商持有、记载在第三方（通常是海外）的证券账户和清算所、证券托管所托管的证券。

---

① 表明上看是 LBIE 没有履行隔离义务，而许多熟练客户乐于享受因松散的隔离制度所带来的低佣金。

② 一审决定的效果是：被隔离的客户资产，一旦在客户账户上被识别，就应该支付给客户应该得到的那部分。在上诉法院认为：即便公司成功地进行了隔离，公司破产后在给予客户分配资金时，需要识别每个客户的请求权并根据客户签订的合同进行分配。

③ CP10/9 Enhancing the Client Assets Sourcebook 的咨询文件中，英国讨论了限制集团内部存放资金的可能性。

④ "再利用"意味着保管人可以以多种方式利用客户的证券，这与保管人享有所有权类似，保管人可以出售证券。再抵押意味着保管人可以将客户证券进行再次抵押，以对保管人所负他人的义务进行担保。然而，这两个术语实践中经常相互混用。

12.37　不同国家给予客户的非现金资产的保护程度存在着差异，基本上根据双方协商的合同而非法律进行保护。[①]　通常情况下，客户资产被用来担保其所承担的对经纪人或者保管人的金融义务（如透支或证券融资）。合同的条款根据客户和经纪人或托管人之间协商，而后者的状况对于客户能否取回证券有极大的影响：

（a）客户已经完全履行对经纪人或保管人的义务（例如偿还了透支款项或融资贷款）；（b）经纪人或保管人破产。如果合同允许经纪人再利用或二次抵押证券，并且在破产之前也确实这么做了，那么客户成功取回担保证券的可能性将很小。担保证券的二次抵押将在12.64 至 12.72 详细讨论。

12.38　当破产的最初经纪人将客户证券放在第三方，偿还客户证券问题就更复杂了。一般而言，第三方是国际性的保管人，而最初经纪人与第三方有借贷往来。[②]　通常，根据标准的市场合同，全球保管人给最初的代理商提供保管、结算等服务，并会留质置代理商的证券账户（包括客户账户）。一些国家经纪人可能让保管人放弃对客户资产的留置权。然而，这不仅仅取决于法律规则，而是双方讨价还价的结果。除非保管人放弃了留置权，并经过客户经纪人的提醒，大多数国家不太可能支持破产经纪人的客户对第三方保管人提起的诉讼。[③]当经纪人破产时，如果客户财产仍在第三方（例如全球保管人）手中，并且第三方已经对证券设立了质押，则将会延迟返还客户资产。当客户证券不是由一个全球保管人进行托管，而是分开由不同国家的保管人进行托管时，问题就更复杂了。当经纪人破产时，不同国家的规则可能决定客户能否取回证券。

---

① 一些晦涩难懂的零售式合同条款有时候包括再抵押权，而机构客户通过更低的佣金以补偿"再利用"的情形。

② 另一个会终止持有客户证券的重要的第三方是中央结算系统的清算行，券商在破产前执行了其所持有的金融工具。

③ 在英国，投资银行被要求从托管人处获得"客户资产信函"，托管人承认他们没有权利抵销客户客户账户上的现金。在2009 年12 月的咨询中，财政部试图将这种保护扩大到托管人为券商持有的证券账户。

客户财产（现金和证券）的不同方法

12.39 英国的破产投资公司返还客户财产的过程（或者没有对投资银行和券商适用特殊破产制度的国家）可能和美国的方法形成明显对比（许多国家复制了美国的做法）。在美国，证券投资人保护公司（SIPC）负责返还回的破产券商的客户资产。当客户不能通过受隔离的资产获得财产时，SIPC 为每位客户的证券提供 500000 美元的保险金和 100000 美元现金保险。①

12.40 相比通过传统的清算和管理程序，建立特殊的机构能为破产券商的客户提供更有效的保护。与此同时，也有必要考虑不同国家的破产法对外国无担保债权人的规定。有些国家法律规定外国无未担保债权人位于本国无担保债权人之后受偿。在跨国背景下，投资公司的处置机制（将受隔离的资产返还给投资人之后）不应该基于国籍而对破产券商的无担保债券人进行区别对待。

12.41 在英国，LBIE 的管理程序所具有的中止支付的效果让客户无法迅速获得资产。在 RAB Capital Plc RAB Market（Master）Fund v. Lehman Brothers International（Europe）案中，原告（雷曼兄弟主要的经纪人客户）要求返还为其代持的证券或证券对应价值的财产。然而，由于 LBIE 的破产引发了诉讼的法定的中止，原告无法通过诉讼获得相应价值的财产。尽管原告针对雷曼兄弟的诉求是有理由的，但是法院有义务让中止生效：管理人而非法院才有资格承认破产公司的债权。② 在 Four Private Investment Funds v. Lomas and others 案中，LBIE 的另一个经纪人客户要求法院指令 LBIE 的管理人向其提供更多的雷曼持有的

---

① 证券投资人保护公司（SIPC）不保护客户因投资产品价格波动所产生的风险。SIPC 赔偿机制和那些没有此类制度的国家（如英国）的差异不应该被过分夸大：对投资公司的有经验的投资人而言，索赔程序的速度和效率是极为重要的。相比他们的请求权规模，SIPC 所能提供的保险是微不足道的。对这些投资人而言，他们自身的风险管理比法定的保险重要得多。

② ［2008］EWHC 2335.

证券信息。① 和 RAB Capital 案一样，法院拒绝干涉 LBIE 的管理人的工作或者允许特定的请求权可以规避管理程序。如果法定中止机制没有阻止上述两起诉讼，由于每个客户与雷曼签署的证券二次抵押的条款不同，每个案子的结果也会有显著不同。在 RAB Capital 中，客户可能会有相当强的理由——其所请求的证券受到隔离原则的保护。在 Four Funds 案中，证券明显受到相关的再抵押条款的约束。经纪人破产前承认再抵押权的后果将在 12.64 到 12.72 予以讨论。

12.42 雷曼兄弟的破产表明，当经纪人将客户证券交给第三方时（尤其是涉及跨国交易时），经纪人向客户警示风险的重要性。后"雷曼"破产时代，过度自信已经成为历史，所有的顾客更注意来自经纪人和托管方的信贷、托管和操作风险。他们开始通过合同和监督的方式来降低风险：如要求将被隔离的资产置于不受破产影响的特殊目的公司。

12.43 不同的国家体系对受保险覆盖或受保护的企业的客户保护程度不同，透明度是最重要的事情。客户可得到的保护和他们资产可能面临的风险应当被清楚地解释给客户。客户资产保护制度的局限性和允许资产的再抵押可能意味着客户的请求会成为"无担保"债权，这需要在客户文件和商业条款予以清楚、如实的告知。②

12.44 对客户资产保护形成统一、刚性的国际标准是令人期待却很难达到。僵化的用来保护最脆弱的投资人的规则可能不适合熟练的投资人。然而，无论债权人的地域和国籍，对同样分配顺位的债权人给予平等对待对于协调跨过处置行动具有重要意义。

交易对手信贷风险对冲

12.45 信贷风险对冲有助于降低金融公司破产所带来的系统性

---

① ［2008］EWHC 2869（Ch）.

② 参见 12.64 至 12.72。

风险，这种机制对个体债权人和金融体系都有重要作用。巴塞尔委员会跨国银行处置小组的最终报告强调了信贷风险对冲技术的重要性，并鼓励国际采用这种方式。一些重要的保护交易对手信贷风险的措施如下：（a）支付义务的结算或"抵销"；（b）以证券作为支付资金或交付的担保；（c）通过中央交易对手清算行来清算金融工具项下的买卖交易；（d）保护清算系统做出的买卖和交易义务的最终结算。当公司破产时，如果缺乏此类保护将会导致公司的债权人和交易对手的损失，并加剧他们的流动性问题，导致系统性风险。这些措施所提供的保护并不是永远有效、可执行，也不是所有受破产公司影响的交易对手都可以使用的。此外，跨国背景下的信贷风险对冲机制也更复杂，更难以实现。

交易对手信用风险：净额结算

净额结算

12.46　净额结算的本质很简单。如果 A 欠 B 10 元，B 欠 A 6 元，双方都有权利要求抵销，最后结算时 A 支付给 B 4 元。净额结算权是很有作用的，如果债务人进入了破产则相对手通过净额结算能最大化债权的收益。与此同时，净额结算减少了破产财产，清算人将尽可能地去阻止净额结算。[①]

12.47　"净额结算"是许多行业化的金融交易的核心，例如"国际掉期与衍生品协会"（ISDA）主协议、全球债券回购协议中的债券回购和融资融券都采用了净额结算。这类协议规定，如果任何一方破产（或构成协议下的违约事项）净额结算条款允许终止该协议下的所有个人合同并且根据合同终止时的价值，结算一方负另外一方的最终债务。

---

① 关于净额结算、金融担保和风险对冲方面的论述，参见 D Turing and E Cramb, Managing Risks in Financial Firms（London：Tottel, 2010）。

破产后跨国净额结算

12.48 虽然净额结算背后的经济概念很简单，净额结算的法律效果在跨国背景下确实没有那么容易得到保障。不同的国家对净额结算的处理也存在着不同。许多国家的破产法通常不承认破产后的净额结算的效力，需要制定特殊的法律才能维持净额结算的效果。双方互相负有义务是净额结算的基本要求（净额结算的义务必须是双方到期的义务）。复杂的金融集团的网络往往意味着多方的参与，有清偿能力的一方想与破产银行或银行的关联公司进行抵销。一些国家的法律允许当事人通过合同进行多方的义务之间进行抵销，而一些国家则不允许。

12.49 因此，跨国银行或投资公司破产时，破产公司的交易相对手想根据合同进行抵销时需要了解净额结算适用哪个国家的法律。当交易涉及多个国家，而参与交易的对手在世界各地有分支机构时，就涉及多个国家的法律。至少，参与交易的分支机构所在地或者公司注册地国家的破产法要允许这类净额结算，同时净额结算合同所适用的准据法也要允许净额结算。

12.50 在欧盟内部，立法让交易对手能合理确定破产前的净额结算合同所适用的国家法律。① 这有利于想进行抵销的债权人，因为他们能很容易地了解哪个国家的法律是允许净额结算的。然而，即使在欧盟内，也没有一种简单的法律机制来解决大型复杂券商破产应当适用的法律。一些国家的破产程序可能不允许这种情形下的净额结算。

金融公司处置和中止净额结算

12.51 银行和投资公司的交易对手偏好金融合同下净额结算权。在跨国银行处置的最终报告中，CBRG 认为一般情形下净额结算会减

---

① 《信贷机构重整和清算指令》（Directive 2001/24/EC）适用于银行，而《欧洲破产条例》（1346/2000）适用于特定的公司。这两个法律都不涉及大型复杂的非银行金融公司。

少系统性风险的可能性，当危机时刻大量的金融合同同时进行净额结算将"损害金融稳定性和助长危机的蔓延"。报告还指出，非流动性合同定价的困难和贱价出售的压力会导致系统性风险。雷曼兄弟事件表明，定价困难比大规模的金融合同同时净额结算对系统的威胁更大。①

12.52　为了金融系统稳定，CBRG 报告推荐处置机制应当能够临时中止净额结算条款并将金融合同转移给有清偿能力的第三方。如美国的 FDIC 可以将所有破产银行和交易对手之间的适格的金融合同（包括担保）转移给有清偿能力的第三方。② 对于破产银行的每个交易对手，FDIC 必须决定转移所有合同还是不转移。如果 FDIC 决定转移，在其被任命为接管人的当天工作日下午 5 点前需要通知相关交易对手。转移阻止了交易对手（或其附属企业）因发生合同约定的破产事件而行使净额结算的权利。当受让人随后发生违约事件时，FDIC 被任命为接管人并不影响交易对手的合同终止权。未转移合同的相对手只有在任命接管人的当天下午 5 点以后才能行使净额结算的权利。③

12.53　CBRG 报告指出：有权将各种类型的 OTC 和金融合同从陷入困境（破产前、进入管理程序或者其他类型的处置程序）的机构转移到另外一个私人机构、桥银行或其他公共实体是维持重要功能的有效手段。然而，不同国家对这项权力的规定各有不同。当前欧盟的金融担保规则没有授权可以中止净额结算结算的权利，而 FDIC 在处置受保险覆盖的美国银行时可以行使这项权力。④ 同样，适应美国非银行公司的《美国破产法》不允许临时性合同中止，并未金融衍

---

① 在雷曼破产后，雷曼的场外衍生品交易相对手努力对非流动性的合同进行估价，选择不立即终止合并贱价清算。

② 《联邦存款保险法》11（e）（8）（D）（i）将"适格金融合同"包括"任何证券合同、商品合同、期货合同、再回购合同、掉期交易合同和其他类似合同；以及联邦存款保险公司根据特定的标准和规则视为适格的金融合同"。有关标准参见 http：//www. fdic. gov/regulations/laws/rules/5000 - 1100/html。

③ 《联邦存款保险法》第 11（e）（10）。

④ 《金融担保指令》（Directive 2002/47/EC）第 7 条要求成员国要确保净额结算条款的效果。

生品合同规定了"安全港"的原则，使其不受《美国破产法》的中止执行的影响。

12.54 投资银行的处置机制是否应该和商业银行处置机制一样，在处理金融合同时具有相同的灵活性，这成了一个有争议的议题。美国参议院的改革辩论也涉及这问题。参议院考虑（并最终反对了）《美国破产法》下的中止适用于净额结算协议和金融合同的提议，该提议要求给予90天的中止期。议案的支持者认为这会提升金融稳定性。然而反对者认为中止期间会破坏稳定，影响交易对手的流动性。反对者还担心这种规定将增加回购市场的挥发性，因为交易双方将更依赖隔夜回购而非更长期的银行间拆借资金。

12.55 参议院不仅否决了前文所述的更长中止时间的议案，原先提议的五个工作日的中止时间也被降到了一个工作日。

对 CBRG 咨询的回复中，ISDA 的市场协会认为推翻合同约定的终止权的权力应当在"时间上予以严格的限制（理想情况是不超过48 小时）"。[①] 并且，对净额结算权的限制应当进行精心的设计以避免让法律对这一领域进行过多的干预。对净额结算的限制可能让某些交易不符合监管性资本的要求，并增加资金成本和影响流动性。

12.56 在跨国金融合同案中，有序行使资产转移的权力需要各种采取协调的方法。一国的权力机关做出的资产转移可能试图影响位于另外一国的资产。然而，这种域外效力主要取决于另外一个国家是否承认和协助实施这种资产转移的效果。保护位于本国的财产不受外国强制性资产转移的影响是各国奉行的一般原则。除非在处置金融合同领域有了国际性的共识，否则在处置跨国银行和投资公司时想要突破一般做法是不可能的。

处置中的金融合同：无担保债权人的利益最大化

12.57 与很多交易对手签署了金融合同的金融公司陷入破产时，

---

① ISDA Reponse to Report and Recommendations of Cross-Border Bank Resolution Group, 31 December 2009, http：//www.isda.org/speeches/pdf/BCBS-CBRG-ISDA-response.pdf.

其交易对手仍然具有清偿能力，根据合同仍然对破产公司负有支付资金的义务。然而，根据适用场外衍生品交易的 ISDA 的主协议，双方互相履行义务以对方没有违约为条件。当一方破产时，协议允许有偿付能力的另一方将破产视为违约事件，从而终止合同规定的交易。主协议第 2（a）（iii）款允许非违约方可以不履行对破产相对方的到期支付义务。

12.58　尽管第 2（a）（iii）款为破产银行和投资公司的掉期交易对手提供了重要保护，该条可能干扰有序处置进而导致系统性风险。第 2（a）（iii）款的初衷不是让有清偿能力的一方远离陷入不利境地的相对手。但是，这一款却事实上导致了这样的结果。破产公司可以实现的财产因为该款而受到了剥夺，这样就减少了可供无担保债权人分配的资产。类似地，只要公司仍然经营就需要有效的监控和风险管理，而破产或处置的管理人却缺乏相应的资源和技能。当无法确定非违约方是否或何时进行净额结算时，这种不确定性将让破产财产和无担保债权人增加损失的风险。

12.59　基于上述风险和让破产银行债权人利益最大化的考量，《美国联邦存款保险法》推翻了第 2（a）（iii）款的规定，要求非违约方继续向破产相对手（如果对手是受保险覆盖的破产银行）履行金融合同项下的支付义务。[①] 更重要的是，美国法院 2009 年的一个判决认为根据第 2（a）（iii）款而不履行支付义务违反了《美国破产法》。[②] 是否其他国家也采用类似的做法目前不得而知。然而处置跨国破产公司需要一个和谐的方法是毋庸置疑的。

---

① 美国的《联邦存款保险法》第 11（e）（8）（G）（i）至（iii）规定："任何适格的金融合同条款以受存款保险的银行的破产为前提而免除相对方的全部或部分义务、或创设一项原先没有的义务，这样的条款是无效的。"

② 2009 年 9 月的雷曼兄弟破产案中，纽约南区法院认为雷曼掉期交易对手（Metavante Corporation）不能根据 ISDA 主要协议的第 2（a）（iii）条因为雷曼破产而拒绝履行义务。法院同时判定：如果破产公司的相对人（债务人）如果没有迅速行使终止的权利，则视为放弃终止的权利。

交易对手信用风险：担保抵押

证券担保

12.60 双方互负义务的金融合同（如利率掉期下的支付责任），双方都可以通过"固化"风险敞口来抵御交易对手的违约风险。如果债务人破产或违约从而无法向债权人履行金融合同项下的义务，债权人可以占有担保财产并予以出售（取决于出售时财产的市场价格）从而尽可能地减少损失。

12.61 虽然经济目标是相同的，国际中间商持有的金融工具设立的担保和房地产抵押的法律机制是有显著差异的。[①] 然而，一些国家的担保法并不能很好地适应这种差异。专业术语的使用也造成了混乱，不同国家采用相同的术语却经常代表着不同的含义。英国法对金融工具的"担保"（charge）意味着金融工具的所有权不从担保人转移给担保权人，但担保权人可以在特定情形下占有担保物，予以保留或清算。许多欧洲大陆法系把这种安排称作"抵押"（pledge）。然而美国律师称之为"担保权"或"留置权"。[②] 笼统来说，所有与"charge"或"pledge"类似的安排可以称之为"金融担保安排"。

12.62 另外一个运用金融工具担保的方式是不设立担保性利益，而是担保人将担保物的所有权转移给担保权人。英国实施 ISDA 主协议的"信贷支持附录"和美国及其他国家的银行间同业拆借回购协议都采取了这种转移所有权的金融担保安排。上述两种方式对于实现担保权人的目的是没有差别的。如果担保人违约，担保权人可以占有担保物并予以出售，降低其对违约人的义务。

---

① 金融工具（股权、债券和其他流动性证券）不是唯一可以用来担保履行金融合同的财产。然而与现金一样，他们是金融合同最普遍的担保物。本部分内容不探讨现金的担保问题，虽然现金担保也依赖于上述的净额结算和抵销。

② 相反地，对英国律师而言，"留置权"（lien）意味着扣留财产确保支付，而不是对财产进行清算。

12.63 然而，从担保人的角度而言，两种不同的金融担保安排会产生截然不同的后果，尤其是当担保人已经履行了对担保权人的义务，想要恢复对担保物的权利时，而担保权人却破产了。当担保权人是银行或者投资公司时，这尤为重要。雷曼兄弟的客户和债权人在其雷曼兄弟破产后遭受了损失。两个金融担保安排最大的法律差异就是担保权人对担保物的"再抵押"的范围。

担保物的再抵押

12.64 所有权转移的金融担保安排让金融工具的所有权发生了转移。因此，如果券商的顾客用证券作为担保以便能够从券商融资，当证券转移到券商的那一刻，因为顾客放弃了所有权，这些证券就不属于客户资产了。作为证券新主人的券商可以自由处置这些证券，当客户偿还了所欠券商的资金时候，券商有义务返还同等数量的证券给客户。因此，券商可以再利用作为担保物的证券，可以出售、出借或对证券进行再抵押（将证券用来担保其对第三方负有的债务）。

12.65 如果客户偿还了透支金额或借款，就有权利要求券商返还同等数量的证券，客户唯一的保证就是根据合同要求券商履行上述义务。如果券商在此期间破产了，那客户事实上成为了破产券商的无担保债权人。客户所拥有的权利是一种债权而非物权。这意味着尽管客户可以（受破产券商所适用的破产法关于中止的约束）起诉券商违约，客户不能像行使物权一样占有任何破产财产。这与券商破产前是否对转移的担保物进行了处置或再抵押没有任何关系。

12.66 如果破产公司的客户根据金融担保安排提供了担保，此时情况会有所不同。如果客户在金融担保安排下仅仅提供担保而没有授权券商可以再利用或者二次抵押，除非客户对券商违约，后者才可以对证券进行再抵押。如果客户履行了对券商的义务，就解除了金融担保安排项下的担保义务。当券商破产时（假设客户已经履行了对券商的义务），客户对担保证券享有物权，从而比破产券商的其他无担保债权人优先受偿。①

12.67　证券金融担保安排（不同于转移所有权的安排）通常不会默示任何再利用或再抵押的权利。然而担保人仍然会以承诺或其他形式的证券金融担保协议下授予券商再抵押的权利。② 金融危机之前，主要券商的有经验的客户允许再抵押已经成为常态。授权券商再抵押的对冲基金往往只看到这种再抵押的巨大收益而没有意识到其中的风险。很少人预料券商会破产，大量的客户很乐意为了降低券商的佣金而授权其对债券进行再抵押。然而，在券商破产时（如果券商在破产前进行了再抵押），授权再抵押的后果等于成为破产券商的无担保债权人。

12.68　此时，通过所有权转移或允许再抵押条款（如果券商破产前行使了这项权利）而成为担保人的客户通过谈判获得了佣金上的好处，但最后却成为破产券商的无担保债权人。这与那些因为券商在破产前没有履行合同约定的义务、监管要求或错误处置了客户资产的那些客户（这类客户往往无法达到预期的结果）有本质上区别。

12.69　雷曼兄弟客户的命运引发了是否应当允许交易双方在金融担保安排中自由地进行再抵押的问题。一些国家对券商进行再抵押有数量上的限制。在美国，根据《证券交易委员会规则》第15c3—3条，受"证券交易委员会"监管的券商进行再抵押的价值总额不能超过客户向券商借款总额的140%。然而，该条总量上的限制并不具有普遍适用性，因为"安全港原则"全部或部分豁免了券商适用该条款。

12.70　对再抵押的总量限制和OTC衍生品交易有特别的联系。

许多大型金融机构在美国进行金融衍生品交易时并不通过受"证

---

①　实践中，客户的这种优先权的价值取决于破产券商是否遵守了不"再利用"和再抵押担保物的义务（尽管券商无权进行再利用或再抵押）。如果券商再破产前已经挪用了客户财产，那这种优先权对顾客而言没有任何意义。

②　一些模糊的合同条款可能导致一些顾客默示的同意对担保物进行再抵押，一些法律并没有要求再抵押需要明示的同意。

券交易委员会"管制的券商开展业务。雷曼破产事件中，雷曼在美国的券商不是为雷曼进行掉期交易的实体机构。而不受《证券交易委员会规则》第 15 c3—3 条约束的雷曼的关联机构开展了此项业务，该机构可以根据合同进行再抵押而无须考虑监管性限制。

12.71 除了对证券再抵押的总量限制之外，《证券交易委员会规则》第 15 c3—3 款禁止券商对全额支付的客户证券进行"再利用"。这些财产和抵押担保相分离，因为全额支付的证券并不是对证券提供担保的财产。全额支付的证券属于客户财产，券商为客户代持证券并与券商自有财产相隔离。

12.72 在有些国家，有经验的市场参与方不仅有权授予担保性证券再抵押，也可以对受隔离原则保护的全额支付证券进行再抵押。欧盟金融担保安排授权职业投资人可以根据自己的风险偏好授权券商对其全额支付的证券进行再抵押。最近的金融危机表明，一些职业投资人对于风险的评估并不准确。雷曼兄弟破产以来，主要券商对证券的再抵押总量有了显著下降。①

金融公司处置和金融担保安排

12.73 金融合同项下的金融担保安排的目的是：在担保人破产时，担保权人能完全有效地执行担保物。破产法规定了延期偿付，这阻止了担保权人马上执行担保物。破产法还允许公司清算人和管理人拒绝承认或者撤销公司在特定期间内做出的担保等相关交易。但一些国家的法律规定，"金融担保安排"不受上述破产法规定的影响。②这种豁免规定以交易对手在公司破产后能继续行使担保权避免了公司破产可能引发的系统性风险。

12.74 然而，涉及跨国银行或投资公司破产时对担保物的执行

---

① Manmohan Singh and James Aitken, "Counterparty Risk, Impact on Collateral Flows, and Role for Central Counterparties", IMF Staff Working Paper WP09/173.

② 值得注意的是，《欧盟的金融担保安排指令》（Directive 2002/47/EC）确保了欧盟国家的法律不能影响金融担保安排。

问题就变的异常复杂。债权人希望抵销或清算的现金、证券可能位于不同的国家：（a）陷入困境的银行进入所在国家的（破产）或处置程序（b）一国法律规定破产银行债务受债权人法或担保财产所在地法约束。这些问题和在 12.48 到 12.50 中讨论的问题是一样的，债权人面临的挑战就是找到哪个国家的法律可能不允许这种金融担保安排。一家大型、复杂、国际性金融机构的破产时，确定这一问题不是很容易的事情。

12.75　许多国家为金融担保安排提供了有效的保护。然而，当前的保护并不统一。在国际市场上这种金融担保权并不能同时满足金融担保人和担保权人的现实需求。尤其是当担保权人是大型跨国托管银行，而担保人是全球性投资银行的交易实体的时候。在这样的关系中，券商（债务人）想要完全的自由来处理证券，只要其具备清偿能力且没有违约。一旦债务人破产或违约，托管债权人可以清算其所保管的违约客户账户内的证券。这意味着，一旦建立了金融抵押安排，相应的财产就成为了实现担保权的载体，哪部分财产成为执行担保权的标的也是不确定的，因为托管账户内的财产总额和构成是根据顾客的日常交易不断变化的。

12.76　在许多国家，对金融工具设立担保是非常困难甚至不可能的，这种金融安排因为缺乏确定性而归于无效。一些国家法律没有这样规定，而是要求担保物进行登记并且在贷款期间担保人不能使用担保物。这种安排为债权人提供了稳健的担保，但是通过限制使用担保物影响了效率，金融市场上的熟练投资人都不愿意采取这种方式。因此，有必要在这一领域形成国际统一的做法。

12.77　当金融担保安排下用来担保的财产根据银行特殊处置机制被强制转让时，担保权人需要确定财产不应转移给被转让人，除非这种转让产生收益。这种要求对于中央对手方的清算行尤为重要，他们需要确保成员公司违约时能有足够的资金。英国新的银行处置机制授权相关机构极大的转移破产银行资产的权力，这引发了部分资产转移可能给金融担保安排造成风险的担心。然而，随后的立法解决了这个问题。①

结算风险和金融担保

12.78　对于在多个国家为券商提供了托管、清算和结算服务的托管人而言，确保金融担保抵押的有效性和可执行性是很重要的。托管人（除了为券商提供先进和证券托管账户之外，还将券商和清算系统相联系）为券商提供当天和隔夜流动性，如果券商在交易日和清算日期间破产（多数市场交易有两到三天时间），托管人在券商执行证券清算交易时将不可避免地具有交付证券的法定义务。

如果全球性托管人的券商客户破产了，该保管人将面临巨大的"结算风险"。②

12.79　当 2008 年 9 月雷曼兄弟破产时，其在托管人的现金账户有巨额透支。③ 而托管人代表雷曼兄弟在中央交易对手（CCPs）进行结算，这种结算下的义务将有托管人来承担。例如，雷曼兄弟破产当天，仍然在全球范围内开展日常的证券交易（进行自营交易和委托交易）。这些交易需要通过 CCPs 系统进行结算，而雷曼自身并不是该系统的成员。第三方托管人和清算行作为 CCPs 系统的成员代表雷曼进行交易，不管雷曼在结算日那天的账户上是否有现金或证券，托管人和清算行必须向 CCPs 系统支付现金或交付证券。

12.80　当雷曼兄弟在结算日的前一两天内破产时，这些清算行就遇到了"结算风险"，只有有效、可执行的金融担保安排才能缓解这种风险。遭遇"结算风险"的清算行将要代表破产顾客偿付和交付证券，如果清算行不能够利用担保的保护进行留置、清算或抵销将面临着梦魇般的境地。这种情形下的担保制度的不足将会导致银行或

---

①　《2009 年银行法》（部分财产转移限制）令 2009。

②　当券商委任清算行通过 CCP 替其进行清算时，清算行承担券商的所有支付和交付义务，即便券商进入了破产也不影响这种义务。反过来，如果清算行违约没有履行义务，则 CCP 承担清算行的支付和交付义务以便结算能够继续进行下去。

③　Lehman Examiner's Report，第 4 章，http://lehmanreport.jenner.com/。

投资公司破产引发的系统性风险。

交易对手信用风险：清算与结算

中央交易对手清算和结算[①]

12.81 金融工具的买卖交易中，买方和卖方通过中央对手清算行能够降低交易对手的风险和金融公司破产的系统性风险。在交易的结算过程中，CCP 是所有卖家的买方和所有买家的卖方。[②] 因此，每个中央清算交易的相对手都把信贷风险转移给了 CCP，而非其直接交易对手。CCP 从成员处收集担保物和资金作为履行支付和交付义务的担保，并建立违约金（由成员缴纳）和获得其他来源的资金（保险和自有资金）以消化成员违约带来的损失和避免破产公司的转移转给给相对手。

12.82 当一家成员公司破产时，CCP 根据违约规则赋予的权力将违约公司的权利和义务转移给其他成员，确保违约公司破产前进行的交易仍然可以进行结算。

CCP 的"最终结算"规则扮演着核心的风险缓冲功能，该规则确保破产公司的清算人或管理人不能撤销破产已履行的支付和交付义务。没有"最终结算"规则的保护，大部分国家的破产规则将让破产后通过交易结算系统的财产转让归于无效。

12.83 CCP 可以对成员公司的自营交易和代表客户的交易（客户交易）进行结算。CCP 的成员公司为代表客户交易从客户处筹集大体需要的资金。CCP 基于成员的自营交易和客户交易从成员公司筹集总量资金。同样地，客户资产通过建立独立的账户而和清算行财产相隔离（所有客户资产放入一个资金池，而不是给每个客户建立独立的

---

① 关于中央交易对手清算 OTC 衍生品的更多讨论，参见 2010 年 4 月 International Monetary Fund, Global Financial Stability Report, Chapter 3（http：//www. imf. org/external/pubs/ft/gfsr/2010/01/index. htm）。

② CCP 对于清算行而言既是买家又是卖家，清算行则代表其客户进行交易。

账户），客户以独立的账户存到 CCP。最终的结果可能是：当清算成员公司破产时，根据 CCP 的违约规则，CCP 不能将顾客财产转移给有清偿能力的清算行。

12.84　英国解决这一问题的办法是把"最终结算"规则的适用范围（当前只适用清算成员公司与 CCP 之间的交易）扩展到清算成员与非清算成员之间的交易。扩张"最终结算"规则的适用和设计制度避免顾客资金的不足将保护破产的清算行的非清算成员顾客，但是这却损害了破产清算成员的无担保债权人的利益。

进行中的结算

12.85　利用"交付或支付"（DvP）机制的结算体系有时被视为"担保性结算"，然而这是不正确的。DvP 系统确保参与方无须履行义务除非相对手同样能够履行相互的义务。DvP 结算系统不能保证每笔交易都能得到结算。当一方违约时，结算的确定性取决于结算安排。而已经发生的结算的确定性则取决于"最终结算"规则的保护力度。

12.86　2008 年 9 月雷曼兄弟进入英国管理程序时，CREST 作为英国中央证券托管机构（根据自身规则和实践标准）立即取消了雷曼作为系统参与方的资格。而雷曼不能成为 CREST 的成员的后果就是系统中的大量指令被冻结。

从中央证券托管机构的角度而言，冻结破产的参与方是最谨慎的做法。但是这样可能引发系统性风险。取消雷曼作为 CREST 的参与者引发了市场不确定性，因为相对手为了确定大量交易是否能被结算需要等待一段时间。最终，系统要求交易进入交易删除指令，所有进行中的指令从系统里删除。

12.87　未来，中央证券托管中心可能在参与方违约时有权取消指令。虽然这种权力可以避免雷曼破产所引发的不确定性，但对系统性稳定有潜在的伤害。（这对相对手的影响与破产法中的"零点开始"原则类似：许多国家对公司颁布破产令时，视为当天的零点启动了破产程序）从系统性风险的角度，应当尽可能地实现"最终结算"

立法的目的。从系统风险的角度来看，如果处置终结立法有更多的关注，这样会更好。例如，"不可逆转的"交易不能被单方面取消，也不能在根据交易所或清算所的违约规则来处理，而应当根据可利用的现金或证券进行结算。如果只是简单地取消指令，风险将会转移给交易相对手。这些相对手需要结算交易以获得现金或证券以履行对其他不同的交易对手的义务。

结　论

12.88　无论是处置跨国银行或跨国投资银行都应当避免系统性风险。当可能发生这些危险时，不确定性会让问题变得更严重。这些不确定性源于哪个国家的法律适用特定的问题和请求权。

12.89　最近的国际危机表明，即便在国内层面，管理银行和投资公司破产的法律和操作框架仍然有缺陷。国际上没有任何一个国家的处置机制可以有效、孤立地解决本国的问题。危机表明了协调跨国金融集团处置机制的紧迫性。

12.90　为了确保处置机制能有效运转，避免无序，各国需要采取行动协调下列领域的法律规则：存款保险制度，包括"收购与承受"交易、桥银行的处置工具，抵销和金融担保安排，还有处置程序中对场外衍生品合同的处理和净额结算。

12.91　然而，法律上的协调只是朝着有序处置跨国集团的一部分。协调本身不是有序处置的充分条件。最终，这将依赖于国家同意建立更有效的程序性协调机制。

（胡　悦译）

13

银行破产与国家破产

Michael Waibel[*]

13. 01　2008 年爆发的金融危机从私营企业蔓延到了公共机构。金融危机的危害从私营企业转移到公共资产负债表，反之亦然，这是国际金融史中并不陌生的情景。①

13. 02　银行危机经常伴随着收支不平衡和国家主权债务危机。②因此，银行破产和国家破产的发生是密切相关的。"共生危机"这个术语包括了同时发生的货币危机和银行危机。图 13. 1 为经济危机提供了一种分类导图，区分了金融危机和现实的危机。

　＊　Dr Michael Waibel is British Academy Postdoctoral Fellow, Lauterpacht Center for International Law and Downing College, University of Cambridge, UK.

①　C M Reinhart and K S Rogoff, *This Time is Different: Eight Centuries of Financial Folly* (Princeton: Princeton University Press, 2009), ch 10.

②　G L Kaminsky and C M Reinhart, "The Twin Crises: The Causes of Banking and Balance of Payments Problems" (1999) 89 *American Economic Review* 473 – 500.

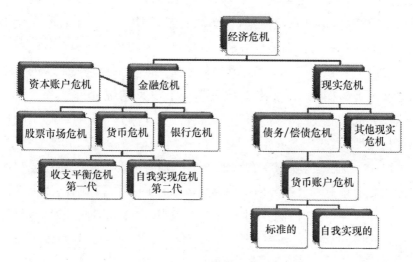

图 13.1　金融危机的类型

13.03　将国家的资产负债表和私营企业的资产负债表联系在一起的最主要的途径是银行的破产。① 对公共资产负债表而言，最危险的定时炸弹是银行部门的债务。严重的银行危机经常变成国家的债务危机，反之亦然。② 自从 2008 年的金融危机发生以来，我们见证了史无前例的金融机构的资产锐减和大规模的政府救助。银行危机造成的损害蔓延到公共资产负债表，而不可偿还的债务就是其表现形式。

13.04　在 20 世纪 30 年代，一系列的共生性危机，伴随着大量的社会危机导致了全世界的经济衰退。在《全球化的终结》一书中，Harold James 这样阐释了国家和银行在资产负债表上的相互影响："经济困难导致了资本流失，资本回撤更加削弱了银行的实力，并且潜在地或者实质上加重了国家财政的负担。银行的问题因此变成了国家财

---

① International Monetary Fund, *Cross-Cutting Themes in Economies with Large Banking Systems*, 16 April 2010.

② A C Haldane, "Banking on the State" (2009) 139 *BIS Review* 1 ("through the ages sovereign default has been the single biggest cause of banking collapse").

政的问题，而接管问题银行所产生的成本增加了国家的财政负担。"①

13.05　2008 年的金融危机使我们忆起往昔。考虑了希腊和爱尔兰这两个国家的银行危机与国家债务危机之间的相互影响。欧洲中央银行提出了"在金融行业和公共财政系统之间存在大量的危险的传染渠道和有害的循环"，自从 2010 年开始，这种情况变得显而易见。②希腊债务危机的让欧洲银行遭受了风险，也让人开始怀疑欧洲金融机构的稳健性。

13.06　根据国际清算银行的评估，希腊、爱尔兰、葡萄牙和西班牙从私营企业和公共部门的借款，在 2010 年 6 月面临高达 1.6 万亿美元的债务，很有可能发生国家债务危机。法国和德国的很多银行有高达 61% 的借款，其中 15% 是国家债务，剩余的债务则源于私人借款人。③

13.07　除了像欧洲货币联盟这样的货币区域，伴随着国家债务危机的发生，汇率暴跌会对金融机构产生有害的影响，特别是当大多数债务是外国货币的时候。④ 货币贬值造成的无法偿还的外国货币债务，是货币危机和银行危机同时发生的主要渠道。货币危机发生时，外国货币变成了一种稀缺商品——而且，有些债务无论私人债务或公共债务。当债务到期时，则无法被清偿。

13.08　本章节探究了在银行破产和国家破产之间的相互影响。这种相互影响的一个重要原因是，私营企业的债务和国家机构的债务之间的区分在实践中是不断变化的。本章的第一部分阐释了在何种情况下，国家要对私营企业的债务负责，特别是对银行的债务负责。第二部分回顾了 1931 年奥地利信贷银行的破产，并将其作为银行债务

---

①　H. James, The End of Globalization: Lessons from the Great Depression (Cambridge, Mass: Harvard University Press, 2001), 31.

②　Ibid.

③　*BIS Quarterly Review*, International Banking and Financial Market Developments, June 2010.

④　R Chang and A Velasco, "Financial Fragility and the Exchange Rate Regime" (2000) 92, *Journal of Economic Theory* 1 – 34.

变成政府债务的早期案例予以分析。

13.09 第三部分分析了一种类似的现象，即 2008 年冰岛银行业的衰败。第四部分则转向对国家债务的处置。随后，本章分析了大规模的金融机构可能威胁到一个国家提供经济救助的能力，并且反过来会引发国家的债务危机。最后，本章认为适用银行和金融机构的特殊处置机制可以降低银行危机所造成的损失。

私人债务的国家责任

13.10 由于政府国库充足，而且国家和政府不会随意变更，国内的私营企业不能偿还其债务时，国家很容易成为不能获得清偿的债权人的目标。

13.11 然而，无论是国际法还是国内法，国家一般无须对它境内的私营企业的债务负责，包括它境内的银行或居民的债务。国家通常不会对其境内个体的行为负责。因此，国家也无须对债务负责。如果一家商业银行对持有债券的外国的债权人违约，这并不会导致国内政府的责任，更不必说国际层面的责任。

13.12 应当维护私人借款人的法人独立。国家——像现代企业一样——是有限的责任实体。当来自不同的国家的两方当事人签署了一份合同，其中任何一方所在的国家对这份合同并不知情，因此，国家也不必承担该合同规定的义务。这种普遍的限制有三点原因：第一，合同的相对性；第二，避免让国家承担过多的责任；第三，借款人为自己的行为承担责任。

13.13 折射出来的问题是公民或者居民是否有义务偿还国家债务。1882 年，Phillimore 国王称各国国家债务的最终责任人归于公民是"国际公法的一项原则"。[①] John Fischer Williams 认可了类似的规则："外国债务人有正当的理由认为，公民在国家尚未偿还债务的时

---

① R Phillimore, *Commentaries upon International Law* (London: Butterworth's, 1882), ii. 17.

候不应过着奢侈的生活。"① 如今的共同责任②由于缺少国家实践而不再是国际法公认的规则。

13.14 国家不会清偿私人债务这一普遍的规则，在第一个重要的例外情形下不适用，即政府为合同义务作担保的情况下。政府此时变成了对债务负有法律责任的保证人，虽然该合同起初由私营企业缔结。这类保证也许会依据国际法或者国内法进行。国家经常承担一种起初由私营企业负担的债务，特别是在动荡的经济形势下，政府期望通过此举去改善经济状况。

13.15 当银行危机发生的时候，政府经常将私人损失社会化。例如，存款保险人存在的目的是为了让公众不从陷入危机的金融机构取回存款。实践中，发生银行危机时，公众对政府救助的期待，政府法律责任的缺失，以及公开的国家担保，这三者的界限是不明确的。从法律的角度来看，"隐性担保"这个术语是一种误用，因为此处即没有为债务提供担保或债务根本就不存在。

13.16 对私人债务无须负责这一原则的第二个重要的例外是，一系列的可归因于国家的国际不法行为。国家需要为一些被国际法委员会认定的不当行为负责。

13.17 当国家以某种方式干涉了偿还债务的义务或者鼓励私营企业违约，这种行为会例外地归咎于国家。但是这是个例外，并不是一般原则。事实上，许多发达国家如英国、美国、爱尔兰以及其他国家是大型商业银行的股东，这也使得国家可能承担责任。

13.18 归因于国家的第一个理由是，金融机构根据法律是国家的一个政府部门。③ 仅仅因为国有而被归责是不充分的，例如英国政

---

① J F S Williams, *Chapters on Current International Law and the League of Nations* (London: Longmans & Co, 1929), 323.

② E H Feilchenfeld, *Public Debt and State Succession* (New York: Macmillan, 1931), 736ff.

③ Articles 4 and 5, International Law Commission (ILC), Articles on State Responsibility, *Official Records of the General Assembly*, *Fifty-Sixth Session*, *Supplement No 10* (A/56/10), reproduced in J Crawford, *The International Law Commission's Articles on State Responsibility*: *Introduction*, *Text and Commentaries* (Cambridge: Cambridge University Press, 2002).

府为苏格兰皇家银行或者美国为花旗银行承担责任，因此归责于国家还需要是国家债务。众所周知的规则是，完全为国家所有并不意味着可归因于国家。在这方面，仲裁庭在 Waste Management v Mexico 案在考虑联邦发展银行是否应该适用国际法委员会制定的《国家责任草案》的第 5 条规定时①尊重了公司的独立人格。

13.19　一个合理的可归因于国家的理由是政府的某种基本职能已经授予给金融机构。② 但是，只要政府没有授权给金融机构其他的政府职能，例如收税和征收关税，检验这种可归因于国家的理由是不合适的。

13.20　一般适用的规则是，只有不能履行债务的金融机构才承担相应的责任。因为它是合同的一方当事人。

私人债务和国家债务的模糊界限

13.21　正如下文介绍的奥地利借贷银行和冰岛债务危机的例子表明，公共债务和私人债务之间的界限变得愈发模糊。作为最后承担风险的人，国家经常为缔结合同的私营企业承担债务。③ 这些最新的债务处置意味着债务更多地由私人转向公共资产负债表——这种普遍的现象包括家庭的、公司的和金融机构的债务。

13.22　有关私人债务和国家债务之间模糊的界限，一个显而易见的例子是半国营性质的企业。尽管半国营的企业在法律上是独立于政府机构的，它们的违约行为却很可能对国家信用产生轻微的影响，例如国家信用降级，或增加国家作为债务人时的借款成本。国家关注自己作为债务人的名誉，因此，国家有帮助半国营企业的动机，例如

---

① Waste Management v Mexico（No 2）(2004) 11 ICSID Reports 361，379，para 75.

② Article 5 ILC Articles on State Responsibility.

③ D A Moss, *When All Else Fails*: *Government as the Ultimate Risk Manager* (Cambridge, Mass: Harvard University Press, 2002).

为半国营企业的合同义务担保。[①]

13.23 两家半国营的企业的债务重整最近引起了关注，这两家公司是阿拉伯联合酋长国的迪拜世界和乌克兰的"国家天然气公司"。这两个案例中，债权人期望"国家天然气公司"和迪拜世界从国家的隐性担保中受益。当这种隐性担保无法实现时，债权人的期望会落空。

双边投资条约下的保护伞

13.24 根据不断修订的双边投资协定的规定，适用不过不承担私人债务原则需要符合一定的条件。

13.25 银行危机发生时，政府并不会袖手旁观，政府也许会以某种方式加速或者帮助银行破产。例如，如果银行的资本充足率低于最低监管标准时，政府会取消银行的经营许可。

13.26 通过双边投资协定，东道国政府会向其境内的外国投资者的投资提供一系列实质性的保障。典型的担保内容是针对无补偿的征收、投资者和投资设备以及广义上的公平和公正的对待。投资者一般有权直接向国际仲裁庭申请仲裁，并根据投资的市场价值进行赔偿。[②]

13.27 冰岛在这方面是幸运的。该国只有大约 12 个双边投资协定，而且主要是和发展中国家签署的。冰岛过去和荷兰、法国、瑞典、德国以及英国之间没有签署双边投资协定。但是很多其他的发达国家与冰岛签署了双边投资协定，这可能会扩大国家债务的范围。

13.28 这些发展中的国家应该强制重组他们的银行债务吗？外国投资者包括主权财富基金，也许会考虑根据双边投资协定申请仲裁。武断地撤回银行的经营许可可能会违背公平公正的原则。当银行被政府接管时，低于市场价值的补偿也会引起有关双边投资协定的申

---

① For an excellent analysis of the reputational mechanism in sovereign debt, see M Tomz, *Sovereign Debt and International Cooperation: Reputational Reasons for Lending and Repayment* (Princeton: Princeton University Press, 2007).

② R Dolzer and C Schreuer, *Principles of International Investment Law* (Oxford: Oxford University Press, 2008) provide a survey of the field.

诉。英国对于北岩银行的干预可能已经违反了它在双边投资协定下的义务和《欧洲人权公约》规定的义务。①

13.29　双边投资协定可能会引发政府对银行危机造成的损害赔偿诉讼。但是在仲裁方面几乎没有判例法为这种案例的提供有益的指导。唯一公开的案例是 Genin v Estonia 案的问题，该案涉及银行危机时对银行进行债务重整。

13.30　在 Genin 案中，国际投资争端解决中心的仲裁庭否定了爱沙尼亚违背了公平公正原则的指控。爱沙尼亚创新银行购买了爱沙尼亚银行的一个分行，而由于这个分行的资产不能满足监管要求，它的营业执照被政府取消了。这种诉求在 Genin 案中没有被认可，因为尽管爱沙尼亚武断地取消了该分支银行的经营许可，但该国政府仍然有足够的理由采取行动维持银行系统的稳定。②

13.31　一些双边投资协定中规定了广义上的审慎原则的例外，这种例外对于国家为了应对金融危机而对银行业进行债务重整提供了一种重要的保护，尽管这绝不是双边投资协定的主要内容。2004 年的《美国双边投资协定范本》金融服务部分第 20 条是一个很好的例子。其规定如下：

> 不管本条约的其他条款如何规定，一方出于"审慎原因"可以采取金融领域的相关措施来保护投资者、存款人、投保人和金融服务供应商负有信义义务的人，或者为了确保金融系统的稳定。"谨慎的原因"包括维护金融机构的安全性和稳健性。③

---

① N Jansen Calamita, "The British Bank Nationalizations: An International Law Perspective" (2009) 58 *ICLQ* 119 – 49. For an overview of the Northern Rock episode（有关北岩银行的事件的介绍）, see R M Lastra, "Northern Rock, the UK Bank Insolvency and Cross-Border Bank Insolvency" (2008) 9 *Journal of Banking Regulation* 165 – 86.

② Genin and Others v. Republic of Estonia, ICSID Case No ARB/99/2, Award, 25 June 2001, 6 ICSID Rep 236; (2002) 17 ICSID Rev 395.

③ See also Article 10 (2) Canadian Model BIT of 2004.

13.32 迄今为止，仲裁庭不得不解释并且应用这种审慎的例外，例如上述例外中的一个。因此，现存的案例并没有为审慎的例外提供指导。

13.33 下一部分分析了在大萧条时代奥地利借贷银行的破产事件。在 1931 年，奥地利借贷银行破产了，这个事件在一场席卷全球近两年的金融危机中起到了重要的作用。[①] 这则案例研究是关于银行危机和国家债务危机的相互影响比较典型的早期案例。

1931 年信用危机

13.34 "一战"后，奥地利政府的财政状况一直不稳定，在国际联盟的帮助下获得了大量贷款。[②]

13.35 为了阻止公众对银行业的恐慌，1926 年，在两家银行遭受了巨额损失之后，奥地利政府为这两家银行提供了担保。随后在 1928 年，另外两家中等规模的银行，通过政府安排的与第二大的奥地利银行 Allagemeine Osterreichische Boden-Credit-Anstalt 合并，摆脱了危机。这家银行为很多企业提供了贷款，为经济发展提供融资。当 Boden-Credit-Anstalt 银行自身遇到资产流动性问题，它利用奥地利中央银行的贴现窗口获得流动性。但当这种资金渠道枯竭后，该银行不得不向奥地利政府要求经济援助。

13.36 奥地利政府只找到了一种解决办法。在 48 个小时之内，政府安排了 Boden-Credit-Anstalt 银行和 Creditanstalt 银行的合并，这

---

① A Schubert, *The Credit-Anstalt Crisis of* 1931 (Cambridge: Cambridge University Press, 1991); A Schubert, "The Creditanstalt Crisis of 1931: A Financial Crisis Revisited" (1987) 47 *Journal of Economic History*; D Stiefel, *Finanzdiplomatie and Weltwirtschafiskrise: Die Krise der Credit-Anstalt fur Handel und Gewerbe* 1931 (Frankfurt am Main: Fritz Knapp Verlag, 1989); I G Aguado, *The Creditanstalt Crisis of* 1931 *and the Failure of the Austro-German Customs Union Project* (2001) 44 *Historical Journal* 199.

② P Berger, *Im Schatten der Diktatur: Die Finanzdiplomatie des Vertreters des Volkerbundes in Osterreich, Meinoud Marinus Rost van Tonningen* 1931 – 1936 (Vienna: Bohlau, 2000).

家银行是 Boden-Credit-Anstalt 银行在奥地利的竞争对手。合并后银行的规模比其他所有奥地利银行加起来都大。① Arnold Toynbee 称这个银行是"世界金融体系中重要的一个部分"。② 60% 的奥地利工业依靠源于 Creditanstalt 的经济支持。③ 它的总资产是 2.5 亿美元,这大约等于奥地利当年国民生产总值的六分之一(1931 年奥地利的国民生产总值是 15 亿美元)。同时,该银行占据了奥地利全国存款的50% 的。④

13.37 两年以后,合并后的银行自身陷入了严重的困境。随后,Creditanstalt 是早期的"大而不倒"的例子。它在 1930 年的损失累计高达 2000 万美元,耗尽了它的资产。它的外债高达 7500 万美元。⑤该银行的董事会成员包括国际财团:欧洲银行维也纳支行的 Baron de Rothschild,来自英格兰银行、纽约信托公司和汉堡的 M M Warburg 的代表。

13.38 奥地利银行中央银行为银行系统注入了 5000 万美元的流行性给银行系统。

然后,它试图利用国际清算银行和私人提供的 1500 万美元对银行进行资本重组。但是 Creditanstalt 银行不久后要求再注入资本。最后,英格兰银行提供了贷款。⑥

13.39 通过承担 Creditanstalt 银行再注资的成本,奥地利政府将大部分损失社会化了。而股东得到了非常仁慈的对待——这与在 2008年爆发的全球性金融危机有很大的相似性。就像历史上严重的银行危

① Schubert, 9.

② Royal Institute of International Affairs, *Survey of International Affairs* (London, 1932), 63.

③ R Notel, "Money, Banking and Industry in Interwar Austria and Hungary" (1984) 13 *Journal of European Economic History* 162.

④ L Ahamed, *Lords of Finance: 1929. The Great Depression and the Bankers Who Broke the World* (London: William Heinemann, 2009), 404.

⑤ Ibid., 405.

⑥ C P Kindleberger, *Manias, Panics, and Crashes*, 4th edn (New York: John Wiley, 2000) 192; J A Frieden, *Global Capitalism: Its Fall and Rise in the Twentieth Century* (New York: W W Notton, 2006), 182 – 4.

机一样，政治上紧密相连的精英在经济繁荣时期得到了大量的利益，然而在经济困难时期将危机转移给纳税人。

13.40 又一次地，经济利益并没有分给多少人，然而大多数损失却被平均分配了。正是中产阶级和穷人承受了经济危机造成的大部分损失。White 这样评论 Creditanstalt 的案子"只不过从公民和股东之间的损失分配"。而股东的损失不到应当承担的损失的四分之三。①

13.41 没过多久，奥地利银行业不稳定导致了对奥地利货币的挤兑。几天之内，该国中央银行失去了超过三分之一的存款。德国的银行不久后也遇到了危机，这就是早期的传染。② 债权人认为如果奥地利银行不能履行偿债义务，类似的情形还可能发生在德国银行。德国中央银行在 6 月的前三周内失去了一半的存款。③ 这种情况仅仅是因为"胡佛的中止令"而稳定下来——1931 年 6 月为修复支付系统而进行为期一年的中止支付。④

13.42 最后，奥地利政府对奥地利 Creditanstalt 银行的救助是不成功的。银行倒闭的损失累计超过 1.5 亿美元。奥地利危机的源头在银行业，随后变成了挤兑奥地利货币的国家债务危机。下一部分将讨论 2008 年冰岛银行业倒闭的情况。

冰岛银行危机

13.43 冰岛提供了银行业破产导致国家破产的典型。它是私人债务转为公共债务较早的一个国家，这种情况也可能会发生在其他发达国家。

---

① L H White, "Bank Failure and Monetary Policy" (1984) 4 *Cato Journal*, 270.

② Kingdleberger，"投资人和投机人"在奥地利和德国并没有本质的差别。

③ Ahamed, 410.

④ OD Tolischus, "Debts and the Hoover Programme" (1932) 233 *North American Review* 389.

严重的银行业危机恶化了国家债务

13.44　冰岛的金融危机有很多特点，使其不同于典型的国家债务危机：只有脆弱的政治机构的发展中国家依赖于国外的金融市场。冰岛全国只有 30 多万人。它曾经是世界上最富有的国家之一。冰岛 2007 年的国民生产总值是 165 亿美元，人均产值 4.2 万美元。而且，冰岛也是 2008 年联合国人类发展指数中排名第一的国家。①

13.45　2008 年 10 月，冰岛三家重要的银行在一周之内破产。Landsbanki，Glitnir 和 Kaupthing 合计占据了冰岛银行业 90% 的份额。当他们破产时，他们的负债高达 600 亿美元（超过冰岛国民生产总值的 8 倍）。② 这是该国历史上最为严重的银行业危机。当人们因为雷曼兄弟的破产而担心全球金融系统的稳定时，这三家冰岛银行破产了。

13.46　冰岛积年已久的货币债务高达 12% 的国民生产总值，这导致了冰岛克朗的贬值。在一篮子货币中，冰岛克朗贬值了近 50%。③ 当冰岛中央银行试图阻止货币贬值时，中央银行耗尽了该国的储备金。

13.47　冰岛中央银行是不能够履行最后贷款人职能④是因为它缺少资金为大量的外国债务提供担保。这三家银行的债务规模几乎等同于冰岛全国的经济规模。即使政府能够给出这样的担保，在国际金融市场中这种担保也缺乏信任；金融市场视这种承诺为不可能实现的承诺，即便政府想要兑现承诺也没有能力。

13.48　冰岛为了解决银行业危机出台了紧急立法，授权对不能支付的银行进行接管。

---

① United Nations Human Development Reports, http：//hdr. undp. org. 在 2009 年的报告中，冰岛仍然名列世界第三名。

② Economies with large banking system，见脚注 3，第 4 页。

③ 在 2008 年年初，1 欧元可兑换 85 冰岛克朗。到了 2008 年 11 月，165 克朗才能兑换 1 欧元。

④ R M Lastra, "Lender of Last Resort：An International Perspective" (1999) 48 ICLQ 340.

政府建立了三家新的银行去接管冰岛旧银行的资产和债务①。立法修改了优先顺序，让国内储户优先于无担保债权人，例如银行债券持有人。这样做的目的是保护冰岛银行系统和储户。而大多数债务和衍生品留在了旧银行然后被清算。

13.49 冰岛的例子说明严重的银行业危机下，银行业的或有债务也许会成为国家的债务。在危机发生之前，冰岛的国家债务是不足该国国民生产总值的10%。预计在2010年年末，该国债务会达到国民生产总值的1.5倍——这仅仅是一年的涨幅。

13.50 尽管银行处于金融困境，冰岛继续履行其主权债务。人们总议论着冰岛这个国家的破产，这种说法掩盖了关键的事实。但是，他们阐释了在实践中，国家债务和私人债务不再像过去那样泾渭分明。冰岛公共债务直线上涨为世人敲响了警钟，一些学者把冰岛的债务和《凡尔赛条约》规定的德国战争赔偿相提并论。②

冰岛破产银行的存款人的处置

13.51 在冰岛案件中，债务从银行债务变成公公债务是因为荷兰和英国让冰岛支付冰岛的破产银行的全部存款。英国和荷兰认为，冰岛有义务偿还它们高达45亿美元债务。这导致了很高的协商成本。

13.52 自从2008年10月以来，冰岛、荷兰和英国就谁承担冰岛的Landsbanki银行的网络存款的义务进行了谈判。网上银行的存款利息较高，破产的网络银行吸引了来自欧洲大批的存款人，特别是来自英国和荷兰的存款人。英国和荷兰的存款保险机构在没有咨询冰岛的情况下支付了存款人的诉求，荷兰和英国现在要求冰岛的存款保险金给予补偿。

---

① Act on Authorization for Treasury Disbursements due to Unusual Financial Market Circumstances ("the Emergency Act"), No 125/2008 (Iceland), 6 October 2008.

② T Eggertsson, "Long Term Consequences may be Ruinous for Iceland", Financial Times, 27 October 2008 (估计"不切实际的债务"负担可能导致"严重的通货膨胀，经济衰退和大规模的移民浪潮以及政治混乱……这让人想起1919年德国履行《凡尔赛条约》时的情景")。

13.53　争议的焦点是《欧盟的存款保险指令》，这部法律协调了欧洲单一金融业市场存款保险要求。[1] 追溯到 20 世纪 90 年代中期，欧盟选择不建立统一的存款保险制度，而吸收存款的机构则在欧盟境内运营。[2] 根据《欧盟经济一体化协定》的规定，存款人和其他债权人应受到无歧视的对待。[3] 作为《欧盟经济一体化协定》的成员，冰岛受到欧盟《存款保险指令》的约束。

13.54　英国和荷兰已经支付给了存款人，冰岛是否有义务对此进行补偿尚未可知。英国和荷兰坚持认为，根据《欧盟经济一体化协定》和欧盟的《存款保险指令》，冰岛有义务支付给存款人每人 20887 欧元（约 30000 美元）。金融和财政委员会的四位专家给出的联合的法律意见认为冰岛有义务确保其存款保险机构有能力去偿付存款人。[4]

13.55　但是，这是否构成在所有情形下国家都要履行这种义务，或者设定一种这样的义务并运行一个资本充足的存款保险机构，这些问题仍然处于争议之中。关于在严重的银行危机中的这些义务的解释仍然有很多争议。联合法律意见强调，欧洲自由贸易监管局才可以评估冰岛立法是否符合《欧盟经济一体化协定》。

13.56　英国政府认为在危机期间，冰岛准备违反欧盟指令规定的义务。唯恐冰岛银行的存款人无法得到支付，英国利用 2001 年的《反恐怖袭击、犯罪和安全法》冻结了冰岛银行在英国的资产，以避

---

[1]　Directive 94/19/EC of the European Parliament and of the Council, 30 May 1994, on deposit guarantee schemes, OJ L 135, 31, 5. 1994, as mended by Directive 2005/1/EC, OJ L79, 24. 3. 2005, 9.

[2]　R A Eisenbeis and G G Kaufman, "Cross-Border Banking and Financial Stability in the EU" (2008) 4 *Journal of Financial Stability* 168 – 204.

[3]　Agreement on the European Economic Area, OJ NoL 1, 3.1.1994, 3. Community Legislation is dynamically incorporated into the agreement. Decision of the European Economic Joint Area Committee No 18/94 amending AnnexIX (Financial Service) to the EEA Agreement incorporated the Directive into the Agreement on the European Economic Area.

[4]　Opinion on the Obligations of Iceland under the Deposit Guatantee Directive 94/19/EC, 7 November 2009.

免冰岛的危机对英国经济造成损害。① 这项举措造成了冰岛民众的恐慌，引发了民众运动，并且让处置冰岛存款的争议变得更加复杂。②

13.57　冰岛坚称冻结资产导致了 Kaupthing 银行的破产。而且，冰岛认为尽管双方之间签署了谅解备忘录，但是两国的行动恶化了冰岛的局势。③ 冰岛认为其一直积极履行国际义务。它考虑要求英国法院或者国际司法机关如国际法院，对英国冻结资产的行为进行司法审查。冰岛最后决定不采取这种行动，并集中精力与英国和荷兰进行磋商。

13.58　历经几个月的谈判后，2009 年 6 月三国政府最终达成两个借款协议。④《英国—冰岛协议》规定了一笔 23.5 亿英镑的七年的借款。这笔借款的三分之二在 2016 年到 2024 年以 5.5% 的利率分期付款。荷兰的贷款则是 13.3 亿欧元，借款周期也是 7 年。协定生效的条件是冰岛国会为借款人提供担保，冰岛为 2016 年开始的担保金提供国家担保。

13.59　保证因此将银行债务转变成为冰岛的国家债务。贷款给冰岛的后代增加了不可想象的负担，这种担忧笼罩着冰岛全国，冰岛国会在授权政府担保的法律草案里增加了一些条件。⑤ 这些条件包括政府提供的担保与国民生产总值比例的限制。⑥ 然而，英国和荷兰两

---

①　Landsbanki Freezing Order 2008, 8 October 2008, under ss 4 and 14 and Schedule 3 of the Anti-terrorism, Crime and Security Act 2001；另见 *De Nederlandsche Bank NV v LandsbankiIslands HF, HA – RK 08. 68*, District Court of Amsterdam, 13 October 2008。

②　More than one-third of Icelanders signed an online petition rejecting a large-scale assumption of the bank debt at InDefense, http：//www. indefence. is.

③　Memorandum of Understanding between the Financial Compensation Scheme and the Icelandic Deposit Insurance Fund, 31 October 2006.

④　Loan Agreements between the Depositors' and Investors' Guarantee Fund of Iceland, Iceland, and the Commissioners of Her Majesty's Government and the State of the Netherlands, 5 June 2009, accompanied by a Settlement Agreement and Financial Agreement. 冰岛存款人、存款保险基金、冰岛、不列颠联合王国和荷兰，在 2009 年 6 月 5 日签署了处置协议和经济协议。

⑤　国会在 2009 年 8 月 28 日通过了第 96 部法律。冰岛总统在 2009 年 9 月 2 日签署该法律。

⑥　Acceptance and Amendent Agreement, 19 October 2009.

国的借款人坚持要无条件担保。

13.60 冰岛政府因此向国会提交了担保议案。在 2009 年 12 月 3 日，冰岛国会无条件地通过了政府担保。面对国内激烈的反对之声，冰岛总统在 2010 年 1 月将这部议案进行全民公决。

13.61 在全民公决期间，英国和荷兰软化了谈判的立场。① 2010 年 3 月 6 日的全民公决中，多数公民反对这项国家为债务提供担保的法律。冰岛人民反对把银行债务转变为国家债务。自从全民公决以来，由于英国和荷兰的选举活动，推迟了实质性的磋商。

13.62 这场争议最后的结果将取决三国政府未来的谈判，以及仲裁庭或者国际法院的裁决。不管这些谈判的最终结果是怎么样，银行危机已经使冰岛政府的负债超过了国民生产总值。这表明银行危机能够给公共财政施加严重的压力。因此，下一部分会解释国际社会怎样处理主权债务危机。

主权债务危机的处置

13.63 正如他们及时调整目标，国家债务危机是一系列的现象。这种现象是这个时代独有的特征造成的——目前的主流观点告诉我们，过去有关政府借款的经济法规则不再适用。② 从历史的角度看，显而易见，国家违约的情形是大量存在的，而且政府很少会全部偿还它的债务。一旦债务变得特别多以致国家无法偿还时，它们经常进行债务重整或者违约。这种现象被 Reinhart 和 Rogoff 称为"连续违约"。③

13.64 在过去的三十年中主权违约都发生在发展中国家。20 世

---

① A Barker and A Ward, "Iceland Wins Softer Repayment Terms", Financial Times. 17 February 2010.

② Reinhart and Rogoff, 见脚注 1。

③ K Rogoff and C Reinhart, "Serial Defaultt and the 'Paradox' of Rich to Poor Capital Flows" (2004) *American Economic Review Papers and Proceedings* 53.

纪 80 年代的拉丁美洲债务危机威胁着发达国家的重要的银行的清偿能力，这位为私人债务和国家债务之间的转变提供了例子。[1] 但是现在，发达国家也发生了主权违约和主权破产事件。

13.65 国家破产的后果是严重的。资本外流导致了货币贬值。金融机构由于持有大量的政府债券，金融系统承受了沉重的压力。外国货币的储备大幅度下降，没有流入或因为本国货币贬值导致了外币价格变得更加昂贵。私人借款人和国家都在争取这种稀缺性资源。

界定国家破产

13.66 主权违约不一定伴随着国家破产，国家破产被定义为国家无力偿还到期债务。国家破产的条件是当国家或其政府无法向债权人履行到期债务，这包括本金利息等。[2] 当国家不能偿还外国货币债务时，国家会被视为破产。[3]

13.67 一些国家违约伴随着国家在其法律或条例里面声明其无力偿债。在其他时候，违约的国家仅仅停止偿还债务，而没有官方的声明或者承认违约。官方的声明显然具有有限的证据价值。政府可能假装无力清偿债务，并且试图去否认债务。因此需要对这种政府声明进行仔细审查。

13.68 国家流动性不足和破产是有区别的。尽管国家资产大于负债却不能清偿到期债务，这就是国家流动性不足。然而，国家资产的流动性危机也许会很快地转变成清偿力的危机。[4] 这种流动性和清偿能力之间的界限是变动的。因此，实践区分国家流动性不足和偿债

---

① C Lichtenstein, "The U. S. Response to the International Debt Crisis: The International Lending Supervision Act of 1983" (1985) 25 *Virginia Journal of International Law* 401.

② E Borchard and W Wynne, *State Insolvency and Foreign Bondholders* (New Haven: Yale University Press, 1951).

③ P Wood, *Project Finance*, Subordinated Debt, and State Loans (London: Sweet & Maxwell, 1995).

④ P Krugman, "A Model of Balance-of-Payments Crises" (1979) 11 *Journal of Money, Credit, and Banking* 311 – 25; M Obstfeld, "Rational and Self-Fulfilling Balance-of-Payments Crises" (1986) 76 *American Economic Review* 72 – 81.

能力是十分困难的。

13.69 原因在于清偿力与债权人对该国流动性的看法密切相关。非流动性自身导致了利息的升高。在有限的案例中，国家可能会出现财政赤字。而过高的利率降完全耗尽国家的财政能力，并影响国家的清偿能力。在很多案例中，只要债权人把国家的财政问题看成流动性问题，将会继续持有债权。一旦投资者开始担忧国家的流动性问题，债权人调整他们的预期。这种预期调整经常导致微观经济衰退并且影响公众的信心。

国家债务重整

13.70 自从 20 世纪 60 年代以来，国际社会形成了一套主权债务处置机制，这与公司重组有一定的相似性。

13.71 集中的重组谈判以及债务人和债权人之间自愿合作是这个机制的核心。当国家试图对自己的债务进行重组时，国家继续遵循这种思路解决问题。它们首先通知需要重组债务的债权人；然后它们起草重组条款，在继续实施债务重组之前，与重要的债权人集体就债务重组条款达成协议。

13.72 巴黎俱乐部重组政府债务的重要论坛。处于财政危机中的国家要求从巴黎俱乐部获得债务重组。债权国私下达成一致意见，然后提交给债务国关于债务减免的相关条款。债务人有权利表达意见。巴黎俱乐部重组的特点是个案分析的方式，依据共识进行，而且措施之间存在兼容性。最后的原则要求债务国寻找一种适用于其他债权国的重组条款。

13.73 国家欠私人银行的债务可以通过伦敦俱乐部进行重组，这个俱乐部联合了主要违约国家的放贷银行，组成了临时性的协商委员会（银行咨询委员会）。伦敦俱乐部遵循巴黎俱乐部的一系列基本原则。会员是不固定的，每个违约的国家被区别对待并且根据它的清偿能力去制订债务重组计划。债务重整是自愿的，因为债务重组是根据协议产生的。

13.74 重组债券的典型方法是进行债券交换。在债券交换的要约中，违约或即将违约的国家通知债权人它的经济状况，然后提交新的修正后的偿债条款。交换的要约通常是要么接受要么舍弃条款。这种单边的交换在20世纪90年代进行过多次，包括巴基斯坦、乌克兰、阿根廷和厄瓜多尔。[①]

13.75 发生危机时，重组私人债务或者公共债务是困难的，尽管这样的重组从长远来看是能够解决债务的唯一选择。仅仅是提及债务重组就将造成债权人的恐慌，因为债权人很容易回忆起过去时间里国家是多么频繁地违约。政府的首要目的是重塑信心并确保经济稳定。因此，政府有动机让已经破产的银行正常运行或者去重新偿还国家债务，希望经济状况能有所改善，但这通常是徒劳的。

13.76 未来的国家债务重组可能与过去的债务重组有很多不同。第一，当发展中国家过去四十年的债务进行重组时，这些债务的大部分都是外债。将来的债务重整可能是关于本国货币的债务。[②] 第二，因为发达国家国内银行系统持有大量的主权债务，将来国家债务重组对国内银行系统的影响很大。第三，政府机构，例如中央银行的债务也可能在将来的债务重组中起重要作用。

13.77 正如我们在冰岛银行和奥地利Creditanstalt银行看到的，银行业会对公共财政施加实质性的负担，而且，可能引发国家债务危机。政府能够给予银行多少财政支持受到国家财政能力限制——下一部分将讨论这一话题。[③]

"大而不倒"：银行规模和国家财政

13.78 人们认为，近三十年来，发达国家的银行规模是飞速发

---

① 对这些债务重组案例的更多研究，见 F Sturzenegger and J Zettelmeyer, *Debt Defaults and Lessons from a Decade of Crises* (Cambridge, Mass: MIT Press, 2007)。

② L C Buchheit and G M Gulati, "How to Restructure Greek Debt", May 2010, http://ssrn.com/paper=1603304.

③ Haldane，见脚注4，第11页。

展的。① 考虑到金融危机发生后整顿金融系统的代价，这种发展宣示着将来国家面临重要的经济挑战。② 一些银行的规模变得太大以至于母国的纳税人已经难以对其提供支持了，尤其是那些小国例如瑞典和爱尔兰更是如此。即使政府认为财政支持符合国家利益，它们也往往有心无力。

13.79　自从20世纪90年代以来，商业银行和投资银行不可遏制地扩大规模。它们通常通过兼并或者将券商和商业银行置于银行集团底下。很多银行朝着大的全能银行发展。全能银行吸收存款同时交易证券。

在美国，将商业银行和投资银行紧密相连变得有可能是在《格拉斯—斯蒂格尔法》被1999年的《金融现代化法》（Gramm-Leach-Bliley Act）废除以后。③

13.80　根据《格拉斯—斯蒂格尔法》，追溯到大萧条时期，一个金融机构被强迫去选择究竟是从事吸收存款业务还是做券商。因此，投资银行和商业银行在业务方面是被隔离的。④

13.81　第三，最为重要的是，公共服务业对世人观念关于公共服务概念的重塑——"经济体系"理念的胜利。⑤ 华尔街的文化性资

---

① S Johnson, "Too-Big-to-Fail, Politically", 18 June 2009, http://www.baselinesenario.com; A E Wilmarth, "The Dark Side of Universal Banking: Financial Conglomerates and the Origins of the Subprime Financial Crisis" (2009) 41 *Connecticut Law Review* 963（"由于银行合并的浪潮，由最大的十家银行持有的美国银行资产的份额翻了一倍，从1990年的25％增加到2005年的50％"，第975页）。

② Economies with Large Banking Systems, 见脚注3，第3页（通过银行增加的外部责任增加了国家的外部和财政风险）。

③ N Lawson, "Capitalism Needs a Revived Glass-Steagall", *Financial Times*, 15 March 2009; J R Barth, R D Brumbaugh, and J A Wilcox, "The Repeal of Glass-Steagall and the Advent of Broad Banking" (2000) 14 *Journal of Economic Perspectives* 191 – 204.

④ 对于《格拉斯—斯蒂格尔法》的适用，见 C Lichtenstein, "Lessons for the 21st Century Bankers: Differences between Investment and Depository Banking", in M Giovanoli and D Devos (eds), *International Monetary and Financial Law: The Global Crisis* (Oxford: Oxford University Press, 2010)。

⑤ S Johnson and J Kwak, 13 *Bankers: The Wall Street Takeover and the Next Financial Meltdown* (New York: Random House, 2010), 82ff.

本被美国的政策制定者和普通民众所接受，并且最终演变成了有毒资产。这些人接受的新理念是：大部分未被监管的金融机构是非常好的。这种观点认为金融机构规模越大越好。

13.82 Johnson 和 Kwak 从政治经济学的角度指出金融机构迅速集中的原因。经济的和政治的力量逐渐集中在越来越少的银行，这导致了"华尔街成为华盛顿的回廊"。[1] 这种对政治的和经济力量聚集的担心在金融机构并不新奇。[2] 他们认为华尔街的三种资源转变成华盛顿的政策：第一，对竞选提供大量的支持；第二，政府需要了解现代金融的专家，并招聘大量的银行家让其成为有影响力的政策制定者。

13.83 花旗银行在 1983 年有 1140 亿美元的资产，占美国 3.2% 的国民生产总值。大约在 1985 年，所罗门兄弟作为美国当时最大的投资银行有 680 亿美元的资产（美国国民生产总值的 1.5%），而且每年的利润是 11 亿美元。[3] 通过对比，2007 年，美国银行的资产是美国国民生产总值的 16.4%。摩根大通占据了国民生产总值的14.7%，而花旗银行占据了美国国民生产总值的 13%。[4] 1990 年，最大的十家银行占据了全国国内国民生产总值的 15%。由于某种因素的影响，这个百分比在 2007 年由 8% 增长到 92%。[5]

---

① Echoing Bhagwatis 对"华尔街——复杂的财务"的早年批判，J Bhagwati，"The Capital Myth：The Difference between Trade in Widgets and Trade in Dollars"，*Foreign Affairs*，May/June 1998，7 – 12（提到了美国政策制定者无法照顾华尔街更多的利益，这对世界是有好处的）。

② Investigation of Financial and Monetary Conditions in the United States under House Resolution Nos 429 and 504（Money Trust Investigation by the Pujo Committee）；另见 A D Noyes，"The Money Trust"，*Atlantic Monthly*，May 1913，653 – 667 页；L Brandeis，*Other People's Money*，*and How the Bankers Use It*（New York：F A Stokes，1914）；W O Douglas，Demoncracy and Finance（New Haven：Yale University Press，1940）.

③ A Bianco，"The King of Wall Street"，*Business Week*，9 December 1985.

④ G H Stern and R J Feldman，Too Big to Fail：The Hazards of Bank Bailouts（Washington，DC：Brookings Institution Press，2009），65；Federal Reserve Statistical Release，Large Commercial Banks，31 December 2007，http：//www. federalreserve. gov/releases/lbr/20071231/default. htm.

⑤ Economies with Large Banking System，脚注 3，第 21 页。

13.84 金融机构在国民生产总值中占据的份额急剧地增长。1978 年，美国全部的商业银行的总资产高达 1.2 万亿美元（占据国民生产总值的 53%）。[1] 在 2007 年，金融行业的总资产达到了 11.8 万亿美元（占国民生产总值的 84%）。投资银行的总资产高达 3.1 万亿美元（占国民生产总值的 22%）。在同一时期，金融业的债务从 2.9 万亿美元（国民生产总值的 125%）增加到 36 万亿美元（国民生产总值的 259%）。[2] 而这并不包括大部分衍生品市场。到 2008 年年末，全球的衍生品储量预计超过了 33 万亿美元，超过全球生产总值的一半。[3]

13.85 在其他国家或地区，金融业的资产规模占据国民生产总值的比例实际上更高一些。中国香港金融业的资产是居民生产总值的 470%，新加坡是 780%。[4]

13.86 过去的三十余年，在美国，金融业在经济活动中占据的份额几乎上涨了一倍（从 3.5% 到 6%）。[5] 这种增长比其他国家公布的比例要高得多。美国金融业的利润增长得特别快，而且在 1998 年到 2007 年，金融业的利润在高潮时期平均占据整个国家企业利润的 30%。在这段时间，美国十家最大的银行的资产占据国民生产总值的比例从 26% 上涨到 45%。

13.87 存款的比例从国民生产总值的 17% 增加到 34%。对比大萧条时期的金融业状况和如今的状况，银行业在兼并过程中对于公共资源的消耗变得很明显。在 1931 年 8 月和 1932 年 1 月，美国的 1860 家银行破产了。但是它们的存款只占据了 14.5 亿元（国民生产总值

[1] S Johnson, "Too-Big-to-Fail, Politically", 18 June 2009, http://www.baselinesenario.com; A E Wilmarth, "The Dark Side of Universal Banking: Financial Conglomerates and the Origins of the Subprime Financial Crisis" (2009) 41 *Connecticut Law Review* 963.

[2] Ibid.

[3] Bank for International Settlements, Semiannual OTC Derivatives Statistics, http://www.bis.org/statistics/derstats.htm.

[4] *Economies with Large Banking System*, 脚注 3, 第 4 页。

[5] Bureau of Economic Analysis, National Income and Product Accounts, 表 1.5.5, http://www.bea.gov/national/nipaweb/SelectTable.asp。

的 2%)。①

13.88　由于规模巨大以及政府的隐性担保，大型金融机构的冒险行为导致了 2008 年的金融危机。过高的杠杆率和投机导致了很多主要的金融机构不可控制的风险累计——这种风险最终由母国的纳税人来承受。而东道国政府也承担了金融机构子公司的风险。金融机构影响了政府的保护微观经济活动的稳定性的目标。②

13.89　Mervyn King，英格兰银行的官员，对发达国家金融机构进行过高的风险行为给出了如下解释：

为什么银行会愿意去冒险，即使这种风险会危害到银行业本身和其他的经济实体？一个重要的原因是：政府的暗中支持或者提供给银行债权人的保证扭曲管理风险的动机和促使其提高杠杆率。这种情况被认为是"太重要而不能破产"。这些银行可以廉价地筹集到更多的资金并且更快地扩张它们的机构。比起其他机构，它们有较少的动机去抵御危险。银行和它们的债权人知道如果他们对经济或者金融系统足够重要，当事情会变得糟糕时，政府总是会持他们的。

13.90　经济危机过后，银行的规模变得更大了。金融机构把官方对危机的处置铭记于心，换言之，金融机构的规模越大，未来它们得到政府经济支持的可能性就越大。这些银行因此可能成为"大而不倒"的实例——这可能引发主权债务，因为国家将动用财政资源用来援助金融机构。Mervyn King 把这种对金融机构巨大的资助制度称为"可能是历史上最大的道德风险"。③

---

① N Fergusson, *The Ascent of Money: A Financial History of the World* (London: Allan Lane, 2008). 美国 1931 年公开的国民生产总值是 78.5 美元，1932 年是 58.7 美元 (Source: L D Johnston and S H Williamson, "What Was the U. S. GDP Then?" Measuring Worth, 2008, http://www.measuringworth. org/usgdp/)。

② M Brunnermeier, A Crocket, C Goodhart, A D Persaud, and Hyun Shin, "The Fundamental Principles of Financial Regulation", Geneva Reports on the World Economy, 11 January 2009, http://www. voxeu. org/reports/Geneva 11. pdf.

③ Speech by Mervyn King to Scottish business associations, 20 October 2009, 3, http://www. bankofengland. co. uk/publications/speeches/2009/speech406. pdf.

13.91　金融危机过后，美国规模最大的六家银行的资产占据了美国国民生产总值的60%。① 美国银行的资产从2007年的1.7万亿美元，到2009年9月增加到2.3万亿美元。摩根大通的资产从1.6万亿美元增加到2万亿美元（美国国民生产总值的14%）。② 摩根大通第二季度的利润达到了41亿美元。高盛公司的资产接近国民生产总值的7%。Wells Fargo通过购买Wachovia，规模扩大了两倍，资产随后从6000亿美元增加到1.2万亿美元。③

13.92　因此，大型银行比小型银行多享有0.78%的融资优势——金融领域的竞争对大机构更为有利。④ 规模过大的银行却没有政策加以限制，对这些机构而言是福音，这让它们通过扩充使其规模变得更大。反过来，它们冒险的扩张为母国造成了无法控制的风险——这个话题将会在下部分予以讨论。

13.93　简单来说，"大而不倒"的银行获得了更多的支持。⑤ 很多人认为，银行业"大而不倒"的情况对国内经济带来了危害。正是"大而不倒"现象引发了激烈的讨论。正如下一个部分阐述的那样，债务的规模可能潜在地从银行业转变为国家债务，并使国家处理"大而不倒"问题变得更加棘手。

为金融业的隐性担保的财政成市

13.94　大规模的财政刺激手段增加了政府的负债。为了应对2008年的金融危机，政府机构的开支采取了多种多样的形式，例如为银行提供资金和流动性，建立机构从金融机构手中收购有毒资产。

13.95　据国际货币基金组织估算，英国支援金融机构的花费已

---

① Johnson and Kwak，表7.1。
② 同上，第58页。
③ 同上，第180页。
④ 同上，第185页。
⑤ 同上，第201页；Stern and Feldman。

经高达 6000 亿美元，欧洲地区则超过了 8000 亿美元，美国则超过了 1 万亿美元。[1] 其他机构对于政府援助的估值更高。Mervyn King 估计英国提供担保的贷款和股权总值接近 1.5 万亿美元，达到了英国国民生产总值的三分之二。[2]

13.96 在对过去的银行危机的实证性研究中，Reinhaff 和 Rogoff 指出，国家债务一般在金融危机之后的三年里增加到国民生产总值的 86%，尽管直接援助的代价是相对较少的。[3] 税收的急剧下降是数额增长的重要原因。最重要的是，正如在美国国会预算办公室最近制订的计划中反映的那样，银行危机造成的财政负担经常是惊人的。这份报告估计在金融危机之前，美国的债务会在 2018 年下降到 5.1 万亿元。在危机之后，这个数字达到了 13.6 万亿美元（国民生产总值的 67%）——同比增长了 44%，即 8.5 万亿美元。

13.97 美国为了应对经济危机，对经济援助最高的限制是 23.7 万亿美元，这大概是美国国民生产总值的 1.5 倍，这所有的债务都成为美国政府的负担。[4] 尽管政府可能会卖掉它获得的资产，而且至少一些借款人可能去偿还债务。这将会减少政府在经济危机中付出的最终成本，但政府最终的负债仍然将达到几万亿美元。

13.98 对银行的担保，无论是存款保险还是在银行同业担保，代价都是十分高昂的。[5] 爱尔兰可能是这种情况的最好例证。历史上，无限担保的经济成本在国民生产总值的 2%—56%，平均值是国民生

---

① International Monetary Fund, *World Economic Outlook*, *October* 2009, 29, Figure 1.8; A Ross Sorkin, *Too big to Fail*: *Inside the Battle to Save Wall Street* (London: Allan Lane, 2009), 534.

② Speech by Mervyn King to Scottish business associations.

③ Reinhart and Rogoff, 第 231 页。

④ Special Inspector General for the Troubled Asset Relief Program, Quarterly Report to Congress, 21 July 2009, http://sigtarp.gov/reports/congress/2009/July2009_Quarterly_Report_to_Congress.pdf.

⑤ P Honohan and D Klingebiel, "Controlling the Fiscal Cost of Banking Crises" (2003) 27 *Journal of Banking and Finance* 1539; E J Kane and D Klingebiel, "Alternatives to Blanket Guarantees for Containing a Systemic Crisis" (2004) 1 *Journal of Financial Stability* 31.

产总值的 20%。① 但是，研究表明早年关于存款保险的条款也许会减少银行危机的经济成本，在某些情况下，这种保证能够为银行业提供一些喘息的空间，而且在没有政府资助的情况下最终能减少纳税人的负担。

13.99 一种减轻经济危机给纳税人带来负担的方法是，政府增加股东和债权人的负担。在最近的经济危机中，美国政府非常努力地去确保"不良资产项目"（TARP）在商业条款方面对银行是有吸引力的——尽管 TARP 是政府对于大规模的过高的杠杆率的金融部门而设计的应急机制，这是与普通的商业贸易相反的。

13.100 根据 TARP，至少五分之一的钱是对银行业的直接补贴。② 相反地，美国国际集团的信贷违约掉期产品的持有人没有被要求减少债权。③ 政府让他们获得了全额清偿。对陷入困境的银行进行国有化，这是避免将私人债务转变为政府债务的手段，并没有被认真地对待。

13.101 与大部分政府救助措施的情况不同，有关未来的政府救助没有了"推定模糊"的空间。银行，股东和债权人能够确定纳税人在将来也会为最大的金融机构提供大量支持。政府在下一次的金融危机中依然会为金融业提供担保，这是确定无疑的，除非现在政府从根本上采取正确的行动减少金融业的集中程度。

13.102 银行特殊破产制度的核心是避免拯救股东和债权人引发的道德风险问题。这种观点认为当一家银行破产时，政府的暂时性接管和由专业的管理进行全面的清理是最好的选择。股东应该对全部损失负责，如果资产因此而不足，减少债权人的请求权。在这种调整

---

① L A Laeven and F V Valencia, "The Use of Blanket Guarantees in Banking Crises", IMF Working Paper, 08/250 (2008).

② TARP Congressional Oversight Panel, Febuary Oversight Report: Valuing Treasury's Acquisitions, 6 February 2009, http://cop.senate.gov/documents/cop-020609-report.pdf.

③ M Williams Walsh, "Audit Faults New York Fed in A. I. G. Bailout", *New York Times*, 21 November 2009.

中，政府先对银行的进行再注资①，然后私有化银行。

13.103　大型金融机构的跨国活动对国家资产产生了威胁。金融机构什么都不想失去。金融安全网基于国界为金融机构安全提供保障。② 他们对全球化和金融自由发展获取的利益表达了强烈的愿望，尽管依赖于纳税人的资助的金融安全网却只是国家层面的内容。

13.104　金融机构承担国际化的风险与限于一国境内的金融安全网，导致了拯救方面的难题。当欧盟的跨国银行陷入困境，或者一个大型的跨国银行得到政府支持时，这种紧张关系到达了顶峰。我们处理跨国银行危机和主权债务危机的制度需要快速更新。③ 如果没有有效的和强有力的措施来减轻世界范围内因全球化而加重的经济负担，下一场危机可能会给纳税人带来更多的痛苦，并且不可避免地会发生"共生危机"。

（吴　桐译）

---

① M Wolf, "Why Narrow Banking Alone is not the Finance Solution", *Financial Times*, 29 September 2009.

② Economies with Large Banking System, 第 22 页（"大部分活跃的银行部门所造成的风险必须被内部化"）; Haldane。

③ Basel Committee's Recommendations on Cross-Border Bank Resolution, March 2010（强调属地主义的方式解决银行破产危机）。

14

英国银行破产法

Look Chan Ho

14.01　许多国家的银行破产都实行特殊破产制度，其与一般贸易主体所适用的破产制度显然不同。适用特殊破产制度的对银行实行了一系列特殊的处置，其原因如下：银行是家庭贷款、商业贷款和政府贷款的主要来源。一国银行业的整体运作对于该国经济的有效运转至关重要。大型银行倒闭很可能严重损害国家经济。银行系统崩溃将引起支付系统的中断，致使大部分人存款灭失，涉及庞大的社会成本。

银行债务主要表现形式为可以随时取出的短期存款，然而银行资产主要表现形式则为无法轻易销售的中期贷款。这就意味着一旦发生存款挤兑，银行将立即面临流动性问题。因此，存款人突然对银行失去信任可能导致银行破产。如果银行适用公司的破产标准（现金流和资产负债表标准）可能为时过晚，因为存款人往往此前就丧失对银行的信任。银行同业间的存款和贷款使得各银行紧密相连，所以银行倒闭特别容易引发系统性风险或多米诺骨牌效应。[①] 银行破产制度在阻止系统性风险时，应极力确保快速解决问题，从而减少存款人的损失。

14.02 上述原因产生了防止与管理银行破产的监管措施，有评论家认为：多数商业国家中，政府都会对银行的设立、终止进行监管。这种监管包括：高管、管理计划和商业计划的授权与官方批准；对资本充足率及财政状况的监督；为避免银行系统崩溃的积极介入，即当局下列的非正式介入，包括推进资本并购或资本重组，提供公共基金，资助不良贷款的处置，将银行系统国有化或为其提供担保，以及法律约束下的直接介入，比如强制变更管理层，关闭银行，开始破产程序，通过政府机构管理破产银行，如美国的联邦存款保险公司。[②]

14.03 英国 2007 年下半年开始的金融风暴，表明银行监管领域需要进行变革，包括实行银行特殊破产制度。这导致《2008 年银行（特殊条款）法》（BSPA）的颁布，它是英国首个银行特殊破产制度。BSPA 实际上在 2009 年 2 月 20 日就失效了，并被《2009 年银行法》所取代，后者的主要条款于 2009 年 2 月 21 日生效。[③]

14.04 这一章节着眼于《2009 年银行法》所规定的现行银行破

---

① George G Kenneth E Scott, "What Is Systemic Risk, and Do Bank Regulators Retard or Contribute to It?" *The Independent Review*, 7/3（Winter 2003），371–391.

② Philip R Wood, *Principles of International Insolvency*（2nd edn, London: Sweet & Maxwell, 2007），729.

③ 使《银行法》得以出台的咨询文件（consultation papers），见 http://www.hm-treasury. gov. uk/bankingact09_ sonsultation. htm。

产制度的运行。①

监管背景与北岩银行的演变

14.05 1997 年，英国政府提出一个新的金融监管体系。政府创立了一个监管英国金融系统的三方结构，财政部、英格兰银行以及金融服务局（统称为"当局"）各司其职。②

14.06 《金融服务和市场法 2000》（FSMA）创立了金融服务局作为金融服务业唯一的金融监管者，并规定了金融服务局得以运转的框架。《金融服务和市场法》还建立了金融服务补偿计划（FSCS）的框架，如果金融服务公司不能履行债务，消费者将得到补偿。

14.07 《1998 年银行法》规定了英格兰银行货币政策的责任。

14.08 财政部、英格兰银行和金融服务局之间的谅解备忘录，为处理金融系统不稳定的基本框架。③

14.09 监管责任简要概括如下：财政部的相关职责包括规划政府的财政政策和经济政策，以及向国会报告和报账，其目的在于管理金融系统的严重问题并寻求解决这些问题的举措。作为最终贷款人的英格兰银行，长期以保护金融系统稳定性作为非成文法的目标（《银行法》已给予其成文法基础）。

自《金融服务和市场法 2000》颁布以来，金融服务局就负责银行的监管。相关的监管计划如下所述：在英国吸收存款是一项受管制的活动，没有《金融服务和市场法 2009》第五章中规定的金融服务

---

① 《银行法》是更大监管改革中的一部分，旨在加强未来的金融系统。见《改革金融市场》的政府白皮书（2009 年 7 月），详见 http：//www. hm-treasury. gov. uk/d/reforming_ financial_ markets080709. pdf，其促使了颁布《2010 年金融服务法》。

② 这种金融监管三方机制将很快被新的监管结构取代，此外，金融服务局将被废除，政府将建立一个新的审慎监管机构（Prudential Regulatory Authority），作为英格兰银行的一个下设机构对包括银行、投资银行、房屋信贷互助会及保险公司在内的金融公司进行审慎监管。

③ 详见：http：//www. hm-treasury. gov. uk/fin_ rfs_ mou. htm。

局的许可，不得从事该项活动。被授权者必须满足一定的准入条件，包括金融服务局认为被授权者拥有与被监管活动相关的充足的资源。金融服务局授予许可应当满足这些要求，并且金融服务局认为授予许可是合适的。金融服务局可以向被授权者发布通知，以改变或取消其从事某项被监管活动的许可，如果其不符合或可能不符合准入条件，金融服务局也可以改变上述许可的相关要求。倘若被授权者的合法权益因上述权力的行使受到侵犯，其可向金融服务和市场法庭求助，该法院将根据所有材料对该事项进行重新考虑。根据金融服务补偿机制，如果被授权的存款吸收者不能向存款人履行其债务，符合条件的个体存款人每人有权得到不高于 50000 英镑的补偿。

财政部、英格兰银行和金融服务局相互协作以确保英国金融系统的稳定。如果发生金融危机，英格兰银行和金融服务局将向财政部提供对此次危机严重性的评估以及危机对金融系统稳定性的影响，并且这三个机构将共同研讨所要采取的举措。特别是，冲击金融稳定性的事件还需要英格兰银行专家的意见①。

14.10　2007 年夏，北岩银行陷入财政困境，英国政府因此采取举措以维持北岩银行的金融稳定。根据当时的市场标准，政府找不到符合要求的私人买家来收购北岩银行。2008 年 2 月 22 日的《2008 年银行法》作为最后手段出台，这让政府可将北岩银行临时国有化②，以此来维持金融稳定并保护存款人。③

14.11　相应地，《2008 年银行法》使得财政部在特定情况下可下令转让被授权的存款吸收者所发行的股票，或是转让其资产、权利

①　R（on the application of Kaupthing Bank HF）v HM Treasury［2009］EWHC 2542（Admin）at［9］-［11］.

②　根据《2008 年北岩银行转让令》（SI 2008/432），亦可参见促进北岩银行重组的《2009 年北岩银行转让令》（SI 2009/3226）。

③　关于北岩银行衰败的叙述以及相关的法律概要，参见 SRM Global Master Fund v HM Treasury［2009］EWCA Civ 788.

或债务。①《2008 年银行法》所提供的证券及资和转让权是临时性的，已于 2009 年 2 月 20 日失效，因为《银行法》规定了一套管理银行破产的长久举措。

《银行法》综述

14.12 《银行法》共分为七章，并建立了特别处置机制（SRR），这可以更有序地处置破产银行。特别处置机制目标为金融稳定、银行业务连续性、存款人保护，为当局提供了处理陷入财政困境的银行所需要的手段。特别处置机制由三项稳定举措（转让给私人买家，转让于桥银行以及临时国有化）和两项破产举措（银行破产和银行管理）组成。② 当局三方机构中，各机构在特别处置机制的运行中扮演不同的角色。③ 总体而言，英格兰银行在特别处置机制中作为领导机构，决定对破产银行所使用的特别处置机制手段（除临时国有化）。金融服务局负责决定银行是否符合（或可能不符合）启动特别处置机制的条件。财政部负责提供公共资金，并确保英国遵守国际义务，并且对与涉及公共利益相关的事项负责。此外，财政部还决定是否将银行临时国有化。

14.13 《银行法》第一章规定了维稳举措，这些举措通过股份转让及其他证券、资产、权利和债务的方式得以实现，上述法定权力包括满足特定条件时将银行进行国有化的权力。第一章还包含了对应付补偿进行评定的安排，补偿针对出让人被转让的股份和其他被转让的资产，以及其他受转让影响的当事方。第一章第 75 条规定，为了使本章与特别处置机制目标相关的权力得到有效行使，财政部可发布不

---

① 《2008 年银行法》也被用以防止 Bradford & Bingley 银行进入破产程序。参见《2008 年 Bradford & Bingley 银行证券及资产转让令》（SI 2008/2546），其规定将 Bradford & Bingley 银行的存折及某些其他资产转让给 Abbey National 银行。
② 第 1 条第二款、第三款。
③ 第 1 条第五款。

适用或修改普通法和法律［包括一级法律和次级法律，具体包括《银行法》的行政令以及根据《银行法》制定的次级法律（除了行使维稳权力过程中所采用的手段和指令）］。财政部可以制定具有溯及力的指令，但财政部在制定具有溯及力的法律应当考虑公共利益。①

14.14 《银行法》第二章以《1986 年破产法》中现存的清算程序为基础，设立了一个新的银行破产程序，其规定了破产银行的有序清算，促进了对适格的请求权人进行金融服务补偿机制下的快速清偿，或是促使了上述账目向另一个金融机构的转让。国务大臣和财政部可奉命共同制定适用于银行破产的破产条款（可加以或不加以特别修改），并且可以依照本章规定修正或修改破产条款的适用。②

14.15 《银行法》第三章根据《破产法》现有的管理程序，规定了新的银行管理程序。新程序将在破产银行转让部分资产于私企买家或桥银行时被使用。根据该程序，法院将指定一名银行管理人来管理并清理剩余银行的相关事务。国务大臣和财政部可奉命共同制定以适用于银行管理的破产条款（可加以或不加以特别修改），并且可以依照本章规定修正或修改破产条款的适用。③

14.16 《银行法》第四章对《金融服务和市场法 2000》第十五章所规定的金融服务补偿计划作出了不少修正。财政部据此得以依法制定与下列情况有关的详细条款：事先筹集资金；为获得使用特别处置机制的成本，对金融服务补偿计划进行运营；国家贷款基金④放款给金融服务补偿计划。

14.17 《银行法》第五章赋予英格兰银行监督金融机构间特定支

---

① 具有溯及力的指令的事例为法律修正案（Resolution of Dunfermline Building Society）Order 2009（SI 2009/814）以及法律修正案（Resolution of Dunfermline Building Society）Order 2009（SI 2009/1805）。

② 第 122 条。

③ 第 156 条。

④ 国家贷款基金根据《1968 年国家贷款基金法》的规定而建立。它是英格兰银行账户下的基金，政府的借贷交易大多数由此进行。

付系统的权力。① 由于支付系统对金融市场运行和经济运转的重要性，本章将加强英格兰银行与金融稳定相关的作用。

14.18 《银行法》第六章涉及在苏格兰和北爱尔兰的商业银行纸币的发行。② 其目的在于加强对苏格兰和北爱尔兰商业银行纸币发行工作的支持，以确保纸币持有者在发行银行破产时能够得到适当的保护。

14.19 《银行法》第七章制定了若干重要条款，包括与提供银行金融援助有关的条款。③ 本章允许政府在必要时可通过次级法律为投资银行引入新的破产机制。④ 此类法律在生效后两年内将受到复审，其目的在于当投资银行破产时能够保障客户资产的迅速返还。

14.20 这一部分的重点也是《银行法》的中心，即特别处置机制。

SRR 的目标及《财政部业务守则》

14.21 特别处置机制主要适用于英国吸收存款的银行。⑤ 特别处置机制模式也可适用于房屋信贷互助会⑥和信用合作社。⑦

---

① 本章条款于 2009 年 8 月 4 日和 2009 年 12 月 31 日生效［详见《2009 年银行法》第 2 条（Commencement No . 3）Order 2009（SI 2009 /2038）以及第 4 条（Commencement No 4）Order 2009（SI 2009/3000）］。英格兰银行承担 2009 年 12 月 31 日《银行法》第五章规定的监管支付系统的法定债务（详见 http：//www. bankofengland. co. uk/publications/news/2009/141/htm）。

② 本章于 2009 年 9 月 23 日生效（详见《2009 年银行法》第 3 条）（Commencement No 4）Order 2009（SI 2009 /3000）。

③ 第 257 条第一款的规定包括提供抵押品或补偿金及任何其他种类的金融援助（实际的或可能的）。

④ 在起草时，该项法律的咨询正在进行；详见财政部意见征询书"建立投资银行处置安排"（2009 年 9 月），http：//www. hm-treasury. gov. uk/d/consult_ investmentbank161209, pdf. 部分行业对咨询的回复：伦敦律师协会，2010 年 3 月 26 日金融法委员会：http：//www. citysolicitors. org. uk/FileSever. aspx？oID = 777&1ID = 0。

⑤ 第 2 条第一款至第三款，第 91 条第一款至第三款。这里不包括保险公司，见《2009 年银行法》（排除保险公司）Order 2010（SI 2010/35）。

⑥ 第 84 条将《银行法》第一章直接适用于房屋信贷互助会。第 130 条和第 158 条要求次级法律能使第二章和第三章分别适用于房屋信贷互助会；见《房屋信贷互助会（破产和特殊管理）Order》（SI 2009/805），其将《破产法》第二章和第三章适用于房屋信贷互助会。在起草时，只有为房屋信贷互助会草拟的英文破产规则适合——《2009 年房屋信贷互助会破产规则》（英格兰和威尔士）以及《2009 年房屋信贷互助会特殊管理规则》（英格兰和威尔士）。

⑦ 这要求次级法律；见第 89 条、第 130 条和第 159 条。

14.22　当局在决定特别处置机制具体举措时，必须考虑下述五个机制目标：保护和加强英国金融系统稳定性；维护和加强公众对英国银行系统稳定性的信心；保护存款人；保护公共基金；以及避免因违反国际公约权利（指《1998年人权法》，主要是《欧洲人权公约第一议定书》第1条所规定的和平享受财产的权利）而干预财产权利。特别的是，英国金融系统稳定性的内涵还包括银行业务的连续性。

14.23　特别处置机制的上述目标并非按照优先顺序排列，它们将依据具体事例情况而被权衡适用。

14.24　为给当局应用特别处置机制提供指导，财政部需要发布当局必须考虑的《业务守则》。财政部可以修正和重新发布《业务守则》。①

14.25　除此之外，《银行法》第10条规定，必须有一个银行联络小组针对下述事项向财政部提供建议：特别处置机制对银行、交易对方以及金融市场的影响；对《银行法》第一、第二、第三章中规定的法定权力的行使；《业务守则》；财政部关于该小组的任何问题。该小组成员包括当局和金融服务补偿计划中的代表，以及银行和法律团体中的专家。②

SRR 的维稳权力与一般条件

14.26　每项维稳举措都是通过股份转让权和资产转让权这两个维稳权力的单独行使或联合行使而实施的。

14.27　总体而言，股份转让权被用以转让银行发行的证券。"证券"的定义包括股份和股票；公司债券；认股权证或其他可以使持有者有权取得此类有价证券的法律文件；以及存款收受者承认的其他权利，这些权利形成了该存款收受者以《银行联合指令》第五编第二章

---

①　现在的《业务守则》，名为《2009年银行法特别处置机制：业务守则》（2010年9月），详见 http://www.hm-treasury.gov.uk/bank-ingact2009_code_of_practice.pdf。

②　关于联络小组的详细信息：http://www.hm-treasury.gov.uk/consult_banking_liaison。

第1条（2006/48/EC）为目的的部分自有资金。"证券"的宽泛定义确保了通过行使股份转让权可以转让银行的全部控制权。

14.28　资产转让权被用以转让银行部分或全部的资产、权力或者债务。

14.29　在行使维稳权力前，金融服务局必须确保下述两种一般条件得到满足。①

14.30　第一个条件是银行不符合或者可能不符合准入条件〔按照《金融服务和市场法》第41条第一款的规定（实施受监管活动的许可）〕。

14.31　第二个条件是考虑到时间问题和相关情况，银行所采取的或与银行有关的措施（忽略维稳权力）不太可能使银行满足准入条件。

14.32　在决定上述条件是否得到满足时，金融服务局将不会考虑由财政部或者英格兰银行提供任何金融援助（英格兰银行在正常情况下提供的普通市场援助不在此列）。② 在决定第二个条件满足之前，金融服务局必须先咨询英格兰银行和财政部。特别处置机制的目标与金融服务局对于某个银行是否符合上述条件的决定无关，因为金融服务局的决定将依据《金融服务和市场法》所规定的金融服务局的目标而做出。

14.33　第76条规定，如果财政部通知英格兰银行，行使维稳权力或将违反英国的国际义务，那么英格兰银行则不得对银行行使该项权力。

14.34　第78条规定，如果维稳权力的行使可能对公共基金造成影响，在未得到财政部同意的情况下，英格兰银行也不得行使该项维稳权力。倘若某项措施可将涉及或者导致公共基金的动用，那么该措

---

① 第7条。这些条件也与银行破产和管理相关；见第96条和第143条。

② 《业务守则》认为，第7条第四款中"一般市场援助"这一概念并非一个死板的法律定义，英格兰银行会根据不同情况向银行提供一系列援助。英格兰银行所提供的援助是否构成"通常含义的一般市场援助"是由各类因素组合决定的，其包括英格兰银行的放贷条款，银行接受英格兰银行援助时的流动资金的情况，以及银行寻求获取资金的相关市场条件。

施即为对公共基金有影响。

SRR 的维稳举措之一：私人买家

14.35 只有英格兰银行可以实施第一项维稳举措，即将银行的部分或者全部营业卖给商业买家。通常而言，这项举措如果能够以低成本高效益的方式实施，它最能够满足特别处置机制的目标。[1]

14.36 在该项维稳举措实施前，除应符合上述一般条件外，英格兰银行还必须保证下列两种特殊条件之一得到满足。

14.37 第一个条件是，为了下列公共利益，有必要行使维稳权力[2]，这些公共利益包括：英国金融系统的稳定；公众对英国银行系统稳定性的信心的维持；存款人的保护。英格兰银行在决定该项条件是否满足前，以及在决定条件满足时的应对方式前，必须先咨询金融服务局和财政部。

14.38 第二个条件，仅在财政部为解决或缓解对英国金融系统稳定性的严重威胁而向银行提供的金融援助的情况下才需要考虑。在这种情况中，由于保护公共利益的必要性，英格兰银行仅在财政部提议时方行使维稳权力，并且对银行而言，权力的行使应以适当的方式对公共利益提供保护。[3]

14.39 通过转让银行的证券，或者银行部分或全部的资产、权利以及债务，可以实现维稳举措中的转让举措。对于各类转让方式，英格兰银行通过制定一个以上的股份转让文件（第15条）或资产转让文件（第33条）加以履行。[4]

---

① 《业务守则》第5.20段。

② 此处的"必要"是指高度必要（《业务守则》段落5.15）。

③ 主要由财政部判断是否满足公共利益的条件，但对于特殊维稳举措的实施是否最能够保护公共利益，则仍由英格兰银行决定（《业务守则》第5.26）。

④ 第11条第二款。有一个部分资产转让的事例，见《2009年Dunfermline房屋信贷互助会资产转让文件》，该文件向作为私人买家的国家房屋信贷互助会转让了部分资产、权利和债务：http：//www.bankofengland.co.uk/financialstability/role/risk_reduction/srr/resolutions/DunfermlineCombinedTransferInstrument.pdf。

证券转让

14.40　通过股份转让文件达成的证券转让，依据股份转让文件而发生（与其规定期限事项或其他附属事项的条款相一致）。[①] 此类转让的生效不受合同（比如不转让条款），法律，或任何其他方式（包括所有需得到同意的要求）所产生的限制的影响。[②]

14.41　股份转让文件，可以制定以转让银行发行的证券为目的的条款或与之相关的条款（无论该转让通过该文件、其他股份转让文件生效与否）。[③] 具体条款包括下述情形：规定转让的生效免于任何信托、债务负担或其他负担（包括其失效条款）；[④] 取消证券取得权（如股票期权）；[⑤] 规定将证券从某一形式或者种类转化成另一种形式、种类；[⑥] 停止发行银行已在英国监管的市场上市的证券；[⑦] 赋予英格兰银行采取针对银行高管的措施的权力，比如任命、免职以及变更、终止服务合同；[⑧] 规定退休金计划的转让结果；[⑨] 取消之前或之后违约事件条款的适用；[⑩] 规定受让人在与转让相关的措施中，应与出让人得到同等的待遇，以此确保银行经营的连续性；[⑪] 与特殊持续性义务有关的，[⑫] 对被

---

① 第 17 条第二款。

② 第 17 条第三款、第四款。

③ 第 15 条第一款 b 项。股份转让文件可以涉及特定证券或者特殊类型的证券（第 15 条第二款）。

④ 第 17 条第五款。

⑤ 第 17 条第六款。

⑥ 第 19 条第一款。比如，这使无认证证券或不记名证券得以转换：证券转换为投资证券，以及把特种股份转换为普通股份。

⑦ 第 19 条第二款。

⑧ 第 20 条。

⑨ 第 71 条。

⑩ 第 22 条。

⑪ 第 18 条。据此，股份转让文件可以要求或者允许出让人和受让人相互提供信息和援助（第 18 条第五款）。

⑫ 第 67 条。英格兰银行仅在得到财政部同意的情况下才可行使第 67 条所规定的权力，并且应在英格兰银行认为必要的范围内行使，以确保关于这些服务和设施的规定能够使被转让的银行得以有效运营。

转让银行①和原集团公司间合同权利义务的设立、更改、解除。②

14.42 第66条也规定了一般持续性义务（合同规定即可强制执行）。由于合理对价接受权的制约，每个原集团公司都必须为被转让银行提供使其得以有效运营的服务和设施。英格兰银行若得到财政部的同意，可以通知原集团公司，要求其采取特定措施，并且可以规定上述措施应依据特殊条款进行。英格兰银行可以通知终止任何由第66条所产生的持续性义务。③

14.43 英格兰银行依据第11条第二款（原始文件）制定股份转让文件，以促成对私人买家的转让时，还可以制定附加股份转让文件。④这类文件可规定一般情形下股份转让文件可以规定的事项，包括对未通过原始文件或其他附加文件进行转让的证券的进一步转让。第7和第8条的一般和特殊条款，分别都不适用附加股份转让文件。

14.44 英格兰银行在制定附加股份转让文件前必须咨询金融服务局和财政部。

资产转让

14.45 根据资产转让文件实行的银行资产、权利或债务的转让，凭借资产转让文件得以生效（同时应与期限事项或附属事项的相关条款一致）。⑤该转让的生效不受合同（比如不可转让条款）、法律，或者任何其他方式（包括所有需要得到同意的要求）所产生的限制的影响。⑥

14.46 可转让的资产、权利和债务包括：在制定资产转让文件后，该文件生效（转让日）前所取得或产生的资产、权利和债务；

---

① 即，基于当前目的，依据第11条第二款a项来转让该银行部分或者全部的所有权（第66条第一款）。

② 这里是指，即将转让前的（其为刚转让之后亦可），与被转让银行有关联的集团企业（《2006年公司法》第1161条第五款中的定义）。

③ 第70条。

④ 第26条。

⑤ 第34条第二款。

⑥ 第34条第三款、第四款。

与转让日前发生的事项有关的，在转让日或其后所产生的权利和债务；英国域外的资产；英国域外的国家或地区的法律所规定的权利和债务；其他法律（包括欧盟法律）所规定的权利和债务。①

14.47 资产转让文件可以制定以转让特定银行的资产、权利或债务为目的的其他条款，或者与之相关的其他条款（无论该转让通过该文件、其他资产转让文件生效与否）②，具体包括以下内容：规定转让以特定事件或特定情况为条件，并且应包含处理违反上述制约的后果的条款；③ 在文件生效后，制定信托资产持有期限条款（该条款可以取消或更改信托期限）；④ 处理有关资产转让文件所转让的一切资产的许可事宜；⑤ 规定退休金计划的转让结果；⑥ 取消之前或之后违约事件条款的适用；⑦ 规定转让应连贯进行，受让人应与出让人得到同等待遇，以确保银行经营部署的连续性；⑧ 与特殊持续性义务有关的，对剩余银行⑨、集团公司⑩、受让人⑪之间的合同权利义务的设立、更改或解除；规定责任的产生。⑫

---

① 第 35 条。

② 第 33 条第一款 b 项。

③ 第 34 条第五款、第六款。

④ 第 34 条第七款。在某一转让部分资产案例中存在对使用该权力的特殊限制；见第 7 条 A《2009 年银行法》（对转让部分资产的限制）Order 2009（SI 2009/322）.

⑤ 第 37 条。

⑥ 第 71 条。

⑦ 第 38 条。

⑧ 根据第 36 条，资产转让文件也可以要求或允许出让人和受让人相互提供信息和协助（第 36 条第八款）。这一持续性权力的运用事例，见 Dunfermline Building Society Property Transfer Instrument 2009 中第七段、第八段。

⑨ 基于当前目的，依据第 11 条第二款 b 项来转让该银行部分或全部的业务（第 63 条第一款）。

⑩ 即将转让前与剩余银行有关联的集团企业（《2006 年公司法》第 1161 条第五款中的定义）（第 63 条第一款）。

⑪ 根据第 64 条，英格兰银行只能在财政部允许的前提下行使第 64 条的权力并且在此范围内其认为有必要保证有效运行转让业务和设施的条款。

⑫ 第 48A 条（包含《金融服务法》第 21 条）。"例如，破产机构将债务而非资产转让给商业买家，或者公共基金的供应使转让在商业上可行时，该条款得以运用。剩余的破产机构应承担与这些款项相关的债务。第 48A 条新的第二款明确，该债务可由其他文件决定，比如与受让人之间的协议，此时可以制定计算债务数额的条款。解释见《金融服务法》第 234 段。

14.48 第63条也规定了一般持续性义务（合同规定即可强制执行）。由于合理对价接受权的制约，剩余银行以及每个集团公司都必须为受让人提供使其业务得以或部分得以有效运营的服务和设施。英格兰银行若得到财政部同意，可以通知剩余银行或集团公司，要求其采取特定措施，并且可以规定上述措施应依据特殊条款进行。英格兰银行可以通知终止任何由第63条所产生的持续性义务。①

14.49 第39条规定，资产转让文件转让国外资产时，② 出让人和受让人皆应采取必要措施，以确保该转让在外国法上有效（如果仅依据资产转让文件此转让不完全有效）。在转让于外国法有效之前，出让人必须为受让人的利益而持有该资产或权利，并且代表受让人免除债务。出让人由于上述措施所产生的费用，应当由受让人承担。此类债务，可以通过出让人与受让人之间的合同而强制执行。英格兰银行可就此类债务作出指示，出让人根据其与英格兰之间的合同，必须遵守指示。

14.50 英格兰银行根据第11条第二款制定资产转让文件，以促成对私人买家的转让时，可以制定附加资产转让文件。③ 这类文件可规定一般情形下资产转让文件可以规定的事项，包括原始文件所规定的出让人的资产、权利或债务的转让（无论是在原始文件之前或之后产生）。第7和第8条的一般条款和特殊条款，分别都不适用附加资产转让文件。英格兰银行在制定附加资产转让文件前，必须先咨询金融服务管理局和财政部。

SRR 的维稳举措之二：桥银行

14.51 只有英格兰银行可以实施第二项维稳举措，即将银行全部或部分的业务转让给英格兰银行的全资公司（桥银行）④。为此，

---

① 第70条。
② 这里指英国以外的资产，以及英国之外的国家或地区法律中的权利和债务。
③ 第42条。
④ 第12条。

英格兰银行可以制定一个以上的资产转让文件（包括上述的附加资产转让文件）①。

14.52　第63条也规定了一般持续性义务（合同规定即可强制执行）。由于合理对价接受权的制约，剩余银行②和每个集团公司③都必须为受让人提供使其业务得以或部分得以有效运营的服务和设施。英格兰银行若得到财政部同意，可以通知剩余银行或集团公司，要求其采取特定措施，并且可规定上述措施应依据特殊条款进行。英格兰银行可以通知终止任何由第63条所产生的持续性义务。④

14.53　依照第12条第三款，《业务守则》包括与桥银行的目标、管理和控制相关的条款。《业务守则》第八章明确桥银行将进行短期运营，直至能够安排和实施适当的私人解决方案。

因此，桥银行的首要目标，就在于促使其全部或部分地售于一个以上的私人买家。⑤倘若桥银行不能将其部分或全部业务转让给私人买家，那么桥银行或将因其剩余债权人的利益受损而无法实现特别处置机制的目标，而且其亦可能被转换为临时国有化（通过财政部的全资公司或后续桥银行）。⑥桥银行的目标次于特别处置机制的目标，当两者发生冲突时，特别处置机制的目标优先。

14.54　值得注意的是，如果英格兰银行的措施可能对公共基金⑦

---

①　第12条第二款。例如，对与 Dunfermline Building Society 有关的桥银行的首次部分资产转让以及附加资产转让，详见2009年 Dunfermline Building Society 资产转让文件以及2009年 DBS 银行附加后续资产转让文件，可分别参阅 http：//www. bankofengland. co. uk/financialstability/role/risk _ reduction/srr/resolutions/DenfermlineCombinedTransferInstrument. pdf；http：//www. bankofengland. co. uk/financialstability/role/risk _ reduction/srr/resolutions/DenfermlineCombinedTransferInstrument090701. pdf。

②　基于当前目的，依据第12条第二款来转让该银行部分或全部的业务（第63条第一款）。

③　指即将转让前与剩余银行有关的集团公司（2006公司法第1161条第五款中的定义）（第63条第一款）。

④　第70条。

⑤　此类销售也可以通过标准商业协议达成（例如，根据《金融服务和市场法2000》第七章的程序所进行的桥银行股份出售或资产转让）。

⑥　资产、权利或债务先被转让给桥银行，之后再被转让于另一个英格兰银行的全资公司，该公司即为后续桥银行。

⑦　第79条。

造成影响，那么非经财政部同意，英格兰银行则不得采取该措施。为确保遵守英国的国际义务，英格兰银行必须遵循财政部关于对桥银行是否采取措施的指令。[1]

后续资产转让[2]

14.55 依照桥银行的目标，当英格兰银行根据第 12 条第二款（原始文件）制定有关桥银行的资产转让文件时，可以制定后续资产转让文件。[3] 这些文件可以转让（除了原始文件下的转让）桥银行资产、权利和债务（无论是在原始文件之前或之后生成或增加的）并且制定其他与桥银行资产、权利、债务转让相关的条款（无论转让是否已因该转让文件或其他资产转让文件而发生）。

14.56 后续资产转让文件可以涉及桥银行的资产、权利或债务，无论其是否已根据原始文件被转让。

14.57 第 7 和第 8 条的一般条款和特殊条款，都不能适用后续资产转让文件。英格兰银行在制定后续资产转让文件前，必须先咨询金融服务局和财政部。英格兰银行也可以在制定后续资产转让文件后，再制定附加资产转让文件（第 42 条所规定的）。

14.58 第 60 条规定，为使后续受让人得以有效经营被转让的业务或部分业务，英格兰银行在财政部同意的情况下，可以将第 63 条的一般持续性义务，扩展应用到第 64 条的后续受让人和特殊持续性义务中。

反向资产转让[4]

14.59 依照第 12 条第二款的规定，英格兰银行在制定与资产、

---

① 第 77 条。

② 第 43 条。

③ 此类后续转让事例，见 2009 年 DBS 银行附加后续资产转让文件，该文件与 Dunfermline Building Society 将桥银行特定资产、权利、债务转让给 Nationwide Building Society 有关，可参阅 http://www.bankofengland.co.uk/financialstability/role/risk_reduction/srr/resolutions/DenfermlineCombinedTransferInstrument090701.pdf。

④ 第 44 条。

权利或债务向桥银行转让有关的资产转让文件时，可以制定反向资产转让文件。反向资产转让文件可将桥银行的资产、权利或债务转让回原出让人（即破产银行）。

14.60　相应地，如果后续转让中的受让人是英格兰银行或财政部的全资公司，或者受让人由财政部所任命，那么反向资产转让文件则仅能影响该后续受让人对桥银行的转让。

14.61　第7和第8条的一般条款和特殊条款，分别都不能适用反向资产转让文件。英格兰银行在制定反向资产转让文件前，必须先咨询金融服务局和财政部。英格兰银行在制定反向资产转让文件后，可以再制定附加资产转让文件（第42条所规定的）。

后续证券转让（桥银行：股份转让）①

14.62　为实现桥银行的目标，英格兰银行依照第12条第二款（原始文件）制定有关桥银行的资产转让文件时，可以制定作出一个以上的桥银行股份转让文件。这类文件可以规定转让桥银行所发行的证券，并且可制定以转让桥银行所发行的证券为目的的或与之相关的条款（无论转让是否已因股份转让文件而发生）。

14.63　第7和第8条的一般条款和特殊条款，分别都不适用桥银行股份转让文件。英格兰银行在制定桥银行股份转让文件前，须先咨询金融服务局和财政部。英格兰银行在制定桥银行股份转让文件后，可再制定附加股份转让文件（第26条所规定的）。

反向证券转让（桥银行：反向股份转让）②

14.64　当英格兰银行依照第30条第二款制定桥银行股份转让文件，并且受让人由财政部任命，或者受让人是英格兰银行或财政部的全资公司时，其可制定一个以上的桥银行反向股份转让文件，从而将

---

① 第30条。
② 第31条。

证券转让回出让人。

14.65 第 7 和第 8 条的一般条款和特殊条款，分别都不可适用桥银行的反向股份转让文件。英格兰银行在制定桥银行反向股份转让文件前，须先咨询金融服务局和财政部。英格兰银行在制定桥银行反向股份转让文件后，可再制定附加股份转让文件（第 26 条所规定的）。

SRR 的维稳举措之三：临时国有化

14.66 只有财政部有权实施第三项维稳举措，将银行临时国有化。[①] 财政部需要通过股权转让取得对破产银行的控制和所有权，从而为重组提供稳定的平台。为此，财政部可以制定一个以上的股权转让指令，受让人既可以由财政部任命，也可以是财政部的全资公司。[②]

14.67 在该项维稳举措实施前，除应符合上述一般条件外，财政部还必须使下列两个特殊条件之一得到满足（在咨询金融服务局和英格兰银行后）。[③]

14.68 第一个条件是，有必要行使维稳权力，以缓解或解决对英国金融体系稳定的严重威胁。

14.69 第二个条件是，如果对银行提供金融援助，有助于缓解或解决对英国金融体系稳定的严重威胁，则有必要行使维稳权力，以保护公共利益。

14.70 根据第 13 条第三款，《业务守则》包括银行临时国有化的条款。《业务守则》第九章明确，临时国有化机构的目标应该反映特别处置机制的目标。银行业务应尽可能地以保持金融稳定和保护存款人、纳税人的方式返还于私人，以此促进竞争。

14.71 一般来说，临时国有化可能是最后选择的维稳举措。但是，

---

① 第 13 条。
② 第 13 条第二款。
③ 第 9 条。

如果财政部在开始特别处置机制前，为使破产银行稳定而为其提供大笔公共资金，那么临时国有化则是最合适的举措。如果解决或者缓解对英国金融体系稳定的严重威胁已为必要，那么也可以实施该项举措。①

14.72　对于英国银行控股公司而言，临时国有化是唯一可行的维稳举措。② 如果金融服务管理局认为第 7 条中对银行行使维稳权力的一般条件已得到满足，且财政部认为有必要对控股公司实施举措来缓解或消除对英国金融体系稳定的严重威胁，或者为上述目的，有必要提供金融援助以保护公共利益，那么，财政部即可对控股公司实施该项举措。财政部在决定后一个项条件是否得到满足时，必须咨询金融服务局和英格兰银行。

原始证券转让

14.73　财政部根据该项维稳举措，通过制定一个以上的股份转让指令来实现证券的转让。依据股份转让指令进行的证券转让，凭借该指令而发生（与期限事项和其他附属事项的条款一致）。③ 此类转让不受合同（如不可转让条款）、法律或任何其他方式（包括所有需要得到同意的要求）所产生的限制的约束。④

14.74　股份转让指令，可制定以转让银行发行的证券为目的其他条款，或是与之相关的其他条款（无论转让是否已因该指令或其他股份转让指令而发生）。⑤ 其他条款包括：规定转让的生效不受任何信托、债务负担或其他负担（可能包含其免除条款）的影响；⑥ 取消证券取得权（比如股票期权）；⑦ 规定将证券从某一形式或者种类转

---

① 《业务守则》第 5.22 段。
② 第 82 条。
③ 第 17 条第二款。
④ 第 17 条第三款、第四款。
⑤ 第 16 条第一款 b 项。股份转让指令可能与特定证券或特殊种类证券相关。（第 16 条第二款）
⑥ 第 17 条第五款。
⑦ 第 17 条第六款。

化成另一种形式、种类；① 停止发行银行已在英国监管的市场上市的证券；② 赋予财政部采取针对银行高管的措施的权力，比如任命、免职以及变更、终止服务合同；③ 规定退休金计划的转让结果；④ 取消之前或之后的违约事件条款的适用；⑤ 规定受让人在与转让相关的措施中，应与出让人得到同等的待遇，以此确保银行经营部署的连续性；⑥ 与特殊持续性义务有关的，⑦ 对被转让银行⑧和原集团公司⑨间合同权利义务的设立、更改、解除。

14.75　第66条也规定了一般持续性义务（合同规定即可强制执行）。由于合理对价接受权的制约，每个原集团公司都必须提供使被转让银行得以有效运营的服务和设施。财政部可以通知原集团公司，要求其采取特定措施，并且可规定上述措施应依据特殊条款进行。财政部可以通知终止任何由第66条所产生的持续性义务。⑩

14.76　依照第13条第二款，财政部制定股份转让指令以使银行临时国有化时，可以制定附加股份转让指令。⑪ 此类文件可以规定一般情形下股份转让指令能够规定的事项，⑫ 包括对未通过原始指令或其他附加指令进行转让的证券的进一步转让。第7和第9条的一般和特殊条款，分别都不适用附加股份转让指令。财政部在作出附加股份

---

① 第19条第一款。比如，这使未认证或无记名证券转化为投资证券，或者让特种股转化为普通股。

② 第19条第二款。

③ 第20条。

④ 第71条。

⑤ 第22条。

⑥ 第18条。据此，股份转让指令也要求或允许出让人和受让人互相提供信息和协助（第18条第五款）。

⑦ 第六17条。

⑧ 基于当前的目的，依照第13条第二款，转让银行全部或部分的所有权（第66条第一款）。

⑨ 指即将转让前的（其为刚转让后亦可），与被转让银行有关的集团企业（2006年公司法第1161条第五款中的定义）（第66条第一款）。

⑩ 第70条。

⑪ 第27条。

⑫ 第28条。

转让指令前，必须先咨询金融服务管理局和英格兰银行。

后续证券转让[①]

14.77 依照第 13 条第二款，财政部制定使银行临时国有化的股分转让指令时，可以制定一个以上的股份转让指令。此类指令可以规定转让银行发行的证券（而非依据原始指令中的出让人），并且，为转让银行发行的证券，或者与转让银行发行的证券有关时，可以制定其他条款（无论该转让是否已通过该指令或者其他股份转让指令而发生）。

14.78 第 7 和第 9 条的一般条款和特殊条款，分别都不适用后续股份转让指令。财政部在制定后续股份转让指令前，须先咨询金融服务局和英格兰银行。财政部在制定后续股份转让指令后，可以在制定附加股份转让指令（第 27 条所规定的）。

14.79 第 68 条规定，为使银行在后续转让后得以有效运营，财政部可以将第 66 条的一般持续性义务，扩展应用到第 67 条的后续转让后银行以及特殊持续性义务中。

反向证券转让

14.80 依照第 13 条第二款，财政部在制定旨在临时国有化的股权转让指令，可制定一个以上的反向股份转让指令。

14.81 反向股份转让指令，可以将临时国有化的证券转让回原出让人（即银行转换为临时国有制前的证券持有人）。

14.82 相应地，如果后续转让中的受让人由财政部任命，或者是英格兰银行或财政部的全资公司，那么反向资产转让指令则仅能影响该后续受让人对临时国有化银行的转让。

14.83 第 7 和第 9 条的一般条款和特殊条款，分别都不适用反向资产转让指令。财政部在制定反向资产转让指令前，须先咨询金融服务局和英格兰银行。财政部在制定反向资产转让指令后，可再制定

---

① 第 28 条。

附加资产转让指令（第 27 条所规定的）。

后续资产转让（临时国有化：资产转让）①

14.84　依照第 13 条第二款（原始指令），为实现临时国有化，财政部可以制定一个以上的资产转让指令。此类指令可以规定临时国有化中的银行资产、权利或者债务的转让，以及其他资产转让文件所能规定的事项。② 基本上，资产转让指令可以被视为资产转让文件。

14.85　一般条款和特殊条款（第 7、第 8、第 9 条所规定的），不适用资产转让指令。财政部在制定资产转让指令前，须先咨询金融服务管理局或英格兰银行。

14.86　第 45 条第七款规定，虽然第 42 条是针对英格兰银行制定的附加资产转让文件，但"财政部制定资产转让指令，可以适用第 42 条"。法院理解第 45 条第七款时，应当"进行必要的修正"，这样财政部才能在制定资产转让指令后，再制定附加资产转让指令。

14.87　第 65 条规定，财政部可以将第 63 条的一般持续性义务，扩展应用到第 64 条的后续受让人以及特殊持续性义务中。

反向资产转让③

14.88　依照第 45 条第二款，财政部制定资产转让指令，并且受让人是英格兰银行、财政部的全资公司，或者受让人由财政部任命时，可以制定一个以上的反向资产转让指令，以将受让人的资产、权利、债务转让回原出让人。基本上，反向资产转让指令可以视为资产转让文件。

14.89　一般条款和特殊条款（第 7、第 8、第 9 条所规定），不适用反向资产转让指令。财政部在制定反向资产转让指令前，须先咨

---

①　第 45 条。

②　对于资产转让文件的效力，见"SRR 的维稳举措之一：私人买家"，其包含债务的产生（第 48A 条）。

③　第 46 条。

询金融服务管理局和英格兰银行。

14.90　第46条第八款规定，虽然第42条是针对英格兰银行制定的附加资产转让文件，但"财政部制定反向资产转让指令，可以适用第42条"。法院理解第46条第八款时，应当"进行必要的修正"，这样财政部才能在制定反向资产转让指令后，再制定附加资产转让指令。

银行破产

14.91　银行破产作为新程序，主要是基于破产法的现有清算制度。[①] 银行破产的主要特征有：银行须经法院令进入程序，该法院令被称为银行破产令；法院令指定一名银行清算人；清算人的目的在于将银行适格存款人的账户移转，或者使其从金融服务补偿计划中获得补偿；银行清算人之后对银行进行清算；为实现上述目的，银行清算人有权力也有义务，在一般清算人的任期内，通过应用以及修正《银行法》第二章的条款，实现银行破产程序的特殊目标。[②]

14.92　银行清算人的目标有两个方面。[③] 第一个目标是，与金融服务补偿计划相合作，以确保在合理实际的前提下尽快地将每个适格存款人的相关账户转入其他金融机构，或者使其接受金融服务补偿计划的支付（或代表金融服务补偿计划接受支付）。第二个目标是，对银行业务进行清算，以此使银行债权人的整体利益最大化。尽管第一个目标优先于第二个目标，但银行清算人在被任命后，有义务立即开展实现两方面目标的工作。

14.93　银行破产或许是最能实现特别处置机制目标的举措，其

---

① 相应地，《银行法》第二章的表述与破产法有相同含义（第93条第五款）。银行破产（英格兰与威尔士）的相关破产条例（SU2009/356）以《1986年破产法》为基础。

② 第90条第二款，第94条，第105条至第112条。主要修正是由第103条的表格作出。该修改在最低限度上体现了银行破产程序与一般清算的相同点。

③ 第99条。

原因在于，为债权人的整体利益而对破产银行业务进行清算，以及促使金融服务补偿计划对适格存款人的支付，促使适格存款人账户向其他机构的大量转移，是最为恰当的出路。[1]

银行破产令的条件

14.94 英格兰银行、金融服务局、国务秘书在符合下述特定条件时，可以向法院申请银行破产令。[2]

14.95 若符合如下条件，英格兰可以提出申请：金融服务局认为，第7条中的一般维稳条件已得到满足;[3] 银行有适格的存款人;[4] 且银行不能清偿债务或可能无法清偿债务,[5] 将银行进行清算是公平的。[6]

14.96 若符合如下条件，金融服务局可以提出申请:[7] 英格兰银行同意；第7条的一般维稳条件得到满足；银行有适格的存款人；且银行不能清偿债务或可能无法清偿债务；将银行进行清算是公平的。

14.97 若符合如下条件，国务秘书可以提出申请:[8] 银行有适格存的款人；并且银行清算将符合公共利益。[9]

14.98 与现有破产惯例一致，法院在收到银行破产令申请后，

---

① 《业务守则》第5.19段。

② 第95条。申请银行破产指令时，法院可以在庭审前任命临时银行清算人，以决定是否作出银行破产令。临时银行清算人不可向债权人分红。这种任命因任命正式银行清算人时失效（第103条应用并修改了《破产法》第135条）。

③ 第96条第二款。

④ 有资格获得"金融服务赔偿机制"（FSCS）赔偿的存款人（第93条第三款）。

⑤ 《破产法》第123条适用于此处不能清偿的概念。如果银行根据某协议应支付到期可偿还的费用，且该协议构成受监管活动，或者是受监管活动的一部分，那么，银行不履行该义务也应被视为清偿不能（第93条第四款）。

⑥ "公平"一词是当代对"公平公正"的简称（因此并未排除"公平公正"在司法中或其他实践中的解释与适用）。

⑦ 第96条第三款。

⑧ 第96条第四款。

⑨ 为满足以上事项，国务秘书可以使用包括《破产法》第124A条所列事项在内信息资源（第96条第五款）。这表明，国务秘书有权根据《破产法》第124A条，为了公共利益而申请清算。

可以准许申请、休庭或者驳回申请。① 值得注意的是，对于国务秘书的申请，法庭在作出银行破产令前，必须确信银行清算符合公平原则。②

14.99　《破产法》第129条规定，提交清算申请书时，视为开始强制清算程序。与此一致的是，第98条规定，银行破产令自申请提出，即视为生效，例外情况除外。如果在金融服务局或英格兰银行提出申请前，第三方已提出管理申请或清算请求，那么银行破产令自该申请做出或该请求提出，即视为生效。

银行清算人的权利和义务

14.100　为达成第99条中的法定目标，银行清算人可以做出任何必要或者便宜之事，其义务参照一般清算人而履行。③ 银行清算人与普通清算人在权利上的明显区别在于，银行清算人不能置疑特定的先前交易，④ 这类先前交易与银行行使《银行法》第一章的维稳权力之所为有关。⑤

14.101　银行清算人还有下列附加明示权利：对银行业务和资产进行投保并维持保险效利；⑥ 为查明银行资产做必要之事（包括执行措施）；⑦ 支出银行清算人履行职责所必要的或所附带的花费；⑧ 为促使第99条基本法定目标的实现，⑨ 根据《金融服务和市场法2000》第221A条签订协议，以使银行清算人履行计划经理的职责。

14.102　为实现第99条的基本法定目标，金融服务补偿计划可以为适格存款人筹备补偿金，或者安排进行转账。据此，银行清算人

---

① 第97条第三款。金融服务赔偿计划有权参与银行破产程序。
② 第97条第二款。
③ 第103条第一款。
④ 这里指低值交易，以及欺骗债权人的交易。
⑤ 第103条适用并修改了《破产法》第238、第239、第423条。
⑥ 第104条第二款。
⑦ 第104条第三款。
⑧ 第104条第四款。
⑨ 第123条第六款。

应当向金融服务补偿计划提供信息。①

14.103 为实现第 99 条的基本法定目标，银行清算人可安排将适格存款人的账户从银行转移至另一金融机构。该安排可以规定或排除规定，其生效不受合同、法律或任何其他形式（包括一切需要得到同意的要求）的限制。② 银行清算人在作出安排时，应确保适格存款人在转让后能够切实可行地从被转账的账户中提取资金，以此保证银行业务的连续性。

退出途径

14.104 银行破产有多种退出途径。第一，解散，这是最常见的现象。第 115 条和第 116 条规定了解散前所需满足的条件。

14.105 第二，根据破产法第一章的规定（第 113 条所修正的），银行清算人可以要求公司自愿偿债安排。第 113 条规定了要求公司自愿偿债安排前所需满足的条件。一个重要条件是，仅在清算委员会同意时，才能提出公司自愿偿债安排。出现下列情形，清算委员会方能同意：已经通过全额付款决议；③ 银行清算人认为，在同金融服务补偿计划作出安排后，按计划仍然有资格获得补偿的存款人，应依照第99 条第二款处理。法院若同意公司自愿偿债安排，可以下令中止银行破产指令。

14.106 第三，根据第 114 条，若银行清算人认为，管理相比银行破产更有利于债权人整体利益，可向法院申请管理令（根据《破产法》附件 B1 第 38 段）。满足下列三个条件，才能申请管理令：清算委员会已通过全额付款决议；清算委员会认定，采用管理救助银行有助于其持续运营；银行清算人认为，在同金融服务补偿计划作出安排后，按计划仍然有资格获得补偿的存款人，将在管理期间取得付款，或者其账户将得到转移。

---

① 第 123 条。
② 第 124 条。
③ 指第 99 条的法定目标已全部达成或者预期可以实现（第 100 条第五款 a 项）。

14.107　第 113 条和第 114 条，确保仅在实现银行破产程序的首要目标后实施替代破产程序，从而防止了替代破产程序拖延对适格存款人的付款。

其他破产程序限制

14.108　如果已经存在银行破产程序，那么其他破产程序的开始，在下述方面受到限制：除非得到法院的批准，银行不能进行自主清算；① 法院可以根据破产程序令，驳回待定的清算请求；② 金融服务局应当在一般的管理和清算开始前两周得到通知，以使当局能依照《银行法》第一章介入并应用银行破产指令，或者行使维稳权利。③

银行管理

14.109　银行管理作为新程序，主要是基于现有的破产法管理制度。④ 银行管理的主要特点包括：当银行部分业务依据第 11 条售于商业买家时，则根据第 12 条转让于桥银行，使用银行管理程序（根据第一章的规定，其也可适用于特定情形下的多重转让）；银行通过法院令进入管理程序，该指令即银行管理令；法院任命银行管理人，作为其工作人员；银行管理人应确保，银行未出售或未转让的部分（剩余银行），为商业买家或者桥银行提供使其得以有效经营的服务和设施；该程序的其他方面与破产法一般管理程序相同，有特别修改的情况除外。⑤

---

① 第 118 条。

② 第 119 条。适用《破产法》附件 B1 第四十二段的方法，暂停依银行破产令进行的破产程序。

③ 第 120 条。又见第 117 条。

④ 《银行法》第三章表述与《破产法》表述相同（第 166 条第四款）。《2009 年银行管理条例》（英格兰和威尔士），依照《1986 年破产法》规定了相关破产规则（SI 2009/357）。

⑤ 第 136，第 141 条及第 146 条。主要修改在第 145 条的表格中。

14.110 银行管理人有两个方面的目标。① 第一个目标是，为商业买家或桥银行提供支持，即确保依照英格兰银行的意见，对私人买家或桥银行获得使其有效经营的服务和设施提供支持。② 在此期间，如果英格兰银行通知银行管理人（目标一达成宣告），私人买家或桥银行已不再需要剩余银行，则结束第一目标。③

14.111 第二个目标是，实现一般管理的目的，即救助剩余银行以使其持续经营；通常救助优先时，应尽量实现剩余银行债权人的整体利益，否则剩余银行可能因为没有事先进行管理而被清盘。④

14.112 尽管第一个目标优先于第二个目标，但银行管理人在接受任命后，应立即开展两个目标方面的工作。然而，值得注意的是，当银行管理人根据此章规定所采取的措施，需要英格兰银行的同意或批准时，英格兰银行仅在该措施可能有损第一个目标的实现时，才能撤回同意或批准。⑤

银行管理令的条件

14.113 英格兰银行向法院申请管理指令，⑥ 应满足下列条件：⑦ 依照第 11 条第二款或第 12 条第二款，英格兰银行已经制定或准备制定与银行有关的资产转让文件；英格兰银行认为，其准备制定的资产转让文件，将使剩余银行无法清偿债务⑧，或者可能无法清偿债务。

14.114 法院可以准许申请、休庭或者驳回申请。银行管理令视

---

① 第 137 条。
② 第 138 条第一款。
③ 第 139 条。
④ 第 140 条第一款至第二款。
⑤ 第 138 条第五款。
⑥ 第 142 条。申请银行管理令时，法院可以在庭审前任命临时管理人，以决定是否作出银行管理令。临时管理人只能完成第 137 条规定的第一个目标。在任命银行管理人后，临时任命失效。见第 145 条，其适用并修改了《破产法》的第 135 条。
⑦ 第 143 条。
⑧ 《破产法》第 123 条适用此种清偿不能的概念。如果银行根据某协议应支付到期可偿还的费用，且该协议构成受监管活动，或者是受监管活动的一部分，那么，银行不履行该义务也应被视为清偿不能（第 166 条第三款）。

情况生效。①

14.115　有一个银行管理的事例，即邓弗姆林房屋信贷互助会，依照 2009 年 3 月 30 日苏格兰最高院所作的指令，进行特殊管理。② 房屋信贷互助会特别管理人的第一个目标是，依照英格兰银行的意见，确保对全国房屋信贷互助会或桥银行提供使其得以有效经营的服务和设施；第二个目标则是，假若救助邓弗姆林并使其持续经营是不可行的，则应尽量实现邓弗姆林债权人的整体利益，否则邓弗姆林可能因没有事先进行房屋信贷互助会的特殊管理而被清盘。

银行管理人的权利和义务

14.116　为实现第 137 条的目标，银行管理人有权为任何必要或便宜之事。银行管理人的义务可参照一般管理人的义务。③

14.117　银行管理与一般管理的明显区别在于：在作出目标一达成宣告前，不少普通管理的条款被中止（比如与普通管理人的提名、债权人会议以及债权人委员会的职责相关的条款）；④ 在作出目标一达成宣告前，银行管理人须同意英格兰银行关于完成银行管理目标的建议声明，该声明应与《破产法》附件 B1 第 49 段中的声明有同等待遇；⑤ 一般债权人的资产分配无须法院准许，但在向桥银行转让的银行管理情形中，银行管理人仅在英格兰银行同意时方能进行分配，直至英格兰银行作出目标一达成宣告；⑥ 就私人购买的银行管理而言，

---

①　第 141 条第四款。

②　根据《银行法》第 145 条以及《2009 年房屋信贷互助会令》（SI 2009/805），银行管理机制可修正地适用于房屋信贷互助会。在起草时，只有英文版的房屋信贷互助会破产条例，但 2009 年苏格兰破产条例［房屋信贷互助会特殊管理（苏格兰）］（SI 2009/806）也具有效力。

③　多数一般管理机制的修正都列于第 145 条的表格中。此类修正有助于实现银行管理程序的特殊法定目的。

④　第 145 条应用并修改了不少《破产法》附件 B1 的段落。

⑤　第 147 条。如果银行管理人不同意英格兰银行的声明，其可向法院申请《破产法》附件 B1 第 63 段的指示，法院可以作出指令中止英格兰银行的请求。

⑥　第 145 条应用并修改了《破产法》附件 B1 的第 65 段。

为达成第137条的第一个目标，银行管理人须遵从英格兰银行的要求，以订立协议，使剩余银措施私人买家提供服务和设施；① 就向桥银行转让后的银行管理而言，为达成第137条的第一目标，银行管理人须遵从英格兰银行的要求，以订立协议，使剩余银措施桥银行提供服务和设施；② 就向桥银行转让后的银行管理而言，银行管理人在目标一达成宣告作出前，可根据英格兰银行的同意拒绝负债资产；③ 银行管理人可以提起有关欺诈和非法交易的诉讼；④ 银行管理人应当同英格兰银行和桥银行分享信息。⑤

退出途径

14.118 银行管理的退出途径，取决于管理的结果。首先救助已取得成功，即英格兰银行作出目标一达成宣告，且银行管理人已完成第140条第一款a项中的救助目标。在这种情形下，银行管理人应依据《破产法》附件B1第79段提出申请（法院基于目标达成而结束管理）。⑥

14.119 第二种情况是，英格兰银行已经作出目标一达成宣告，银行管理人完成了第140条第一款b项中的目标，即剩余银行的债权人，获得与破产清算相比更好的结果。⑦ 在这种情形下，银行管理人可以依据《破产法》附件B1第84段，宣告银行已无资产分配给其债权人，从而终止破产管理。相应地，银行管理人可根据破产法第一章（第154条所修正的）谋求公司自愿偿债安排。一旦公司自愿偿债安排被批准，法院就可下令中止银行管理指令。

---

① 第138条第三款。见第150条，关于桥银行的业务全部或部分出售于私人买家后，向桥银行的部分转让。
② 第138条第四款。第145条修改了《破产法》第178条。
③ 第145条修改了《破产法》第178条。
④ 第145条修改了《破产法》第213、第214条。
⑤ 第148条。《2009年银行管理（信息共享）条例》（SI 2009/314）规定，应提供信息，并且可以获取记录。
⑥ 第153条。
⑦ 第154条。

14.120 需要注意的是，这些条款表明，为了银行业务完全清盘，银行管理不必转入债权人的自愿清算。

其他破产程序限制

14.121 银行管理程序的存在，限制了金融服务局基于《金融服务和市场法 2000》对剩余银行提出管理申请或清算申请的权力。[①] 金融服务局在这些权力前，须先通知英格兰银行，英格兰银行可以参与所有由权力行使而产生的程序中。这体现了英格兰银行在特别处置机制中的作用。

SRR 的保障措施

14.122 由于特别处置机制可能对财产权造成重大干扰，《银行法》规定了一系列保障措施，其主要有两个种类。第一类保障措施涉及补偿条款，条款中的受偿人因为特别处置机制工具的实施，其财产权被变更或被取消。第 49 条至第 62 条包含补偿评估条款，补偿应给予那些受维稳举措的实施所影响之人。[②] 补偿安排应当确保，特别处置机制根据欧盟人权法案的要求而运作（特别是第一协议第 1 条，该条要求保护财产权）。

14.123 第二类保障措施，涉及破产银行依照特别处置机制部分转让资产时的财产权保护。[③] 此类破产银行的资产分割，最可能妨碍担保物权、合同权利、抵销安排和净额结算安排。

14.124 相应地，第 47 和第 48 条使财政部可通过指令对部分资

---

① 根据第 11 条将银行的全部或部分业务转让给商业买家，或根据第 12 条将其转让给桥银行（第 157 条第二款 a 项）。

② 补偿安排的介绍不属于本章内容。

③ 这种部分资产转让，可能将"良性"资产转让于私人买家或桥银行，而留下的"剩余银行"则包含一切未转让的资产和债务。实施部分资产转让也可将不良资产转至桥银行，留下有偿付能力的剩余公司。

产转让施加限制,① 从而保护担保物权,② 所有权让与担保安排,③ 抵销协议,④ 净额结算协议⑤。其结果是《2009 年银行法》(部分资产转让的限制)指令(SI 2009/322)的出台("保障指令")。

14.125 保障指令适用于英格兰银行和财政部对银行机构进行的部分资产转让。⑥ 保障指令提供的部分重要保障措施如下。

14.126 第 3 条规定了对抵销安排、净额结算安排,或者所有权让与担保安排中的权利义务提供保护。⑦ 相应地,部分资产转让,不可以依据这类安排,规定部分而非全部的权利义务的转让。同时,部分资产转让也不能包含终止或修改这些权利义务的连续性条款。

14.127 第 4 条规定,部分资产转让,不得对违反欧共体法律而移转财产、权利或者债务,也不得包含违反欧共体法律的连续性条款。

14.128 第 5 条规定,对担保物权和担保债务提供保护。例如,担保物权的收益、资产以及担保债务,不受部分资产转让的分割。部分资产转让,不能包含使担保债务失去担保的连续性条款。

14.129 第 5 条规定,对资本市场安排(根据《破产法》附件 2A 第 1 段的定义)提供保护。部分资产转让可以规定,资本市场安排中银行一方部分而非全部的资产、权利、债务的转让。部分资产转让,不能包含终止或修改资本市场安排中银行一方的资产、权利或债务的连续性条款。

14.130 第 7 条规定,部分资产转让不能转让资产、权利或责

---

① 规定转让银行的部分而非全部的资产、权利、债务的财产转让文件。

② 某人通过担保获得另一财产的实际或可能利益的安排(第 48 条第一款 a 项)。

③ 一人以免除另一人的责任为条件将资产转移给另一人的安排(第 48 条第一款 b 项)。

④ 两个以上的债务、债权或责任可相互抵销的协议(第 48 条第一款 c 项)。

⑤ 一系列债权或责任可转为净额债权或责任的安排,特别是"减价处理"净额安排,根据该安排,可计算合同中的实际债务或理论债务,从而抵销债务或将债务转为净额债务(第 48 条第一款 d 项)。

⑥ 第 2 条。"银行机构"由第 1 条第三款定义。

⑦ 部分与零售存款和次级债务有关的除外(见第 1 条第三款"排除权"的定义)。

任。部分资产转让，也不能包含改变认证投资交易或认证清算所经营的连续性条款，以及导致认证投资交易或认证清算所的市场合同无法履行、违反其规则的连续性条款。据此，第 7 条旨在保护金融市场。

14.131 第 7A 条规定，部分资产转让，依照《银行法》第 34 条第七款 a 项制定条款时，为将银行信托资产的法定利益或受益权从银行转让至受让人，可以在必要或应急时取消或变更信托期限。该条规定，保障了其他信托受益人的地位。

14.132 第 9 条规定，部分资产转让，不可适用与具体金融文件中的抵销安排、净额清算安排相关的违约事件条款的规定。①

14.133 关于救济举措，第 10 条规定，若违反第 7 条或第 9 条，或者违反其他相关的保障指令中的连续性条款，则部分资产转让无效。

14.134 第 10 条规定，即使部分资产转让违反第 3 条或第 4 条，该转让也不影响抵销权或净额结算权。

14.135 在其他情况中，如果有关当局得知，部分资产转让违反保障指令，则其必须对违反措施作出补救。②

14.136 《业务守则》段落 7.28 规定，保障指令中包含的救济举措，不影响当局履行其遵守保障措施的法定职责。救济条款的存在，是为了在保障措施被不经意地违反时，为市场提供确定性。

恢复和处置计划

14.137 如前文所述，特别处置机制只是监管改革和破产改革的一部分。如果可以通过其他方式阻止金融机构的破产，则不需要使用特别处置机制工具。

14.138 仅在当局充分掌握问题金融机构的信息，并且有必要使

---

① 部分资产转让让保障指令第 9 条生效的事例，见 2009 年 Dunfermline Building Society 资产转让文件段落 6（2）。

② 第 12 条。

用特别处置机制工具时，特别处置机制工具才可得到最有效的利用。银行处置，是一项"急需信息的措施"。①

14.139 因此，为降低金融机构破产可能性以及补充特别处置机制工具，《金融服务法》实施了恢复和处置计划机制，这一般被称为生前遗嘱。金融服务局应根据《金融服务法》制定要求被授权者实施恢复和处置计划的条例，或者制定其他有关这种计划的条款。

恢复计划

14.140 "恢复计划的目标是，规定银行应对整体范围困境的方式，并规定为消除此类困境影响银行所能采取的措施，以避免破产情况下的正式处置措施。恢复计划应当包括应急资金提供计划以及资产或业务的销售，但不承担特殊公共支持的功能。恢复计划的一个关键要素是，使管理层在仍能摆脱困境的情况下更加了解业务风险，从而降低破产的可能性。"②

14.141 《金融服务法》第 7 条，将与恢复计划有关的新的这些条款（139B、139D、139E）增入至《金融服务和市场法 2000》中。

14.142 第 139B 条规定，金融服务局有义务制定条例，要求《金融服务和市场法 2000》中的被授权者（或特殊规定下的被授权者），③ 根据条例要求，作出并跟进恢复计划。

14.143 恢复计划必须包括与所要采取的措施相关的信息。采取的措施应确保，在被授权者业务（或业务任一部分）开展受到影响的特定情况下，其业务或业务的特定部分仍能得以经营（无论是否由

---

① Andrew Bailey 的演讲。Andrew Bailey 是英格兰银行的执行董事，该演讲是在 2009 年 11 月 26 日对金融服务部门作出的，题为"英国的处置机制"。

② Andrew Bailey 的演讲。Andrew Bailey 是英格兰银行的执行董事，该演讲是在 2009 年 11 月 17 日在国际银行会议上作出的，题为"恢复和处置计划"。

③ 这里要考虑逐渐实施，这样金融服务局可在必要时先关注最庞大、最复杂的系统重要性公司。需注意的是，遵守恢复计划的公司同时受特别处置机制中的权力约束（139B 条第八款）。

被授权者经营，或同先前一样经营）。① 恢复计划还应包括促使被授权者的业务（或业务任一部分）由他人开展的信息：② 恢复计划旨在降低公司破产的可能性，其规定了被授权者在影响其全部业务或特定部分业务开展的困境（金融服务管理局可在条例中说明）中，或者在将陷入该困境之前，所应采取的措施；计划中规定的措施，可包括重组、缩小规模、出售被授权者的某些业务或资产；上面的业务是指，不必通过相同方式开展或者由同一人开展的业务；计划的目的，不在于帮助被授权者避免陷入困境，而在于使其在遭遇困境的情况下能够恢复。③

14.144　如果金融服务局认为，恢复计划的条款不能满足条例所要求的事项，则其必须采取恰当的破产处理措施。④ 此类举措可包括恢复计划的修改要求。⑤

处置计划

14.145　《金融服务法》第 7 条，将与处置计划有关的新的条款（139C、139D、139F）增入至《金融服务和市场法 2000》中。

14.146　第 139C 条规定，金融服务局有义务制定条例，要求《金融服务和市场法 2000》中的被授权者（或特殊规定下的被授权者），⑥ 根据条例要求，作出并跟进处置计划。

14.147　处置计划必须包括与所要采取的措施相关的信息。如果被授权者的业务（或业务任一部分）将要倒闭或者已经倒闭，则应采

---

① 第 139B 条第三款。
② 第 139B 条第四款。
③ 《金融服务法解释》第 85 段。
④ 第 139B 条第六款。
⑤ 第 139B 条第七款。
⑥ 这里要考虑逐步实施，这样金融服务局可在必要时先关注最庞大、最复杂的系统重要性公司。需注意的是，遵守处置计划的公司，同时要受特别处置机制的约束（第 139C 条第九款）。

取措施。① 处置计划还应包括促使破产事项由某人完成的信息：② 恢复计划可要求公司确认当局适用可行处置工具的障碍，或是要求其确认破产官员在被授权者破产时行使职责的障碍；处置计划可规定促进上述工具适用或职责行使的措施；信息可以包括确保"数据室"快速有效建立的条款；信息还可以与处置触发前的法律结构简化有关。③

14.148 如果金融服务管理局认为，处置计划的条款不能满足条例所要求的事项，则其必须采取恰当的破产处理措施。④ 此类举措可包括处置计划的修改要求。⑤

结 论

14.149 始于 2007 年夏的金融危机，让北岩银行陷入了困境。此次危机导致了 BSPA 的制定，其要求北岩银行的国有化。BSPA 赋予政府管理濒临破产银行的临时权力，该权力最后于 2008 年 2 月 20 日终止。《银行法》为政府提供了处理银行破产的工具。《银行法》仅在处置邓弗姆林房屋信贷互助会时适用过一次。因此它的很多条款还未经检验。某些地区已呼吁改进特别处置机制的运行，我们期待着投资银行破产的立法。对于在英国经营的境外银行，相应工作尚未开始。因此，尽管有"美国、加拿大、日本、英国的制度目前已处于国际领先的说法"，⑥ 但英国银行破产制度仍然在发展过程中。

（刘 诚译）

---

① 139C 条第三款。破产包括被授权人的破产、进入管理程序，以及根据《银行法》第一部分行使权力（第 139D 条第三款）。

② 第 139C 条第四款。举一个第 139C 条第四款的信息例子，即如果该倒闭发生，该信息将促进财政部或英格兰银行根据《银行法》行使权力（s139C 第五款）。

③ 《金融服务法解释》，第九十一款。

④ 第 139C 条第七款。

⑤ 第 139C 条第八款。

⑥ Andrew Bailey 的演讲。Andrew Bailey 是英格兰银行的执行董事，该演讲是在 2009 年 11 月 26 日对金融服务部门作出的，题为"英国银行处置机制"。

15

美国银行处置改革

Heidi Mandanis Schooner[*]

简　介

15.01　在 70 年代和 80 年代，伊利诺伊大陆银行信托公司通过代理银行和批发性存款获得了国内和国际市场上的大量资金，进行积极扩张。伊利诺伊大陆银行向工商业部门大量贷款，并通过与佩恩广场银行合作，给困境中的得克萨斯州油气行业提供大量贷款。佩恩广场银行倒闭时，公众对伊利诺伊大陆银行的忧虑也日益增长。1984

---

　*　Heidi Mandanis Schooner 是哥伦比亚大学法学院和美国天主教大学法学教授。我衷心感谢 Andy Campbell，Gillian Garcia，Anna Gelpern 和 Rosa M Lastra 提出的有益评价。同样感谢 Julya Vekstein 提供的有价值的研究帮助。

年5月，伊利诺伊大陆银行的情况和收益的持续恶化，导致其存款流失严重。联邦储备系统理事会（"美联储"）提供了40亿美元的紧急流动贷款，但只在联邦存款保险公司对全部存款提供担保时，挤兑才得以终止。①

15.02　在2008年金融危机之前，伊利诺伊大陆银行是美国历史上最大的银行处置事件。尽管美国政府此前向大型银行提供过援助，但伊利诺伊大陆银行的经历仍引发了关于"大而不能倒"的争论，这也是当前政策探讨的前沿。伊利诺伊大陆银行事件以及随后的银行业危机，使得20世纪80年代末期90年代初期发生了实体法律的改革。本章将依据2008年金融危机和最近《多德—弗兰克法》②的进程，探讨过去二十年的改革。第一节描述了二十年前的法律改革，并重点介绍了对困境机构和濒临倒闭机构的处置。第二节研究2008年金融危机前改革的运行。有鉴于2008年金融危机的经验，本章将从监管的视角从微观审慎向宏观审慎监管的转变。接着，本章将讨论宏观审慎监管在《多德—弗兰克法》条款中的体现，该条款强调了对困境机构或濒临倒闭机构的监管。最后，本章将根据早期的改革对《多德—弗兰克法》进行评价，并得出《多德—弗兰克法》未提出新方案的结论。80年代与90年代的改革未能防止2008年金融危机，因此《多德—弗兰克法》很难能进行通常的有效改革，或是解决特殊的"大而不倒"问题。

"储蓄危机"后的美国处置改革

15.03　不久前，美国经历了一次严重的银行危机——主要是储蓄危机，这是因为初次破产风波集中于储蓄贷款领域，之后再转至商业银行领域。从1980年到1994年，超过1600家在联邦存款保险公

---

① FDIC, History of the Eighthies: Lessons for the Future: An Examination of the Banking Crisis of the 1980s and Early 1990s, Vol. I (1997), 3 – 4.

② Pub L No. 111 – 203 (2010).

司投保的银行倒闭或是接受了联邦存款保险公司的援助，1300家储蓄协会破产。[①] 为应对危机，国会通过了若干具有深远影响的改革措施。接下来将集中讨论与困境银行有关的主要改革措施，即以恢复和处置为重点的措施。

15.04　1989年，国会通过了《金融机构改革、复兴与执行法》。[②] 该法最初目的是救助联邦存款保险基金，但其用意远不止于此。该法赋予了联邦存款保险公司和其他联邦银行监管机构更多执行权，并设立了储蓄监理局，它是一个新的联邦储蓄监管机构。《金融机构改革、复兴与执行法》也囊括了救助机制的重要改革。该法授予联邦存款保险公司权力，使其可要求在同一银行控股公司[③]中的其他普通被控股银行，对银行的破产承担责任。《金融机构改革、复兴与执行法》还授予联邦存款保险公司权力，使其可通过设立桥银行获取破产银行的资产或债务。[④] 此外，《金融机构改革、复兴与执行法》还赋予联邦存款保险公司作为接管人时的"超级权力"。[⑤] 比如，如果合同是负资产且否认合同效力将促进银行业务的有序管理，那么联邦存款保险公司有权在破产银行被管理或接管前，否认合同效力。[⑥]

15.05　在引发储蓄危机的诸多原因中，监管者未能对问题机构采取早期措施，导致了巨大的危机代价。[⑦] 因此，国会为减少监管姑

---

① 联邦存款保险公司，注解1。

② Pub L No101 - 73，103 Stat 183（1989）（修订于《美国法典》第十二章的零散章节中）。

③ 12 USC § 1815（e）。该法特别规定所有投保储蓄机构将对联邦存款保险公司的一切损失承担责任。1989年8月9日后，以下情形有违约风险：普通被控股存款保险机构的违约；联邦存款保险公司对普通被控股存款保险机构提供援助的违约：12 USC § 1815（e）1（A）。可以对该项权力的行使进行司法审查：12 USC § 1815（e）（3）。

④ 12 USC § 1821（n）。此前联邦存款保险公司只有有限的设立桥银行的权力。

⑤ 关于联邦存款保险公司超级权力的详细讨论，见 Peter P Swire，"Bank Insolvency Law Now That it Matters Again"，（1992）Duke Law Journal 469 - 556。

⑥ 12 USC § 1821（e）。关于银行补偿安排可执行性特殊权力的详细讨论，见 Heidi Mandanis Schooner，"Refocusing Regulatory Limitations on Banks' Compensation Practices"（1996）37 Boston College Law Review 861，903 - 12。

⑦ 联邦存款保险公司，注解1，10。

息的机会，通过了1991年《联邦存款保险公司促进法》。① 及时纠正措施（PCA）要求银行监管者在九十天内立即接管资本严重不足②的机构，除非监管者和联邦存款保险公司决定，其他措施能更好实现法律目的。③ 该决定在下列情况中可以做出：银行有正数资本净值；银行在实质上符合被批准的资本恢复计划；银行能够盈利或收入上有增长趋势；银行不良贷款率已经降低。此外，只有当代理银行的负责人以及银行董事会主席能够证明机构可以维持且不会倒闭时，才会出现适用强制管理或接管的例外情形。④ 严重资本不足的银行，将面临某些强制性的经营限制，比如禁止发放过多的奖金或红利。⑤ 及时纠正措施条例，也可对被认为"严重资本不足"或"资本不足"的银行施加一系列限制（尽管并非强制性关闭），比如要求资本不足的机构呈交一份可接受的资本恢复计划。⑥《联邦存款保险公司促进法》及时纠正措施条款，也可要求对导致联邦存款保险公司实际损失的破产进行事后审查。⑦ 实际损失报告应由负责破产银行监管的联邦机构的监察长做出，且报告应包括该联邦对银行机构监管的评估。

15.06 《联邦存款保险公司促进法》增加了联邦存款保险公司的权力，使其可向美国财政部贷款50亿到300亿美元。⑧《联邦存款保险公司促进法》用最低成本方法试取代了当时的清算方法，以此限制

---

① Pub L No102－242，105 Stat 2236（1991）（修订于《美国法典》第12章的零散章节中）。

② 若某机构有形资产占总资产比率不足百分之二，那么该机构即严重资产不足。12 CFR §§6.4（b）（5），208.43（b）（5），325.103（b）（5），565.4（b）（5）。

③ 12 USC §1831o（h）（3）.

④ 12 USC §1831o（h）（3）（c）（ii）.

⑤ 12 USC §1831o（i）.

⑥ 12 USC §1831o（e）（2）.

⑦ 12 USC §1831o（k）. 重大损失在联邦存款保险公司被委任为某个机构的接管人并救助该机构时，该机构的损失超过2500万美元或超过其全部资产的百分之二：12 USC §1831o（k）（2）（B）。

⑧ 12 USC §1824（a）.

了联邦存款保险公司救助问题银行的能力。① 只有当联邦存款保险公司认为，且有必要行使提供保险的责任，并且提供金融援助符合最低成本原则时才可提供金融援助。② 法律规定了最低成本原则的例外，即系统性风险例外。③ 该例外规定，如果做出的决定将对经济和金融稳定造成负面影响，并且该负面影响可通过法律中的其他替代措施得以避免，那么就可不适用最低成本原则。④ 该决定应当由财政部长提出，并得到联邦存款保险公司 2/3 以上投票通过，美联储 2/3 以上投票通过。适用系统风险例外所造成的一切损失，应当通过对银行和其控股公司的特殊估值加以弥补。⑤ 联邦审计总署（GAO）应当审查系统性风险例外的适用，并且向国会提供报告。报告的内容包括，该例外原则的适用基础分析，此类措施的采取目的，以及该决定和该措施对投保的储蓄机构和无担保的存款人的动机和行为可能造成的影响。⑥

15.07 《联邦存款保险公司促进法》通过防止以 120 天为期的贷款超过 60 天未受清偿，限制了美联储的贴现窗口向资本不足银行的贷款。⑦ 在银行能够维持运营时，也可以规定例外情况。银行能够维持运营，是指银行并非资本严重不足，或即将严重不足，且银行也不将被管理或被接管。⑧ 尽管《联邦存款保险公司促进法》限制了美联储向资本不足银行贷款的资格，但根据《美国联邦储备法》第 13 条第三款，美联储有向资本不足银行贷款的紧急性权力。⑨ 该紧急贷款条款，自 1932 年以来就被规定于《美国联邦储备法》中。《联邦存

① 《联邦存款保险公司促进法》颁布前，联邦存款保险公司可在合理的范围内提供救助，以节省银行清算的成本：12 USC § 1823（c）（4）（A）. 这意味着提供援助的成本应比清算成本低，但比联邦存款保险公司倾向的其他交易如整体银行转让的成本高。

② 如上。

③ 《联邦存款保险公司促进法》颁布前，仅当联邦存款保险公司认为银行的持续运营对社区的服务是重要的，才不适用清算成本原则。如上。

④ 12 USC § 1823（C）（4）（G）（i）.

⑤ 12 USC § 1823（C）（4）（G）（ii）.

⑥ 12 USC § 1823（C）（4）（G）（iv）.

⑦ 12 USC § 347b（b）（1）.

⑧ 12 USC § 347b（2）（E）.

⑨ 12 USC § 343.

款保险公司促进法》赋予了美联储决定贴现担保的自由裁量权，从而消除了对此类贷款的限制。[①]

15.08 总之，储蓄危机后的困境银行处置改革具有两面性，既有平衡的方式也有不连贯的方式。一方面，改革体现了乐观主义的观点，即通过及时纠正措施和最低成本原则消除某些监管机构自由裁量权，将会设立新的体系。该体系能在早期阶段解决问题，即使没有早期解决问题，也将降低处置成本。另一方面，改革也反映了怀疑主义的观点，认为类似及时纠正措施的举措不一定能避免金融危机，并且怀疑系统性风险例外原则，联邦存款保险公司的贷款权，以及美联储应急贷款权扩张的效果。其结果是，采用早期强制措施和成本控制的积极监管制度，其应急保障措施也会存在道德风险。具有讽刺意味的是，当时的监管者并没有对此重视。1993 年，克利夫兰美联储工作人员沃克·F. 多德写道：根据第 13 条第三款的规定，去除储备银行贷款扩张中担保的障碍似乎违背了《联邦存款保险公司促进法》中其余贴现窗口条款的精神，也违背了及时纠正措施条款，这些条款旨在降低纳税人向投保银行贷款所产生的损失风险。非银行金融机构有更多方式进入贴现窗口，而这导致了与储蓄危机相同类型的风险。反向选择和错位机构激励增多，与此同时，适用应急贷款工具的可能性以及非银行金融机构的损失由纳税人间接承担的可能性也在不断提高。[②]

20 世纪 90 年代改革成果在 2008 年经济危机的表现

15.09 2008 年金融危机前，90 年代的改革一直未得到检验。接

---

① 《联邦存款保险公司促进法》颁布以前，此类应急贷款在实际上唯一可被接受的担保物是现金代用券：Walker F Todd, "FDICIA's Emergency Liquidity Provisions", Federal Reserve Bank of Cleveland, Economic Review (Third Quarter, 1993)。

② 如上。

下来的讨论，主要是就最近的危机探讨 90 年代的改革。显而易见，改革并没有阻止 2008 年金融危机的发生，因此有人探讨改革在阻止危机中的作用。

及时纠正措施

15.10 及时纠正举措一直以来是学者研究和争论的主题。关于此问题的完整讨论不在本章的范围之内。[①] 然而，2008 年金融危机为评估早期干预机制提供了进一步的机会。2008 年金融危机的证据表明，《联邦存款保险公司促进法》的及时纠正措施无法防止损失的发生。前文中提到，《联邦存款保险公司促进法》要求各个联邦银行监管者的监察长办公室审查造成银行保险基金实际损失的银行破产，其评价结果即实际损失报告（MLR）。实际损失报告旨在为破产银行的监管提供事后评估。根据《联邦存款保险公司促进法》，实际损失报告应由联邦审计总署进行年度审查，联邦审计总署在审查过程中对银行监管提出改进。然而，《联邦存款保险公司促进法》通过后的下一年中，几乎没有发生相关的银行破产。这意味着，联邦审计总署仅审查了少数的实际损失报告。鉴于这种业务状况，联邦审计总署无法对监管的改进提出建议。联邦审计总署认为：我们无法向银行监管者提出一般性建议，因为在六年任期的前两年中，只有少数的相关报告发布，缺乏足够的依据以全面总结监管的质量。在我们看来，实际损失报告为总体银行监管建议提供的依据有限，这引发了当前安排的实际损失报告的效果的问题。[②]

1996 年，国会修改《联邦存款保险法》以取消联邦审计总署对实际损失报告的年度审查需要。现有法律规定，当审计署长认为恰当

---

① 最近的讨论，参见 Gilliam G H Garcia "Failing Prompt Corrective Action" (2010) 11 (3) Journal of Banking Regulation 171 – 190。

② GAO, Inspectors General: Mandated Studies to Review Costly Bank and Thrift Failures, GAO/GGD – 97 – 4 (November 1996) at 5. 联邦审计总署对实际损失报告的审查，US General Accounting Office, Inspectors General: Mandated Studies to Review Costly Bank and Thrift Failures, GAO/GGD – 95 – 126 (July 1995)。

时，联邦审计总署才可做出审查。① 自 1996 年后，联邦审计总署就未根据实际损失报告做出自己的报告。

15.11 财政部监察长办公室发布了一份汇编报告，总结了 1993 年到 2002 年的实际损失报告。在此期间，七家破产的金融机构［由货币监理署（OCC）或储蓄机构监理局监管］对存款保险基金造成约 17 亿美元的损失。根据报告，七家机构中有五家采用了及时纠正措施。然而，及时纠正措施并未阻止实际损失的发生，原因在于：尽管有及时纠正措施，但银行境况恶化速度过快；银行资产的高估表明银行的资本充足率无助于早期措施的启动；监管者对确认银行实际资本情况的容忍，表明及时纠正措施的履行已经为时过晚。②

15.12 《联邦存款保险公司促进法》通过后，2008 年金融危机前，最有影响的银行破产事件是苏必利尔银行（Superior）的破产。苏必利尔银行于 2001 年 7 月 27 日破产，是 1994 年以来［2007 年 9 月 "网联银行"（Netbank）破产之前］最大的银行破产案，在此期间内很少有银行破产。苏必利尔银行重点关注次级贷款以及机动车贷款的证券化。苏必利尔银行野心勃勃的扩张策略以及会计实践存在问题导致了破产。苏必利尔银行案表明，及时纠正措施存在前述的缺陷。虽然储蓄机构监理局在苏必利尔银行的资本充足率降低到触发点以下时，采取了及时纠正措施，但是为时已晚。苏必利尔银行一案导致联邦审计总署对及时纠正措施框做出下列限制：

尽管在银行资本严重不足时就实施了及时纠正措施，但仍然导致了大量的存款保险基金的损失。原因与及时纠正措施自身的机制有关。首先，根据及时纠正举措，资本是决定机构状况的一项重要因素。在苏必利尔银行纠正其剩余权益的瑕疵估值前，其资产尚未达到严重不足的级别。类似苏必利尔银行案中的不准确金融报告限制了及

---

① 12 USC § 1831o（K）（5）.

② Treasury OIG, Safety, Soundness and Accessibility of Financial Services: Summary of Treasury OIG's Material Loss Reviews of Failed National Banks and Thrift Institutions Between 1993 and 2002, OIG-GA-04–004 (28 May 2004) at 13.

时纠正措施的有效性，因为此类报告会限制监管者准确衡量资产的能力。其次，及时纠正措施对"资本严重不足"的流动资金测试，是以有形资产资本比率为基础的，不使用风险基础评估。及时纠正措施只包括资产负债表中的资产，并不完全包括表外风险，比如在金融机构证券化活动中所呈现的风险。因此，金融机构在适用风险基础的资本比率时可能变得资本不足，但依据流动资金资本方式，其不会出现及时纠正措施范畴中的"严重资本不足"情况。①

15.13　银行破产案例近年来急剧增加，这并令人感到惊讶。联邦存款保险公司、美联储以及财政部监察长办公室发布了许多实际损失报告，今后还将有更多的报告被发布。② 与之前少量发布的实际损失报告不同，2008 年的金融危机构成了此类报告所必需的临界阶段，使其能为银行监管提供有益借鉴。③ 近期有一份对国会的报告，在此报告中，财政部监察长办公室对 2009 年期间已被完成的 11 项实际损失报告做出评论。对于及时纠正措施，监察长办公室认为，"监管者获得授权时采取合适的及时纠正措施，但这些措施并不能挽救金融机构。一般而言，现在对《联邦存款保险公司促进法》中及时纠正措施条款的有效性进行评论还为时过早，但我们相信这个领域有待进一步的研究"。④

15.14　关于及时纠正措施，其再次被提及的话题是资本要求，它作为及时纠正措施的触发方式，在条件急剧恶化的环境中不具有有效性。不少联邦存款保险公司监察长办公室的实际损失报告表明，联邦存款保险公司作为银行的监管者，"适当地实施了及时纠正措施的

---

① GAO, Bank Regulation: An Analysis of the Failure of Superior Bank, FSB, Hinsdale, Illionis, GAO-02-419T (2 February 2002) at 22.

② 联邦存款保险公司于 2010 年发布了 30 项实际损失报告，2009 年发布了 22 项。美联储在于 2010 年发布了 6 项，2009 年发布了 4 项。财政部长从 2008 年 4 月到 2010 年 4 月 1 日共发布了 17 项。

③ 2005 年和 2006 年，美国没有发生银行或储蓄机构的破产。2007 年仅发生 3 起。2008 年 25 起；2009 年 140 起；2010 年 4 月 50 起。

④ Treasury OIG, Semiannual Report to Congress: 1 April 2009 – 30 September 2009, OIG-CA-10-002 (2009).

条款，但资本级别却成为判断机构财政状况的滞后指标"。① 实际损失报告有时会列举银行监管者在早期检验中所确认的其他因素（除资本充足率以外）作为对银行困境的预先指示，比如贷款集中组合，对非核心资本的依赖程度，以及风险管理实践、收入、资产质量和管理的改善情况等。

当然，仅依据实际损失报告就对及时纠正措施的有效性做出最后结论并不恰当。实际损失报告只审查在破产时对存款保险基金造成损失的银行。因此，实际损失报告不考虑触发及时纠正措施的情形，以及银行未破产或虽破产却没有造成实际损失的情形。这里唯一可以明确的是，及时纠正措施并未阻止大规模银行破产事件的再次出现。如果没有及时纠正措施，是否会有更多的银行破产这有待证实。

15.15 华盛顿互助银行（华互）破产是美国历史最大规模的银行破产，这恰好说明了及时纠正措施的局限性。华互并未被发布实际损失报告，因为其破产未对存款保险基金造成损失。该银行在 2008 年 9 月以 18.8 亿美元的价格出售给了 JP 摩根财团。即便如此，财政部长和联邦存款保险公司的监察长办公室仍对华互的监管做出了一个较为苛刻的评价。评价报告的结论是，华互的破产主要因为其管理层的高风险贷款策略。但报告还注意到华互银行的主要监管者，即储蓄机构监理局以及联邦存款保险公司的严重监管缺位。报告指出，储蓄机构监理局对华互银行的检验确认了其对该银行贷款策略的顾虑，但该机构花费过多时间，以至于未能降低银行的综合评级②或采取执行行动。报告还表明，联邦存款保险公司也已察觉到华互银行的运营风险，但是未能调整华互银行的存款保险金额，因为存款保险金是以令人满意的评级为基础的。关于及时纠正措施，财政部长和联邦存款保险公司的报告指出：储蓄机构监理局没有采取也没有被要求采取及时纠正措施，因为华互银行于 2008 年 9 月 25 日被接管时仍然保持资本

---

① FDIC OIG, Material Loss Review of Venture Bank Report No. MLR－10－029 (2010).
② 根据 CAMELS 评级系统，对美国银行进行检查。CAMELS 是以下六类的缩写：资本充足，资产质量，管理水平，收入状况，流动资金要求和市场风险的敏感度。

充足。其他高知名度金融机构的破产以及华互银行的问题传闻，使得华互银行的存款人于 2008 年 9 月提取了大量现款。与此同时，华互银行无法筹集足以满足存款人的提款需求的资金，这促使储蓄机构监理局关闭了该机构。也就是说，高风险的贷款实践将使资本降至监管要求以下，随之而来的损失只是时间早晚的问题。[1]

15.16 以上表明了及时纠正措施作为监管工具，具有严重的局限性。首先，资本质量的下降触发了早期干预措施，上述经验表明资本是种滞后指标，因此不能迅速地启动及时纠正措施。其次，资本易被高估，既可能是通过资产价值的欺诈性虚假陈述（不易被监管者察觉），也可以是由于缺乏资产价值信息。虽然此类局限损害了及时纠正措施的实效，但这不表明应当废除及时纠正措施。及时纠正措施是一种有价值的监管工具，但其优点可能在通过《联邦存款保险公司促进法》时被过分夸大了。

最低成本原则和系统性风险例外

15.17 《联邦存款保险公司促进法》的最低成本要求对联邦存款保险公司处置问题银行的方式有重大影响。《联邦存款保险公司促进法》颁布前，联邦存款保险公司倾向于进行收购和承受交易，该方式中所有存款人，无论是否投保都受到保护。《联邦存款保险公司促进法》颁布后，此类整体银行交易则变得少见。[2] 虽然联邦存款保险公司对特殊交易的倾向变化显而易见，我们还是缺乏评估联邦存款保险公司决定最低成本的手段。自 1993 年开始，联邦审计总署就没有审

---

[1] Treasury OIG, FDIC, Evalution of Federal Regulatory Oversight of Washingtong MutualBank, ReportNo EVAL - 10 - 002 (2010).

[2] 从 1986 年到 1991 年的 1072 起银行破产案中，有 81% 的银行破产是通过整体银行收购交易和充分保障无担保储户的方式加以处置的。1992 年到 1997 年的 188 起银行破产中，仅有 37% 的银行破产通过充分保护无担保储户的方式进行破产处置：Testimony by John D Hawke, Jr, Treasury Undersecretary for Domestic Finance to the House Banking and Financial Service Committee (29 April 1998)。

查过联邦存款保险公司最低成本要求的履行情况。① 此外，法律没有规定为促使联邦存款保险公司履行最低成本处置的义务而可以对其提起诉讼。难以预测的是，法院可能会默示其适用。②

15.18 2008 年金融危机前，《联邦存款保险公司促进法》中最低成本原则的系统性风险例外还未得到检验。2008 年下半年，美联银行的相关抵押资产以及流动资金的减少，使其财务状况急剧恶化。2008 年 9 月 29 日，为了向美联银行对花旗银行的出售提供援助，财政部长首次适用系统性风险例外原则。美联储会议纪要表明，如果联邦存款保险公司适用最低成本处置，次级债持有人和优先债持有人将遭受严重损失。鉴于当时的经济状况，美联储认为最低成本措施将对经济以及经济形势造成严重的不利影响。美联储和联邦存款保险公司特别关注华盛顿互助银行破产后可能引发其他大型银行破产，"这可能增加类似美联银行的其他大型银行组织的压力，这些银行虽被宣告资本充足，但却仍然面临投资者对其资产质量不断恶化的顾虑"。③最后，在本次事件中，没有必要适用系统风险性例外原则，因为美联银行收到了富国银行的要约收购，富国银行准备收购美联银行而无须联邦存款保险公司的援助。

15.19 2008 年 11 月下旬，对于花旗银行以及系统性风险例外的适用，也出现了类似对美联银行的担忧。花旗银行当时正遭受严重的抵押相关损失，并面临不断增加的流动资金压力。依联邦审计总署所言，联邦存款保险公司的结论是美联储对花旗银行的应急贷款仅提

---

① 对于先前的联邦审计总署报告，参见 GGD – 95 – 118；GGD – 94 – 107；GGD – 94 – 109。

② Compare Hindes v FDIC 137 F 3d 148（3d Cir 1998）（联邦存款保险公司作为接管机构处置资产时"资产最大化、损失最小化"的义务并不意味着赋予了相关人的私权，股东也没有强制权利要求准确核算）；with First Pacific Bancorp v Helfer 224 F 3d 1117（9th Cir 2000）（认为国会意图赋予破产金融机构股东私权，让联邦存款保险公司公布破产机构金融状况的年度报告）。

③ GAO, Federal Deposit Insurance Act: Regulators' Use of Systemic Risk Exception Raises Moral Hazard Concerns and Opportunites Exist to Clarify the Provision, GAO – 10 – 100（2010），14.

供了短期救助，如果公众对银行的信心进一步受损，那么这些贷款则远远不够。财政部长、联邦存款保险公司和美联储认为，考虑到花旗银行的规模及其互相联系程度，其破产将产生系统性影响。11 月 23 日，三机构联合宣布向花旗银行实行一揽子援助：财政部长和联邦存款保险公司将向花旗银行提供保护，以防止约 3060 亿美元贷款的资金池，以及住宅、商业地产和其他此类资产所担保的证券出现异常大额损失的可能性，这将体现在花旗银行的资产负债表上。作为此类安排的对价，花旗银行将向财政部长和联邦存款保险公司发行优先股。此外，美联储在必要时，随时可以通过无追索权贷款以防止资金池的剩余风险。①

根据问题资产救助计划，财政部长向花旗集团注资 200 亿美元，并以接收优先股作为交换。鉴于花旗集团获得了政府多形式的援助，联邦存款保险公司援助的相对重要性很难被认定（这要求适用性系统风险例外）。

15.20　或许系统性风险例外最令人感兴趣的适用是联邦存款保险公司所设立的临时流动资金担保计划（TLGP）。2008 年 10 月 14 日，联邦存款保险公司宣布，临时流动资金担保计划的目的在于加强对银行系统的信心和以及增加银行系统的流动资金。② 根据这一计划，联邦存款保险公司担保由银行、储蓄机构和特定控股公司［债务担保计划（DGP）］发行的新的高级无担保债，并对无息存款账户提供全范围保护，不论其金额大小［交易账户担保计划（TAGP）］。临时流动资金担保计划的设立特别值得关注，因为该计划的法律依据尚未明确。通常而言，联邦存款保险公司可向投保储蓄机构提供金融援助（比如补偿破产银行存款人），但根据法律规定，其向开放型银行提

---

① Joint Press Release by Treasury, Federal Reserve, and the FDIC on Citygroup (23 November 2008).

② FDIC Press Release, FDIC Announces Plan to Free up Bank Liquidity: Creates New Program to Guarantee Bank Debt and Fully Insure Non-Interest Bearing Deposit Transaction Accounts (14 October 2008), available at http://fdic.gov/news/press/2008/pr08100.html.

供援助的权力有限。① 除了其他限制以外，联邦存款保险公司提供援助前还应满足上述的最低成本要求，除非其依靠系统性风险例外。临时流动资金担保计划为投保储蓄机构，以及其控股公司和无担保附属机构提供了援助。② 如前文所述，联邦存款保险公司、财政部长和美联储采取的立场是，若财政部长根据系统性风险例外做出紧急决定，则其放弃了所有的前述要求（比如最低成本要求），并且创立了一个新权力，即财政部长可对一切金融实体提供所有类型的援助形式，只要该援助对避免或减轻系统性风险是必要的。③

15.21　当国会通过《联邦存款保险公司促进法》时，其不大可能考虑类似临时流动资金担保计划。根据《联邦存款保险公司促进法》的规定，当财政部长做出系统风险的决定时，联邦存款保险公司有权"根据本节规定，采取必要措施或提供必要援助，以避免或减小系统性风险的影响"。④ 需要进行法律解释的问题是，"根据本节规定"的用语是否能够被用以修饰"采取其他措施"或者仅修饰"提供援助"。如果"根据本节规定"的用语同时修饰上述两个短语，那么将很难证明联邦存款保险公司设立临时流动资金担保计划具有正当性，因为第十二章第1823节并未授权此类计划。然而，如果"根据本节规定"仅修饰"提供援助"，则适用系统性风险例外时，联邦存款保险公司可"采取其他措施"，这是一项广泛的权力。联邦存款保险公司、美联储和财政部长，都是依据后一种解释行使其权力。

15.22　联邦存款保险公司和美联储提议对另外两个机构适用系统性风险例外，即要求批准对美国银行的援助，以及要求支持公共—私人投资项目的遗留贷款计划。财政部长在这两种情况下都没有决定适用系统性风险例外。

---

① 12 USC § 1823（C）.

② 2010年5月31日，43家参保机构，29家的银行、储蓄控股公司或非参保的附属机构参与了临时流动资金担保计划。

③ GAO，注43，at 46.

④ 12 USC § 1823（C）（4）（G）（i）.

美联储应急贷款

15.23　对于美联储在 2008 年金融危机中作用的完整分析，不在本章所述的范围之内。然而，《联邦存款保险公司促进法》扩展了《联邦储备法》第 13 条第三款的规定，美联储为应对 2008 年金融危机，则充分利用了第 13 条第三款中的权力。

15.24　美联储根据第 13 条第三款的规定行使应急贷款权，促进了对贝尔斯登的收购，并且阻止了美国国际集团（AIG）的破产，但其也利用权力创立了更多贷款项目。例如，美联储利用其第 13 条第三款的权力，创立了一级交易商信贷工具（PDCF），这是自大萧条以来美联储第一次使用应急贷款权。[①] 2008 年 3 月 17 日，一级交易商信贷工具作为隔夜贷款工具被创立。该工具为一级交易商提供资金，从而交换特定范围内的适格抵押物。该工具旨在减轻一级供应商的严重流动资金压力。2010 年 2 月 1 日，一级交易商信贷工具停止使用。如前文所述，《联邦储备法》第 13 条第三款要求银行"不能从其他银行机构获取足够的信贷支持时"，才根据本节接受贷款。[②]

15.25　美联储使用应急贷款权以扶持重要的信贷市场。2008 年 9 月 22 日，美联储创立"资产支持的商业票据货币市场共同基金工具"（AMLF）。这是一种贷款工具，它为美国储蓄机构和银行控股公司提供资金，以资助其从货币市场共同基金购买高质量的"资产担保商业本票"（ABCP）。2010 年 2 月 1 日，该工具停止使用。

15.26　2008 年 10 月 27 日，美联储设立商业票据融资工具（CPFF），向美国商业票据发行者提供了流动资金支持。根据商业票据

---

① 当时促成了 123 项贷款，总计 150 万美元。见 David Fettig，"the history of a powerful paragraph：section 13（3）enacted fed business loans 76 years ago"（2008 年 6 月）. Federal Reserve Bank of Minneapolis，The Region. 60 年代，美联储依据应急贷款权授权贷款两次，但是没有扩展信贷范围：Ben S Bernanke，"Federal Reserve Program to Strengthen Credit Markets and the Economy，Testimony before the Committee on Financial Services"，US House of Representative（2009 年 2 月 10 日）。

② 12 USC§343。Hal S Scott，The Global Financial Crisis Foundation Press，2009，25.

融资工具，纽约联邦储备银行经过适格的一级交易商为无担保商业票据和资产担保商业票据从适格发行人处购买供应资金。2008 年 10 月 27 日，商业票据融资工具停止使用。资产支持商业票据货币市场共同基金流动资金工具，以及商业票据融资工具，都旨在增加流动资金。

15.27 美联储前主席保罗·沃尔克，一直以来都直言不讳地批评美联储对非银行金融机构的贷款。2008 年 4 月，他说："简言之，全新的金融系统有着才华横溢的参与者以及丰厚的回报，但其仍未通过市场的检验。"为迎接挑战，美联储认为有必要采取扩展其合法默示权的措施，并跨越某些根深蒂固的央行准则和惯例。直接向非银行金融机构贷款，虽然是依据名义上的"临时"应急权力，但这肯定也会被解释为未来金融动荡时，有可能采取类似的措施。实际上，抵押物与问题抵押担保证券从投资银行向美联储的直接转让，似乎检验了历史悠久的中央银行的信条："自由放贷、要求高额的利息并提供高质量的担保物。"①

系统性风险与审慎监管的新视角

15.28 《联邦存款保险公司促进法》的颁布，表明立法者一直没有忽视系统性风险以及金融稳定和整体经济的重要性。换言之，系统性风险既不新鲜，也非我们意图阻止或缓解的。然而，2008 年的金融危机，使得系统性风险问题再次具有紧迫性，并且也表明我们对该风险的传统理解存在某些局限。理解性系统风险对建立处置机制十分重要，以下就对部分近期系统性风险问题进行简要讨论。

15.29 如果系统性风险无法被定义，则也难以被解决。值得注意的是，上文详述的《联邦存款保险公司促进法》系统性风险例外并没有包含系统性风险的定义。该法仅提到"对经济状况或金融稳定

---

① Paul A Volker, Remarks at a Luncheon of the Econoimc Club of New York (8 April 2008).

的严重负面影响"。① 有人认为，系统性风险无法被定义。其他人虽声称其可被定义，但对系统风险的统一定义尚未出现。② 国际货币基金组织、国际结算银行和金融稳定委员会向 20 国集团发布的一份最近报告中，如此定义系统性风险："它是对金融服务连贯性的破坏，因金融系统的整体或部分受损而发生，并有可能对实体经济造成严重负面影响。"③

15.30 尽管定义困难，政府仍然尝试着阻止系统性风险。传统系统性风险监管的首要制度是银行的审慎监管制度。审慎有时也被称为"安全和稳健"，审慎监管传统上通过避免银行破产以求阻止系统性风险。④ 然而，2008 年的金融危机质疑了一个假设，即通过保障个体银行的偿付能力可以解决系统性风险（现在称之为"微观审慎的监管方法"）。布伦纳迈尔等人写道：

当前系统监管的方式隐含一个观点，即我们仅需尝试确保个体银行的安全，就能保持整体系统的安全。这听起来是常理，但实际上是谬误。银行和高杠杆金融中介为确保自身更加安全，可能共同表现出对金融系统的破坏。风险价格提升时出售资产是个体银行视角下的审慎反应。但如果多数银行都出售资产，则资产价格将暴跌，监管机构

---

① 12 USC § 1823（c）（4）（G）（i）.

② 参见 European Central Bank，"The Concept of Systemic Risk"，（December 2009）. Financial Stability Review 134. 关于系统风险定义的进一步讨论，见 Steven 1 Schwarcz，"Systemic Risk"（2008）97 Georgetown Law Journal 193；Jean-Claude Trichet，President of the European Central Bank，"Systemic Risk"，Clare Distinguished Lecture in Economic and Public Policy at the Clare College，University of of Cambridege（10 December 2009）. Anna Gelpern，"Financial Crisis Containment"（2009）41 Connecticut Law Review 1051；Erik F Gerding，Code，Crash, and Open Source：The Outsourcing of Financial Regulation to Risk Models and the Global Financial Crisis（2009）84 Washingtong Law Review 127；Amir E Khandani，Andrew W Lo，and Robert C Merton，"Systemic Risk and the Refinancing Ratcher Effect"（Harvard Business School，Working Paper 10 – 023 2009）.

③ IMF，BIS，FSB Report to G20 Finance Ministers and Governors，Guidance to Assess the Systemic Importance of Financial Institutions，Markets and Instruments；Initial Considerations（2009）5 – 6.

④ 对银行审慎监管原理的讨论，参见 Hedi Mandanis Schooner and Michael W Taylor，Global Bank Regulation：Principles and Policies（Burlington：Academic Press，2010），xii – xxi.

不得不采取进一步措施以矫正这种形势。某种程度上说，是银行对此类压力的反应导致了资产价格的普遍下跌，并且银行的反应还增加了资本市场的关联性和不稳定性。[①]

15.31　关于系统风险性质的观察，凸显了当前监管系统的一般缺陷。首先，银行并非唯一的系统重要性金融机构。其他金融机构如投资银行和对冲基金也可能导致系统性风险。其次，保障金融机构的偿付能力并非总能避免系统性风险的发生，因为一家公司可以采取措施保障自身的偿付能力（比如变卖资产），如果其他公司重复此举，则有可能引发系统性风险。因此，许多改革建议在传统微观审慎机制基础上加强宏观审慎监管。换言之，新的监管机制不仅将关注商业银行的偿付能力（微观审慎），也会考虑一切金融机构活动对金融系统和实体经济的影响（宏观审慎）。[②]

美国的处置改革

15.32　世界各地的立法者和学者们，继续发展改进着他们对监管改革的提案。在美国，金融改革已经成为美国国会和奥巴马政府的优先考虑事项。2010 年 7 月 21 日，奥巴马总统签署《多德—弗兰克法》，该法将对金融服务业产生深远影响。《多德—弗兰克法》的确切影响在一段时间内不会被了解，因为许多实施细节还留待不同监管机构制定具体规则。以下是对《多德—弗兰克法》主要条款的大致讨论，这些条款与应对问题公司的处置最直接相关：系统重要性公司的监管；及时纠正措施；扩张的处置权；联邦存款保险公司和美联储的应急权力。

---

① Brunnermeier et al, The Fundamental Principles of Financial Regulation, Geneva Reports on the World Economy 11 (2009) vii.

② 对宏观审慎机制框架的讨论，同上，ch3。

系统重要性公司监管

15.33 美国的改革提案，通过加强对银行以外公司和危及偿付能力的活动的监管，试图解决当前微观审慎监管方式的局限性。2009年7月，奥巴马政府向国会提交系统风险法律建议提案。① 该提案成立了由八位成员组成的金融服务监督委员会，八位成员是主要联邦金融监管机构的领导者（取代总统金融市场工作小组）。根据这一提案，美联储负责监管一级金融控股公司，即所有"一旦破产，其规模、影响力和相互联系程度，将共同危及金融稳定的金融机构"。② 对一级公司的监管，比起对其他金融机构的监管更严格，比如更高的资本要求，更高的流动资金要求，以及更为保守的风险管理要求。对一级公司的监管属于宏观审慎监管，因为该监管更为注重整体系统风险。

15.34 《多德—弗兰克法》采用了奥巴马政府改革提案中的诸多重要内容。它设立了金融稳定监督委员会③以识别系统性风险，通过排除政府的救助预期以促进市场自律，并对不断出现的美国金融稳定威胁作出回应。④ 依照《多德—弗兰克法》的第112条第a款第2项所列举的众多委员会职责，委员会应当要求美联储监管系统重要性的

---

① 财政部长，情况说明书：政府监管改革议程正逐步推进，TG－227（2009年7月22日），http：//www. treas. gov/press/releases/tg227. htm。

② Treasury, Financial Regulatory Reform, A New Foundation：Rebuilding Financial Supervision and Regulation 10.

③ 《多德—弗兰克法》第111条第b款规定，委员会由以下有选举权的成员组成：财政部长，美联储主席，货币监理署长，消费者金融保护局局长（美联储根据《多德—弗兰克法》所设立的新机构），证券交易委员会主席，联邦存款保险公司主席，商品期货交易委员会主席，联邦住房金融局局长，国家信用联合管理局局长，以及由参议院建议批准、经由总统委任的一名具有保险经验的独立成员。委员会独立的无选举权成员包括：金融研究办公室主任（财政部长根据《多德—弗兰克法》设立的新机构），联邦保险办公室主任（财政部长根据《多德—弗兰克法》创建的新机构），州保险专员，州银行监管专员，以及州证券监管专员。

④ Section 111 （a）（1）.

非银行金融公司（以下简称"系统性非银行金融公司"）①，并且应当向美联储提出建议，对非银行金融公司以及大型相关联的银行控股公司实施更高的审慎监管标准。如果美国非银行金融公司遭遇重大财务困境，或者美国非银行金融公司的性质、范围、规模、集中度、关联性或其行为的组合会对美国金融稳定造成威胁，那么委员会可以决定，系统性非银行金融控股公司应受到美联储更为严格的监管。②

15.35 《多德—弗兰克法》第 16 条规定，美联储将对资产达在 500 亿美元以上的系统性非银行金融公司和银行控股公司实施更严格的审慎监管标准（此后所有资本在 500 亿美元以上的系统性非银行金融公司和大型银行控股公司，为了简便统称为"系统性机构"）。美联储应当在下列领域设立更严格的审慎标准：风险基础资本要求和杠杆限制；③ 流动资金要求；整体风险管理要求；处置计划④和信用风险报告；集中度限制。美联储将实施更多的严格审慎标准，包括或有资本，信息披露的加强，短期债务的限制，以及美联储或委员会认为

----

① 《多德—弗兰克法》通过前，美联储监管银行控股公司，而不对非银行金融公司进行监管。银行控股公司是拥有或控制银行的公司：12 USC § 1841（a）。为了上述目的，这里的"银行"通常指在联邦存款保险公司投保的商业银行，而（有许多其他例外）不是投保储蓄机构：12 USC § 1843（c）。

② section 113（a）（1）. 委员会的决定是受司法审查：section 113（h）.

③ 如果美联储与委员会协商认为，鉴于公司的活动或结构，该要求对特殊的公司并不适当，那么美联储可以避免实施更高的风险基础资本要求或杠杆限制。在这种情况下，美联储应当实施其他类似标准：第 165 条第 b 款。委员会一旦发现系统重要性非银行金融公司或大型银行控股公司对美国金融稳定造成了致命威胁，美联储就应当要求此类公司将负债股权比率维持在 15：1 以下：第 165 条第 j 款。

④ 《多德—弗兰克法》第 165 条第 d 款规定，处置计划应包括：投保储蓄机构与系统重要性非银行金融公司或大型银行控股公司联系的方式和程度，在非银行公司分支机构所引发的风险中得到适当保护的信息；所有权结构、资产、责任以及合同债务的完整说明；与不同证券相关联的交叉担保识别，主要交易对手的识别，及对进行抵押的公司主体的决定过程；其他美联储和美国联邦存款保险公司依据条例或指令共同要求的信息。《多德—弗兰克法》颁布前，根据当时存在的法律，美国联邦存款保险公司对处置计划进行正式的条例制定。美国联邦存款保险公司正寻求对其拟定条例的评价，该条例要求一些属于大型、复杂母公司分支机构的投保储蓄机构向美国联邦存款保险公司提交处置计划，这表明投保机构有能力从母公司中分离，并且能以一种有序的方式清算或处置：FDIC, Special Reporting, Analysis and Contingent Resolution Plans at Certain Large Insured Depository Institutions, 75 Federal Register 27464 (17 May 2010).

适当的其他审慎标准。

及时纠正措施

15.36　《多德—弗兰克法》第 166 条，要求美联储与委员会协商设立针对财务困境中系统性机构的早期补救措施。美联储必须"明确公司财政状况指标，包括监管资本，流动资金指标和其他前瞻性指标；当公司财政状况下滑时，设立更严格的要求……"① 这些要求应包括："财政下滑的初期：限制资本分配、收购以及资产增值的要求；财政下滑的后期：资本恢复计划要求和集资要求，限制关联交易、管理层变动和资产变卖的要求。"②

15.37　《多德—弗兰克法》第 201 条第 g 款，要求联邦审计总署检查银行机构履行及时纠正措施的情况。特别的是，联邦审计总署可以直接评估银行机构履行及时纠正措施的有效性，从而使及时纠正措施成为对最低成本处置更有效的工具。《多德—弗兰克法》颁布之后的一年，联邦审计总署的报告被提交给委员会。此后，委员会有 6 个月的时间，将回应报告采取的措施向众议院和参议院委员会汇报。

发展的处置机制

15.38　《多德—弗兰克法》第二章，将《联邦存款保险法》的处置模式延伸到储蓄机构之外，也延伸到了系统性公司上。银行处置并未适用这种新的处置机制。银行依然受到联邦存款保险公司之前的特别处置权的管制。《多德—弗兰克法》第二章的目的在于，为那些引起美国金融稳定重大风险的破产金融公司，提供必要的权力，以减少此类风险以及降低道德风险。③

15.39　根据《多德—弗兰克法》，联邦存款保险公司和美联储，可就财政部是否授权委任联邦存款保险公司作为金融公司的接管人，

① Section 166（b）.
② Section 166（c）.
③ Section 204（a）.

向财政部提出建议。① 金融公司董事会默许时，财政部长可向哥伦比亚特区的地方法院请求，委任联邦存款保险公司作为金融公司的接管人。② 财政部长的请求，将根据该公司是否"存在违约或违约危险"的决定而做出。根据《多德—弗兰克法》第 203 条第 c 款 4 项，公司存在违约或违约风险的情形如下：根据破产法规定，金融公司已经破产或可能立即破产；金融公司已经遭受或者可能遭受耗尽其全部资产或导致全部资产的损失，并没有合理希望以避免这样的损耗；金融公司对于债权人或其他人资不抵债或者可能资不抵债；金融公司无法在正常经营过程中清偿债务或可能无法清偿（除了那些善意纠纷债务）。

15.40 《多德—弗兰克法》第二章的授权行使方式应符合三个原则：金融公司的债权人和股东将承担损失；负责金融公司财务状况的管理层将失业；联邦保险存款公司和其他参与机构将确保，对公司财务状况负责的各方通过给付损害赔偿金、恢复原状或追偿的方式承担责任。③

15.41 《多德—弗兰克法》建立了由联邦存款保险公司管理的有序处置基金。不同于法律提案的早期版本，《多德—弗兰克法》中的有序处置基金没有进行先融资。《多德—弗兰克法》授权联邦存款保险公司向财政部贷款（存在强制性上限），这些贷款将先由处置收益偿还，其次再由系统性机构的估价偿还。《多德—弗兰克法》第 214 条要求金融公司的清算根据《多德—弗兰克法》第二章进入接管阶段，并规定，纳税人不对联邦存款保险公司依第二章采取的活动承担任何损失。

15.42 《多德—弗兰克法》第 210 条第 a 款第 1 项第 N 分项规定，对于在美国以外国家有资产或业务的担保金融公司，联邦存款保险公司作为清算管理人，在其有序清算时，应尽最大可能与合适的国外金融监管当局协调。此外，《多德—弗兰克法》第 202 条第 f 款，指示联邦审计总署对金融公司清算中国际协调和国际合作的情况进行

---

① Section 203（a）.
② Section 202（a）（1）（A）（i）.
③ Section 204（a）.

调查评估。

美联储和联邦存款保险公司的应急贷款权

15.43　《多德—弗兰克法》对美联储在《联邦储备法》第13条第三款中的应急权力增加了新的限制，并确认了联邦存款保险公司在危机中设立广泛的担保计划权力。

15.44　根据联邦存款保险公司和美联储的书面决定，存在流动性风险事件时，联邦存款保险公司将创立一个广泛有效的方案，以担保在严重经济困境中有偿还能力的存款保险机构或存款保险机构控股公司（包括其所有附属公司）的债务，除非本条所规定的债务担保不包括任何形式的股权条款。[①] 该条款明确授权联邦存款保险公司创立一个类似临时流动资金担保计划的方案。临时流动资金担保计划，如前文所述，是建立在2008年金融危机的存疑法律依据之上。

15.45　《多德—弗兰克法》通过授权"广泛的担保计划或设施"贷款而非"个人、合伙和公司"贷款，修正了《美国联邦储备法》第13条第三款的应急贷款权。《多德—弗兰克法》第1101条规定，美联储如果没有财政部长的事先批准，不能依据第13条第三款贷款。并且，美联储应建立一定的规章，这些规章"旨在确保所有的应急贷款计划或设施的目的是向金融系统提供流动资金，而非援助某个破产金融公司；同时确保应急贷款的安全性足以保障纳税人不受损失，并且任何此类计划都能以及时有序的方式终止"。《多德—弗兰克法》表面上支持2008年金融危机中美联储所应用的流动资金计划，但却谴责了美联储对贝尔斯通和美国国际集团的援助。

困境机构周而复始的改革

15.46　《多德—弗兰克法》与储蓄危机后改革措施的对比，为金

---

① Section 1105.

融改革的本质及对其潜在效用的某些预测提供了广阔的视角。与前文一致，下文将集中讨论那些旨在直接处理困境机构的改革。

15.47 有人可能会将《多德—弗兰克法》中规制系统性机构的条款和《联邦存款保险公司促进法》中的及时纠正措施进行比较。尽管及时纠正措施的多数改进集中在其对消除监管者自由裁量权的尝试中，但及时纠正措施的实质利益有赖于监管措施的及时性。及时纠正措施是一种早期介入机制，其前提在于，困境银行能被恢复，不可恢复的银行则被先行处置以降低损失。系统性机构的新型监管，在很多方面有赖于与《联邦存款保险公司促进法》的及时纠正措施相似的基础。《多德—弗兰克法》通过要求监管者对系统性机构设立更严格的审慎标准（比如风险资本要求、杠杆限制和流动资金要求）来消除监管者的自由裁量权。新法似乎也以早期干预为前提，即预先识别发生系统风险的潜在可能，以使早期干预得以被囊括。有鉴于此，笔者怀疑《多德—弗兰克法》与《联邦存款保险公司促进法》的及时纠正措施存在同样的缺陷。首先，虽然该法案旨在通过指示监管者采纳更严格的标准以去除监管者的部分自由裁量权，但监管者如此行动的效果却无法得到保证。实际上，监管者将更严格的资本标准维持在绝对最小值内的压力可以被预见。虽然早期版本的法律对杠杆比率的限制性要求是 15∶1，但《多德—弗兰克法》通过赋予监管者规避该要求的权力从而回避了这一要求。① 其次，在识别具有系统风险的非银行金融公司之时，此类决定的顺循环性质可以被预测。有些公司在发展期间会运用其强大的力量，以使监管者确信其经营活动不会造成系统性威胁。如果监管者在危机预备阶段的回应是某项指示，那么大型公司在这点上可能较有说服力。

15.48 《多德—弗兰克法》对系统性机构采用了为人熟知的监管工具，比如风险基础资本和杠杆限制。近年来的实际损失报告的经验在于，资本可能是一种滞后的指标，并且其可被高估。因此，为实现

---

① 参见上述注解的讨论及其附带文本。

监管目标而严重依赖此类指标并不明智。

15.49　《多德—弗兰克法》要求建立处置计划。处置计划似乎是一种有用的监管工具。然而，这种工具的作用不应该被夸大。处置计划很可能像其他监管工具一样受到顺循环的影响。换言之，处置计划在良好的经济环境中可能体现出正面效用（尽管需监管机构尽最大努力）。此外，即使计划周全，但其并不能预见实际情况。除非处置计划能被持续修正，否则其效力将受到限制。话虽如此，处置计划还是可能为整体监管进程提供些许助益的。

15.50　《多德—弗兰克法》将及时纠正措施延伸至系统性公司。鉴于近期危机中现有的及时纠正措施仅发挥了有限作用，在未得到实质改进情况下，及时纠正措施不大可能有效减少系统性公司所产生的损失。《多德—弗兰克法》通过增加及时纠正措施的触发点—增加流动资金指标和其他"前瞻性指标"，稍微改进了《联邦存款保险公司促进法》的及时纠正措施。如果监管者能够成功识别可靠的前瞻性指标，那么《联邦存款保险公司促进法》的及时纠正措施机制将得到实质性的改进。

15.51　美国银行处置的特别机制有其独到之处，《多德—弗兰克法》通过将这种特别机制延伸至储蓄机构和系统性机构，发挥了特别机制的优势。怀疑者可能将处置权力的扩张视为对政治问题的法律回答。换言之，怀疑者声称，特别处置机制的扩展对证明拯救类似贝尔斯通和美国国际集团的机构的正当性是必要的。联邦存款保险公司主席希拉拜尔最近宣称，"大而不倒"的问题之所以存在，是因为我们在不冒市场危机风险的情况下，缺乏可行的方法以关闭大型非银行金融公司。① 然而，有人可能会质疑在没有国际协作的情况下针对系统性机构的特别处置机制的有效性。正如前文所述，《多德—弗兰克法》简要提及了国际协作，尽管如此，该法并未在实质上解决跨境破

---

　　① Sheila C. Bair, Chariman, FDIC, Remarks to the Council of Institutional Investors: Spring Meeting In Washington, DC（12April 2010）.

产问题。系统机构的国际待遇尚未明确，就此而言，对此类公司进行处置相对于政府救助而言并非一个政治上可行的选择。

15.52　包含先融资清算基金的早期版本法律，为实际处置改革带来了最为光明的希望。先融资基金的设立是对管理效力的局限性（即管理无法阻止也不应被用以阻止所有系统性机构的破产）的有形识别，也是对系统性机构处置成本高昂的事实的识别。此外，先融资基金的存在有助于监管者关注有形事项的保障——通过监管者的工作保护基金而非其监管的银行。不幸的是，《多德—弗兰克法》中并没有包括上述的诸多优势。联邦存款保险公司向财政部借款时，先融资清算基金与其说是一种基金，不如说是一项授权。此外，产业事后评估中的威胁可能无法作为避免不良风险承担的真正诱因。①

15.53　可以确定的是，美联储在近期的危机中使用了其应急贷款的权力。并且，《多德—弗兰克法》对第13条第三款的修正仍然允许广泛的担保权力。然而，《多德—弗兰克法》设立了一些程序性障碍，并排除了美联储援助个体公司的资格。此类措施想必是用以阻止类似美国国际集团救助事件的发生。尽管这可能与我们20年前所看到的第13条第三款规定的方式相反（当时国会扩展了美联储的应急权），但可以想象的是，美联储能够毫不费力地在危机中行使其在第13条第三款中的权力，因为它有财政部的支持。还可以想见的是，美联储可以通过设立一种工具在实际上为个体公司提供政府救助，该工具在其他方面也能被同时适用。

结　论

15.54　在国会金融改革审议的中途，财政部长蒂莫西·盖特纳写道：这是金融改革的决定性时刻。我们必须正确理解它。我们所建

---

① 对设立系统性风险基金益处的完整讨论，参见 Arthur E Wilmarth，Jr，"Reforming Financial Regulation to Address the Too-Big-to Fail Problem"（2010）35 Brooklyn Journal of International Law.

立的体系，不能依赖于未来监管者的智慧和判断。即使是配备最完备工具的最智慧个体，也无法发现所有缺陷并先发制人地阻止一切危机。反而，保持稳定最好的策略是促使金融系统以明确的规则运行，这些规则对杠杆和风险设定了明晰的限制。① 盖特纳的告诫是正确的，但《多德—弗兰克法》却没有像他描述的那样显著增加了监管机制的类型。反之，《多德—弗兰克法》仍然依赖以往的监管方式，并且严重依赖监管者的最大努力和智慧。如果系统性机构的改革得到实现，那么监管者将会拥有一个更为广阔的网络。然而，很少有人指出，将现有监管方式运用到更多公司上，是阻止下一场危机发生的方法。

（刘　诚译）

---

① Timothy Geithner, Op-Ed, "Financial Reform with Teeth", Washington Post, 13 April 2010, at A17.

16

雷曼破产的国际教训：
跨国的"无主之地"

James L Bromley and Tim Phillips [*]

综　述

16.01　2008 年 9 月 13 日、14 日的雷曼兄弟破产是一个历史性事件，它意味着一个经济时代的终结，其意义如同 1929 年的股市崩盘以及 1973 年的石油禁运。雷曼兄弟破产也是一个国际性事件，该金融机构的全球性足迹促成并加剧了这一事件的国际影响。尽管关于此类金融机构的研究已经为数甚多，且多将其描述成（或可能是）"大而不倒"，但关注的重点主要在于地方性的。当前的主流局限于国内层面的反省，但对于雷曼兄弟破产所引发的跨境纠纷、影响及其

───────────

　　[*]　James L Bromley 为美国佳利律师事务所合伙人，Tim Phillips 为该事务所职员，两人就职于该公司的纽约办事处。两位作者感谢 Temidayo Aganga-Williams（就读于康奈尔法学院，2010 年暑期就职于该事务所）的帮助。本文为作者的个人观点，并不代表事务所或其客户。

后果却关注甚少。雷曼兄弟破产对于国际金融基础架构所带来的负面影响不容忽视。

16.02 如今，金融与企业的全球化使得各个国家前所未有地紧密联系在一起，然而，国际社会对于金融危机作出应对的能力却严重受制于陈旧的系统，这些系统仅适用于过去的情形，而无法应对新的挑战。现有的全球框架运作缓慢、法律不健全、监管制度脱节、公共政策落后，难以产生真正的信心来面对全球金融的指数级发展。即使是美国、英国等具备最发达的监管和司法系统的国家，都在应对雷曼兄弟破产事件上表现出不足和明显的漏洞，尽管同时也存在着几乎令人窒息的监管。

16.03 雷曼兄弟的教训还将被继续探讨，而在国际前沿，一些方面的问题如今已经凸显出来：

·监管漏洞与早期征兆——在雷曼兄弟宣布破产的那段时间，全球监管网络的不足、漏洞显露无遗。因此，雷曼兄弟①破产的第一个教训是，国内及国际监管网络必须无缝对接。为达到上述目的，则必须在全球金融市场持续不断的压力之下对监管体系进行反复的测试和评估。跨国界缺乏统一的责任不仅对本国的影响是重大的，在国际的影响更加重大。正因如此，系统重要性金融机构的业务跨国境、跨管辖，任何一个主要国家的监管失灵将对全球经济产生重要影响。

没有任何经济庞大到不会受其影响。金融机构持续的跨境监管套利以及和当地国管辖②的密切联系需要发展更有效的跨境监管和合作。事实上，下一个雷曼在多国开展业务的事实也不会妨碍开出有效的药方来避免下一场恐慌。正如下文所述，雷曼兄弟在多国具有系统重要

---

① 为便于参考，2018 年 9 月 15 日之前在雷曼兄弟（LBHI）旗下的公司文中都将统称为"雷曼"或"雷曼兄弟"。

② 公司的母国管辖权概念，或主要利益中心无论在《欧洲破产条例》（1346/2000）或《美国破产法》第 15 章节和 UNCITRAL 示范法的跨国破产，都是当下跨国破产制度的重心。此外，金融机构尤其是系统重要性金融机构更符合这个定义。大概可用拥有多个住所的概念来比喻，其中最经常逗留的，有着家人和朋友（有着所有具有代表性的联系）才是最适合被称为住所。

性（特别在英国和美国）。倘若英国和美国的监管机构有更好的渠道在早期阶段交换信息并实施降低损失的事先方案，将可以避免雷曼兄弟破产带来的最具破坏力的后果。更有效的工具很可能避免雷曼兄弟在美国的破产申请和在英国的管理程序，至少可以避免债权人自行其是的破产申请所带来的破坏性后果。

·跨国的紧急流动性援助——货币和与银行相关的基础课程都强调流动性对银行体系的重要性，各国在建立避免银行挤兑的体系都强调流动性并非巧合。由此类推，为避免本国恐慌传染国际市场，系统重要性金融机构应当被允许以一种可控的方式获得资金，而此类流动性援助具有跨国性则至关重要。此类跨国资金和处置体系的特征如下：（a）为便利破产机构及其跨国附属机构有序退出市场，参与国有责任提供流动性支持。（b）有限的自动中止。类似《美国破产法》的规定，以一种协调的跨国界的方式实施自动中止以避免市场恐慌并让市场相信随后将实施可预见的资产保护程序以提升市场信心。（c）预先甄别。为了危机时刻能快速有效的采取行动，主要国家的司法决策者可以正式或非正式地进行沟通。（d）主要国家为债权人—债务人以及债权人之间的纠纷裁决提供透明的法庭。

简　介

16.04　好莱坞导演及编剧奥利弗·斯通（Oliver Stone）在 1987 年创作了电影《华尔街》。该剧的主角戈登－盖柯（Gordon Gekko）的一句臭名昭著的台词"贪婪是美德"[1] 无意间广为流传。该台词在电影上映之后的二十年间里成为全球金融界众人皆知的文化性标语。这句标语在 2004 年到 2007 年前所未有地流行，而当时美国房地产泡沫也达到了破裂的临界点。有趣的是即便破产也是一件好事。事实

---

① 短语"贪婪是美德"已经被载入词典，而电影《华尔街》中的原句为"贪婪，没有一个更好的词可以用来形容，是好的，贪婪是对的。贪婪是动力，贪婪是纯净的，简而言之，贪婪是追求理想必不可少的精神"。Wall Street（20th Century Fox, 1987）。

上，金融危始于 2007 年夏的次贷危机并在 2008 年秋因雷曼兄弟破产达到了高峰，而危机恰是对先前过热的泡沫的矫正。

16.05 不仅破产是好事，尤其是金融机构的破产也是好事。[①] 破产迫使市场对风险进行合理的定价。[②] 破产迫使投资者、股东、债权人以及交易对手在投资时评估风险。破产迫使公司的董事和高管在建立信誉时要考虑到风险。破产迫使高管为自己生计和员工生活承担责任时直面风险。破产迫使政府、政治家和监管机构在制定必要的立法和监管架构时维持风险和回报间的平衡。事实上，为了有效分配风险相关的损失和收益，破产是必不可少的约束。此类因失败和成功所形成的市场约束，是健康的资本制度的先决条件。[③] 因此，应特别注意避免破产的拯救措施的后果，尤其应当注意暗示的拯救所带来的道德风险问题（更糟糕的是担保性拯救的预期）。

16.06 尽管破产具有系统性好处，大型国际性金融机构的破产不应当以一种造成更大范围的经济动荡的方式进行，而雷曼兄弟的破产产生了此类后果。[④] 2008 年 9 月 15 日星期一早晨，雷曼兄弟申请破产[⑤]引发了全球经济的海啸，造成了恐慌，世界各地大型金融机构

---

① 为了流畅地叙述，这个观点并非毫无用处的。可参考 The Bank for International Settlements, 80th Annual Report 16 (2010). （"我们要消除个体机构的不稳定因素……但我们需要允许个体失败的系统。我们并不需要一个许多机构连锁性破产的系统，无论是因为他们面对同一个风险还是由于个体机构过于庞大并和其他机构有过多的联系以至于他的破产导致系统性风险。"）该文的脚注提到，应注意"在只有少量金融机构的小国家，每个个体都具有系统重要性，唯一的选择是消灭破产的可能性"。

② Financial Stability Board, Interim Report to G20 Leaders: *Reducing the Moral Hazard Posed by Systemically Important Financial Institutions* 2 (2010)（"雷曼兄弟的倒闭证明了一个全球性金融公司混乱的破产会强烈影响多个市场，影响金融的稳定以及全球多个国家的经济。在该事件后的几个月，各国实施了前所未有的方法去防止全球金融系统的崩盘。虽然它们成功地达成了主要的目标，实施的措施却急剧地提高了金融系统的道德风险。缺乏可靠的措施消除拯救的可能性，（系统重要性金融机构）融资成本反映了官方救助的期望……（将引导他们）参与更高风险活动，而这扭曲了资本的配置并可能引发将来的危机。"）

③ 同上。

④ The Bank for International Settlement，注 4，16（"更大的挑战是防止个体金融机构引发连锁的破产"）。

⑤ Voluntary Petition, *In re Lehman bros Holdings Inc*, No 08 - 13555（Bankr SDNY 15 Sept 2008）；Anton R Valukas Report, Examiner 726, *In re Lehman bros Holdings Inc*, No 08 - 13555（Bankr SDNY 11 Mar. 2010）（在下文中称为雷曼审查报告）。

清偿能力也饱受质疑并导致了恐慌。而恐慌又导致了对银行体系的挤兑。[1] 不仅仅雷曼兄弟的客户火速提现，其他机构的顾客担心金融机构破产也抛售手头的债券并提出现金。一系列的甩卖导致资产价格暴跌，随之而来追缴保证金大量增加。交易相对方要求高质量的担保和客户的现金需求导致市场资金短缺，遏制了银行间的同业拆借并导致了史无前例的流动性枯竭。[2]

16.07　雷曼破产的直接后果极为令人震惊。2008 年 9 月 15 日，雷曼向美国纽约南部地区的破产法庭递交破产申请的当天，便有通告称美国银行将收购美林证券（Merrill Lynch）。[3] 道·琼斯工业指数当天下跌 504 点。[4] 就在第二天，2008 年 9 月 16 日，美联储宣布给"美国保险集团"（AIG）放贷 850 亿美元，作为贷款的对价获得 AIG 79.9% 的股权。[5] 2008 年 9 月 22 日，高盛和摩根士丹利转换为银行控股公司并受美联储的监管。[6] 2008 年 9 月 26 日，储蓄监理署和联邦存款保险公司（FDIC）接管了美国最大的储蓄机构——华盛顿互惠银行，该行以 19 亿美元的价格被出售给摩根大通集团。[7] 2008 年

---

[1]　投资银行、保险公司、共同基金等。

[2]　Richard Posner, The Crisis of Capitalist Democracy（Cambridge, Mass Harvard University Press, 2010）, 58 - 63.

[3]　Mauro F Guillen, The Global Economic and Financial Crisis: A Timeline 8（2009）, http://lauder. wharton. uponn. edu/pdf/Chronology% 20Economic% 20% 20Financial% 20Crisis. pdf.

[4]　Alexandra Twin etal, "Stock Get Pummeled: Wall Street sees worst day in 7 years, with Dow down 504 points, as financials implode", CNN, 21 September 2009, http:// money. cnn. com/2008/09/15/markets/markets_ newyork2/index. htm? cnn = yes.

[5]　Guillen, 注 11, 8; Matthew Karnitschnig etal, "U. S. to Take over AIG in $ 85 Billion Bailout: Gentral Banks inject Cash as Credit Dries up", Wall St Journal, 16 Septem 2008, A1 版（美联储将贷款 850 亿美元给 AIG，美国政府以参股票据的形式取得 AIG 集团 79.9% 的股权。这两年期的贷款利息将以伦敦同业拆借利率为基础再加上 8.5% 的利率……该贷款以 AIG 的资产作为抵押，包括该集团旗下盈利的保险公司，因此即使市场持续低迷，也能保护美联储）。

[6]　Guillen, 注 11, 9。

[7]　Ibid. ; See also, Federal Deposit Insurance Corporation, "JP Morgan Chase Acquires Banking Operations of Washington Mutual（Sep. 25 2008）", available at http://www. fdic. gov/ news/news/press/2008/pr08085. html.

10 月 3 日，美国财政部根据紧急立法（TARP）获得授权可以直接给濒危金融机构注入流动性资金，市场信心得到了一定的修复。[①] 总之，雷曼兄弟破产申请造成的恐慌不仅破坏了公司的实际经济价值，[②] 还将整个全球金融体系推向了悬崖。

16.08　但是，姑且将雷曼破产的影响放一边，许多人主张雷曼破产是一件好事。[③] 雷曼的高杠杆率、[④] "逆周期"投资不动产，[⑤] 以及次级贷抵押贷款的发行和证券化[⑥]的业务模式是高风险的。

当意识到这种风险；当不动产价值急剧下跌时；当许多次贷抵押证券化的缺陷很明显的时候；[⑦] 当次级担保债务凭证（CDO）和 CDO^2 的业务背后的基础[⑧]显露出其错误时；它的股东、高管和投资人应当承担损失，应当失去原先所拥有的财富。问题在于其造成的恐慌几乎将稳健的金融机构和全球金融体系一并摧毁。

16.09　因此，问题在于如何在不创造或强化道德风险（拯救的同义词?）的同时，预防（尤其是在国际层面）下一场恐慌以及其伴

---

① Guillen，注 11，11。

② 雷曼审查报告，注 8，725（"奥迈企业顾问公司……宣称雷曼兄弟破产导致了近 750 亿美元的损失"）。这里并未提及雷曼的破产对经济领域带来的影响。

③ 然而，许多人并不赞同该观点。Posner，注 10，41（"放弃雷曼……一个巨大的失策"）。

④ 雷曼审查报告，注 8，3（"雷曼的商业模式并不特别；当时所有大型投资银行都采用了高风险、高杠杆的经营模式，维持这种商业模式则需要对订约方有足够的信心"）。此外，"在 2006 年，雷曼决定采取更积极的业务策略，给公司带来了更大的风险，也放大了资金杠杆率"。同上，4。

⑤ 同上，4（"2007 年，次级住宅抵押贷款业务由问题转变为危机，雷曼才逐渐意识到这场蓄势待发的风暴及它将给商业地产和其他行业带来的溢出效应。雷曼有意识的决定加大投资额而非撤出资金，期望能从反周期商业策略中获利。正因如此，雷曼兄弟严重地越过了内控界限和控制"）。

⑥ 同上，4 ["雷曼旗下负责次贷业务的子公司（BNC 放贷公司和极光贷款服务有限责任公司）仍在开展次贷以及其他非首次抵押业务。许多其他类似公司早已停止该项业务或预备停止业务。因为雷曼已经不能再将这些贷款证券化并卖给第三方，这增加了雷曼资产负债表上的非流动性资产"]。

⑦ 次贷业的缺陷是巨大的，最引人关注的两个问题是：古老的认为房地产价值不会下跌的幻想；多元化可以取代证券承销的标准。历史上充斥着房地产泡沫破裂的例子，新方式犯旧错的频率比哈雷卫星光顾的频率更频繁。

⑧ 主要的错误是认为多元化可以分散风险，甚至可以分摊到类似的资产上。

随的危害。

是否我们屈从于"大而不倒"（或关联性太强或太重要而不倒）的理念？至少在美国，刚通过的金融服务监管法律回答了上述问题。总体而言，《多德—弗兰克法》① 规定了系统性风险的监管，对具有系统重要性的银行和金融公司实行更严格的审慎标准，加强场外衍生品市场的监管，处置和清算破产的系统重要性金融机构。

16.10　在该领域，我们最感兴趣的是《多德—弗兰克法》的第二章即有序清算的权限（OLA）。有序清算权限部分授权联邦存款保险公司（FDIC）可以像其处置破产银行一样接管并处置破产的系统重要性金融机构。② 有序清算权仿照了《联邦存款保险公司促进法》（FDIA）授权 FDIC 处置和清算破产银行的权力，规定 FDIC 能够执行或取消金融公司的合同、转移破产公司的资产或债务给第三方买家或专门成立一个或多个"桥金融公司"。③

16.11　联邦存款保险公司所获得新权力简化了破产程序，避免了《破产法典》的烦琐、麻烦的破产程序将降低雷曼类似的公司破产对市场的破坏。FDIC 有能力"介入、快速合法地关闭和处置问题金融机构"④ 被认为是处理"大而不倒"问题的关键。⑤ 尽管 FDIC 曾经有成功处置问题银行的经历，该法过度依赖 FDIC 的表现，忽略了主要金融机构充满变数的破产问题，尤其是对当前跨国界的影响的简单化分析，显得过于乐观了。

很显然，对于 FDIC 的"清算、取消和出售"的策略将降低雷曼破产事件的影响的观点受到了严重的质疑。毕竟，在金融危机的顶点

---

① Dodd-Frank Wall Street Reform and Consumer Protection Act, HRHR 4173, 111th Cong (2010) (enacted) ［在下文中称为 Dodd-Frank Act（《多德兰克法》）］。

② 同上，§ § 204 (a), (b).

③ 同上，§ § 210 (a)(1)(D).

④ Christine Cumming and Robert A Eisenbeis, "Resolving Troubled Systemically Important Cross-Border Financial Institutions: Is a New Corporate Organization Form Required?" Fed Reserve Bank of New York, Pub No 457, 1 (2010)（下文中称为纽约美联储报告）。

⑤ 同上（"政策制定者坚称他们需要类似的权力来处置大型银行控股公司和其他系统重要性金融机构"）。

无法找到"有意向和金融实力雄厚的收购方"。

16.12 不幸的是，尽管大多数主要金融机构开展跨境经营是显而易见的，《多德—弗兰克法》却忽略了主要金融机构的跨国性特征。以雷曼兄弟为例，雷曼在 20 个不同的国家运行了 2985 个独立的实体。对此类复杂的、一体化和全球化跨国组织的监管需要在所有监管机构间建立起有效的信息分享和合作机制。此外，跨国合作对于有序关闭雷曼兄弟这样的跨国机构是必不可少的。① 让人意外的是，尽管监管和处置大的金融机构涉及跨境问题，大萧条以来美国金融服务业最大的监管改革仅有少数涉及跨境的条款。

16.13 例如，《多德—弗兰克法》第 202（f）条要求美国总审计长根据《破产法典》有序清算金融公司开展国际合作的研究。② 研究议题包括：（a）当前的国际协作的程度；（b）当前有助于促进国际协作的机制和框架；（c）有效国际协作的障碍；（d）加强并实现有效的国际协作的途径。③ 该报告必须在《多德—弗兰克法》生效一年内上交。④

此外，该法的第 210（a）（1）（N）条规定 FDIC"作为本法所适用的金融公司的接管者，如果被接管金融在美国以外的国家有财产，必须尽可能与财产所在国国家的监管机构进行协作，以便有序清算金融公司"。⑤ 该法第 210（k）章节规定："FDIC 作为接管者可以把金融公司视为受存款保险覆盖的储蓄机构，可以要求任何外国金融监管机构提供协助，并根据 FDIA 第 8（v）款给予外国金融监管当局提供协助"。⑥ 这章同时规定 FDIC"应该成立专门部门与外国金融监

---

① 实际上，FSB 认为："国家的处置工具只有适用全球化经营的公司才有效果。当前的工作正在确定跨国背景下有效履行处置权的必要条件。必要时，改变国家的法律让相关国家机构有能力在跨国处置领域开展合作和协调。"Financial Stability Board，注 5，4。

② Dodd-Frank Act，注 24，§ 202（f）。

③ Ibid.，§ 202（f）（1）（B）。

④ Ibid.，§ 202（f）（2）。

⑤ Ibid.，§ 210（a）（1）（N）。

⑥ Ibid.，注 24，§ 210（k）（1）。

管机构的域外调查进行合作"。①

16.14 现代史上最大的金融危机后做出的改革努力所得到的不过是解决"大而不倒"问题的某一方面的立法以及要求对国际合作进行研究的模糊性条款。在跨国层面,实际性的工作有待美国去完成是很容易理解的。截止现在,美国国会比世界上其他国家在这方面做出了更多的努力。然而,这并不表示在这领域并没有实质性的进展。当下一场金融风暴来袭时,所有的国内的改革将是学术上的,而我们将有一种似曾相识的感觉。

监管漏洞与早期征兆

雷曼的英国附属公司及英国的监管体系

16.15 2008 年 3 月摩根大通收购贝尔斯登时就已经种下了雷曼破产的种子。当时,贝尔斯登公司坍塌,在美联储的推动下对其采取了 FDIC 式的拯救并促成了收购。

2008 年 9 月初的 12 天里雷曼上空乌云密布,大众普遍预期类似的拯救/出售来解决雷曼的问题。然而,当相关方在那个关键的周末聚集在美联储时,与年初时有了很大的不同。除了其他因素以外,那个周末的市场整体氛围非常紧张,潜在的购买者数量太少,在如此短的时间内了解和评估雷曼的公司结构及资产(包括所有的非流动性衍生品)是难以做到的(难以对整个集团进行整体标价),首要的竞标者来自美国域外并受英国金融服务局管制。②

16.16 拯救交易的可能性——《多德—弗兰克法》中有序清算概念的核心,正在与日递减,而雷曼事件发生之前美国监管体系存在的局限性开始显现出来。雷曼主要的券商子公司——雷曼兄弟公司

---

① Dodd-Frank Act, 注 24, § 210 (k) (2).

② 倘若金融服务局(FSA)、纽约美联储和证券交易委员会(SEC)有更多的时间开展协作和理解与跨国问题,面对雷曼事件时,它们将更好地稳定雷曼以及增加拯救性交易的可能性。

（LBI），是由美国监管的实体公司。此外，雷曼还有一家控股子公司——位于英国的雷曼兄弟国际（欧洲）（LBIE），该券商公司是雷曼主要的经济业务的中心，也是其对冲基金业务的关键。雷曼兄弟国际（欧洲）（LBIE）的流动性依赖于雷曼控股公司（LBHI），该公司为雷曼的全球业务提供持续、滚动的资金支持。①

16.17　当顾客及监管者发现雷曼控股公司是先将资金注入纽约，再回流到位于英国的雷曼兄弟国际（欧洲）时，为时已晚。② 由于流动性减弱，雷曼兄弟国际（欧洲）急于组织、指派联合清算人，这反过来可能引发雷曼兄弟公司和雷曼控股公司严重的交叉违约。③ 在纽约美联储近期发布的报告中，指出了这种模式所存在的困境。

作为一个尤其复杂的例子，在雷曼兄弟宣布破产的几个小时前，该公司管理层将雷曼兄弟国际（欧洲）近 8 亿美元转移到雷曼控股公司。这不仅使其伦敦附属公司的外国客户没有了资金，而且使得许多美国对冲基金及其他机构无法获得资金或资产。④

16.18　LBIE 的迫在眉睫的破产是一个引爆点。如前文所述，许多雷曼的大客户的资产与 LBIE 绑在了一起，LBIE 申请管理使得他们失去了资产。⑤ 此外，美联储为了稳定局势可以行使"券商信贷工具"（PDCF），而金融服务局却没有获得类似的权限。实际上，金融服务局在 2008 年 9 月 14 日的星期天曾咨询过纽约的美联储是否可以通过贴现窗口给 LBIE 放贷，却被告知不能放贷。⑥ 没有现金或获得现金，LBIE 除了申请管理别无选择。由于 LBIE 的大量的交叉违约，LBHI 根据《美国破产法》第 11 章进入了破产程序。

---

① 雷曼审查报告，注 8，1535。

② 同上。

③ 同上。

④ 纽约美联储报告，注 27，12 – 13。

⑤ See The Joint Administrators of Lehman Brothers International（Europe），Lehman Brothers International（Europe）：Joint Administrator's Progress Report for the Period 15 September 2008 to 14 March 2009 9（2009）（详细介绍了管理人对 LBIE 事件的设想）（文中指共同管理人）。

⑥ Statement from the Financial Services Authority to the Lehman Bankruptcy Examiner g 61 （20 January 2010），see http：//www. fsa. gov. up/pubs/other/lehman. pdf.

16.19 对比之下，"随着雷曼的破产……雷曼兄弟公司（LBI）靠 PDCF 获得了 400 亿—500 亿美金的隔夜拆借需要偿还给它的清算银行……还包括纽约美联储持续的 2008 年 9 月 18 日礼拜二早晨的隔夜融资。"① 此类融资使雷曼兄弟公司能够继续存活，允许 LBI 出售其在美国的券商业务。上述交易在 2008 年 9 月 19 日 LBI 根据《证券投资人保护法》（SIPA）进入破产一天内获得批准。② 一天之内，英、美这两个有着共同历史且是全球最大金融市场所在地的普通法系国家，见证了两国系统存在的明显的矛盾。③

16.20 实际上，无论雷曼内部机构间还是与世界上其他机构的关联程度都被低估了。而随后发生的连锁反应包括大量抛售资产来满足流动性义务和资产价格的暴跌也同样没有被预见到。④

16.21 上述事件的发展很明显表明监管机构应该更积极地关注被监管组织的跨国性联系，以及这些联系如何影响了特定的监管措施的有效性。前文所述，很明显监管缺陷（如没有从跨国性来审视大型金融机构破产的影响以及这领域缺乏国际监管协作）并没有被《多德—弗兰克法》所解决。真正需要的是建立起正式和持续性的跨国和跨监管管辖的综合信息分享机制。在此种框架下，倘若下一次金融机构破产可能引发大范围的金融动荡时，考虑到破产金融机构的全球性联系，主要金融中心的监管机构将能快速应对并能采取协调化的处置措施。

---

① 雷曼审查报告，注 8，1536。

② 同上；参见共同管理人，注 43，9。

③ 举个例子，LHBI 受美联储监管，可以适用《破产法典》第 11 章记录在案，根据第 11 章申请了债务人占有资产的破产保护。LBI 作为受管制的券商受 SEC 管制不能申请第 11 章的破产保护，而被纳入了 SIPA 程序，任命了受托人并取代了 LBI 原先的管理层。LBIE 受金融服务局管制，可以适用管理程序，进入了英格兰的管理程序，共同管理人取代了原先的管理层。在资金供应方面，美联储给 LBI 发放了贷款，而 LBIE 并没有从金融服务局或英格兰银行获得贷款。See Lehman Bankruptcy Examiners Report，注 8，1535–1536。

④ 同上，1505（"根据 Bernanke，雷曼破产对经济影响的观点有很多。如果把影响分为 0 到 100，许多人认为雷曼破产的影响应该被归于 1—15 范围内，只会带来"轻微的破坏"。Bernanke 认为在 90—95 范围。实际的影响结果却"可能为 140"。"它比所有人的预期更糟。"）

合并监管计划的失败

16.22 在金融危机之前，1999 年通过的《金融现代化法》（Gramm-Leach-Bliley Act 1999）带来的金融机构监管的漏洞便是对向雷曼兄弟这样的投资银行控股公司的监管局。

由于证券交易委员会（SEC）（或其他机构）没有法定权力要求投资银行控股公司向其汇报资本、流动性及杠杆率，证券交易委员会在 2004 年制订了合并监管计划（CSE）。根据该计划证券交易委员会是大型投资银行（包括雷曼）的主要监管机构。① 虽然证券交易委员会对于雷曼兄弟公司（LBI）（券商子公司）具有法定的监管权力，但它对于雷曼控股公司（LBHI）的权力却是自愿而非法定的。②

16.23 合并监管计划（CSE）是短命的，在雷曼破产后的两周便被取消了。证券交易委员会主席克里斯多佛·考克斯（Christopher Cox）在 2008 年 9 月 26 日宣布废除合并监管计划，并宣称："投资银行可以自愿地选择参加或退出合并监管计划，该计划从一开始便是个错误。"他认为："投资银行控股公司可以自愿退出合并监管计划，减少了监管计划的强制力，削弱了有效性。"③ 他声称"既然过去参与合并监管计划的大型投资银行要在银行控股公司内部重建，他们将受美联储监管。"④ 克里斯多佛·考克斯认为，根据《银行控股公司法》，美联储有权对这些公司进行监管并行使执行权，将弥补原先投

---

① *Examining the Regulation and Supervision of Industry Loan Companies*：*Before the S. Comm. on Banking*，*Housing and Urban Affairs*，110th Cong 1（2007）（Statement of Erik Sirri，Director，Division of Market Regulation，US Securities & Exchange Commission（委员会当前在统一、集团范围监管包括雷曼兄弟在内的五个大型证券公司）。

② 参见 Alternative Net Capital Requirement for Broker-Dealers That Are Part of Consolidated Supervised Entities Rule，17 CFR §§ 200 and 240（2004）。

③ Press release，Chairman Christopher Cox，Chairman Cox Announces End of Consolidaated Supervised Entities Program（Sep. 26, 2008），available，http：//www. sec. gov/news/press/2008/ 2008 – 230. htm.

④ Ibid.

资银行监管领域存在的缺陷。①

16.24　值得注意的是，《多德—弗兰克法》通过所谓的"加州旅馆"条款维持了监管态势，使得到 TARP 资金的大型银行控股公司难以通过去"去银行化"（de-bank）的方式来规避美联储的审慎监管。如果这样的公司成功地"去银行化"（不被视为银行或银行控股公司），除非该公司向新成立的"金融稳定监督委员"（FSOC）上诉成功，否则将被视为"系统重要性金融公司"而自动地受美联储监管。②

未能识别和注意到早期的警示

16.25　根据合并监管计划，证券交易委员会是雷曼的主要监管机构，其主要责任是监控并核实雷曼综合流动性的容量及质量。③ 在 2008 年 3 月，贝尔斯登事件之后，作为贷款人的雷曼也可能遭受潜在的损失，纽约的美联储开始监控雷曼的流动性。④ 美联储纽约分部被授权可以通过 PDCF 向雷曼提供流动性支持，贝尔斯登拯救期间建立了 PDCF 项目。例如，纽约美联储通过 PDCF 给贝尔斯登提供了几十亿美元无追索权的贷款。⑤

16.26　2008 年 5—6 月，雷曼没有通过美联储设计的三个流动性压力测试，包括"贝尔斯登"式测试和"贝尔斯登"破产事件的测试。⑥ 但是，没有任何机构要求雷曼采取应对措施，忽略了没有通

---

① Press release, Chairman Christopher Cox, Chairman Cox Announces End of Consolidaated Supervised Entities Program（Sep. 26, 2008）, available at http：//www. sec. gov/news/press/2008/2008 – 230. htm.

② 《多德—弗兰克法》，注 24，§§ 112, 113.

③ 雷曼审查报告，注 8，1483。

④ 同上，1483。

⑤ 同上，1500。雷曼审查报告是不正确的。这里提及的贷款实际上是纽约美联储给摩根大通发放贷款以期望挽救贝尔斯登。许多人想以同样的方式对待雷曼，但美联储没有给雷曼兄弟贷款，它只是提议在帮助贝尔斯登之后。

⑥ 同上，1488—1489。

过压力测试这一早期警示信号。① 此外，雷曼的监管报告显示证券交易委员会（SEC）同纽约美联储在监管雷曼上信息沟通失灵。该报告认为："虽然两个机构理论上可以获得相同的信息，它们并没有互相分享各自获得的信息，② 而证券交易委员会仅对雷曼的流动性进行有限的监管。"③

跨国法律套利的"回购协议 105"

16.27　公开的雷曼监管报告发现，雷曼兄弟运用公司内部称之为"回购协议 105"利用证券融资交易人为地改变资产负债表上显示的杠杆率。④ 这些交易的跨境层面很少被公开，横跨大西洋的监管网的缺陷增加了发现"回购协议 105"交易风险的难度。

16.28　回购交易或"回购协议"是大型证券公司短期融资的来源。普通的回购交易包括代理销售，如价值 102 美金的证券（通常是安全、高质量的有价证券如国债）以 100 美金的价格出售给回购协议相对手，并同时同意以 100 美元加利息（交易日第二天起算）的价格向相对手回购完全相同的证券。回购协议通常被认为是资产负债表中立的有担保金融交易。上述例子中的担保率或利率为 2%。

16.29　在雷曼的"回购协议 105"交易中，雷曼兄弟国际（欧洲）（LBIE）缔结的协议最低利率为 5%。它这样做为了让上述交易在会计上更为有利；它把"回购协议 105"交易作为真正的出售而非担保性融资，从而人为地降低了资产负债表中的杠杆率。检查员发现这些"回购协议 105"交易（a）"减少……雷曼的资产负债表和降低杠杆率；"⑤（b）"除了降低资产负债表外没有生意的目的；"⑥（c）

---

① 雷曼审查报告，注 8，1489。

② 同上，1507。

③ 同上，508。

④ Michael J de la Merced and Andrew Ross Sorkin, "Report Details How Lehman Hid Its Woes", NY Times, 11 March 2010, A1.

⑤ 雷曼审查报告，注 8，859。

⑥ 同上，877。

"比普通的'回购协议'交易给雷曼带来更高的成本";① （d）"对雷曼汇报的净杠杆率有实质性影响"。②

16.30 "回购协议 105"交易较大的利差是雷曼获得 SFAS140 会计待遇的关键，该协议把回购变成了真实地出售。"根据 SFAS〔财务报告会计准则〕第 140 号，为了将回购重新定义为商品出售，转让人必须标明其不再控制被转让的资产。"③ 美国财务会计准则委员会（FASB）认为，"为维持有效控制，转让方必须同时拥有合同的权利与义务重新购回原先相同数量或实质上相同的被转让的证券。"④ "除非合同条款为转让人购买相同或替代的证券提供了事实上所有的资金来担保转让人回购证券的所有费用，否则转让人的回购权是无法得到保障的。"⑤ SFAS 第 140 号第 218 段进一步规定。

解释"事实上所有"（substantially all）这一术语和回购协议条款没有对被转让的资产维持有效控制的其他标准需要进行必要的判断。

然而，回购或出借极易获得的证券，尤其是提供 98% 的担保（对同意购买证券的而言）或低至 102% 的担保（对证券出借方而言），这类回购安排需要根据被转让的担保的市场价格进行每日的估值、进行价格的上调或者下调并有权在违约时使用担保物。这种安排显然属于指引的适用范围。委员会认为其他担保性安排都在该指引范围之外。⑥

16.31 由于普通回购承诺不属于 SFAS140 对"控制权"的处分，而雷曼让"回购协议 105"实行更高的利息符合了 SFAS140 的"放弃控制"要求。⑦ 实际上，利率 2% 的交易被认为是抵押贷款，

---

① 雷曼审查报告，注 8，877。

② 同上，878。

③ 同上，777 - 778。

④ 同上，778。

⑤ 同上。

⑥ 雷曼审查报告："换句话说，FASB 认为当担保额介于 98% 和 102% 之间时，回购协议的借款人对被转让的资产保持着有效的控制并且这些资产不能从借款人的资产负债表中清除。"同上，778。

⑦ 同上，779。

5%的利率就属于真正的出售。如审查报告所述，"实际上，雷曼通过比普通回购交易更高的利息规避了 SFAS140 对其的会计分类。"[①]

16.32 除了更高的利率，为了获得 SFAS140 号所希望的会计待遇，雷曼必须通过 LBIE 开始或进行"回购协议 105"的交易。[②] 正如审查解释的原因如下：

为了让回购协议的转让方被视为 SFAS140 下的放弃控制——以便获得 SFAS140 的真实出售待遇并把被转让的证券从转让人的资产负债表移除——被转移的资产必须与转让人隔离。即让被转移资产脱离转让人和其债权人的控制，即便转让人破产也不例外。为了符合 SFAS140 的隔离的要求，必须存在法律上真实地出售，为满足这种要求转让人获得真实的出售函。[③]

16.33 雷曼无法找到根据美国法律为其提供真实出售法律意见书的美国律所。然而，雷曼可以从伦敦的律所那得到英国法律上真实出售的法律意见书。意见书出具给 LBIE，根据英国法院所适用的 1995 年或 2000 年版的《全球主回购协议》分析已履行的回购协议。[④]有了真实出售的意见书，雷曼通过公司间的没有利息的回购为其美国的子公司重新设计了"回购协议 105"。如 LBIE 和 LBI 之间先进行无利息的回购，然后 LBIE 回购出证券给实际的回购交易的相对手。[⑤]

16.34 雷曼审查报告表明无论是纽约的美联储还是证券交易委员会的实施的合并监管计划都没有关注雷曼的"回购协议 105"项目。[⑥] 英国的金融服务局是否察觉到"回购协议 105"是有疑问的，但是对雷曼进行直接监管的三个监管机构并不了解公司总体的真实杠杆率是毫无疑问的。如果雷曼破产前就存在着有效的跨国间的信息分析机制，金融服务局（FSA）、美联储和 SEC 将更容易揭露雷曼的资

---

① 雷曼审查报告，780。
② 同上，782。
③ 同上，784（原文中斜体字）。
④ 同上，786。
⑤ 同上，786 – 789。
⑥ 同上，913。

产负债表中的伎俩。

跨国信息共享框架

16.35 上述关于监管漏洞及其内在的国际联系的案例表明，要对大型金融体系进行审慎周密的监管，应当建立一个跨国的信息共享框架。这一框架最好是通过双边或多边协议来落实。此类协议一旦在国际层面达成一致，便会在国内层面通过立法或监管得到落实，从而使监管者之间信息共享的程序及责任制度化。

16.36 对于每一个签约国，跨国信息共享的责任将受到正式法律的支持，这可能强化改革的力度及其影响。尽管应当假定每个监管机构都会遵守规定，但仍然可以想象，通过在英国制定一项法令，将使得证券交易委员会（SEC）据此有权强制一个在美国和英国都有业务的大型金融体系公开有利于对其监管的一切必要信息。当然，美国的相关法律也应给予金融服务局（FSA）① 以相同的权利，并建立相关机制以保障其权利在美国的落实。将某些方面的监管主权让渡给别国监管者的观念虽然在政治上不受欢迎，但是，建立正式的信息共享协定以及必要的法律机制，其收益远远大于放弃监管权的代价，尤其是在一些重大情形下，共享某一特定监管机构在其履行监控、督查功能时所收集的信息更是如此。

16.37 有几个要素是信息共享机制获得成功必不可少的。首先，信息必须及时。发展迅速的金融市场每天都面临着大量风险，危机可能迅速恶化，这要求金融监管机构的反应至少同等迅速。如果基础信息滞后或不可靠，那应对措施极可能失败。其次，接收信息的不同监管部门需要建立紧密的专业联系以及高效的流程，以实施快速补救措施。排练、演习及测试是该机制必不可少的组成，这样该流程在危机真正发生之前已经经受过检验了。

---

① 金融服务局或金融监管体制改革后的继任者承担着类似的角色。George Osborne 在 2010 年 6 月 16 日的财政大臣、财政部，在伦敦市长晚餐中的府邸演讲宣布了监管体制改革，但是细节截至 2010 年 7 月中旬都未公布。

跨国处置机制

16.38　与雷曼破产和全球经济危机随之而来的是，建立国际合作框架以逐步削弱系统重要性金融机构的机会出现了。然而变革的良机稍纵即逝，必须好好把握。毫无疑问，金砖国家（巴西、俄罗斯、印度和中国）经济力量的扩张、巩固界定了新世纪，而下一个雷曼，则可能与其中某个或多个，乃至上述四国产生最为重要的国际联系。英国和美国使用相同的语言，有着共同的法律和政治传统。即便有如此多的共性和邦交友好的历史渊源，英、美两国仍然无法达成具有可行性的共识。当下一个雷曼破产时，当我们与北京、孟买、莫斯科的大型国际金融机构进行组织清算时，我们又该指望什么呢？

16.39　必须铭记的是，建立一个针对大型金融体系的跨国清算框架是必要的。当初，美国和英国——有着诸多共同之处的两大金融中心，它们协商、落实这一框架是非常有意义的。比如，在雷曼事件中，英美监管系统之前合作的失败显露无遗。此外，纽约和伦敦达成一致，将有助于说服其他国家加入其中，这将是建立更加广泛的国际解决机制的契机。一旦美国与英国间的双边协议或条约得以达成，就可以扩展至八国集团（G8）甚至更多国家。

16.40　旨在削弱系统重要性金融机构的跨国、多边监管体系应包括如下方面：（a）参与国应承诺提供相应资金支持，以有序关闭亏损机构及其国际性的子公司；（b）类似于美国破产法的有限自动中止。自动中止由不同监管者之间合作执行，以遏制恐慌、并通过随后的可预见的保留价值的程序来安抚市场；（c）预判，主要国家的司法决策者可以进行正式和非正式的沟通，以便能迅速、果断地应对紧急情况；（d）主要国家为债权人与债务人、债权人间的纠纷的裁决提供透明的论坛。

16.41　应当意识到，实行上述建议（和更广泛地跨国合作）的最大阻碍世界上各国对金融机构处置领域根深蒂固的"狭隘主义"。

过去金融机构破产表明"当地国官员把保护本国公民利益放在了第一位"。① 因此,"他们的本能反应是立刻隔离当地分支的资产"。② "几乎每个大型金融机构的破产都会出现隔离资产的问题;因此,许多国家要求机构持有足够的资产以便发生破产时有可被隔离的财产。"③ 在处理跨国组织破产时最严重的困难是一些国家或地区如欧盟适用"普遍主义"的原则来对待跨国机构的债权人,这意味着在欧盟内部所有的债权人不视其国籍而得到平等对待。④ 其他国家包括美国将对外国金融机构的在本国的分支实行"属地主义"原则,当地分支的债权人优先于其他债权人——当地分支的债权人得到全部清偿后才能剩余资产转移给主要的破产管辖地法院。⑤ 最近巴塞尔报告中的案例表明,"属地主义和潜在的资产隔离刺激了对流动资金的争夺,实际上加剧了流动性问题。"⑥ 这与《联合国破产法范本》《美国破产法》第 15 章以及《欧盟破产条例》在非银行破产领域所奉行的礼让与合作形成了鲜明对比。受管制的金融机构和未受管制的公司间的法定待遇差异的原因是什么呢? 如果有的话,受管制领域情形比较特殊(更多的是政治性的)。

16.42 例如,金融监管机构根据《纽约州银行法》发起破产程序时,监管机构有权管理外国银行分支位于纽约州的所有财产。⑦ 纽约州的外国银行分支的接管人可以占有该外国银行所有的资产,而不仅仅占有该外国银行分支及代理的资产。⑧ 监管机构通常有权清算外国银行位于美国的任何资产,即使这些资产并不属于该外国银行分支及其代理。⑨ 为了推动系统重要性金融机构处置的国际性协议,当地

---

① 纽约美联储报告,注 27,13。
② 同上。
③ 同上。
④ 同上。
⑤ 同上。
⑥ 同上。
⑦ NY Banking Law §636(McKinney 2010)(《纽约州银行法》§636)。
⑧ 同上,§618。
⑨ 同上。

国需要修改资产隔离的法律或接受外国债权人的不同待遇。

跨国流动性

16.43　FSA 不能给 LBIE 提供短期融资让其有序关闭使得雷曼丧失了流动性并申请管理，而这又引发了市场的混乱。[①] 另一方面，纽约美联储可以通过 PDCF 给雷曼放贷，让 LBI 持续营业直到其全部变卖并转让在美国的证券业务。[②] 即使有纽约美联储为 LBI 提供有限的融资，却缺乏跨国性融资和跨国融资机制。有能力提供融资的纽约和无法融资的伦敦存在的差异是显著的：LBI 的证券业务在一周内被打包出售。而 LBIE 的业务被停止，共同管理人试图去理解公司的业务和相关的生意网络。

快速的跨国流动性援助无疑将改变上述情形，也是未来的系统重要性金融机构"软着陆"的关键。

16.44　跨国融资的规定与《美国破产法》中的"债务人占有财产"或者 DIP 融资类似。[③] 此类融资给债务人提供流动性，以便进行重组或者有序清算。这种融资通常由私人提供并、高于市场利率并对债务人财产拥有"超级优先"的担保权。[④] 在金融期间，这种资金是极其有限的。实际上，在最近的危机期间，由于信贷危机无法从私人处获得融资而资金又是交易的前提，美国财政部和加拿大出口发展署为通用汽车和克莱斯勒公司提供了 DIP 融资。[⑤] "有序清算融资条款"——参与国的政府/中央银行在全球性流动性危机期间履行"最后贷款人"的功能是建议的跨国处置机制的关键。危机时刻，此类融资条款和确保获得资金有助于避免雷曼破产后许多金融机构所经历的"挤兑"。而这将避免雷曼破产申请导致金融市场混乱并引发大量资产被贱卖，从而保护资产价值。

---

① 雷曼审查者报告，注 8，1535。
② 同上，1536，1593。
③ Fed R Bankr P 4001（c）（1）.
④ 《美国破产法》§ 507（2010）。
⑤ Jeffrey McCracken and John D Stoll，"Bankruptcy Funding Solicited for Car Makers"，Wall St Journal，23 February 2009，B1.

16.45　近期造成惊恐的争议是如何为此种流动性处置机制筹集资金。国际货币基金组织（IMF）和金融稳定委员会（FSB）的提议强调了处理处置的成本，包括为跨国处置而事先建立的处置基金必须由金融业来承担。① IMF 在分析众多选项之后提出了金融业承担资金的两种形式。一种是"金融稳定金"（FSC）可以通过基金的积累或金融机构上缴政府税收。② 所有机构支付"金融稳定金"，开始时将征收统一费用，但此后根据个体机构的风险、对系统性风险的贡献以及整体风险的变化来调整费率。③ 根据 IMF 的提议，来源于金融机构的"稳定金"通过"金融活动税"来实现，而这根据金融机构的收益、薪酬和上缴给政府的税收来确定。④

16.46　那些已经对银行系统征收重税或在最近的金融危机期间并没有拯救金融机构的国家对 IMF 的全球性银行税的建议提出了批评。近期的报道指出澳大利亚、巴西、加拿大、日本和韩国全都反对此种筹资方案。⑤

16.47　欧盟近期的提案推荐"建立欧盟范围的欧洲金融稳定基金……以便进行金融干预（恢复或有序清算），保护金融体系稳定，限制银行破产所带来的外部性影响"。所提议的基金是全欧范围的，由跨国的系统重要性银行根据风险、反周期的标准并考虑个别银行对系统性风险的影响通过事先的方式建立。为这个基金出资的银行将无须加入其本国所建立的类似的稳定基金或处置基金。所提议的基金与

---

① 金融稳定委员会，注 5，第 3 页。

② International Monetary Fund, A Fair and Substantial Contribution by the Financial Sector: Final Report for the G – 20 (2010) 5.

③ 同上。

④ 同上。

⑤ Paul Taylor, "Do-little G20 Summit cheers spared bankers", Reuters, 28 June 2010, http://www.reuters.com/article/idUKTRE65L3O720100628（加拿大，日本，巴西，以及澳大利亚了该提议，它们的银行在危机时并没进行拯救，使欧洲为了避免让纳税人承担国家拯救而向银行征税的提议受挫。）Cho Jin-seo, "Seoul Not to Join Global Banking Reform", Korea Times, 11 February 2010, http://www.koreatimes.co.kr/www/news/biz/2010/02/123_60729.html（"首尔不会支持全球银行体系改革计划……该计划包括限制银行规模和建立全球银行税……"）。

存款保险体系相互独立；资金规模能支持临时的干预如贷款、资产收购、注资和覆盖处置和破产程序的成本；随着时间的推移强化对当前的经济形势的认识；其设计不能导致道德风险问题（如基金不能用来拯救银行股东或奖励差的管理层）。①

16.48　这领域可以参考《多德—弗兰克华法》，该法建立了全国性的资金体系，可以被改为跨国的流动性危机条款。《多德—弗兰克华法》规定当 FDIC 被任命为系统重要性金融机构的接管人时，可以向美国财政部借款为上述金融机构的清算提供资金支持。② 上述借款和相关机构的清算所得将放入"有序清算基金"。③ 如果清算所得不足以支付 FDIC 所欠财政部的债务，接管人将首先从债权人处收回债权人因实施 OLA 所获得的超出普通清算所得的那部分价值（例如债务被全部转移给第三方）。④ 然后，如果从债权人处所得到的仍然不够，接管人将要求适格的金融公司和金融总资产 500 亿美元以上的金融公司缴费。⑤

16.49　当然，各国的有序退出机制各不相同。例如，一个特别指派的接管人从中央银行还是从财政部借款各国也不相同。此外，有序清算金规定的 500 亿美元资产的以上机构起缴也因其门槛过高而无法在跨国范围内得到实行。然而，《多德—弗兰克华法》规定的有序清算金制度为别国提供了标准，各国可以协作建立必要的紧急流动性援助制度。

债权人权利的协调性中止（coordinated stay）

16.50　有效的跨国处置机制将提供参与国监管机构协作的机制，该机制包括同一天针对债权人行使权利的司法性中止。大部分借贷协议和金融合同都盛行与破产相关的交叉违约条款，而这意味着重要的

---

① Committee on Economic and Monetary Affairs, European Parliament, Draft Report with Recommendation to the Commission on Cross-Border Crisis Management in the Banking Sector (2010) 8 – 13.

② 《多德—弗兰克华法》，注 22，§ 210（n）（5）。

③ 同上，§ 210（n）（1）。

④ 同上，§ 210（o）（1）（D）（i）。

⑤ 同上，§ 210（o）（1）（D）（ii）。

大型金融公司的子公司的破产也可能迫使其附属公司破产。中止可以为其提供有限的"喘息"的机会，通常不超过 30 到 60 天。这样的中止类似交易的"熔断"，允许市场调节、恐慌消退并回归宁静。与此同时，中止为拯救性交易提供了足够的时间。

预先确定、各国专业化的司法决策者

16.51　我们生活在充满纠纷的世界，相信大型跨国金融公司破产而没有发生冲突的想法是幼稚的。因此，各国有必要预先确定高质量的司法领域的专家来裁决债权人间以及债权人与债务人间因实施了上述协调性中止而产生的纠纷。各国以及相关的司法决策者有权像正常情形一样直接处置资产（如跨国破产不受所提议的协议的特殊要求限制）。然而，每个司法决策者必须他国的同行进行正式和非正式的合作和协调。有人建议了提议草案中的机制，如相关司法决策者间公开定期的会议。而建议草案明显鼓励司法决策者间非正式的沟通。关键人物的第一次会面，或了解其同行是谁，不应该是在危机来袭的时候。

透明的争端解决法院

16.52　每个提案的签约国承诺为提案项下的争议提供透明的与法院类似的裁判庭。LBIE 的债权人主要的控诉便是 LBIE 管理程序的不透明。裁决的透明度将加强公平的观念并最终将影响债权人的购买。

结　论

16.53　雷曼破产已近两年，伤口却依旧如新。市场仍然不稳定和脆弱。显然，国际金融体系处理类似强度危机的能力受到了持续的怀疑。现在是采取主动并建立真正的跨国性方案的时候了，这就是本书和本章的结论。

（苏洁澈译）

附　录

国际货币基金组织：跨国银行的 处置——加强协调的建议框架

Approved by Sean Hagan and Jose Vinals

内容摘要

最近的金融危机让人们重新认识到既能维持金融体系稳定又限制道德风险的金融机构处置制度的迫切性。但经验表明上述机制是无效的，除非在发展适用于跨国处置的制度上获得进展。许多系统重要性金融机构都是跨国经营，各国监管机构非协调性实施处置机制难以让金融机构履行基本功能，也无法让股东和债权人承担处置过程的成本。为解决这难题应当建立国际性条约，缔约国有义务服从金融机构或集团的主要活动所在地国家做出的处置决定。或者禁止金融机构进行跨国经营以便适应其运营所在地国的处置体系。第一种通过一个国

际条约的方案必然会牺牲国家主权而且在短期内是不可行的。① 第二
种替代方案，限制金融机构的全球化将降低效率，损害资本市场的准
入和总体的国际贸易。与上述方案相比，本文的解决方案是建立加强
协调的更务实的机制，该机制通过各国满足相关条件得以实现。该机
制是个巨大的进步，通过参与国间非强制性的谅解得以实现。该机制
由以下四个要素构成：

第一，参与国修改本国的法律，要求国家机构协调与他国的处置
措施以便最大可能地保护债权人利益和本国金融体系稳定。② 更重要
的是，为了更好实现上述目标，各国可以基于自己判断保留采取独立
行动的权利。

第二，考虑到处置机制比较匹配的国家更容易开展合作，强化协
调机制仅适用于符合（BOX 1）表一处置体系相关的核心标准。为了
让处置行为与监管动机相匹配，巴塞尔监管协议的监管内容也是协调
标准的要素。

第三，尽管所采纳的处置机制最主要的目标尽量不动用公共资
金，但有时公共资金是必需的，至少临时性的资金是必要的。因此，
强化协调机制应阐明合作国间成本分担的原则。是阐明这些规则可能
会导致参与国负担份额的加重。

第四，参与强化协调机制的国家同意协调危机发生时处置行为的
程序，让其能迅速采取处置行动并具有域外效果（这一点与当前实践
有着显著不同）。

近期，已满足了上述条件的国家可能开展国家间的合作。目前为
止，这些国家包括了世界上主要的金融中心，这种合作代表了巨大的
进步。当其他国家（如发展中国家和新兴市场）也逐渐符合上述标
准，将进一步扩大合作圈。

---

① 唯一的例外是给予区域的紧密联系的国家集团。
② 本文第 32 段将解释"债权人利益"的含义。

BOX 1　**协调标准**

为了让其他国家有信心加入建议的强化协调机制，国家的运营和法律体系应当包括下列要素：

一致的国内处置规则

参与国国内的恢复和处置法律制度要包括以下共同的规则：

平等对待国外债权人

合适的干预工具

合适的债权人保护制度

存款人优先规则

有效监管

母国足够稳健的监管（包括合并监管）才能劝服东道国在制订和实施处置方案方面接受母国的领导。

实施国际处置方案的机构能力

同样地，由于东道国依赖母国的领导，母国的处置机构必须具有充分的资源和能力来实施国际处置方案。

简　介

1. 本文响应 2009 年 4 月伦敦的 G20 峰会上达成的"支持 IMF、FSB 和 BCBS 以及世界银行在推进跨国银行处置机制方面的持续努力"。2009 年 10 月在匹兹堡峰会上，G20 的领导人呼吁"为了减少金融机构破产的影响，降低将来的道德风险，发展有效的处置金融集团的处置工具和制度"。① 本文在巴塞尔跨国银行处置工作组的

---

① See Declaration on Strengthening the Financial System（Issued at the April 2009 London Summit）；Leader's Statement of the Pittsburg Summit. October 2009.

基础上完成。[①]

该领域的工作主要基于两个目的：

2. 第一，维持金融稳定并限制道德风险必须建立有效的处置金融机构的制度。最近的金融危机表明现有的制度让政府进退维谷：（a）实施让股东和债权人无须承担损失的拯救；（b）依靠破产制度重组金融机构，而这制度却无法同时保护资产价值并维持金融稳定。因此，建立处置制度的主要目的是让国家机构能迅速甚至提前采取行动让公司继续运营的同时以一种让股东和债权人承担损失的方式重组机构，从而实现金融稳定的目标。

3. 第二，如果没有有效的跨国协调机制，单一国家的处置机制是无效的。尽管大型、复杂的金融机构运营遍布全球，它们的处置方式却限于一国境内。一种解决方案是缔结多边条约，缔约国有义务服从金融机构或集团的主要活动所在地国家做出的处置决定。其他领域的国际关系中也有用国际条约解决问题的实例（如船舶事故的规制），但在金融领域采取这种方法在可预见的未来是不现实的。考虑到金融稳定以及银行破产潜在的经济成本，许多国家的政府都不愿意在这问题上放弃控制权。因此，至少中期而言最现实的方法就是加强政府间的合作，而这正是当前所缺乏的。事实上，除非达成这样的合作，否则为了维持金融体系稳定只能让金融机构"去全球化"，以适应当地国现有的处置机制。

4. 认识金融机构全球化的好处和各国缔结多边条约的难度，本文探讨加强各国合作的可行的制度及要素。

尽管实施该方法一些国家需要修改国内立法，授权相关机构与外国政府进行协调性处置。但只有协调符合债权人利益和金融稳定，才能要求该机构这样做。

5. 本文"处置"泛指所有的恢复和处置行为，涉及公共干预

---

① Basel Committee on Banking Supervision, Report and Recommendations of the Cross-border Bank Resolution Group, March 2010.

（无论私人或公共融资），包括并购、再注资、债转股、资产和债务转让、临时管理、重整和清算。

6. 本文探讨跨国金融集团的处置。对一些跨国金融集团而言，银行业务是其主营业务。然而，许多跨国银行在金融集团旗下，远远超过了简单的存贷款业务并涉及许多非银行经营业务。此外，一些系统性风险（systemically-risky）的国际金融集团的核心业务是投行业务和经纪业务，很少涉及存贷款业务。[①] 尽管银行与非银行处置规则差异较大，但银行与非银行处置的协调机制却有很多的共同点。虽然不是所有的集团内部的实体都受到监管，考虑到它们对系统重要性，本文认为它们也将受到监管。

7. 无论在国内的还是跨国背景下，有效监管都是危机预防机制的关键，这不是本文关注的内容。不论监管多么高效仍然无法避免金融机构破产，监管因此并不能替代可靠的处置机制。然而，一国要求其他国拥有稳健的监管才能与其建立跨国处置协调机制也是合适的。所以，有效的监管协作也是本文讨论的加强处置协调机制的关键。有效的处置机制将加强监管并通过给予国家机构可依赖的处置选择来降低"监管姑息"的风险。

8. 本文共分两部分。第一部分讨论跨国金融服务的快速增长和对监管和处置国际金融集团的挑战。第二部分提供了一种可行性方案，尝试提出国际性的跨国处置机制的主要特点。

第一部分：现状与成本

A. 金融机构的全球化

9. 金融全球化导致了大量国际金融集团的出现。跨国银行在过去的十年间飞速发展。许多大型银行依靠全球的分支和子公司，通过全球化的策略在集团内部分配高度集中的资金。这些集团的经营范围

---

① 一些金融集团受大型跨国保险公司控制。

超出了传统的存贷款业务，涉及非银行业务如证券、保险、基金和资产管理。除了这些"全能银行"（universal banks）[①]，国际市场已经被许多大的跨国金融机构统治，这些金融机构对全球的资本市场都有着系统性重要性。

10. 金融机构全球就化的几个原因：

金融自由化。近年来，许多国家消除了外国金融机构市场进入的障碍。

分散风险化。金融机构向国外扩张使得风险分散，降低对母国市场的依赖并在海外市场寻求新的商业机会。

服务主要的公司客户。跨国公司的发展让大型银行跟随其脚步为它们提供服务并从中获利。

新兴市场的品牌价值。国际性的知名品牌使其进入外国市场时能快速获得市场份额。

11. 复杂金融集团的法律形式不能完全反映出其经济实力和集团的运作功能。许多的因素会影响集团的架构和组织，这些超出了法律考量。

商业因素/运营效率。金融集团可能会根据商业需求组建组织架构，但是这些架构并不能反映法律实体间的关系。通常情况下，大型集团会将其核心功能集中化管理，例如资产和流动性管理，风险管理和信息技术等与子公司在法律上独立却没有事实上的独立性。

分散性/资产分配。东道国的行为可能反映了母国的决定而非东道国。对集团而言，这可以更好地分配资源。如瑞典国内的存款支持了瑞典银行在波罗的海地区的发展。同样，德克夏给法国政府的贷款资金来源于比利时的存款。

监管因素。母国和东道国的监管机构可能跨国金融活动的建立和发展提出要求。

---

① "全能银行"泛指更广范围的金融部门业务，而不管集团的国际范围。

税收待遇。金融集团的架构可能基于税收考量。

12. 有些情形下，金融集团作为一个实体，尤其是集团为其机构提供担保时。由于金融集团各法律实体间的关联性，一个实体的问题可能会影响整个集团。当集团对流动性实行集中管理时，任何一个核心实体突然评级降低或者被启动破产程序都会导致集团的其他实体的流动性枯竭。① 信用评级降低将触发交叉违约或者交叉担保安排也将使集团的其他实体陷入困境。

13. 此外，由于跨国金融集团经营范围和规模，一旦陷入困境可能给母国和东道国带来系统性风险。一旦这样的集团遭遇到金融危机就可能会给母国及其经营国造成系统性风险。某些分支或子公司在集团内部可能并不重要，对于东道国的金融体系却至关重要。此时，这类分支机构在法律上的独立性允许母公司在其遭遇困难时拒绝援助而无须考虑对东道国经济的影响。然而，以这种方式"放弃"分支机构可能影响声誉进而影响金融集团的稳定性。

B. 本土化的处置机制

14. 尽管国际金融集团跨国经营，解决它们困境和破产的制度却是本土化的，仅适用集团的部分而非整个集团。母国允许受其监管的金融机构在一系列国家建立分支后，母国监管机构意识到平时时期的跨国融资法律制度比危机时的跨国处置制度有效。

15. 很多原因导致了现有"碎片化"的方法，最主要的原因是处置机制由国内法所建。而国内法往往缺乏与其他国家的监管机构的合作，仅仅对其本国领土的机构或其分支具有强制执行力。② 当前没有国际法律机制授权一个"超主权的组织"来处置跨国性机构，只能根据不同的国内法来处置这类机构。因此，为了避免不协

---

① .雷曼兄弟子公司的"连锁反应"很清楚地表明了非银行金融机构所面临的此类问题。

② 当然，许多国家银行破产制度的不足忽略了跨国合作和其他领域的问题，如监管机构为对破产银行进行重组而采取的迅速、有效的措施的权力。

调的方法所产生的损失，各国的监管机构必须积极协调它们的处置行动。

16. 此外，许多国家的法律制度不能推动合作。一些国家的制度并没有授权监管机构或者其他相关处置机关与外国同行分享信息。当银行陷入困境时，东道国"圈护"（ring fencing）问题银行资产可能影响处置。母国管理人的恢复方案可能遭遇困难，如"收购和承受"交易难以被东道国银行的分支机构实施。

17. 缺乏最低限度的共性阻碍了有效协调。各国的法律和监管体系在关键领域差异巨大。在银行破产问题上，破产程序的启动标准以及监管机构处置破产银行的权限仍然缺乏共识。

18. 即使存在最低限度的共性，监管主体的多样性也将影响协调。即便在国内层面，金融集团（经营范围横跨受管制的银行与非银行领域）也可能受不同的国家机构监管。毫无疑问，跨国金融集团的面临的重复监管以及难以识别多国监管机构范围和责任的问题更大。

19. 最后，可能是最重要的，当监管机构面对本国金融集团破产时往往优先考虑对本国利益相关者的影响：本国分支机构或子公司的债权人、存款人和本国的纳税人。此时，本国优先体现为"属地主义"的方法，这严重地阻碍了协调：当外资银行的境内分支破产时，冻结该分支机构的境内财产以保护本国债权人的利益。这种做法保护了本国分支的债权人和存款人利益，却损害了其他国家的利益相关者。[①] 相比而言，统一管理财产的"普遍主义"平等的对待同一位阶的国际债权人。

---

① 反对"圈护资产"的理由主要是第三方预期的不确定性，当"圈护行为"是临时性的更加剧了不确定性（当该种行为是对危机的临时性应对而非事先建立的法律和监管制度）。

> ### BOX 2：属地主义与普遍主义
>
> 国家发展出了两种处置跨国破产（包括银行）的方法：
>
> 普遍主义——根据普遍主义，针对母国的债务人的破产程序具有普遍的效果。这意味着母国的破产受托人可以控制债务人所有的财产和债务（包括位于他国的部分），变现所有资产并根据清偿顺序分配给国内和国际债权人。普遍主义的效果依赖其他国家承认母国发起的破产程序的域外效力。然而，鉴于下文阐述的理由无法实现此种承认。
>
> 属地主义——许多国家采取属地主义的方法，东道国对外国债务人启动独立的破产程序而不参与或顺从母国发起的破产程序。显然，属地主义原则将冻结外国公司位于本国的所有资产和债务以便优先满足当地债权人。属地主义要求有足够的资产和债务位于该国境内。涉及外国银行的当地分支机构时，监管规则要求分支根据其债务维持一定比例的当地资产，这加强了"圈护"的效果。
>
> 上述分类并不是绝对的，一些国家的破产制度采取了折中的方式。如在跨国银行领域，美国当地银行的破产奉行普遍主义原则而外国银行美国的分支机构则适用属地主义。类似地，欧盟的《清算指令》要求所有成员国对欧盟银行实行普遍主义，但成员国可以对欧盟外的银行在其境内的分支机构实行属地主义。[①]

20. 尽管属地主义处置机制与跨国监管协调相矛盾，更细致调查发现国家关注点不同也影响了监管制度（参见 BOX 3）。此外，实施跨国监管体系的国家在处置阶段也依赖属地主义的方法。如尽管外国银行在美国（和一些其他国家）的分支作为国外机构无须维持独立

[①] "清算指令（winding up directive）"（2001/24/EC）欧盟关于重整与清算金融机构指令）为重整与清算欧洲银行提供了统一的法律框架。根据指令，银行的母国监管机构负责欧盟银行的总部和分部的所有破产程序。母国的监管机构将主导破产程序并且适用母国国的法律（保留少数例外情形）。破产程序及于欧盟银行在欧盟国家所有资产和债务。但指令没有为非欧盟银行在欧盟的分支的破产提供相同的制度。这领域并没有触及成员国的法律，指令仅仅分支所在地的东道国监管机构"竭力协调它们的行为"。

的自有资本，它们仍然要将现金或认可的证券存于核准的银行以满足相关法律要求的"资本充足率"。①

21. 许多金融监管机构任务重点关注本国利益。除了少数的例外如欧盟的制度，监管任务强调保护本国的金融稳定而非国际层面。因此，当金融集团陷入困境时，监管机构重点关注本国利益。

BOX 3：银行监管的国际合作

通过发展由成员国主动立法实施的国际标准和最佳实践或不同国家的监管机构之间缔结的谅解备忘录，极大地促进了对跨国银行的监管。上述行动的目标是合并监管，有助于银行监管机构理解、监控、必要时降低跨国集团带来的风险。

几十年前已经取得了跨国银行监管的国际性共识。巴塞尔委员在 1975 年《巴塞尔协定》发布了外国银行分支机构的监管原则。委员会关于跨国银行监管以母国与东道国监管关系的声明进一步强化了上述监管规则。从此以后，国际社会一直要求加强国际合作以确保没有外国银行能够逃避合适的监管，包括发布跨国银行的监管母国与东道国间关系的原则。

以上努力促进了合作但在推动国际层面的有效监管方面仍然存在不足。尽管世界各国在采纳国际标准领域取得了进展如资本充足率、风险管理、会计准则及其他审慎规则，各国的监管机构仍然无法在并表的基础上掌握金融公司风险的全貌，问题如下：

·法律约束以及监管范围。有时候，监管机构无权与外国的同行分享信息。

·监管手段的差异。尽管适用的监管标准方面取得了共识，不同国家的监管机构适用了不同的方法。

·不同的申报制度。不同的监管模式导致了不同的申报制度，这最终阻碍了及时进行信息汇总。

---

① 美国的《国际银行法 1978》的 3102（j）款对联邦授权的外国银行的分支提出了上述要求，该法要求该分支的接管人控制该外国银行位于美国的所有财产，优先分配给因与美国分支或外国银行的在美国的代理交易所发生的债权。上述债权优先于外国银行、外国银行的清算人或接管人。

C. 当前措施的成本

22. 跨国机构适用当地的处置机制成本概括如下：

第一，缺乏有效的跨国处置机制在许多方面破坏了金融稳定。

·各国监管机构各行其是的行为可能破坏金融机构资产价值并加速其破产。如在危机期间，东道国要求资产转移以满足分支机构的债务，而这将影响母国银行的稳定性。[①]

·此外，不协调的当地清算程序妨碍了保留金融机构核心功能的恢复方案，导致了风险的传染。例如，某国监管机构通过"收购与承受"交易让金融机构继续运营。倘若对分支机构有管辖权的他国选择清算程序来满足债权人而不允许资产与债务的转让，则无法实施"收购与承受"交易。

·最后，当金融机构或集团在多国经营，多国监管机构如何协调它们的行为具有极大的不确定性，从而影响了迅速采取有效的干预措施。而及时地干预对于保留资产价值限制风险传染又是至关重要的。

23. 第二，现有制度加剧了道德风险。前文所述，考虑到各行其是的当地国的措施引发的金融稳定问题，公共救助无疑更具吸引力。公共救助在提供资金之前往往没有采取措施确保股东和无担保债权人承担必要的损失。此外，即使国家的处置机制是可信赖的，非协调的方法无法让集团或架构的价值最大化因而增加了国家所需要提供的资金。例如，如果根据国界而非业务分割跨国金融集团将使其失去主要的"特许权价值"（franchise value）和对私人买家的吸引力。用一种零碎分割的方式来清算跨国机构也会发生同样的问题。

24. 事实上，经验表明跨国金融机构和集团的内部联系越紧密，非协调的当地处置措施对其价值的破坏性越大。富通银行与雷曼（BOX 4）的案例表明无论重组还是清算一体化的跨国组织，现有的

---

① 如果监管机构限制集团间的转移，集团附属子公司也会出现类似的问题。Basel Committee on Banking Supervison, *Report and Recommendations of the Cross-border Bank Resolution Group*, March 2010。

方法都无法实现协调的好处。

第二部分：强化协调机制的要素

25. 当前的机制存在着明显的不足，虽然存在着一些跨国处置机制的优化方案，这些方案各有优劣。此外，不管采取何种处置相关的手段，预防和准备措施如尽可能地简化金融集团来结构以推进处置在将来都是至关重要的。（见 BOX 5）

A. 跨国处置工作组

26. 目前为止，跨国处置方面有若干个国际性倡议文件，巴塞尔银行监管委员会（BCBS）下的跨国银行处置工作组（CBRG）的贡献最大。① 该委员会在 2010 年 3 月发布了跨国银行处置的最终报告与建议。许多地区性的组织也在积极推动跨国处置工作，如欧盟委员会的改进欧盟国家跨国银行风险管理制度的咨询。

BOX 4：富通与雷曼

富通的恢复

在比荷卢金融集团富通集团在 2008 年年底陷入了危机，各行其是且拖沓的程序处置了该集团，使其无法保留"特许经营价值"。

在荷兰，国家收购了富通荷兰银行，它的保险业务以及富通刚刚购得的荷兰银行的部分。在比利时，比利时政府收购富通比利时银行（富通集团最大的部分）并同意出售它 75% 的股份给法国巴黎银行（BNP Paribas）。法国巴黎银行收购了富通在比利时的保险业务以及富通的卢森堡子公司的大部分股权。

---

① Basel Committee on Banking Supervison, *Report and Recommendations of the Cross-border Bank Resolution Group*, March 2010. 关于 CBRG 建议更多的内容，参见附件一。

富通的比利时股东成功阻止了巴里银行收购富通比利时银行的交易，从而让富通的处置措施被拖延了六个月，而这六个月恰恰发生在 2008 年 12 月至 2009 年 5 月。比利时上诉法院判决认为，根据比利时法律上述交易必须经过股东表决才能生效。股东随后否决了上述交易，最终同意了修改后的交易。

富通的例子揭示了实施迅速、果断的银行处置措施时涉及的股东私人权利和金融体系稳定的公共利益之间冲突的问题。

该案表明了危机时国家利益优先的趋势以及此时获得跨国性共识的难度，即便金融监管机构有着合作传统、法律机制比较协调的国家间也难以获得上述共识。

清算雷曼

雷曼兄弟提供了金融集团跨国清算时潜在程序冲突的例子。

雷曼兄弟 2008 年 9 月在美国申请破产时，该公司通过大量的集团性实体在全球营业（包括分支机构和子公司）。

主要的程序在美国和英国，许多其他国家的破产管理人也忙于终结雷曼的国际性机构，然而却基本上没有进行合作。复杂的集团内部交易阻碍了客户财产的归还工作，如大量客户的资金被雷曼的英国经纪交易商存到德国的分支机构，而该机构自身却进入了破产程序并被中止偿付。

27. CBRG 的报告认为，许多跨国处置的替代方案可供选择：

·通过有约束力的法律文件如国际条约实行完全的"普遍主义"原则。CBRG 认为这样的条约必须包括与关键争议相关的实体性义务，如选择牵头的国家机构以及责任分担。只有这样才能真正发挥作用。

·金融机构去全球化。纯"普遍主义"的另一个极端的是完全的"属地主义"的方法。这种方法要求机构根据国家单独构建资本，流动性，资产和运营。通过独立的子公司来促进金融机构功能的隔离，这种方法将促进东道国机构的活力。

·折中的方法。CBRG 认为处置机构之间加强合作是一种解决方案。而这种方法是介于完全的"普遍主义"与"属地主义"的中间路线。CBRG 建议国家间建立机制来推动相互认可的危机管理和处置程序/措施。

28. 评估 CBRG 的多种替代方案应当考量如下因素。第一，正如 CBRG 所承认的，当前关于"普遍主义"与"属地主义"的争论属于理论层面的探讨与当前的问题并非完全相关。至少在短期内不太可能让所有的国家牺牲必要的主权奉行彻底的"普遍主义"。

并不完全相关因为该争论仅适用单一实体（如母银行和分支机构），并不适用集团内法律独立却相互关联的实体的处置。第二，金融集团和机构的去全球化将导致诸多问题。去全球化将降低效率并影响新兴市场经济体获得资金。尽管减少大型国际银行的活动范围可能有利于金融稳定，大型国际银行在新兴市场的存在多数情况下增加了市场的活力。近期的中东欧的许多成员国经历了金融危机，母银行对这些成员国内的子公司的金融援助对危机处置发挥了重要的作用。[①]

BOX 5：危机预防的倡议

金融危机爆发后，决策者们形成了若干建议以加强跨国监管并降低跨国金融集团陷入困境的可能性。这些建议一部分已经被实施，而其他的仍在讨论中。

银行监管者组织的数量当前增加到了将近四十个金融集团。虽然这些组织并非一个全新的倡议，它将加强母国和东道国监管者的联系以及对重大问题如风险管理，资本和流动性的沟通，增强各国监管机构间的相互信任。为使这些组织更有效率，有必要修改各国法律——特别银行的金融状况恶化时监管机构间有权共享信息。

---

① 2009 年 1 月启动的欧洲银行协调行动支持了这个经济援助（"维也纳模式"），该行动为欧洲范围内处置大型跨国银行集团提供了公—私集体行动的平台。

　　金融稳定委员会（FSB）确定未能实施国际合作和信息交换相关（国际性）标准的国家。FSB督促这些国家遵守规则，必要时采取反制措施。

　　考虑中的提议如下：（a）通过向"系统重要性机构"征收"系统风险税"让银行不参与产生系统性风险的活动；（b）通过提高资本和"资金垫"，让大型复杂金融机构有更强的抵御风险的能力；（c）降低大型金融集团的复杂性（如跨国公司的"去风险"和简化附属机构）。

　　FSB的"跨国危机管理行动组"支持建立了针对跨国金融公司的危机管理组（CMG）。

　　主要跨国公司所在地的母国和东道国的监管机构、央行、处置机构参与CMG。它们负责为这些公司制订"恢复与处置计划"（RRPs）。RRPs让公司或监管机构风险前确认要采取的措施，有利于监管机构或公司准备方案并有效地实施恢复或者处置方案。这将包括公司应该采取措施改善资本状况、流动性或提供快速处置所需信息的能力。恢复和处置计划帮助处置机构确认加强处置权或刺激公司改变架构的措施。

29. 前文所述，本文建议了"折中主义"机制所要满足的条件，该方法在不牺牲国家主权的前提下促进跨国的协调。该机制吸收了诸多"联合国国际贸易法委员会"（UNCITRAL）在《跨国公司破产》方面的成果（见 BOX 6）。[①] 尽管公司破产的特点不适用金融服务业（金融机构的处置通常由监管机构主导而非法院），本文认为 UNCITRAL 建立的方法的两个要素是相关的。第一，根据 UNCITRAL 的制度，当法院被要求承认其他国家的破产程序，法院对于是否顺从其他国家的法院的决定和管理人的请求有很大的自由裁量权。第二，UNCITRAL 解决了大量在实践中可能妨碍协调的具体程序问题。

---

　　① 关于 UNCITRAL 在《跨国公司破产》领域更细节的内容，参见附件二。

30. 在金融机构的背景下，东道国的监管机构只有相信母国愿意并能采取有效行为才会认为可以和母国进行合作。

欧盟的普遍主义的机制是区域成员国间高度一体化的产物（BOX 2）。尽管欧盟之外的国家难以复制此种程度的一体化，本文建议各国要在处置机制与监管体系上获得最低程度的一体化以便开展有效的跨国合作。因此，作为 UNCITRAL 的前述两个方法的补充，本文所建议的方法将确定各国为了参与协调机制应当满足的"核心协调标准"。

31. 综上所述，本文提议的方法通过无强制力的多边谅解得以实施。① 参与国家应当坚持如下因素：

第一，修改本国法律，要求相关机构与外国进行协调。但此项协调（基于本国机构的判断）以符合债权人利益和本国金融稳定为前提。②

第二，确定"核心协调标准"将用来识别那些在跨国处置方面协调化程度更高的国家。③

第三，考虑到处置过程可能需要公共资金，即便是临时性的资金也应当制定规则建立相应的标准和界限，指导加强协作框架的成员间的责任分担。

最后，参与强化协调机制的国家应依靠协调程序规范。

下文将详述上述要素。

---

① 该方法不影响各国以单一金融市场或货币区的国家建立更深层次的协调机制。一些货币联盟（如中非和东加勒比）拥有统一的银行监管及处置机构，并且拥有统一的银行处置机制。类似地，欧盟拥有统一的处置银行的法律机制，却缺乏统一的处置机构（见 BOX 2）。

② 本文发表的当天，美国进行中的立法要求 FDIC 在清算域外有资产的系统重要性金融公司时尽可能与国外机构进行合作［参见 Restoring American Financial Stability Act of 2010，§210（a）（1）（N），于 2010 年 5 月 20 在参议院通过］。另一个法案要求 FDIC 在解散系统重要性金融机构的外国子公司时与国外进行协调［参见 Wall Street Reform and Consumer Protection Act of，§1609（a）（1）（L），于 2009 年 12 月 11 日由众议院通过］。

③ 尽管通过具有强制力的国际条约要求协调也是有可能的，本文并不提倡此种方法。

BOX 6：UNCITRAL 和跨国公司破产

联合国国际贸易法委员会（UNCITRAL）极大地推动了跨国公司破产程序的国际协调机制。UNCITRAL 在该领域的重要成果便是 1997 年的《跨国破产示范法》。正如其名字所表明的，示范法不是条约而是一国可以自愿并入其本国法律体系的法律范本。

示范法适用在外国有分支的单一公司的破产。示范法不适用国内法可能适用特殊破产制度的实体，如银行和保险公司。此外，它不适用由法律独立的子公司和附属机构组成的公司集团。公司集团的破产是 UNCITRAL 当前进行的一个项目：处置企业集团破产的立法指引。

示范法建立了公平、有序地管理跨国金融公司破产的构架。示范法主要的特征是一国承认另外一个国家程序的原则。与本文的主题特别相关的是，如果法院认为债权人和债务人的利益能得到保障，承认通常允许（而非要求）法院给予外国破产代表救济。虽然示范法的某些框架并不完全适合跨国金融集团的破产，该机制的下列特点却值得借鉴：

主要利益所在地。示范法区分了企业"主要"和"非主要"的破产程序。示范法把债务人主要利益所在（COMI）地国家视为"主要"的程序。

合作。示范法规定了不同国家的破产代表人（通过直接交流和信息共享）相互合作并协调同步进行的破产程序的法定权力。

自由裁量性救济。除外国"主要"程序相关的执行的自动中止外，给予外国破产代表的救济属于法院的自由裁量权并施加一定的条件。法院尤其必须确保债务人和债权人获得足够的保护。示范法禁止歧视外国债权人。

协议。破产管理人在个案的基础上协商相互合作的协议，有效地补充了示范法所倡导的合作机制。协议是正式的合同，由代表破产程序主要利益的专业人士协商而成。协议通常经过相关法院的批准。自 1997 年采纳示范法以来，已经谈判成功了大量的协议。

B. 促进协调

32. 可以要求一国的权力机构与其他国家的处置机构进行协调，但此种协调以一国权力机构认为符合本国利益为限。

成员国要确保本国立法要求本国机构与外国同行协调处置行动以尽可能地保护债权人利益和当地的金融稳定。在确定协作方法是否符合债权人利益时，东道国的权力机构将评估该方法是否让东道国境内分支或附属机构的债权人所得不少于东道国适用属地主义的方法清算该实体所得。符合债权人利益的协调的方法仍然可能让债权人遭受损失。国家的权力机构保留独立行动的自由裁量权，如果它们判断此类行动更符合债权人利益和金融稳定。①

33. 当前许多国家的机制难以促进协调。② 如一些国家现有的法律有效地阻碍了权力机构与外国的权力机构间的信息共享。③ 此外，当地的法律可能鼓励"隔离"外国银行分支的资产以保护分支机构债权人的利益。此外，母国通过"收购和承受"（P&A）交易让银行继续运营的努力可能因东道国监管机构对其管辖权内的分支采取行动而落空。

C. 协调标准

34. 即便当地国为建立协调机制修改了法律，也包含了债权人利益和金融稳定的例外条款，经验表明只有当地国对外国同样有足够的信任才愿意协调本国的行动。因此，有必要确认国家愿意开展合作的前提条件（标准）。有人认为所有满足上述条件的国家都愿意在处置领域相互协调。在特定情形下，当国家机构认为为了保护债权人利益

---

① 一国的法律也可以允许它的权力机构与其他不符合本文所提标准的国家合作。

② 即使法律条款不妨碍合作，仍然有诸多阻碍有效协调的现实障碍。

③ 有些国家只允许银行监管机构与外国的银行监管机构分享信息，而不能与外国的其他金融监管机构或处置机构分享信息。

和金融稳定有必要采取独立行动时，上述假设在现实中就难以实现了。① 以下是相关的标准。

a. 处置规则领域最低限度的协调

35. 只有东道国与母国的制度具有高度的趋同性时，东道国权力机构才愿意与母国的机构进行合作。尤其当涉及全集团的处置时，两国之间的法律制度要有一定的共性：

尤其，该权力机构的法律构架包括了全球范围的问题解决方案需要几个要素：

·平等对待外国债权人。就外国银行分支所在地的管辖机构而言，东道国通常要求其他国家的处置程序平等对待当地分支的债权人，包括存款人乃至存款保险体系和政府。

母国基于国籍或存款人地域而给予当地国存款人优先权不符合该原则的要求。

·有效的干预工具。许多国家意识到有必要建立特殊的银行处置机制和管理程序允许权力机关迅速干预，以便保留机构的核心功能并避免"传染"。加强各国处置的法律制度本身即是重要的进步，许多重要的论坛如金融稳定委员会（FSB）努力发展该领域的最佳实践。当前被意识到的最关键的干预权如下：

·早期干预权力，如共同的"启动标准"允许权力机构在资产大于负债时便采取行动。

·允许权力机构单方面重组机构的债务，如债转股或减少无担保债权人的总额。

·实施收购和兼并无须获得股东同意。

·单方面转移资产和债务到其他机构的权力，包括为了该目的而建立桥银行而无须获得第三方的同意。

·有权提供"过桥资金"以推动上述交易。

---

① UNCITRAL 示范法的 12 条采用了类似的方法，该条规定："涉及主要或非主要的外国程序的承认时，只要法院认为能够保障本国债权人利益，法院经外国代表人申请有权将位于本国境内的全部或部分财产分配给外国代表人或法院指定的其他人。"

·当股东和无担保债权人承担了必要的损失后，对该机构实施临时国有化的能力。①

·作为限制传染和保护核心功能的手段，临时性冻结金融合同中的终止条款。

·适当的债权人保护。前文所述的干预权为了实现金融稳定这一公共利益是可行的。然而，上述权力干预了私人合同性权利和财产权。因此，债权人保护规则和对监管性或处置行为的司法审查以确保平等对待债权人是处置机制的核心要素（见 BOX 7）。特殊处置机制处置银行时，给予债权人的赔偿应当确保其不低于公司倒闭或清算时所得。同样地，当处置权允许财产转移时，处置机制通过保护顾客财产权、担保权和金融合同（包括净额结算权）中的金融担保安排，为利益相关者提供足够的保障。

·对银行而言，足够稳健和一致的优先规则应当重视东道国的受保障的存款人和存款保险体系（DGS）的利益。如果母国的规则无法确保东道国受保障的存款人和存款保险机构拥有平等的优先权，后者的处置机构将有强烈的动机选择本国的处置方案。而这要求更多的存款保险体系具有更多的共性，包括受保障的存款保险的类别和保障的限额。

b. **稳健的监管**

为了让东道国的权力机构接受母国权力机构的领导并与其他东道国权力机构协作，前者通常要求母国具备高质量的监管并且相关机构实行并表监管（如包括保险何证券公司）。的确，对于某些金融机构而言，已经存在诸多广泛接受的国际性标准（如有效银行监管的巴塞尔原则）。②

---

① 许多国际性论坛最近认识到了早期干预工具的必要性。参见 The Communication of the European Commission on "An EU Framework for Cross-border Crisis Management in the Banking Sector" ［COM（2009）561］. 要求公司发行可转换债券，当特定事项发生时该债券转为普通股从而为陷入困境银行提供资金是另一关注点。

② 建立银行监管学院和 FSB 推动全球遵守国际合作和信息共享标准的举措是非常正确的。这些措施目的在于确保跨境银行、保险公司和证券公司能完全遵守有效监管的核心原则（包括许可标准、持续监管方法和合并监管）。

BOX 7：债权人保护

处置权为了金融稳定之类的公共利益否定了私人财产权和合同权利。因此，采用此类处置权的国家需要建立强大的保障机制以确保正确行使此类权力。

国际处置行动的有效性取决于所有相关的国家为所有受影响的实体的债权人提供了最低限度的保障，而不考虑其国籍。这些保障措施应当确保：

——如果财产转移不利于担保权，则担保财产不能从破产银行中转出；

——净额结算和金融担保安排得到遵守（当金融合同转移至有清偿力的第三方时可以临时冻结净额结算的权力）；

——受处置银行的国内外债权人的处境不差于该行未被处置而被关闭和清算。

——不能因国籍或地域歧视外国债权人。

保护措施对于确保处置行动不侵犯宪法和人权法所保障的财产或者所有权显得尤为重要。例如，英国在其特殊银行处置机制的次级立法所采取的保护措施确保处置时给予净额结算和担保权的对待和处理要具备法定的确定性，同时确保英国遵守《欧洲人权公约》所施加的义务。

越来越多的国家建立了特殊银行处置机制，许多国家将遭遇复杂的宪法争议。在一些国家，授予处置机构处置权而没有合适的保障机制构成违宪。

类似地，至少在银行领域，《巴塞尔协定》已经要求东道国不得让未在母国受到良好监管的外国银行进入本国市场（反之亦然）。然而，鉴于本次危机，许多监管机构感觉这些标准并未明显提升监管质量和监管机构干预的意愿。为与国外处置机构协调，在这些方面要求更高质量的监管和更多的共性。建立银行监管学院和 FSB 推动全球遵守国际合作和信息共享标准的举措是非常正确的。

c. 实施国际解决方案的机构能力

36. 为了让东道国的权力机构接受母国权力机构的领导并与其他东道国权力机构协作，前者必须认为后者能够有效实施国际解决方案。这要求具有跨境快速行动能力的组织机构和员工。鉴于一些大型金融集团在超过 30 个国家开展经营，这本身就是一个巨大的挑战。显然，监管学院是建立此种能力的工具，也和东道国建立了必要的联系以推动机构间的跨国合作。① 本节 B 介绍的协调准则可以作为国家选择遵守的国际标准。满足上述标准的国家表明其拥有实施国际处置的能力。

D. 跨国处置资金

37. 降低公共资金的需求是处置的主要目标之一，这类资金（应当是临时性的）偶尔是需要的。有鉴于此，如何在国家间达成分担金融负担的协议就成为跨国协调机制的主要因素。

38. 综上所述，所提议的机制的目标之一是让私人的利益相关者承担最终的处置成本。

BOX 8 简要介绍如何在银行的清算和恢复程序中分配最终成本，并且指出通过清算比恢复（recovery）让利益相关者承担损失更为直接。在恢复程序中，股东破产前的股权可能被稀释或完全清理，但是让现有债权人承担损失可能更困难一些。前文所述，一个主要目标是设计出允许"折价"的恢复工具（通过为此类方法建立必要的法律依据）。

39. 尽管债权人承担恢复阶段的损失，临时性的公共资金仍然是

---

① 但是，监管学院可能存在着"集体思考"的风险，当机构情况开始恶化时模糊了采取行动的责任边界。建立有效的治理机制可以缓解上述风险，而为了加强公众对监管过程的信任，上述安排应当公开化。

必需的。第一，大多数法律框架缺乏必要的基础为私人的"债务人控制财产"模式①的银行处置提供资金支持。第二，即使有支持，私人的资金提供者难以在紧急情况下为大型系统重要性银行筹集资金并开展处置程序。当发生系统性风险时，其他金融机构面临着类似的资金压力更凸显了该问题。面对此类市场失灵，财政部或中央银行（防止财政部将来更多的损失）提供公共资金可能是唯一的选择。部分事前筹集的"有序处置金"（或者存款保险金）可以构成这类资金。② 考虑到一旦恢复程序最终失败将让国家承担风险，应当通过私营部门事前出资的方式建立此类基金。

40. 鉴于临时性融资的需求，如何协调国际金融集团对资金需求的问题便产生了。母国可能不愿意或者没有能力提供稳定大型跨国金融集团所需的公共资金。东道国如果想维持跨国金融集团的稳定可能需要提供资金。此外，东道国决定是否为处置全集团出资时，应当意识到即便严格实施国内解决方案也可能需要东道国提供资金。

41. 某种形式的金融责任分担是必要的，危机后国家间的协议便是例子，这有助于促进问题金融机构的恢复。理想情况下，责任分担协议应当在危机前由主要国家的监管机构根据机构类型而建立，尤其是当这些协议受特定机构的"恢复和处置计划（RRPs）"或"生前遗嘱"支持时。

然而，无论危机前或危机后达成这类协议都不是易事。

因此，有必要通过强化的协调机制制定标准来指导责任分担程序。如：（1）跨国的系统重要性集团，（2）存款保险体系和不同国家的处置资金的筹集，（3）跨国损失的分配。

---

① 在"债务人控制财产"的框架下，破产后资金的提供者优先于破产前的债权人。

② 一些国家已经建立了这类基金，该基金由金融部门出资并让政府管理资金，在必要时为有序处置程序提供资金。

BOX 8：在国内外环境下成本的分配

破产前的私人利益相关者通常承担银行破产清算的成本。破产银行的无负担资产被出售并根据优先次序分配给债权人。损失按顺序由股东、次级债权人和无担保债权人承担。但是，有担保的存款人实践中通常在银行清算前通过"收购和承受"交易和无负担财产一并转让。此类交易表明有保险的存款人和存款保险机制（DGS）被赋予了优先权。如果中央银行在破产前已经提供了有抵押的流动性支持，大部分资产将被优先清偿中央银行。

恢复与处置机制的结构决定是否以及如何让在破产前的私人利益关联方承担成本。恢复与处置主要通过如下手段：

增加资本——私人或公共资金的提供者通常把核销破产前股东股权作为增资的条件，因此大幅稀释股东的利益。新增发的优先股在收入和清算的分配上优先于普通股。然而，增资提高了破产前的无担保债权人受偿的可能性，将使无担保债权人受益。

发行新债——新的借贷某种程度降低了银行的净利润，将让原股东承担借贷成本。

（成本也包括支付给国家担保的溢价）原有的次级债权人的请求权劣后于新增的无担保债权人。相比而言，如果新债并没有增加资本将间接影响破产前无担保债权人的地位，却没有直接影响他们的利益。

削减债务——可以通过以下手段减少银行的无担保债务（i）法院强制削减，（ii）自愿或者强制转为股份（iii），通过"收购与承受"交易甩掉债务。这类操作无疑让破产前无担保债权人和股东承担损失。

E. 建立协调程序

42. 即使一些国家已经满足上述协调标准，如果有成型的程序在危机时刻提供相应的指导将实施上提高国家快速有效协调的能力。

43. 公司破产提供的经验，尤其是 UNCITRAL 所建立的协调机制，跨国金融集团的处置机制应当在以下方面取得共识：（a）谁是发起和处置程序的领导者以及如何行使领导权，以及（b）在程序运行期间沟通和咨询的方式。该机制适用于遵守上述因素的国家。此外，该机制应当为处置母国银行和外国分支、跨国金融机构（涉及银行和非银行的附属机构）提供指导。尽管许多问题需要进一步解决，下列共识是可以获得的。

a. 领导权

44. 国外有分支的金融机构陷入困境时，清楚地认识谁在程序的发起和运行阶段扮演领导角色是非常重要的。母国监管机构扮演领导性角色看起来是合适的。这种方式会与协定一致，反映了母国提供了主要的重整所需公共资金的现实。前文所述，尽管东道国根据协调机制接受母国的领导，东道国如果认为独立行动更符合本国的金融稳定和债权人利益，东道国保留其独立行动的权利。这一点需要在机制中予以明确。①

45. 领导的形式视情况而定。在法院主导的程序中，母国监管机构有权直接在东道国法院发起程序或者让东道国的监管机构在母国监管机构的指导下发起程序。② 在管理程序中，东道国的法律可以允许东道国监管机构在母国的指导下管理程序或允许东道国监管机构管理程序。③ 通常预期母国监管机构来设计整体处置策略，决定在母国和东道国发起的程序类型（如重组或清算）并主导实施处置程序。这和当前的现实有较大的偏差。

----

① 当然，存在东道国拒绝承认母国监管机构领导权的例子：如母国银行体系因主权债务危机而坍塌从而严重影响并削弱了母国监管机构资助重组的能力。

② 这些程序涉及对其他国家的破产程序的承认。

③ 在重组中阶段，母国监管机构做转让资产和债务的决定。必要时，由资产和债务转移地国家的监管机构来实施决定。在清算时，在全球范围内集体接收和变现银行资产，将收益根据母国法律所规定的顺序分配给所有的债权人。

46. 当上述程序大部分可以直接适用金融机构及其分支机构时，机制还可以确定领导和金融机构处置的协调方式。机制将明确金融集团内部实体的责任人。借鉴一些国家的方法（如意大利），每个国家可以指定一个主要机构来发起和实施境内所有银行、非银行附属机构（受管制或不受管制的）和分支机构的处置程序，并且让其成为与其他国家联络的主要机构。此外，机制还要求这些监管机构尽可能地协调它们的行动。虽然每个集团内的法律实体将发起独立的破产程序，东道国的监管机构对其境内的附属机构发起处置程序时应当先咨询母国的监管机构。该机制还可能要求监管机构在一系列领域协调其行为：如尽可能地合并涉及金融集团内部实体的独立的法院程序（当每个程序保持独立时，由单一的法院同时裁决），协调保护资产的行动，通过协调集团内部债权处置和债权人开展合作。

b. **沟通**

47. 实施此类制度要求监管机构和处置机构之间高度的信息共享。母国监管机构做关键的处置决定时要求咨询东道国监管机构的意见，并考虑其决定对东道国的影响。相关的监管机构，有时候相关法院需要安排沟通和咨询，并享有分享高度敏感信息的法定权限。

48. 该机制要求在金融机构陷入困境早期阶段分享信息。这样的要求对于解决母国和东道国间存在的信息不对称尤为重要。母国监管机构无疑比东道国的监管监管拥有更多的机构相关的信息。除非东道国监管机构高度信任母国监管机构并确信母国监管机构会充分告知其金融机构的财务状况和采取行动的可能性，否则东道国监管机构将有不合作的动机并"圈护"金融机构资产。

49. 作为促进沟通和咨询的手段，应当考虑建立特定机构相关的协议。在跨国破产的情况下，UNCITIRAL 示范法建立的合作机制通过特定案件达成协议得以实施。这些被称为"协定"的协议经法院批准解决案件相关的具体的交流和咨询的方式。尽管这些"协定"有利于金融机构的处置，鉴于迅速行动的需要，有必要在危机前便达成上述协定。这些长效的协定可以作为大型金融机构应当建立的恢复和处置计划的一部分。①

结　论

50. 虽然就本文描述的问题的具体解决方案有一定的争议，紧急行动是必要的。各国需要在国家层面加强处置机制以便快速处置困境金融机构和集团，维持金融体系稳定。然而，仅仅有效的国家层面的行动是不够的。鉴于金融服务业的全球性和重要性，国家处置框架只有推动监管机构间的国际性合作才有效果。

51. 本文列举的促进协调的方法在不久的将来是可以实现的。这一方案实施前必须解决还需要解决一些问题——尤其是确定国家是否符合"核心协调标准"和如何监控这些标准的实施。但是，随着越来越多的国家自愿遵守协调机制，上述方法会得到进一步的发展。可能发展出更有效的价值最大化的国际化处置将鼓励国家采取上述做法。近期内，一些已经符合上述标准的国家可以开展国家间的合作。由于这些国家包括了世界主要的金融中心，这种合作是一种巨大的进步。

当其他国家如发展中国家和新兴市场遵守这些标准，合作圈将进一步扩大。这将成为加强世界范围合作的现实、可行的机制。

·董事是否同意上述列出方案的要素？

·董事是否认为世界主要金融中心的强化协调机制是一种进步？这些要求是否能在特定时限内得以实施？

·董事是否认为强化协调机制事先确定标准对于确定责任分担是有必要的？

---

① 关于跨国公司破产背景下协定的形式，参见 UNCITRAL, Practice Guide on Cross-border Insolvency Cooperation（2009）。

附件一　巴塞尔银行监管委员会关于
跨国银行处置的建议

巴塞尔银行监管委员会的跨国银行处置工作组（CBRG）整理跨国危机的法律和政策时发展了下列建议。

建议1：有效的国家处置权

国家应当有合适的工具有序处置各种类型的问题金融机构，维持金融稳定、避免系统性风险、保护消费者、限制道德风险和促进市场效率。此类机制应当降低危机或处置对金融体系的影响，促进系统重要性功能的延续。改进国家处置机制的工具的例子之一是有权设立桥金融机构，转移资产、债务和业务到其他机构并且处置请求权。

建议2：金融集团的协调处置机制

每个国家都应建立国家层面的处置金融集团的实体和金融集团的协调机制。

建议3：国家处置措施的趋同

为了促进跨国金融机构的协调化处置，各国监管机构应当根据建议1和建议2寻求获得处置工具和措施上的共识。

建议4：国家处置措施的跨国效力

为了促进国家机构间在跨国处置领域的协调，国家应当发展促进危机管理和处置程序/措施的多边承认程序。

建议5：降低集团间结构的复杂性

为了理解集团结构和内部的构成和相应的危机应对，监管机构应当与母国和东道国的处置机构紧密合作。如果国家机构认为金融机构集团结构过于负责而无法进行有序处置，国家应当考虑通过资本或审慎性要求等监管措施鼓励金融集团简化结构以便促进有效的处置。

建议6：提前计划有序的处置

所有系统重要性跨国金融机构和集团的应变计划应当作为金融危机和金融不稳定时的应变方案，该计划应当与金融机构或集团的规模、复杂性、业务和结构相匹配，以便保护公司的营运价值，促进恢复公司的主要功能并且有效处置或关闭公司。考虑到跨国依赖性、独立法律实体处置的影响以及可能行使的干预和处置权，此类恢复和关闭的应变计划应当纳入常规性监管。

建议7：跨国合作与信息共享

有效的跨国金融机构的危机管理和处置要求不同国家的监管机构理解它们相应的监管责任、流动性准备和处置。为了建立平时和危机时刻的应对计划，母国和东道国的监管机构在遵守本国法律和政策的前提下建立相关的机制以确保及时获得并分享必要的信息。

建议8：加强风险对冲机制

国家应当促进使用降低系统性风险的风险对冲技术，增强危机期间主要金融市场的活力和金融机构的处置。风险对冲机制包括净额结算协议，抵押和隔离顾客。通过鼓励推广衍生品合同的标准化、标准化的合同转移到受管制的交易所、通过受管制的中央交易平台进行合同的清算与结算、通过贸易数据库建立更透明的场外交易合同汇报将起到降低风险的作用。

此类风险对冲技术不应当阻碍处置措施的实施（如建议9）。

建议9：协议的转让

为了将特定的金融市场合同转移到另一稳健的金融机构、桥金融机构或其他公共实体，国家处置机构应当有法定的权限临时性延迟实施合同的提前终止条款。如果不能实现此类转移时，处置机构应当尊重合同终止、抵销和追索抵押物的权利。为了维持市场功能，必要时应当修改法律允许短期内延迟实施此类终止条款。实施此类法定权限应避免损害受管制的交易、中央结算对手（CCPs）所和中央市场设施的安全、有序运行。处置机构应当鼓励"国际互换和衍生品协会"（ISDA）这样的行业协会发展标准化的合同条款来支持此类转让以降低危机时"传染"的风险。

建议10：退出机制与市场约束

为了修复市场的约束力、促进金融市场的有效运行，国家处置机构应当考虑或规划将退出公共干预作为明确的选择或原则。

附件二 联合国国际贸易法委员会的
跨国公司破产制度

示范法

52. 1997 年通过了跨国破产示范法（简称"示范法"）。它为公平有序管理跨国公司破产提供了制度框架。它设计了在多国拥有机构、资产和债权人的单一实体的破产程序。它不适用由独立的法律实体组成的子公司或附属公司的集团，也不适用于个别国家适用特殊破产体系的实体（如银行和保险公司）。

53. 最重要的是，示范法为外国破产代表人（清算人、管理人等）进入破产实体的重要资产和债权人所在地法院提供了途径。因此，A 国的破产管理人或清算人可以申请 B 国承认 A 国的破产程序。除非该申请违背了公共政策（示范法包括了公共政策豁免），否则 B 国应当给予承认。B 国在决定是否同意承认申请时不应当将互惠原则和 A 国破产法质量作为考量因素。在决定申请期间，B 国法院可以（但不是必须）授予外国破产代表各种形式的救济（如中止针对破产实体在 B 国财产的执行程序，委托申请人管理或变卖这些资产）。

54. 如果国外的程序被视为"主要"程序讼，示范法包括了执行程序的自动中止，冻结破产实体的资产的规定。根据示范法，破产实体"主要利益中心"（COMI）所在地的国家的程序为"主要的"（与"非主要的"相对）程序。

55. 当任何破产程序（无论是否是主要的程序）被承认时，示范法授予承认法院广泛的自由裁量权给予外国破产代表人救济。最重要的是，只要法院认为能充分保护其管辖范围内的债权人利益，法院可以委托外国代表人对其境内的资产进行变现和分配。平等对待所有国家的债权人是示范法的基本原则。

56. 除了建立承认和外国破产代表人资产总量的救急条款外，示范法规定了各国破产代表人相互合作（通过直接交流和信息共享）以及协调同时进行的破产程序的权限。

UNCITRAL 在企业集团领域（国内外）的进展

57. 虽然示范法仅适用跨境存在单一实体，UNCITRAL 关于破产法的立法指南（简称"指南"）现在开始将金融集团破产的处置作为主要的讨论主题。自从 2004 年，UNCITRAL 第五（破产）工作组颁布"指南"以后，该工作组一直在设计"企业集团"破产（通过控制或持权的将两个以上企业连接一起）相关的草案。[①]

58. 工作组的关注点为国内集团，认可了两种国内集团破产的处置方法。第一种，国际同行的方法是承认构成集团的公司的法律独立性，评估每个实体的清偿率。第二种方法考虑到法律形式背后的经济现状，为集团破产创造了更协调和合并的方法。

国内集团

59. 通过允许符合破产条件的集团公司申请单一的破产程序，指南建议简化破产的启动程序。共同申请的主要目的是为了降低成本和协调启动时间。

60. 不同集团公司启动多个破产程序后，指南考虑了在单一的破产代表人的主持下进行程序协调的可能性。程序协调包括主管机构之间的信息共享、合并审理和其他简化和加速程序的方法。重要的是，程序协调机制允许法律独立的破产实体保持资产和债务的独立性，债权人的实体性权利不受影响。当所有的集团公司位于一国境内时，程序性协调的最大范围及于该国。

61. 指南考虑了在特定、有限情形下延长有清偿能力的集团公司执行中止的可能性（如为了保护依赖有清偿能力的集团公司资产的集

---

① 工作组在 2009 年 11 月第 37 届会议的 AC/CN. 9 WG. V/WP90（企业集团破产处置）讨论了这领域的最新评论和建议（参见 http：/www. uncitral. org/uncitral/en/commission/working_groups/5 Insolvency. html）。

团内担保）。但是，指南也指出有些国家的宪法和财产法不可能让有清偿能力的集团成员执行中止。

62. 指南也考虑了启动破产程序后的集团融资，这对于试图通过重整程序让集团或集团的一部分恢复活力是至关重要的。指南认为有清偿能力和没有清偿能力的集团公司（以及非集团实体）都应可以提供程序发起后的融资。但是，应当为提供资金的融资方和受到融资条款影响的利益关联方提供合适的保护。指南也承认某些国家的法律可能无法让有清偿能力的集团成员提供资金。

63. 在破产前交易的无效和撤销法律领域，指南指出集团成员间交易可能有特殊的考虑，一些交易从整个集团背景下审视可能属于个别清偿或低估价值，而交易的益处或坏处可能有更广的波及面。指南指出，规范债权优先性的法律可能集团成员间的债权劣后于外部的债权人。

64. 指南认为，破产企业集团适用"单一实体"方法限制了特定企业的债权人该企业资产获得清偿。相反地，扩大责任、出资令和"实质合并"等措施在特定情形下允许法院（涉及两个以上集团公司的破产时）否认它们的独立性，将所有资产和债务一并处置。当前，少数国家允许"实质合并"，即便是适用"实质合并"的国家也较少使用并且仅限于有限的情形。"实质合并"属于激进的法律救济，突破了有限责任公司的有限责任原则。但是，在某些情况下（如"庞氏骗局"，资产可能置于独立公司而无法追索）实质合并有存在的合理性。

国际集团

65. 推动跨国集团破产的协调和合作比国内集团破产困难。然而，某些时候基于更广泛的、全球性的解决方案比单独处置个体成员能让每个跨国企业集团的成员获得最好的结果。因此，指南建议国家法律应当授权法院与不同国家的监督不同的企业集团破产的代表人开展合作。

66. 指南还支持促进不同程序的协调机制，如合并审理（前提是要保障每个国家的利益关联方的实体和程序性权利）并且允许任命单一的破产代表人负责多个破产程序。然而，指南承认在某些情况下，利益冲突可能要求为每个实体任命独立的破产代表人。跨国集团破产的问题和困难（指南建议的合作和协调将缓解上述问题）包括对独立的集团内部成员"零碎"的清算、"圈护"资产、国家间资产转移、为了获得更高的清偿挑选管辖国家。

67. UNCITRAL 的跨国集团破产实践指南解释了跨国破产协议在促进跨国破产协调方面的作用。这种协议越来越普遍，立法指南建议国家的破产法允许在企业集团成员领域使用此类协议，允许破产代表人与其他国家的代表人签订协议开展协调活动，授权法院批准实施此类协议。

68. 指南在跨国集团破产领域的建议比国内集团破产要少许多。这是因为意识到跨国的案件本身比国内的要复杂得多。此外，指南仅考虑了普通公司集团，工作组没有研究跨国金融集团的推荐指南。跨国金融集团的成员在多国接受多个监管机构、中央银行和存款保险体系的监管。

（苏洁澈译）